读懂投资 先知未来

大咖智慧
THE GREAT WISDOM IN TRADING

成长陪跑
THE PERMANENT SUPPORTS FROM US

复合增长
COMPOUND GROWTH IN WEALTH

一站式视频学习训练平台

舵手证券图书
www.duoshou108.com

龙头股
操作精要

第二版

鲁 斌 著

山西出版传媒集团
山西人民出版社

图书在版编目（CIP）数据

龙头股操作精要 / 鲁斌著 . -- 2 版 . -- 太原 : 山西人民出版社，2025.1. -- ISBN 978-7-203-13614-9

Ⅰ. F830.91

中国国家版本馆 CIP 数据核字第 2024MH2604 号

龙头股操作精要（第二版）

著　　者：鲁　斌
责任编辑：孙　琳
复　　审：崔人杰
终　　审：贺　权
装帧设计：卜翠红

出 版 者：	山西出版传媒集团・山西人民出版社
地　　址：	太原市建设南路 21 号
邮　　编：	030012
发行营销：	0351-4922220　4955996　4956039　4922127（传真）
天猫官网：	https://sxrmcbs.tmall.com　电话：0351-4922159
E - mail：	sxskcb@163.com　发行部
	sxskcb@126.com　总编室
网　　址：	www.sxskcb.com

经 销 者：山西出版传媒集团・山西人民出版社
承 印 厂：廊坊市祥丰印刷有限公司

开　　本：	710mm×1000mm　1/16
印　　张：	21
字　　数：	252 千字
版　　次：	2025 年 1 月　第 1 版
印　　次：	2025 年 1 月　第 1 次印刷
书　　号：	ISBN 978-7-203-13614-9
定　　价：	128.00 元

如有印装质量问题请与本社联系调换

第二版前言

在 2016 年出版《龙头股操作精要》后，笔者收到大量读者来信，有赞誉也有建议，更多的是期盼笔者能分享更多的、更精深的技术方法和策略。时隔多年，感触良多，故将近些年来笔者在操盘一线的实战感悟分享在《龙头股操作精要》（第二版）中。原想重新撰写，后来发现整个框架无须大动，并没有多少需要重新写的。后仔细一想，原来如此——本着简洁明了的写作风格，第一版写的都是规律性、一致性的技术，不会随着时间的推移而改变，不论过去、现在和将来，人的贪婪和恐惧都是不变的，反应在金融市场上就是涨的时候涨过头（牛市），跌的时候跌过头（熊市）。看看每一轮的牛熊市轮回都是如此，这也是技术分析能够有效地底层逻辑。基于以上原因，第二版在第一版的整体框架基础之上做了一些细节上的增补和完善，并根据当下市场增加了一些内容，把笔者在实战中经常使用的各个公式的指标源码做了全面升级，使其更具实战价值。第二版增加了新增公式源码、资金管理和风险控制三个章节，总体上第二版较第一版在整体框架不变的情况下篇幅增加达 80%，有指标编写基础的读者可按照书中公开的源码自行编写使用，没有编程基础的读者可联系笔者免费索取。

我们知道成功交易有四大因素：成功交易 = 进出场方法 + 资金管理 + 风险控制 + 心态管理，其重要性各占 25%。第一版中只讲解了进出场方法，在这里请广大读者朋友谅解，之所以没有在第一版中分享后面的三大因素，是因为我们将其放在了授课视频中，因为"说"比"写"要容易得多，但为了技法的完整性和"授人以鱼不如授人以渔"的宗旨，决定在第二版中将其全部分享出来，以不负读者对笔者的厚爱。因文笔有限，有时词不达意，客观上容易误导读者，所以，读者中有看书后不能理解或有不清楚的可以直接联系笔者进行交流。

关于"新增公式源码"这一章，笔者需要说明的是，距离第一版已经过去了8年，市场的本质虽没有变化，但市场扩容已今非昔比，金融市场新增和合并了一些板块和市场指数，因此公式也应升级并更加具体化，比如第一版中对强势股的讲解用到的MSD指标、XDQD指标中大盘的函数统一对应的是"上证指数"，随着市场扩容，出现了科创板、北交所等新市场指数，那么再沿用上证指数进行对比就会出现一些偏差，而差之毫厘，失之千里，所以在第二版中将所有指数全部升级进行精准化对比，比如创业板个股对应创业板指数，科创板个股对应科创板指数，深圳个股对应深证成指，等等。"资金管理"一章中，笔者对应用公式涉及的管理策略逐一进行简要说明，因为资金管理策略是决定交易能否长期稳定盈利的核心因素之一，而如果全部展开来写的话，估计得另写一本专著方可，因篇幅所限，只能提纲挈领，简明扼要地讲解一下，有这方面需要的读者可联系笔者索取资金管理公式模块的使用方法。

微信扫码　联系作者

趋势规律操盘技术
和捕捉强势股启动点交易技术概要

趋势规律操盘技术和捕捉强势股启动点交易技术是笔者在 29 年的股票、期货、现货、外汇投资经历中摸索、总结出来的一套战胜市场、稳定盈利的交易体系,由趋势规律操盘技术和捕捉强势股启动点交易技术两大核心技术组成。现为大家简要介绍如下。

趋势规律操盘技术适用于任何以 K 线图为表达形式的投资市场,如股市、期市、汇市、贵金属市场等,主要解决投资决策中"选时"的难题。"选时"在杠杆市场(股票融资融券、期市、汇市、贵金属市场等)尤为重要,时机选得好,效果甚至能超越对方向的选择,避免看对方向却没赚到钱甚至亏钱的懊恼。"顺势而为"是每个投资人都向往的,但趋势的规律和原理是什么,目前处于怎样的一个趋势状态,以及怎样辨别趋势,怎样把握趋势,怎样顺应趋势,怎样判断趋势性质是短期反弹、中期行情还是长期牛市,趋势的这些核心要素一直困扰着每个投资人,不完全了解这些趋势要素,"顺势而为"只能是一句空话。很多读者来信交流时说,买卖时是按照趋势的方向进行交易,买进后却不涨,回头一看当初的买点竟然是头部区域;卖出或割肉后却不跌,回头一看原来卖在底部区域。笔者独创的趋势规律操盘技术即全方位、深层次地破解趋势奥秘,简单易学,买了就涨,卖了即跌,不论股市新手还是投资老手都可轻松上手,真正做到"顺势而为"。

捕捉强势股启动点交易技术适用于股票市场,主要解决投资决策中"选股"的难题。选股是否得法决定了投资的绝对收益大小,避免赚了指数不赚钱的懊恼。目前的股市早已不是早年初期市场那样呈现齐涨齐跌的现象,很多时候是某些权重个股和某些热门板块上涨,带动大盘走出一波行情,二八现象普遍,投资者往往是赚了指数亏了钱，手中的股票不涨，没买的股票却大涨，忍耐多时，决心割肉换股后，割掉的股票却大涨，而换的股却不涨，导致一轮行情下来不仅没赚到钱，甚至还亏钱。究其原因不外乎选股不得法，不知强势股与弱势股的轮回转换规律，不懂强势股的操作奥秘。笔者独创的捕捉强势股启动点交易技术即全方位、深层次地破解选股奥秘，是无论在牛市、熊市或震荡市中都可选出当期飙升黑马的选股大法，简单易学，不论股市新手还是投资老手都可轻松上手。

最后请牢记：越是简单的方法，临盘时越有效。真理往往是简单的，而那些复杂、深奥的技术往往并不实用，经不起市场和时间的检验。临盘操作时机会稍纵即逝，经过复杂方法耗时分析得出结果再准备买卖时，机会早已错过。在笔者独创的检验任何方法是否有效的三大原则中，简单性原则即排在首位，并且很多国际投资大师也崇尚"简单"的交易方法，可见"简单"的重要性。

笔者也是从小散一路走来，深知投资市场上一名无足轻重的散户的无奈、无助与彷徨。为避免读者经历无谓的损失、挫折与失败，笔者将多年的实战经验总结归纳成书回馈读者，但很多实战精要无法完全以文字表述清楚，还将笔者独创的趋势规律操盘技术和捕捉强势股启动点交易技术制作成培训视频，通过手把手、口传身授的方式传授给有缘人。

目 录

第一章　龙头股的概念及基础知识

第一节　龙头股的含义 — 1
一、什么叫龙头股 — 1
二、龙头股和强势股的区别 — 2
三、龙头股实战案例 — 3
四、龙头股的精选法则 — 5

第二节　各种行情的研判规则 — 9
一、各种行情的划分 — 9
二、短期行情的研判规则 — 9
三、中期行情的研判规则 — 11
四、长期行情的研判规则 — 14

第三节　各种行情中龙头股的研判 — 17
一、短期行情中龙头股的研判 — 17
二、中期行情中龙头股的研判 — 23
三、长期行情中龙头股的研判 — 30

第二章　强势股经典形态及其研判标准

第一节　什么叫强势股 — 35
一、认识强势股 — 35
二、强势股的七大评判标准 — 36

第二节　强势股的研判公式及其源码 —— 44
一、强势利器：MSD 指标 —— 44
二、量强势利器：VMSD 指标 —— 61
三、相对强度：XDQD 指标 —— 80
四、量相对强度：VXDQD 指标 —— 94
五、强势股三大形态 —— 110

第三节　强势股经典形态实战技术详解 —— 113
一、强势股经典形态"逆市上涨"技术详解 —— 114
二、"领先大盘"捕捉强势股启动点 —— 120
三、"领先上涨"捕捉强势股启动点 —— 127
四、"MSD 指标 +VMSD 指标"组合捕捉强势股启动点 —— 134
五、"XDQD+VXDQD"组合的妙用 —— 140

第三章　龙头股实战法则

第一节　上升趋势中怎样斩获龙头股 —— 147
一、上升趋势中利用 XDQD 指标和 VXDQD 指标在强于大盘形态中捕捉龙头股 —— 147
二、上升趋势中利用 MSD 指标和 VMSD 指标在弱于大盘形态中捕捉龙头股 —— 150
三、上升趋势中利用 MSD 指标和 VMSD 指标在同步于大盘形态中捕捉龙头股 —— 153

第二节　下降趋势中怎样捕捉龙头股 —— 156
一、下降趋势中利用 XDQD 指标和 VXDQD 指标在强于大盘形态中捕捉龙头股 —— 156
二、下降趋势中利用 XDQD 指标和 VXDQD 指标在弱于大盘形态中捕捉龙头股 —— 159
三、下降趋势中利用 MSD 指标和 VMSD 指标在同步于大盘形态中捕捉龙头股 —— 162

第三节　平衡震荡市中怎样操作龙头股 ———————— 165

一、震荡市中利用 XDQD 指标和 VXDQD 指标在强于大盘形态中捕捉龙头股 ………… 165

二、震荡市中利用 XDQD 指标和 VXDQD 指标在弱于大盘形态中捕捉龙头股 ………… 169

三、震荡市中利用 MSD 指标和 VMSD 指标在同步于大盘形态中捕捉龙头股 ………… 172

第四章　新增公式源码

第一节　升级后的 MSD 指标源码 ———————— 177

一、上证指数 MSD 指标 ………… 178

二、深证成指 MSD 指标 ………… 180

三、创业板指 MSD 指标 ………… 182

四、科创 50 指数 MSD 指标 ………… 184

五、北证 50 指数 MSD 指标 ………… 186

六、国证 A 股指数 MSD 指标 ………… 188

第二节　升级后的 VMSD 指标源码 ———————— 190

一、上证指数 VMSD 指标 ………… 190

二、深证成指 VMSD 指标 ………… 193

三、创业板指 VMSD 指标 ………… 195

四、科创 50 指数 VMSD 指标 ………… 197

五、北证 50 指数 VMSD 指标 ………… 199

六、国证 A 股指数 VMSD 指标 ………… 201

第三节　升级后的 XDQD 指标源码 ———————— 203

一、上证指数 XDQD 指标 ………… 203

二、深证成指 XDQD 指标 ………… 205

三、创业板指 XDQD 指标 ………… 207

四、科创 50 指数 XDQD 指标 ………… 208

五、国证 A 股 XDQD 指标 ………………………………………… 210

第四节　升级后的 VXDQD 指标源码　　212

　　一、上证指数和深证成指的 VXDQD 指标 ……………………… 212

　　二、创业板 VXDQD 指标 …………………………………………… 213

　　三、科创板 VXDQD 指标 …………………………………………… 215

　　四、国证 A 股 VXDQD 指标 ……………………………………… 217

　　五、总结：利用价量 MSD 指标和价量 XDQD 指标来选股的具体步骤
　　　　　…………………………………………………………………… 218

第五节　升级后的其他关键指标源码　　225

　　一、上证指数的裸 K 图 …………………………………………… 225

　　二、深证成指的裸 K 图 …………………………………………… 227

　　三、科创板指数的裸 K 图 ………………………………………… 230

　　四、创业板指数的裸 K 图 ………………………………………… 232

　　五、北证 50 指数的裸 K 图 ……………………………………… 234

　　六、国证 A 股的裸 K 图 …………………………………………… 236

　　七、简洁明了的强度 K 线 ………………………………………… 238

　　八、补充：行业指数的源码 ……………………………………… 244

第五章　资金管理

第一节　资金管理的重要性　　255

第二节　11 个主要公式涉及的管理策略　　257

　　一、权益百分比资金管理策略 …………………………………… 257

　　二、固定比率资金管理策略 ……………………………………… 258

　　三、固定单位资金管理策略 ……………………………………… 258

　　四、固定资金资金管理策略 ……………………………………… 258

　　五、单笔风险资金管理策略 ……………………………………… 258

　　六、止损风险资金管理策略 ……………………………………… 259

　　七、波动风险资金管理策略 ……………………………………… 259

八、凯利公式资金管理策略 —————————————— 259
九、初始风险资金管理策略 —————————————— 260
十、最大单亏资金管理策略 —————————————— 260
十一、波动率资金管理策略 —————————————— 260

第六章　风险控制

第一节　耳熟能详的风险控制具体怎么做 ———————— 291
第二节　风　　险 ——————————————————— 292
第三节　控　　制 ——————————————————— 293
第四节　心态管理 ——————————————————— 298

后　记

附　录

附录1：核心交易技术之"捕捉强势股启动点交易技术"视频简介 —— 301
附录2：核心交易技术之"盘口精要核心技术"视频简介 —————— 303
附录3：核心交易技术之"趋势规律操盘技术"视频简介 —————— 306

写在最后的话

第一章

龙头股的概念及基础知识

第一节　龙头股的含义

一、什么叫龙头股

龙头股是指某段时期内市场上对其行业板块或整个市场具有影响力和号召力的股票。龙头股的涨跌往往对其行业板块内股票的涨跌起引导和示范的作用。龙头股不是一成不变的，其龙头地位会随着行情的发展而不断进行转换，每只龙头股往往只能维持一段时间的风光。

我们知道龙头股是行情中涨幅最大的个股，对于股票操作者来说，能够在行情中捕捉到龙头个股是梦寐以求的事。那么，怎样才能捕捉到龙头股？成功操作龙头股的概率有多大？操作龙头股有哪些具体要求？本书就是为了解答这些问题而写的。本书讲解的捕捉龙头股的技法以技术分析为主，公司基本资料为辅，要求读者具有基本的技术分析功底，能熟练地使用"F10"等，以此来进行综合研判。

成为龙头股不仅要符合技术上的因素，还要符合政策热点的导向。每只龙头股都属于主力有预谋、有计划按既定步骤来逐步实现的，在技术上和普通庄股的操作基本一致，只是手法更为凶悍——为的是在市场中营造出赚钱效应，吸引更多人入市跟风接盘，也为主力操作的同板块其他个股打开上升空间。在政策热点的把握上，主力更是领先于市场大众，不论是对热点的预判，还是获得信息的时机和渠道，其能力都遥遥领先于普通投资大众，主力更有制造题材和营造炒作氛围的先决条件和绝对实力。对于普通散户来说，要想收益最大化，只有操作龙头股和强势股。

二、龙头股和强势股的区别

有必要将龙头股和强势股的区别讲解一下。龙头股是指每波行情的领头羊，有着引导行情、制造人气的作用。在一波行情中，龙头股的涨幅往往是最大的。强势股指的是和大盘或板块对比，个股走势明显强于大盘或板块，在每波行情中，其涨幅都会大于大盘涨幅但不一定是市场中涨幅最大的，有时候强势股会成为市场龙头股，但不是所有的强势股都会成为龙头股，而龙头股却一定是强势股，且龙头股一定是涨幅最大的市场明星。

这里所说的龙头股是指其还没大涨之前、没被市场发掘出来的潜力股。毕竟我们操作的是龙头股的启动区域和拉升时段，当龙头股暴涨到高位，被市场完全发现时，就已失去了操作的意义。当个股具备以下条件时即可确认为龙头股。

①有人气基础能快速聚集人气，以此带动板块上涨，继而带领大盘走出一波行情。

②符合政策预期，刚被市场挖掘出热点题材。

③必须具备强势股经典形态的一些特征（见后文的详细定义），或同步于

大盘但在细节上具有强势表现。

④有成交量的配合，最好启动时放出近期的最大量。

⑤当个股启动拉升时，市场上必须有同板块的个股跟风上涨，营造出板块效应。

⑥个股的绝对价格要低，且比市场平均价格或所属板块的平均价格低。价格低的好处是个股拉升数倍后的绝对价格也不会太高，便于市场接受，便于众多散户高位跟风买进。

三、龙头股实战案例

当个股同时符合以上六大要素时，即可确认为龙头股。现结合案例说明。

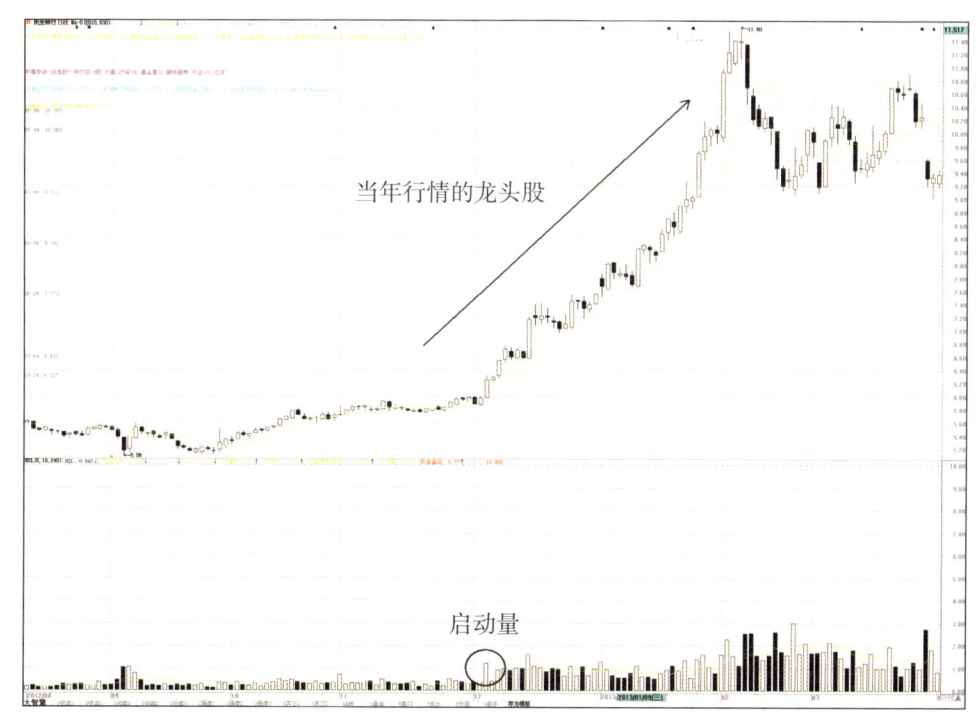

图 1-1

如图 1-1 所示，图中一波中级上涨行情的领涨板块由银行蓝筹板块启动，当时板块的龙头股 600016（民生银行）在 12 月 5 日从 5.98 元处启动，图中圆圈处标示启动量，短短 2 个月最高涨至 11.60 元，股价接近翻番。我们再来观察 600016 在启动时是否具备龙头股的六大要素，如图 1-2 所示。

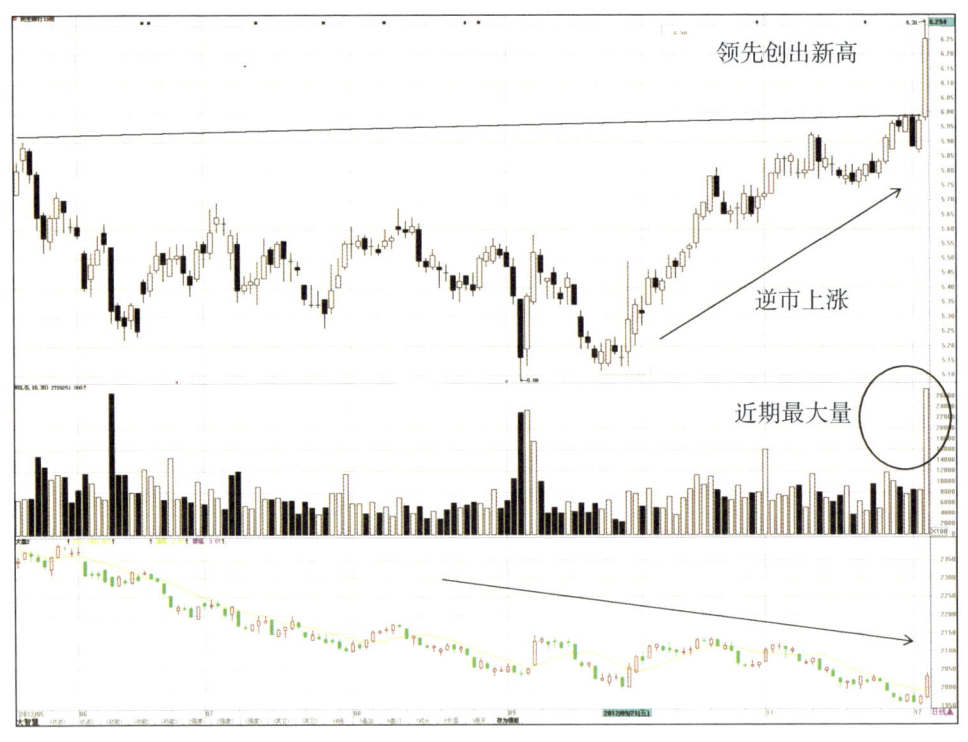

图 1-2

图 1-2 是 600016 成为市场龙头股之前启动时的走势图，我们就是要在目标个股没有引起市场注意之前进场，在成为市场明星之后出场，现在让我们来看一下 600016 是否符合龙头股的六大要素。

① 600016 属于当时低估值蓝筹，具有相当高的市场人气。

② 该股位于当时管理层提出的价值蓝筹洼地，当时管理层鼓励长期资金入

市，具有一系列政策利好，符合政策预期。

③该股在没启动拉升之前，其走势明显强于大盘，在大盘下跌时能逆市上扬，明显有一股资金在主动介入，且该股启动时领先大盘创出新高，具有明显的强势股经典形态特征。

④600016启动时明显放出近一年来的最大量，价量配合良好。

⑤该股启动拉升之日，同板块的600036（招商银行）、601166（兴业银行）、601998（中信银行）、601818（光大银行）、601009（南京银行）等个股跟风上涨，引起整个银行板块大涨。

⑥当时600016的股价处于银行板块平均价格之下，属于低估值低价格个股，是主力备选的目标股。

四、龙头股的精选法则

根据以上综合研判，我们不难看出600016即是目标龙头股，那么银行板块中的其他个股是否也符合龙头股的六大要素呢，为什么偏偏只选择600016（民生银行）而不选其他也符合龙头股六大要素的个股呢？我们对12月5日同时上涨的银行板块中的其他个股一一进行分析，具体如下。

如图1-3、图1-4、图1-5、图1-6、图1-7所示。

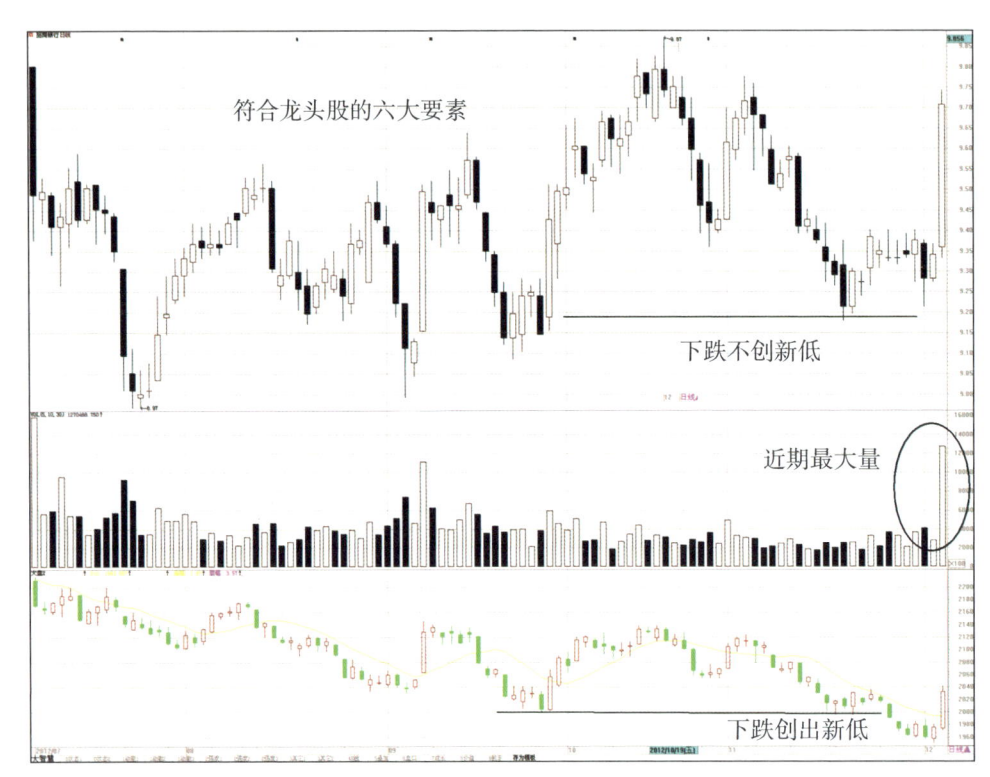

图 1-3

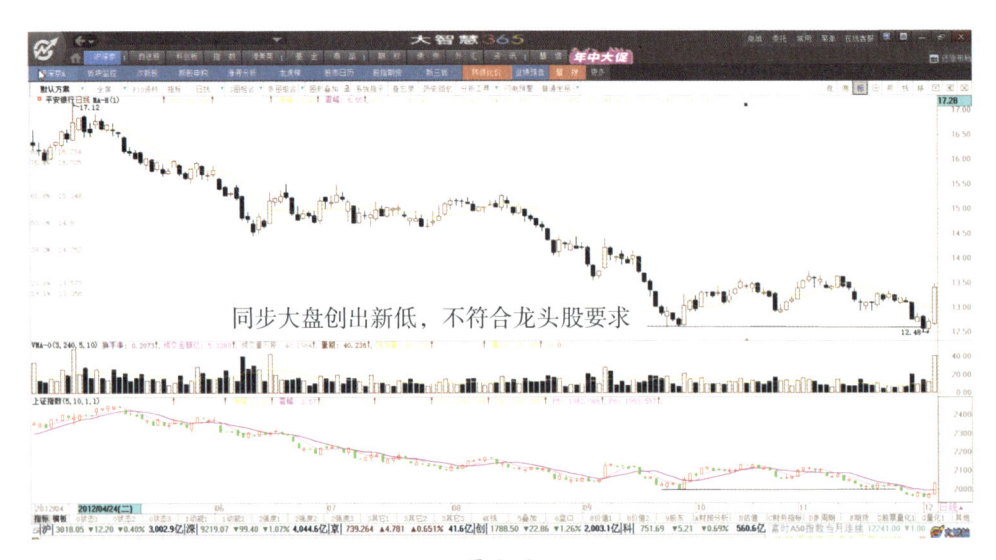

图 1-4

第一章 龙头股的概念及基础知识

符合龙头股的六大要素

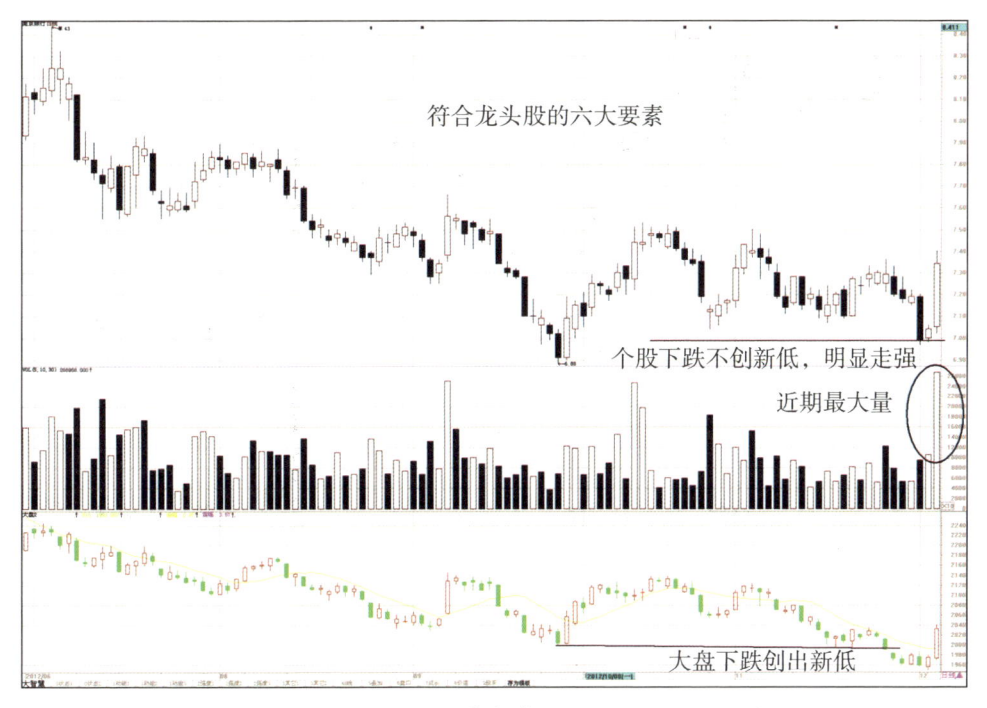

个股下跌不创新低，明显走强

近期最大量

大盘下跌创出新低

图 1-5

符合龙头股的六大要素

个股不创新低，显示强势特征

大盘创出新低

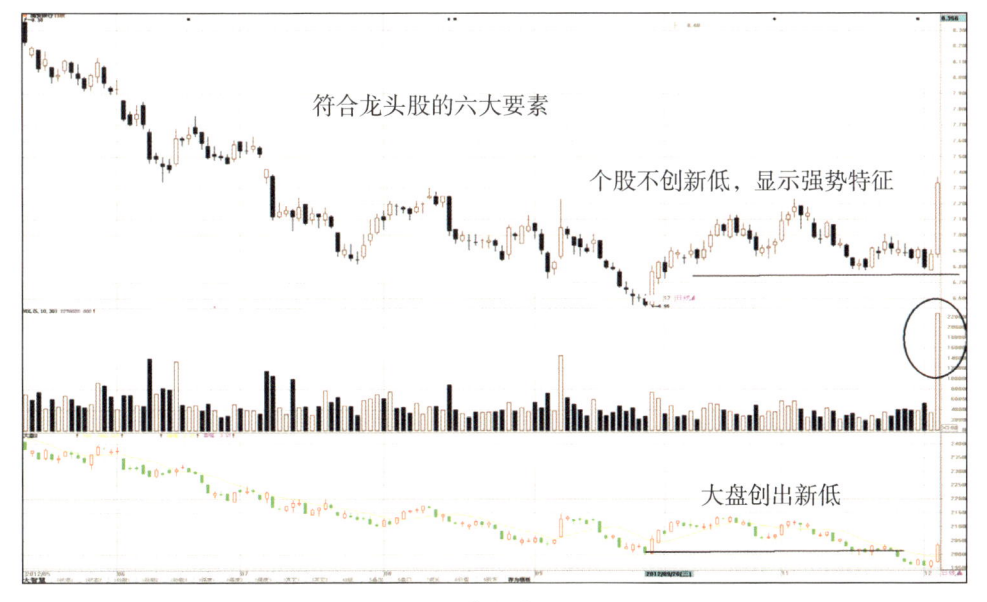

图 1-6

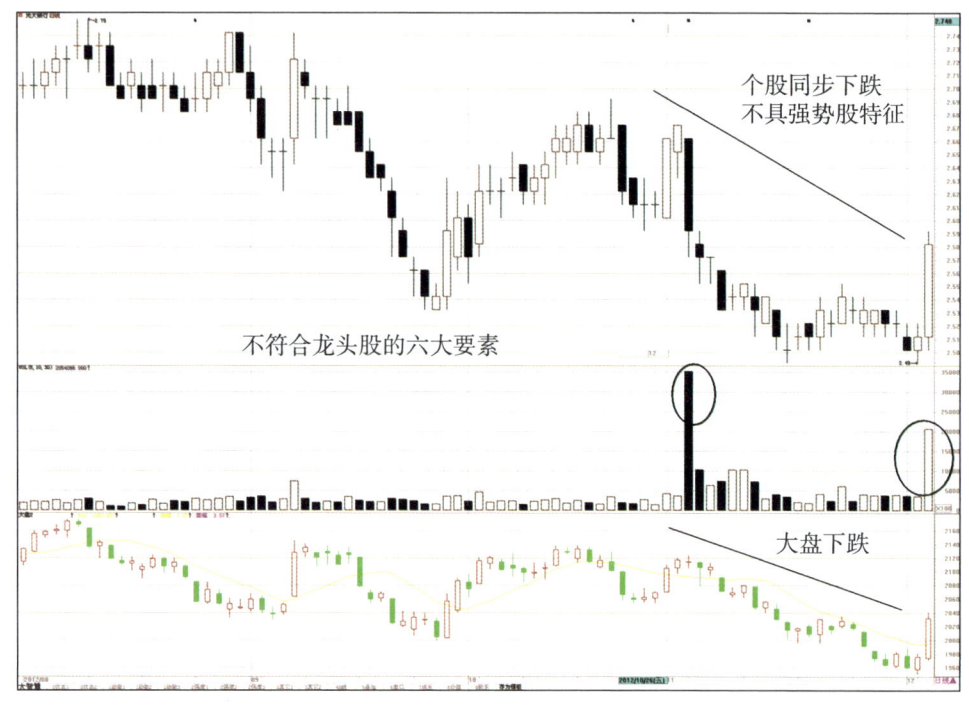

图 1-7

以上是当时同时上涨的 5 只银行股，其中有 1 只银行股不具备龙头股特征，余下的 4 只银行股都符合龙头股的六大要素，那为什么只选择 600016（民生银行）呢？请大家注意看图，600016 不仅具有强势股特征，而且和其他银行股相比，其上涨的气势更明显、更猛烈，因为 600016 属于逆市上涨，显示出主力是有备而来，志在必得，并领先大盘创出一年多来的新高，暴露出主力凶悍的操盘手法，反映出主力志存高远。而其他 4 只银行股虽然也符合龙头股的六大要素，但它们的气势都没有 600016 强悍，具体反映在强势股经典形态特征上：第一，都不属于逆市上涨；第二，都没创出新高。所谓"擒贼先擒王"，龙头股就是走势最强的目标股。在实盘交易中，当遇到数个符合龙头股标准的个股，我们只能选其一时，就以强势股经典形态特征作为研判标准，只选择"强中强"的个股。

第二节　各种行情的研判规则

一、各种行情的划分

股市的永恒规律就是波动，不断的波动，永恒的波动。国内股市虽说可以融券做空，但做多对上迎合国情，对下符合民意，所以主流还是做多，不论在上升行情还是下跌趋势中都会出现一些强势龙头股，但我们怎样来辨别行情属于短期反弹还是中级上涨，又或是长期牛市的开始呢？我们先对各种行情进行划分，再从中来具体地定义短期反弹、中级上涨或长期行情。现将笔者在多年实战中总结归纳的一套辨别行情性质的方法，本着简单易学的原则为大家讲解。股市中的各种行情分为三种，具体如下：

①短期行情。

②中期行情。

③长期行情。

各种行情的研判规则对大盘、板块和个股均有效，下面我们详细讲解。

二、短期行情的研判规则

短期行情的研判规则如下：

①短期行情多为反弹性质，目标位不可预期太高，以周线图表上的压力区为主。

②研判时以日K线图为主，周K线图为辅，短期、中期均线指引方向，价格也沿着短期、中期均线运行，短期均线设定为5单位、10单位均线，中期均线设定为30单位均线。注意，日线图上短期、中期均线以5日、10日、30日均线为主，周线图上中期均线以30周均线为主。

③价格在运行期间，其日线图表上的短期5日、10日均线均没有与中期30日均线发生死叉，短期、中期均线同时向上运行；在周线图表上，中期30周均线与日线图表上的30日均线呈反方向运行，如日均线向上运行的话，则周均线向下运行。

我们以大盘为例进行具体讲解，如图1-8、图1-9所示。

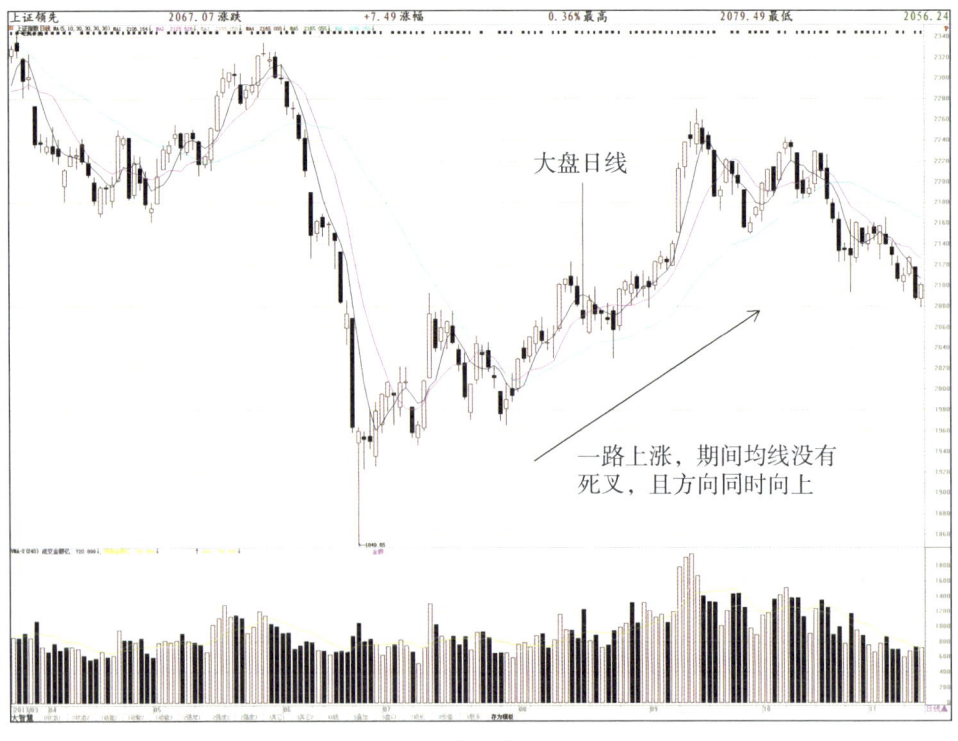

图1-8

图 1-9

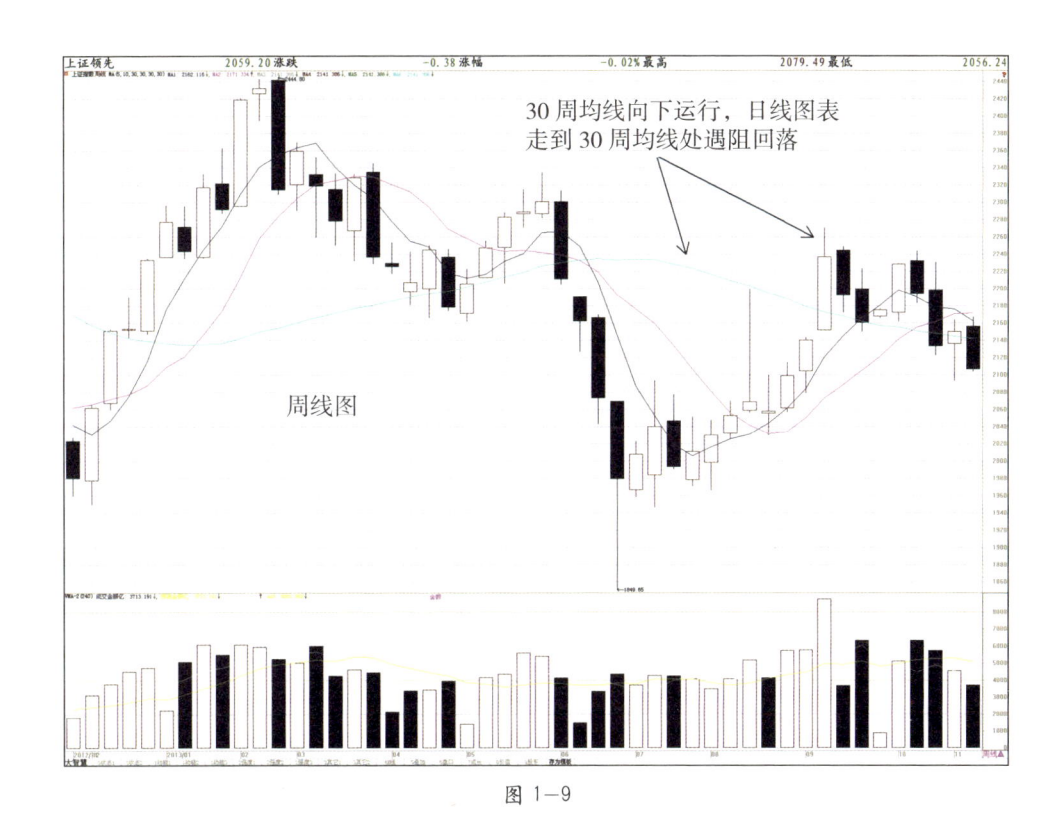

图 1-8 的日线图表中，大盘在 2013 年 6 月 25 日见底反弹之后一路上涨，期间其短期 5 日、10 日均线均没有与中期 30 日均线发生死叉，主力拉升意愿坚决。配合图 1-9 的周线图表分析，30 周均线方向向下运行，决定行情性质属于反弹，其反弹目标位在 30 周均线附近。

三、中期行情的研判规则

中期行情的研判规则如下：

①中期行情也称为中级行情。中期行情一般持续时间比短期行情要长，目标位可适当看高，以月线图表上的压力区为主。

②研判时以周线图和月线图作为进出场依据，以周 K 线图为主，月 K 线图为辅，短期、中期均线指引方向，价格也沿着短期、中期均线运行，短期均线设定为 5 单位、10 单位均线，中期均线设定为 30 单位均线。注意，日 K 线图上短期、中期均线以 5 日、10 日、30 日均线为主，周 K 线图上短期、中期均线以 5 周、10 周、30 周均线为主，月 K 线图上中期均线以 30 月均线为主。

③价格在运行期间，其周线图表上的短期 5 周、10 周均线均没有与中期 30 周均线发生死叉，在月线图上，其 30 月均线与周线图表上的 30 周均线呈反方向运行，如周均线向上运行，则月均线向下运行。

我们还是以大盘为例进行具体讲解，如图 1-10、图 1-11、图 1-12 所示。

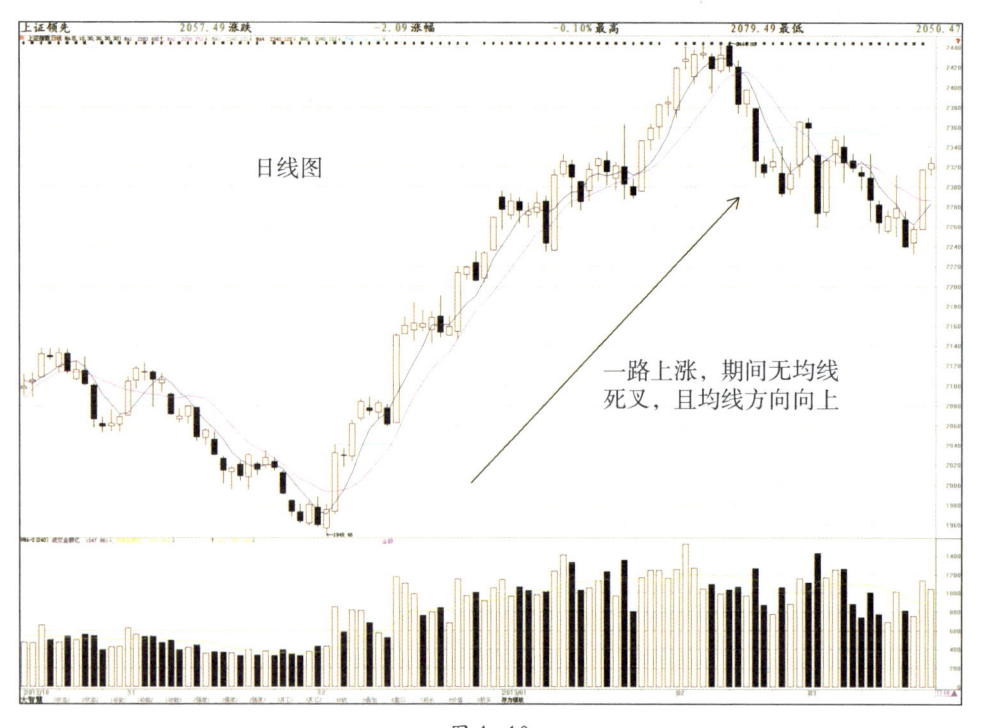

图 1-10

第一章 龙头股的概念及基础知识

周线图

一路上涨,期间无均线死叉,且均线方向向上

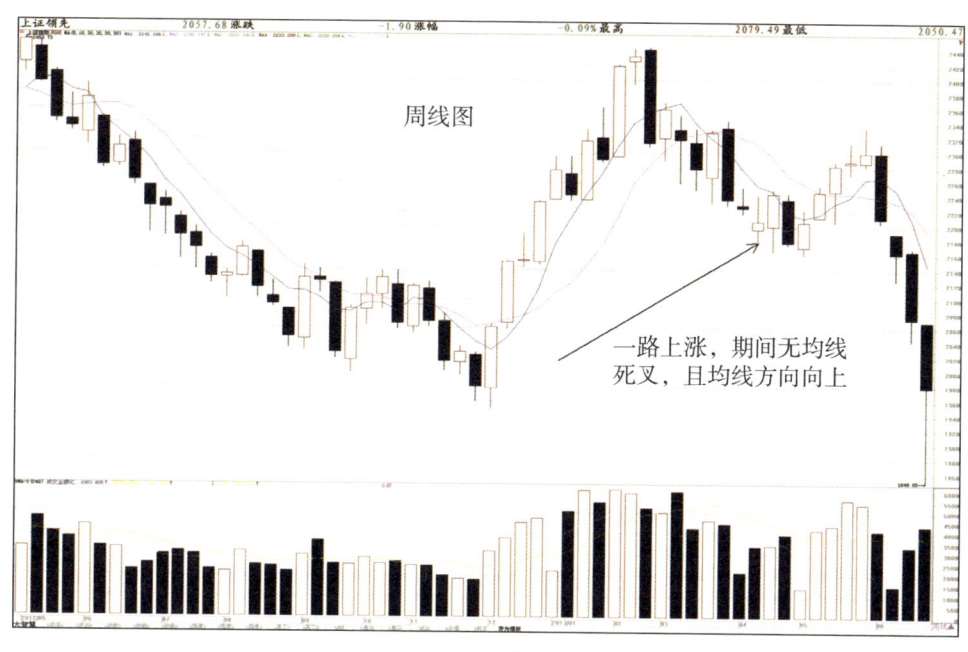

图 1—11

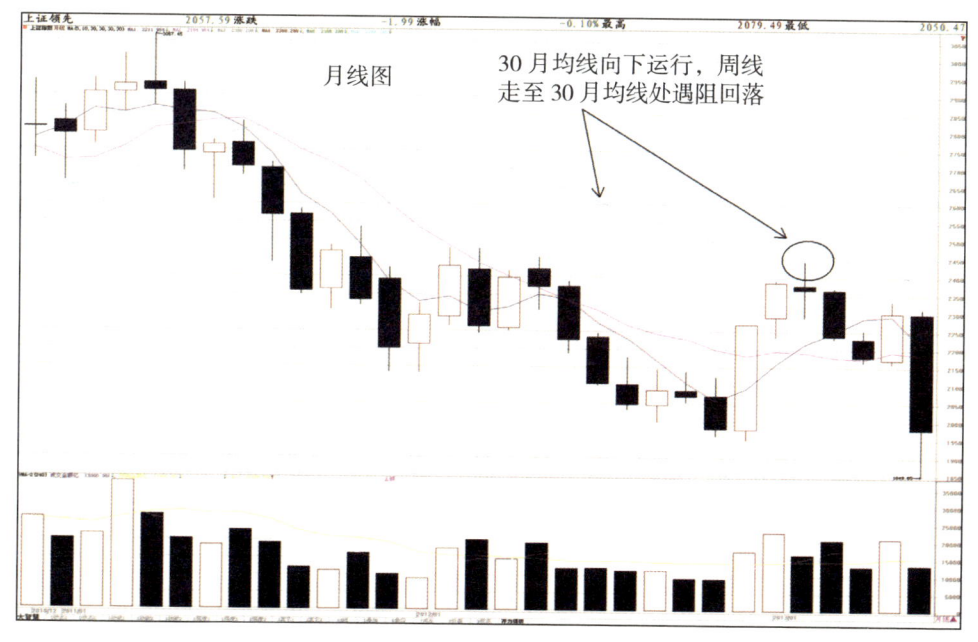

月线图

30月均线向下运行,周线走至30月均线处遇阻回落

图 1—12

图 1-10 的日线图中，大盘在 12 月 4 日见底反弹之后，一路上涨，行情由短期反弹演变成中级上涨行情，其间在日线图上其短期 5 日、10 日均线均没有与中期 30 日均线发生死叉。结合图 1-11 周线图分析，5 周、10 周均线与 30 周均线方向都向上运行，中期上涨行情展开，再综合图 1-12 月线图分析，30 月均线向下运行，决定了行情性质为中级上涨行情，其上涨目标位在 30 月均线附近。

四、长期行情的研判规则

长期行情的研判规则如下：

①长期行情也称为牛市行情或熊市行情。长期行情一般持续时间较长，其目标位的测定以人气极度火爆或人气极度低迷为判断依据，但人气指标不好量化，没有一个标准，我们可用动量指标辅助研判。在长期图上，比如月线图、季线图或半年线图中，当动量指标严重超买或超卖时，可结合当时的人气指标来判断行情是否到了大底或大顶区域，以更长期图上的压力区或支撑区和人气指标极值为主。

②研判时以月线图和季线图作为进出场依据，以月 K 线图为主，以季 K 线图为辅，短期、中期均线指引方向，价格也沿着短期、中期均线运行，短期均线设定为 5 单位、10 单位均线，中期均线设定为 30 单位均线。注意，日线图上短期、中期均线以 5 日、10 日、30 日均线为主，周线图上短期、中期均线以 5 周、10 周、30 周均线为主，月线图上以短期、中期均线 5 月、10 月、30 月均线为主，季线图上以 10 季均线为主。

③价格在运行期间，其月线图上的短期 5 月、10 月均线均没有与中期 30 月均线发生死叉，在季线图上其 30 季均线与月线图表上的 30 月均线的方向均向上运行或走平，如月均线向上运行的话，季均线也向上运行。我们还是以大盘为例进行具体讲解，如图 1-13、图 1-14、图 1-15、图 1-16 所示。

第一章 龙头股的概念及基础知识

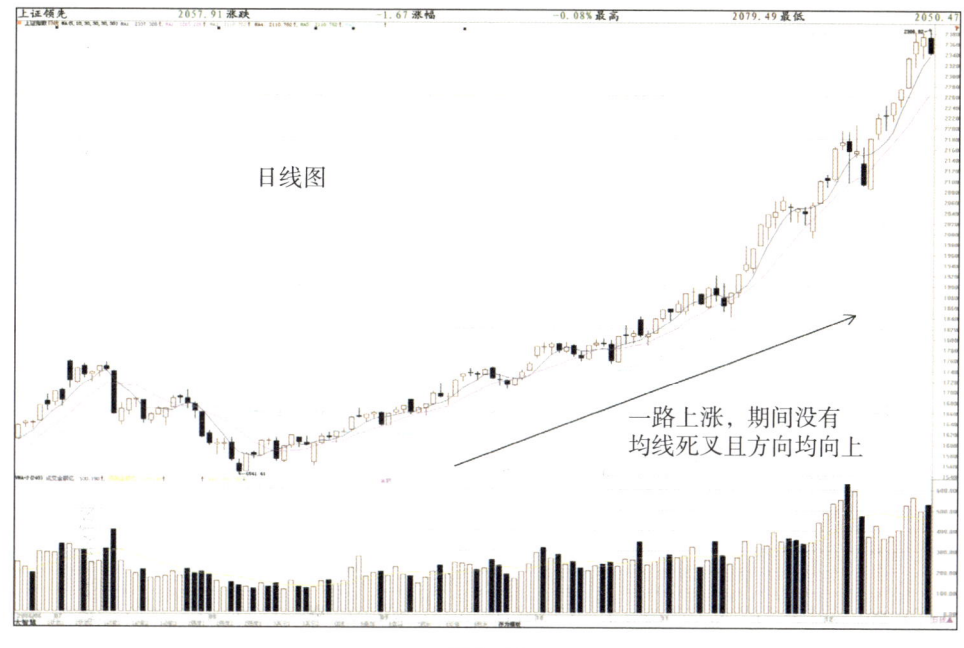

日线图

一路上涨，期间没有均线死叉且方向均向上

图 1—13

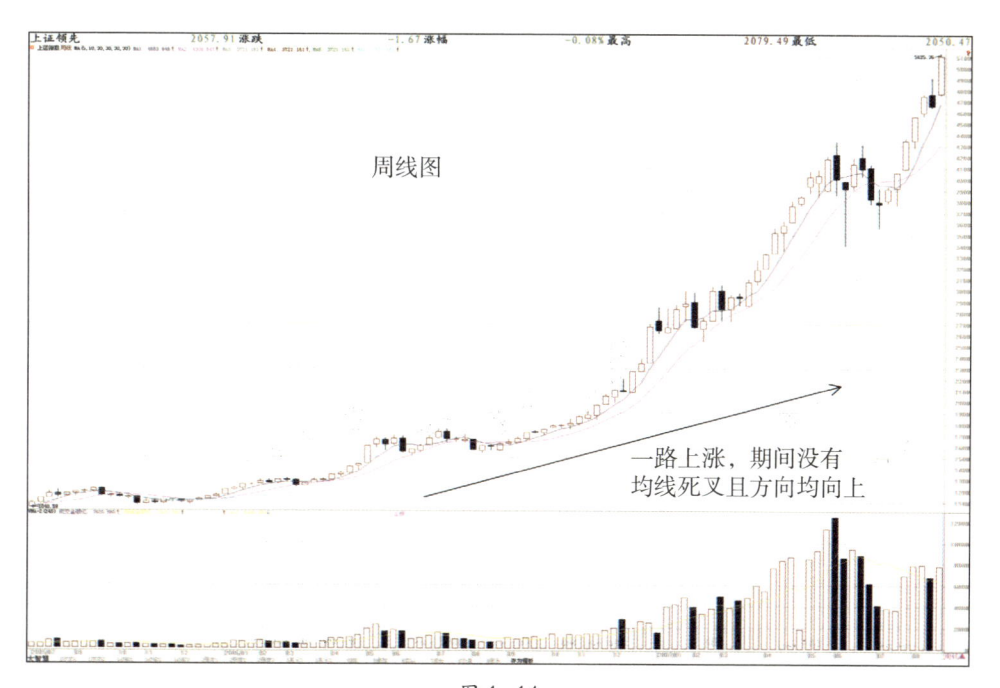

周线图

一路上涨，期间没有均线死叉且方向均向上

图 1—14

月线图

一路上涨，期间没有均线死叉且方向均向上

30月均线走平

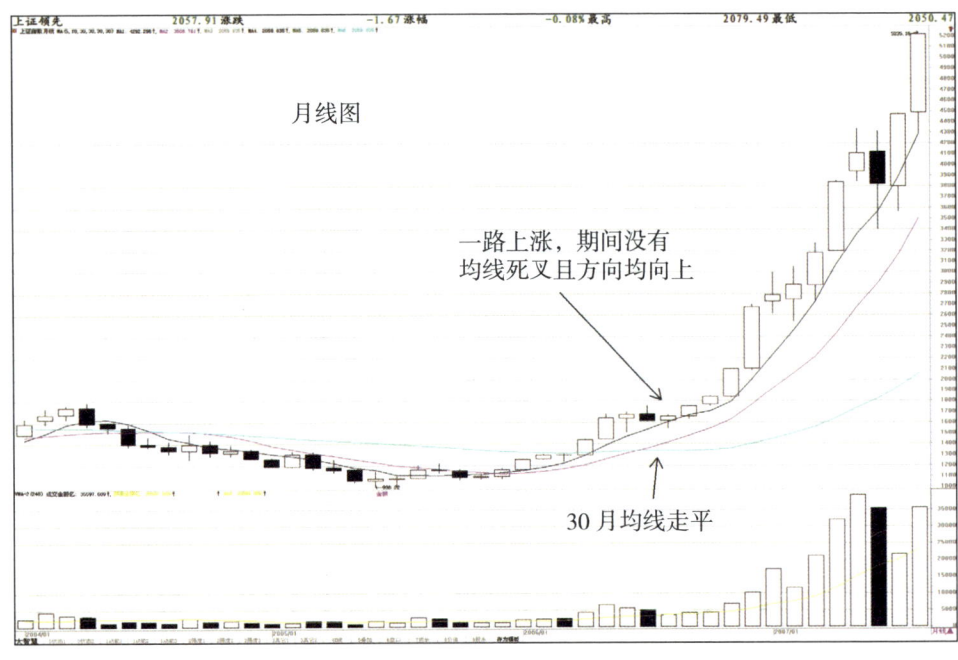

图 1—15

季线图

30季均线走平

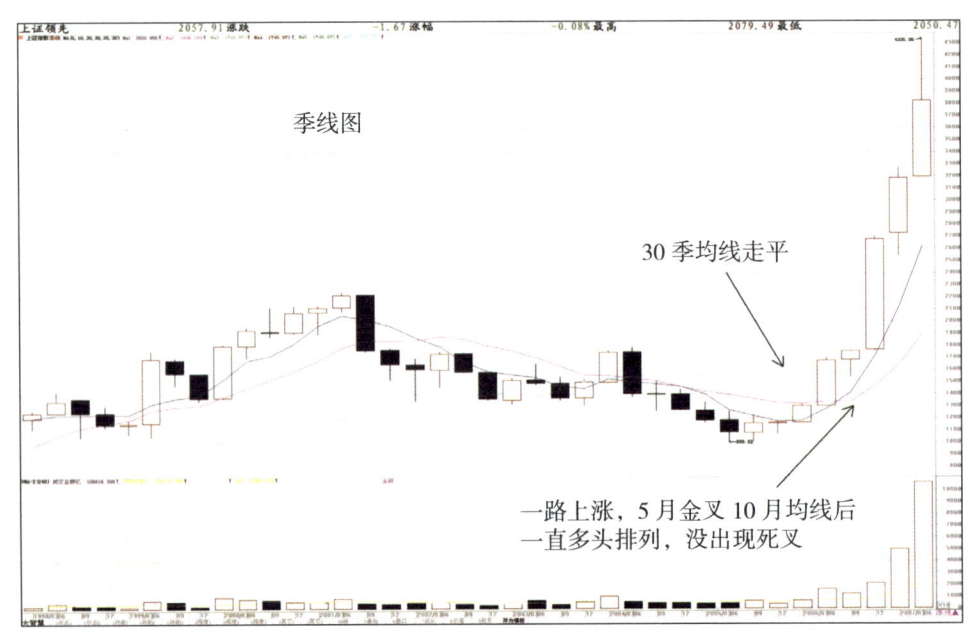

一路上涨，5月金叉10月均线后一直多头排列，没出现死叉

图 1—16

图 1-13 的日线图中，大盘见底回升之后，一路上涨，行情突破重重阻力，站稳 1780 点主要关口，其间在日线图上其短期 5 日、10 日均线均没有与中期 30 日均线发生死叉。结合图 1-14 的周线图分析，5 周、10 周均线与 30 周均线方向都向上运行，其间均没有发生死叉。再结合图 1-15 的月线图分析，30 月均线走平，短期均线多头排列。季线图上短期金叉后呈多头排列，30 季均线也走平。其长期图中月线图和季线图的短期均线向上运行，中期均线走平决定了行情的性质属于长期上涨行情，一波牛市开始。注意，此时还需加入人气指标进行综合研判。

第三节　各种行情中龙头股的研判

一、短期行情中龙头股的研判

首先我们要研判出行情性质属于短期行情，对其行情中龙头个股的涨幅不可期望太高，毕竟每个龙头个股的涨幅都要受限于该波段的行情大小，行情大，则龙头个股的涨幅也大；行情小，则龙头个股的涨幅也小。根据行情性质，判断短期行情中龙头股的规则如下：

①大盘有发生短期反弹行情的需求（具体研判规则见第二节的"各种行情的研判规则"）。

②有能带动行业板块上涨继而引领大盘走出一波短期反弹行情的个股。

③有人气基础良好、能快速聚集人气的个股。

④有符合政策预期和有热点题材的个股。

⑤启动时绝对价格要低，并且成交量要明显放大，价量配合良好。

⑥必须符合强势股经典形态的一些特征（见后文，笔者有详细定义），在K线图上要有强势表现。

⑦当出现数个符合龙头股标准的个股之时，以"强中强"原则确定最终龙头个股。

⑧因大盘属于短期反弹行情，所以对其龙头股的目标位不可预期太高。

如果某股符合以上8点，则恭喜你！你找到了该波短期行情中的龙头股。现列举实战案例，如图1-17、图1-18、图1-19、图1-20、图1-21所示。

图1-17中，大盘在一轮暴跌之后，形成单日反转K线形态（单针探底），有强烈的反弹需求，600822（上海物贸）也跟随大盘下跌。在大盘见底回升之时，600822小幅上涨，看似随波逐流，没主力关注，但该股突然一字板封涨停，引起同板块个股跟风上涨，继而带动行业板块上涨，同时该股具有"沪自贸区"概念，属于当时市场上炒作的新热点题材，具有相当的人气基础，当天同一概念板块的个股纷纷大涨，603128、600689等数只股票涨停，但只有600822是一字封停，属于涨停板中最强势的形态。股民朋友们请注意，此处用到了"强中强"规则。而且600822价格最低，7月4日启动涨停时才4.69元，远低于板块平均价格，当大盘反弹至7月11日的2070点，遇到此波下跌行情的50%反弹阻力位时（图1-18），开始震荡下跌，而此时600822早已放量创出新高。此形态属于笔者独创的强势股经典形态之一，笔者称之为"领先新高"强势形态（关于强势股经典形态的详细讲解可见本书后面内容）。大家再注意观察603128、600689等同概念涨停的个股当时的形态，见图1-19、图1-20。当大盘反弹不创新高时，603128和600689也跟随大盘

反弹不创新高，没出现强势股经典形态。至此，我们可以确定600822是这波短期反弹行情的龙头个股。

600822在一字封停后引起我们关注，在随后的交易日中走出了经典的强势股形态"领先新高"，此时可及时跟进三分之一仓位，以免踏空，同时根据此强势股经典形态特征，主力多为拉高建仓，后续还有震仓行为，故可静待主力震荡洗筹后再进场（如图1-21），主力在放量创出新高后开始震荡下跌洗盘，在其缩量下跌至30日均线处低吸三分之一仓位，再待其放量拉升时跟进最后三分之一仓位，至此，我们以满仓待涨。

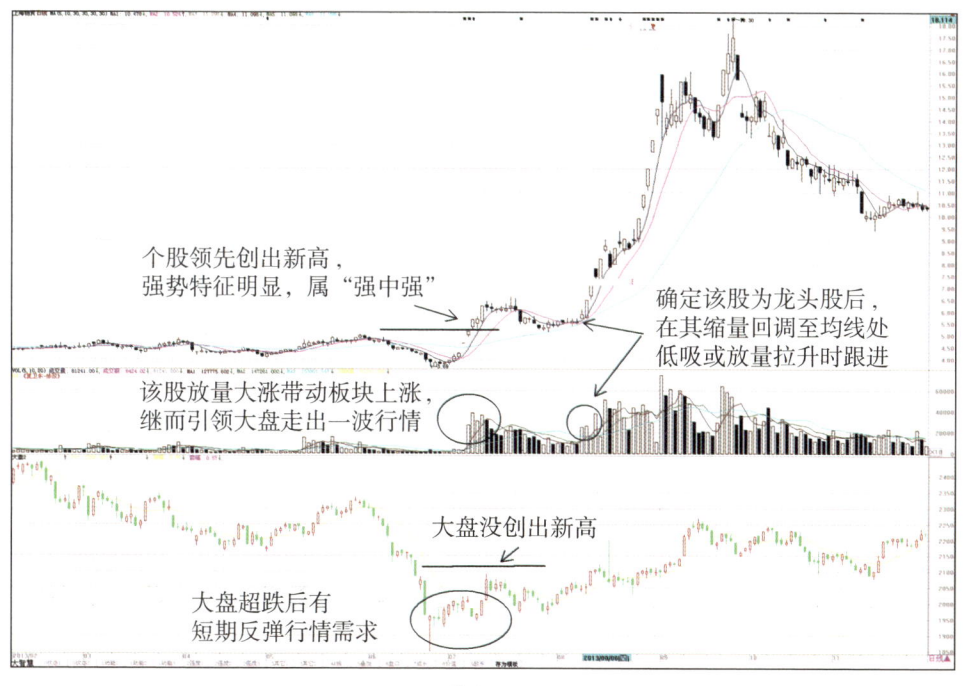

图 1-17

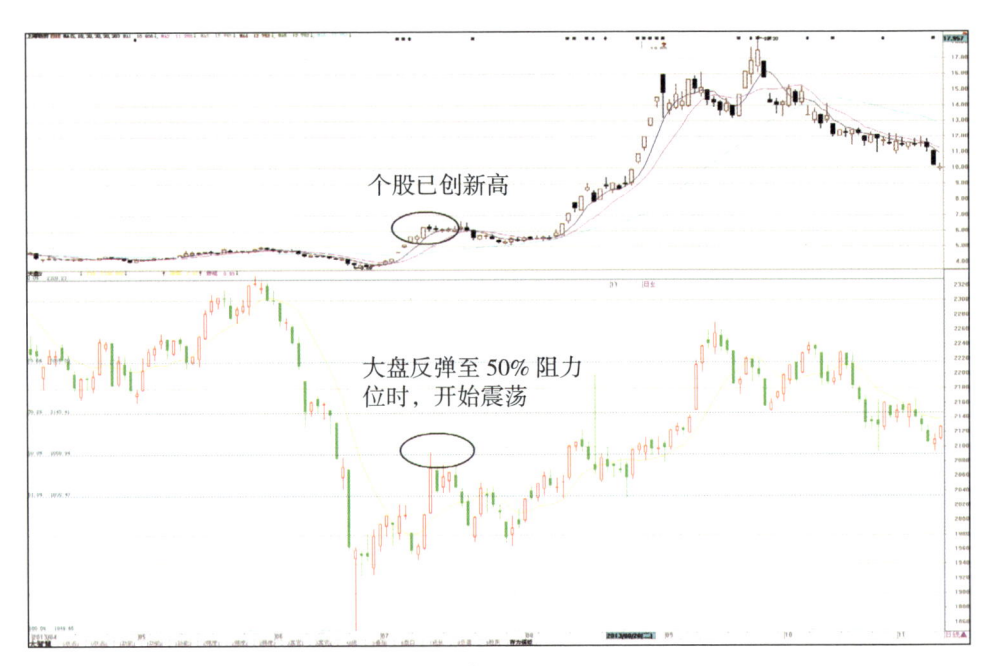

图 1-18

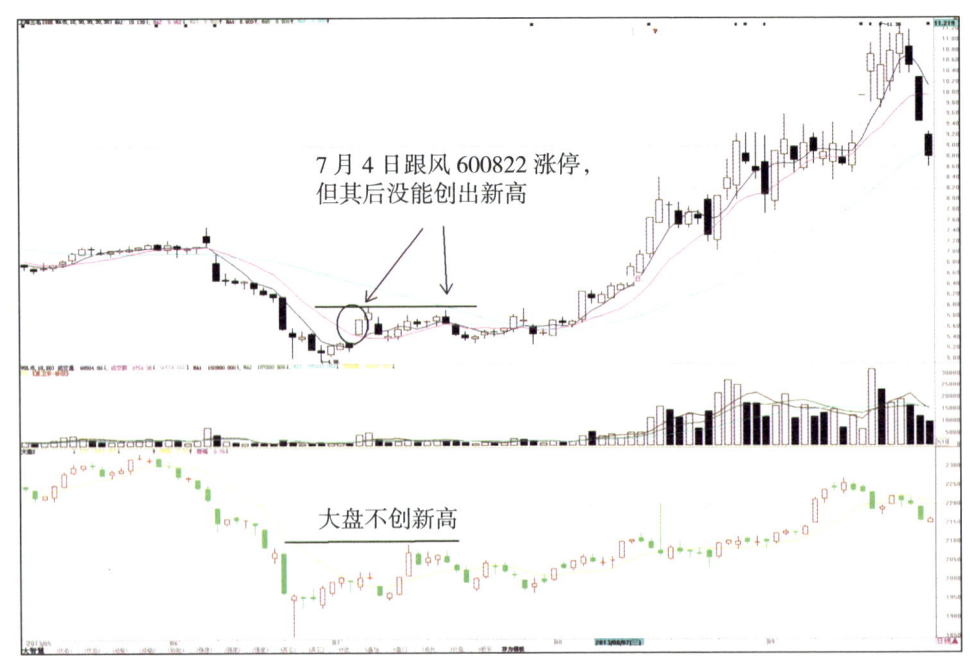

图 1-19

第一章 龙头股的概念及基础知识

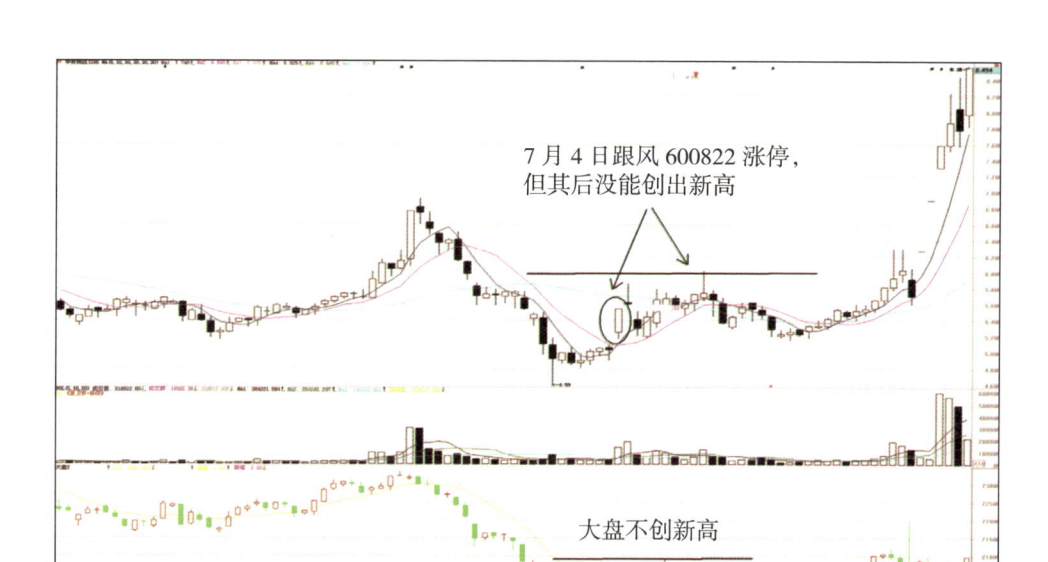

7月4日跟风600822涨停，但其后没能创出新高

大盘不创新高

图 1-20

主力创出新高后开始下跌洗盘

缩量下跌至30日均线处低吸

待其放量拉升时再次跟进

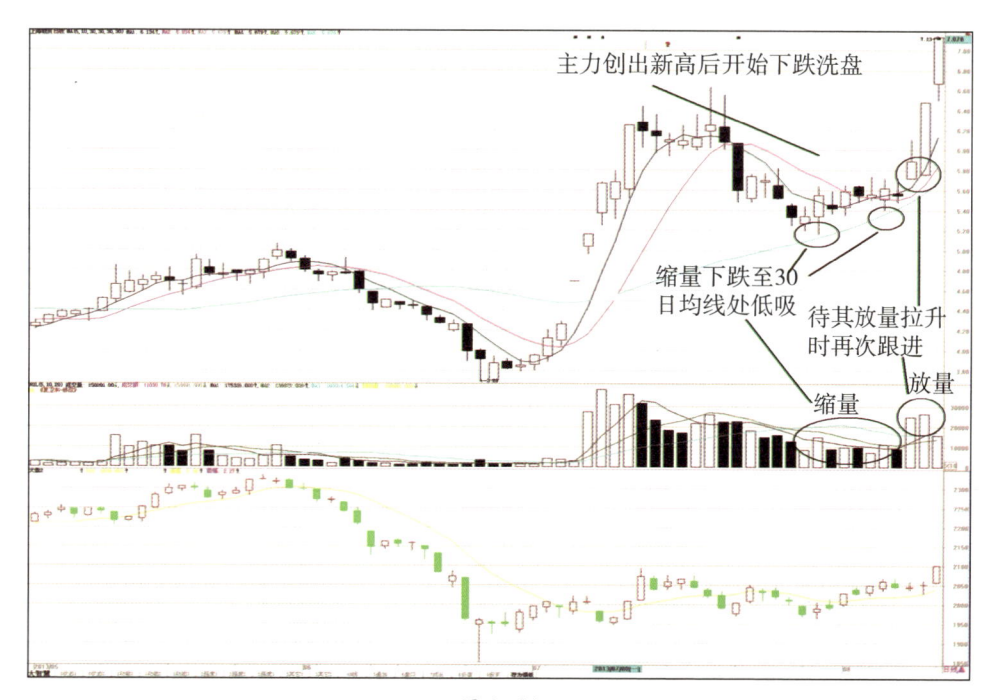

缩量　放量

图 1-21

事后证明，600822是这波反弹行情中涨幅最大的个股，见图1-22、图1-23、图1-24。

图1—22

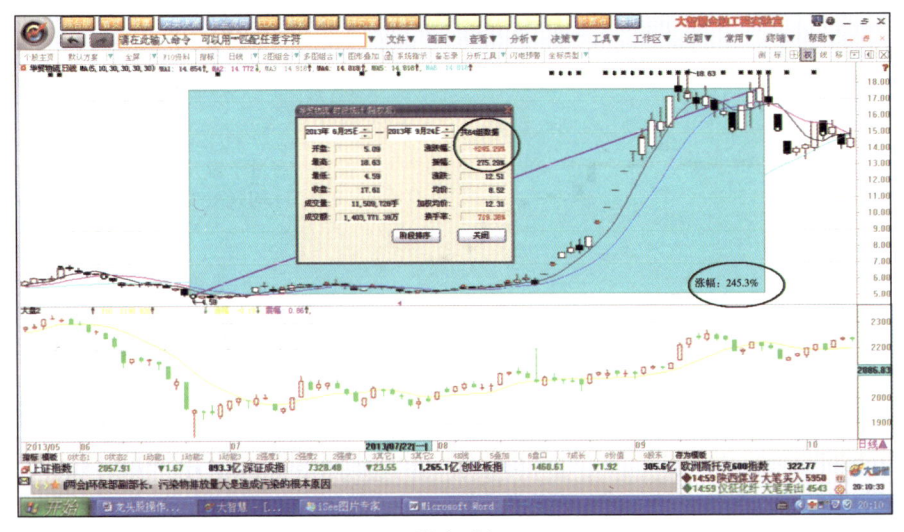

图1—23

图 1-24

　　细心的读者可能会问，600822 放量创出新高后，你怎么就知道它会回调洗盘呢，难道主力不会顺势拉升，一气呵成，拉到目标位后造势出货，反而将股价压低再次给市场低吸的机会呢？你即使在股价创出新高时跟进了三分之一仓位，但主力不回调洗盘而是直接进入拉升，由于你的仓位很小将导致你的获利终将有限，也形同踏空，你怎么就能确定主力要回调洗盘呢？

　　我们都知道主力不是活雷锋，不是轿夫，更不是傻子，之所以要打压价格洗盘，除了项目运作中必经的洗盘环节，以清洗浮筹、减轻拉升压力之外，更有一些特定的形态和技术特征可以反映出主力的动向和真实意图，其中的原理笔者将它们制作成趋势规律操盘技术和捕捉强势股启动点交易技术培训视频，通过手把手、口传身授的方式传授给有缘人，有兴趣的读者朋友可与笔者联系。

二、中期行情中龙头股的研判

　　我们先要研判出行情的性质属于中期级别的行情，对其行情中龙头个股的

涨幅可以期望略高。根据行情性质,研判中期行情中龙头股的规则如下:

①大盘有发生中期行情的需求(具体研判规则见第二节各种行情的研判规则)。

②有能带动行业板块上涨、继而引领大盘走出一波中期行情的个股。

③有人气基础良好、能快速聚集人气的个股。

④有符合政策预期和有热点题材的个股。

⑤启动时绝对价格要低,并且成交量要明显放大,价量配合良好。

⑥必须符合强势股经典形态的一些特征(见后文,笔者有详细定义),在K线图上要有强势表现。

⑦当出现数个符合龙头股标准的个股之时,以"强中强"原则确定最终的龙头个股。

⑧因大盘属于中期行情,所以对其龙头股的目标位预期可略高。

如果某股符合以上8点,则该股可以确定为中期行情的龙头股。现列举实战案例,如图1-25、图1-26所示。

看图精要:

①如图1-25,大盘经过慢慢下跌后,下跌动能逐渐减弱,市场有着强烈的中期反弹需求。之所以判断大盘是中期行情,其研判规则可见第二节的各种行情的研判规则。

②图中600433(冠豪高新)在放量拉大阳时,虽没涨停但引起纸业其他个股的跟风上涨,带动造纸板块收出大阳。

③当时600433具有质优、价低、盘小的优势,在市场中有相当的人气。

④该股业绩进入高速增长通道,但跟随大盘下跌,属于被市场严重错杀的优质股。该股还具有政策利好——税改推进"专用发票纸"概念。

第一章　龙头股的概念及基础知识

个股领先放量创出新高，
强势特征明显

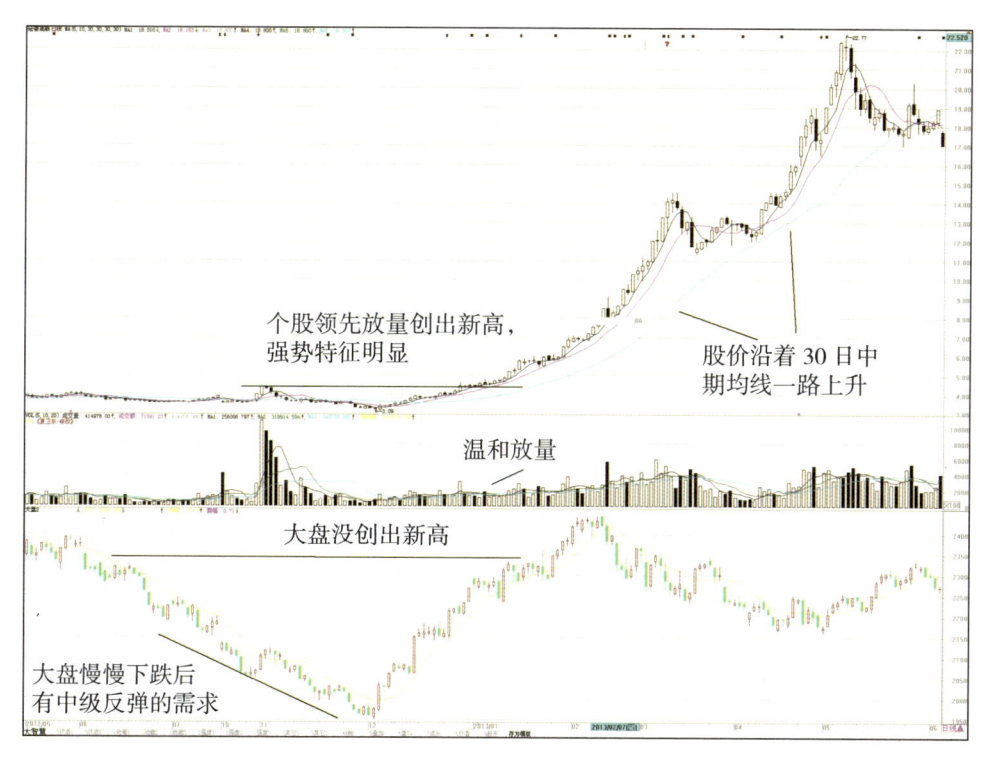

股价沿着30日中
期均线一路上升

温和放量

大盘没创出新高

大盘慢慢下跌后
有中级反弹的需求

图 1-25

图 1-26

⑤ 600433启动时价格在3元多（复权后），价格较低，在造纸板块平均价格之下。

⑥ 大盘见底后开始逐步反弹，但始终没能创出新高，而600433却领先放量创出新高，符合强势股经典形态特征。

⑦ 在造纸板块中，600433属于走势最强的个股，符合"强中强"原则。

⑧ 如图1-26，600433领涨造纸板块和大盘，在这次中期行情中其涨幅高达582.93%。

咱们接着举例，如图1-27、图1-28所示。

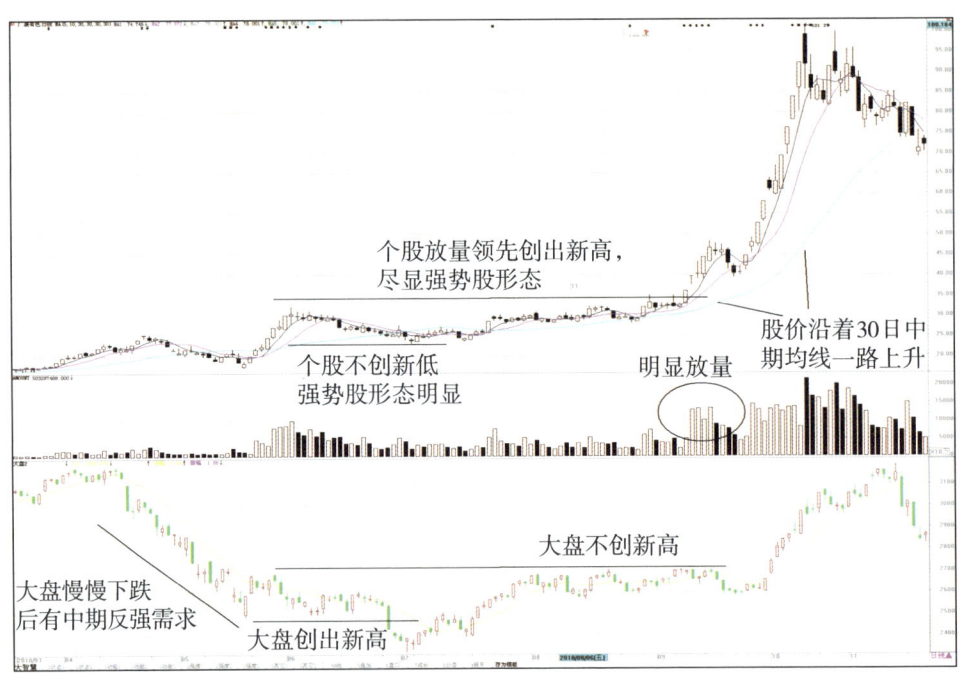

图 1-27

第一章　龙头股的概念及基础知识

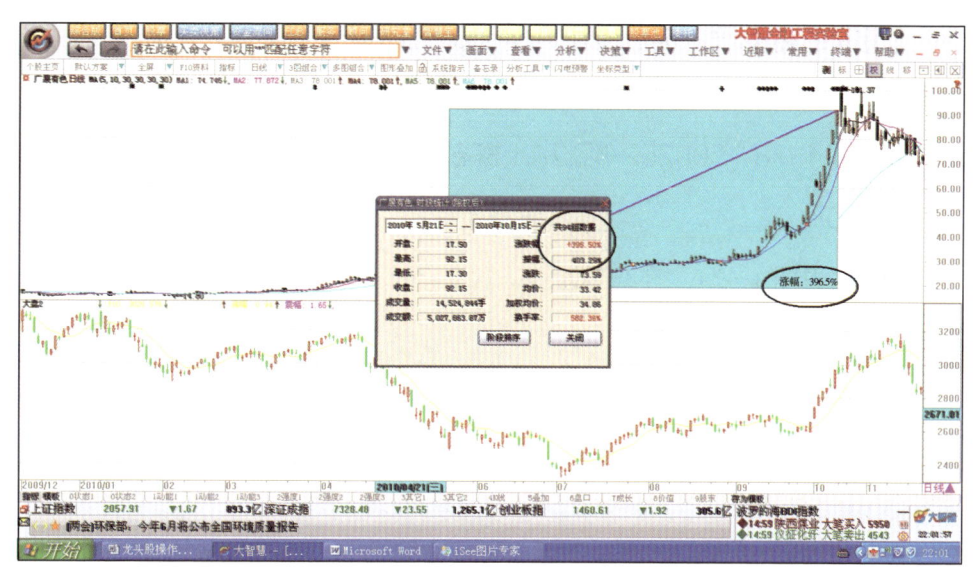

图 1-28

看图精要:

①如图 1-27，大盘经过长期下跌后，下跌动能逐渐减弱，市场有着强烈的中期反弹需求。

②图中 600259（广晟有色）在 5 月底至 6 月初连续大阳拉涨，引起稀土概念个股跟风，在同年 7 月 22 日放量涨停，再次引起稀土板块其他个股的跟风上涨，带动稀土板块大涨。

③ 600259 是稀土概念中人气最旺盛的个股。

④该股属于当时市场中最热门的稀土概念，是市场炒作的焦点。

⑤ 600259 启动时价格偏高，但流通盘只有一个多亿，其市值很小，符合主力炒作要求。

⑥大盘在探底过程中，不断创出新低，但 600259 拒绝下跌，并不断创出新低，属于笔者独创的强势股经典形态之"不创新低"，在随后的交易中走出"领先新高"强势股经典形态，强势特征明显。

⑦在有色金属板块和稀土概念中，600259属于走势最强的个股，符合"强中强"原则。

⑧如图1-28，600259领涨稀土概念和大盘，在这次中期行情中其涨幅高达近400%。

再来看看图1-29、图1-30。

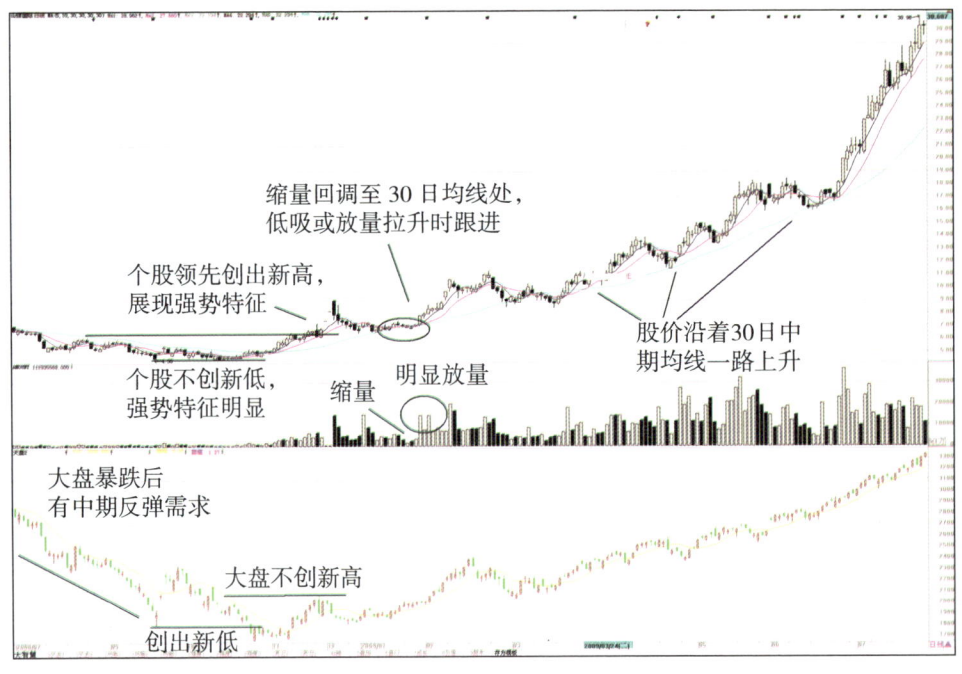

图 1-29

图 1-30

看图精要：

①如图 1-29，大盘经过了长期下跌后，下跌动能逐渐减弱，市场有着强烈的中期反弹需求。

② 600546（山煤国际）在 12 月 22 日至 23 日连续 2 天一字封停，引起煤炭个股跟风式上涨，带动煤炭板块大涨。请读者注意，此时又是一字涨停，前文说过，一字涨停是涨停板中最强势的形态，此时的 600546 初现龙头风范。

③ 600546 是盘小、价低、人气旺盛的煤炭股。

④该股原名中油化建，由山煤集团收购吉化集团旗下控股公司中油化建而改名为"山煤国际"，该股具有市场经久不衰的炒作题材"资产重组"概念。

⑤ 600546 启动时价格在 7 元左右，低于煤炭板块平均价格。

⑥大盘创出新低，但 600546 并不创出新低，属于强势股经典形态之"不创新低"，在随后的交易中走出"领先新高"强势股经典形态，强势特征明显。

⑦在煤炭资源类个股中，600546属于走势最强的，符合"强中强"原则。

⑧如图1-30，6000546领涨煤炭资源概念和大盘，在这次中期行情中其涨幅高达532.65%。

三、长期行情中龙头股的研判

我们先要研判出行情的性质是属于长期牛市行情的开始，对其行情中龙头个股的涨幅可以乐观期待。根据行情性质，研判长期行情中龙头股的规则如下。

①大盘经过长期下跌，已危及整个证券行业的健康发展，有发生长期牛市行情的需求（具体研判规则见第二节各种行情的研判规则）。

②有能带动行业板块上涨，继而引领大盘走出一波长期行情的个股。

③有人气基础良好、能快速聚集人气的个股。

④有符合政策预期和有热点题材的个股。

⑤启动时绝对价格要低，并且成交量要明显放大，价量配合良好。

⑥必须符合强势股经典形态的一些特征（见后文，笔者有详细定义），在K线图上要有强势表现。

⑦当出现数个符合龙头股标准的个股之时，以"强中强"原则确定最终龙头个股。

⑧因大盘属于长期牛市行情，所以对其龙头股的目标位可以乐观看高。

如果某股符合以上8点，则该股可以确定为长期行情的龙头股。现列举实战案例，如图1-31、图1-32、图1-33所示。

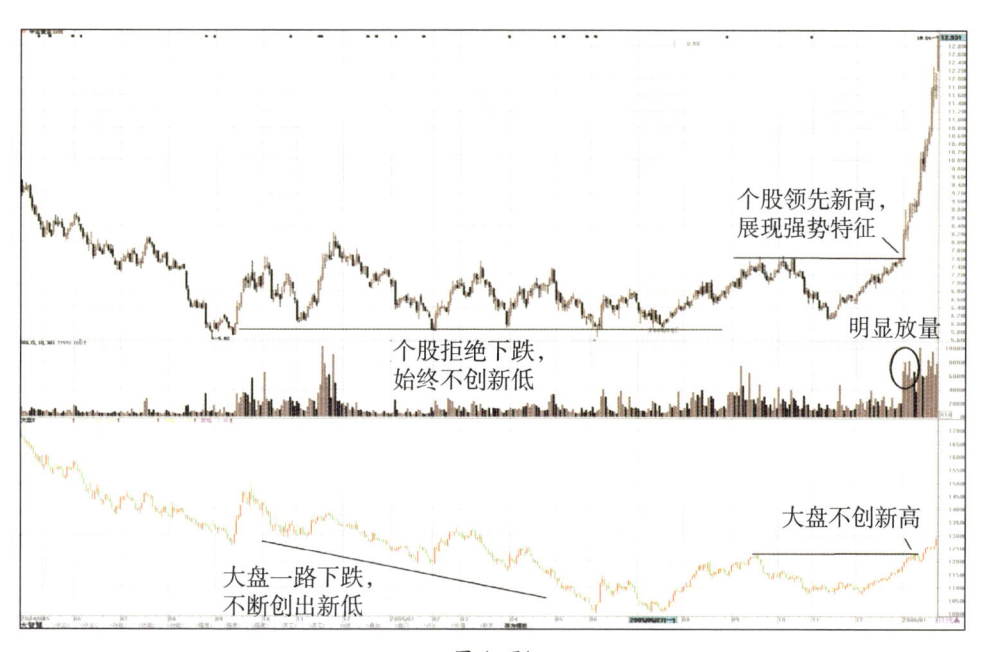

图 1—31

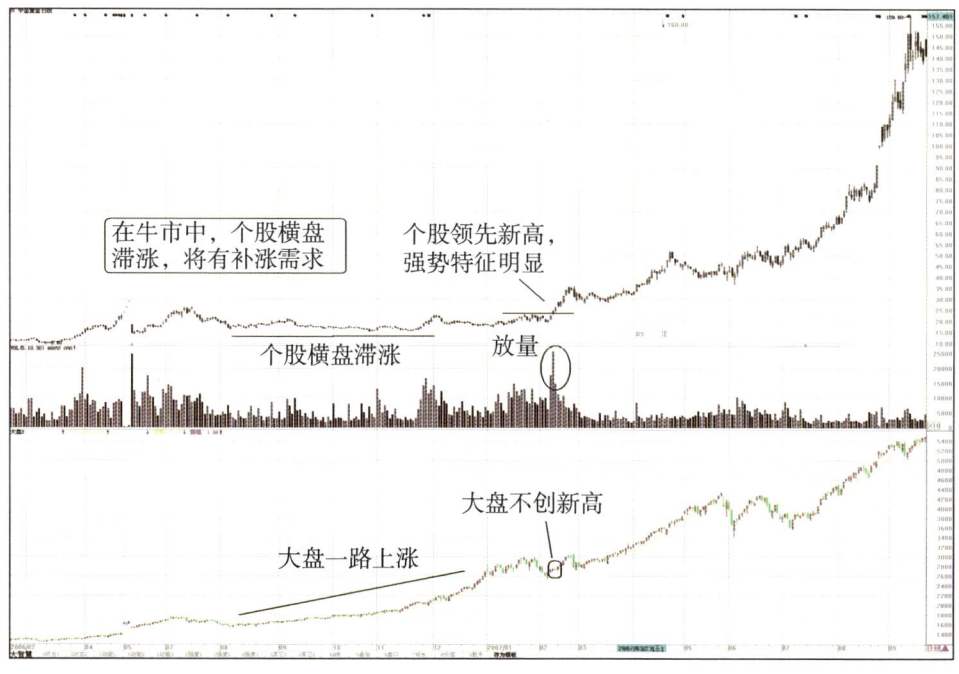

图 1—32

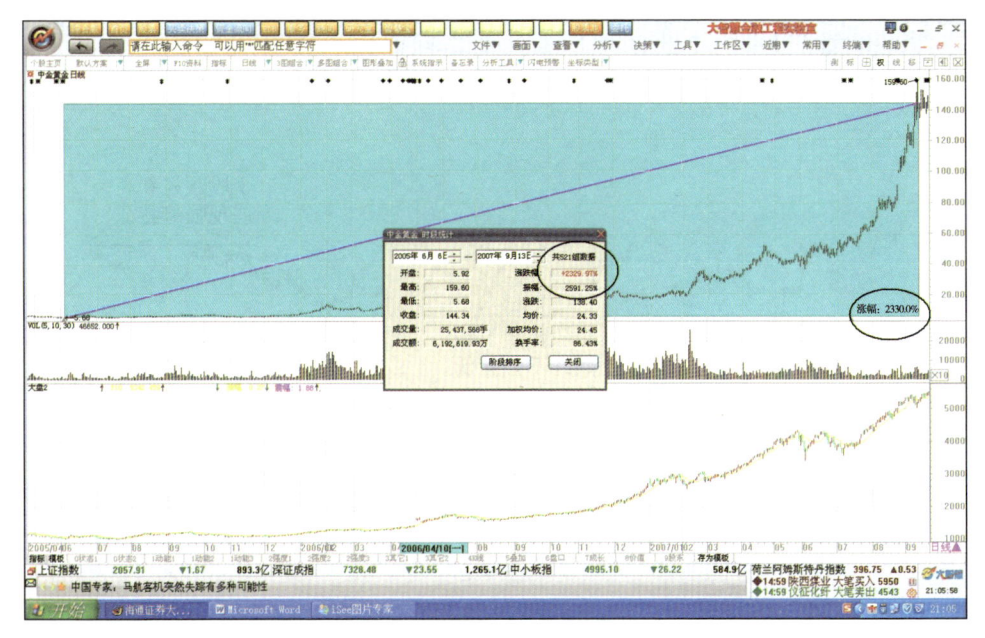

图 1-33

看图精要：

①如图 1-31，大盘经过了漫长深幅的下跌后，下跌动能逐渐减弱，市场有着一触即发的上涨迹象，在股改、人民币升值、价值重估等多重因素共振下，长期牛市行情即将展开，具体研判规则见第二节各种行情的研判规则。

② 600489（中金黄金）在 1 月 4 日放量突破新高涨停，虽说收盘时没能封住涨停板，但也大涨 8.19%，引起黄金类贵金属个股跟风式上涨，带动有色金属板块大涨。

③ 600489 是贵金属板块中人气最旺盛的个股，上市之初即有着人气基础。

④ 600489 在当时具有"稀缺资源价值重估"概念，并有"国际贵金属牛市"概念，引得众多资金关注。

⑤如图 1-31，600489 在第一次启动时价格不到 8 元，符合低价原则；图 1-32 中，第二次启动时价格为 26 元，虽说有些偏高，但在当时牛市氛围的贵金属板块中起着领涨的龙头作用，且有近半年时间横盘滞涨，有着强烈的补涨需求（"补涨龙头"的研判规则在本书后文有详细讲解）。

⑥如图 1-31，大盘一路下跌，不断创出新低，但 600489 却拒绝下跌并不创出新低，属于强势股经典形态之"不创新低"，在随后的交易中走出"领先新高"强势股经典形态，强势特征明显。在图 1-32 中，大盘一路上涨，但 600489 横盘近半年一直滞涨，因为牛市中的资金是非常充裕的，往往是风水轮流转，板块和个股会轮番上涨，其上涨形态一般分为领涨、同步和补涨三种形态，只要个股再次出现强势股经典形态，必将再次上涨。图 1-32 中，个股在横盘滞涨后不久就出现了"领先新高"的强势股经典形态，再现补涨龙头风范。

⑦在贵金属类个股中，600489 属于走势最强的，符合"强中强"原则。

⑧如图 1-33，600489 二次领涨贵金属板块和大盘，在这波长期牛市行情中其涨幅总计高达 2330%。

第二章

强势股经典形态及其研判标准

第一节 什么叫强势股

一、认识强势股

在前文中我们讲过龙头股和强势股的区别，由于强势形态是龙头股的主要特征，是本书的核心内容，故在此重申一遍：龙头股是指每波行情的领头羊，有引导行情、制造人气的作用，在一波行情中，龙头股的涨幅往往是最大的；而强势股指的是和大盘或板块相比，个股走势明显强于大盘或板块，在每波行情中其涨幅都会大于大盘涨幅但不一定是市场中涨幅最大的。有时候强势股会成为龙头股，但不是所有的强势股都会成为龙头股，而龙头股却一定是强势股，且龙头股一定是涨幅最大的市场明星。

因为强势股的经典形态是龙头股的主要特征，是捕捉龙头股的核心要素，所以我们务必了解并把握好强势股的操作。我们知道，操作强势股可以在较短的时间内获取丰厚利润，这是每个投资人都非常向往的。但股市上的"二八法则"

更加明显，别说抓住强势股、龙头股，就算要做到普通的稳定持续盈利都是非常困难的，不论是中国 A 股还是美国、英国的股市，不论是牛市还是熊市，也不论你的资金多少、学历高低，不论过去、现在或是将来，在金融投资市场上永远存在"二八法则"，最终，只有少数的投资者能够傲立股海潮头。这些成功的投资者之所以能取得那么好的投资业绩，很大程度上可以说是归功于捕捉到强势股，并一路持仓赚到其中绝大部分的涨幅。不过强势股的操作却并不那么简单，当强势股被众人发现，并准备买进时，多半强势股已经涨到高位，当你买进后却变成了弱势股，强势风光不再。那么，操作强势股有没有好的、比较系统的高胜算方法呢？答案是肯定的。让我们以空杯心态来开始学习之旅吧。

操作强势股是一个系统工程，让我们从第一步开始，认识什么叫强势股。

何为"强"？"强"，指的是不具绝对意义上的"强"，只是相对比较意义上的"强"。本书所强调的强势股之"强"，指的是同等时间内个股的绝对涨幅要大于大盘或其所属的行业板块的绝对涨幅，或同等时间内个股的绝对跌幅要小于大盘或其所属的行业板块的绝对跌幅。这个"强"笔者定义为：

①领先大盘。　　②领先上涨。　　③逆势上涨。

④横盘抗跌。　　⑤强于大盘。　　⑥不创新低。

⑦领先新高。

强势股主要就是从以上七个方面来体现，下面进行具体的讲解。

二、强势股的七大评判标准

1. 领先大盘

当大盘或行业板块上涨时，个股同等时间内上涨的幅度要大于大盘或行业板块的上涨幅度，笔者定义为"领先大盘"。如图 2-1、图 2-2 所示。

第二章 强势股经典形态及其研判标准

当大盘或行业板块上涨时，个股同等时间内上涨的幅度要大于大盘或行业板块的上涨幅度

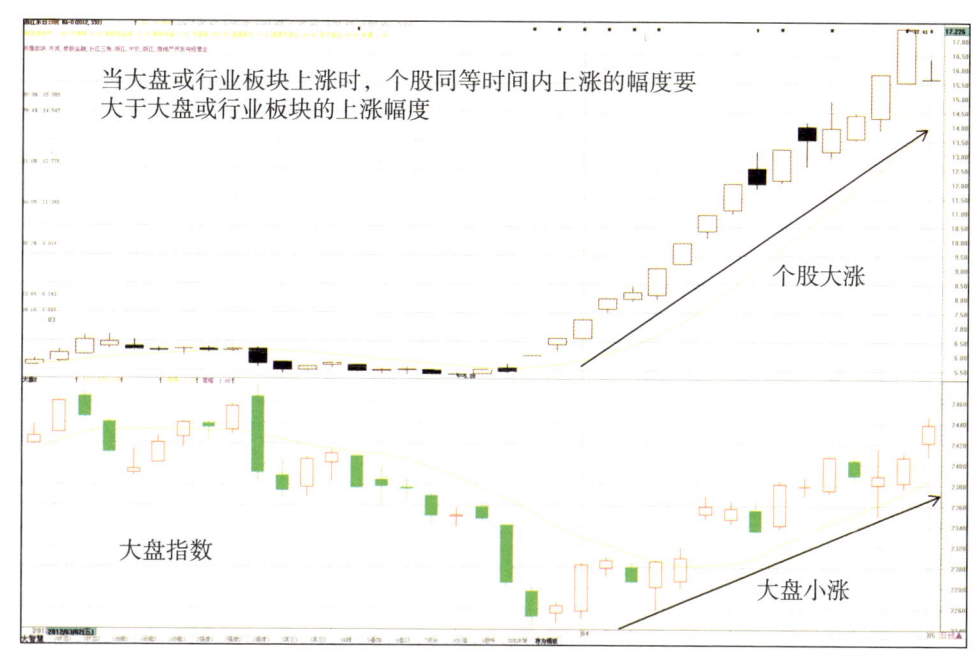

个股大涨

大盘指数

大盘小涨

图 2-1

当大盘或行业板块上涨时，个股同等时间内上涨的幅度要大于大盘或行业板块的上涨幅度

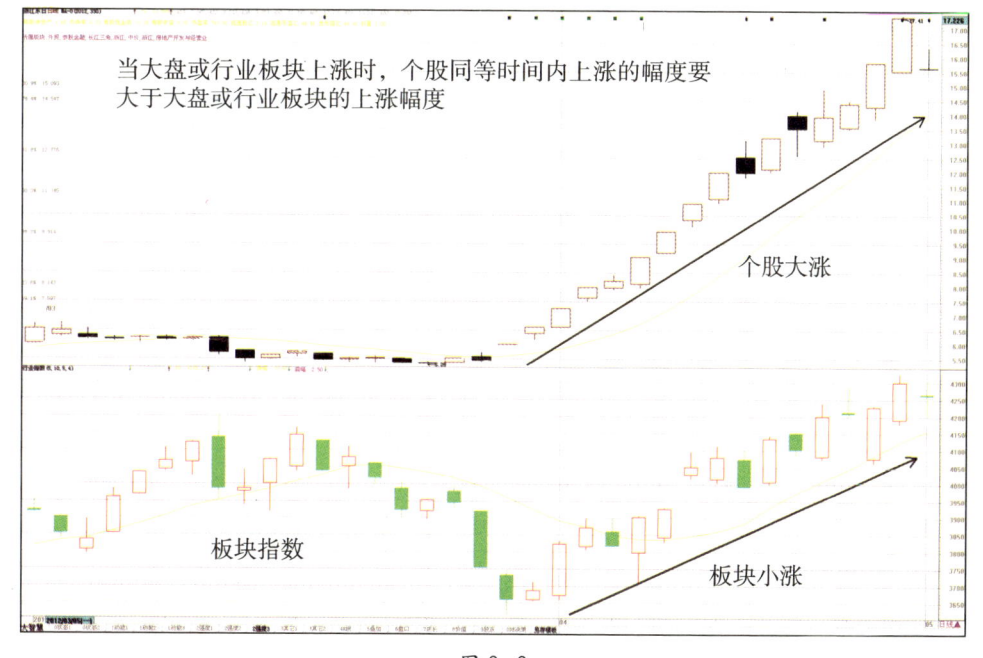

个股大涨

板块指数

板块小涨

图 2-2

2. 领先上涨

当大盘或行业板块横盘震荡时,个股同等时间内相对于大盘或行业板块却在上涨,笔者定义为"领先上涨"。如图2-3、图2-4所示。

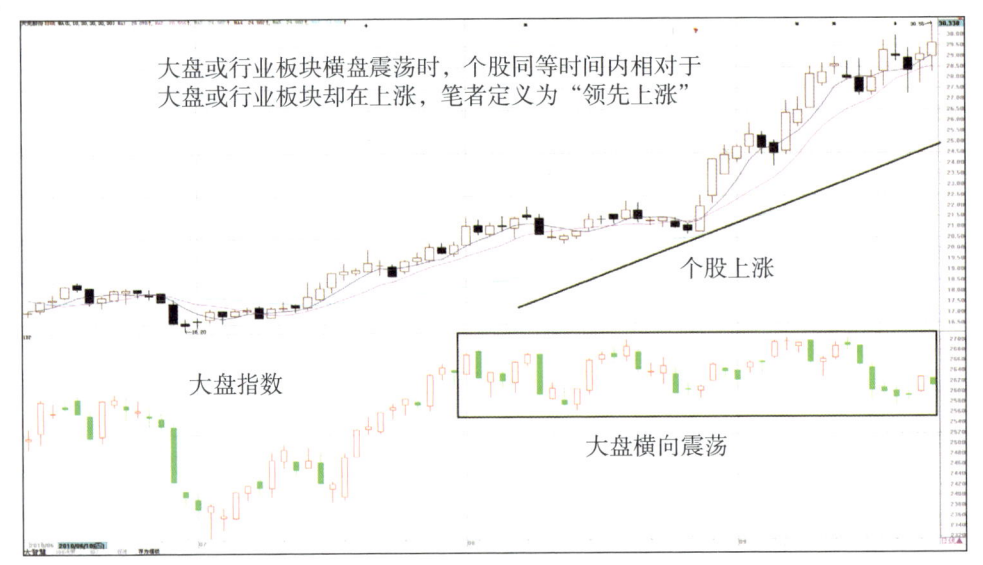

图 2-3

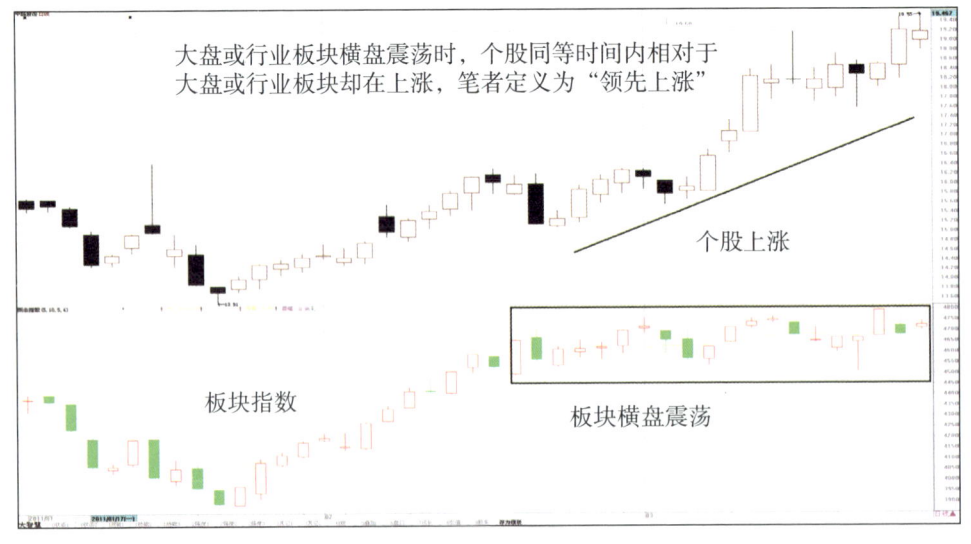

图 2-4

3. 逆势上涨

当大盘或行业板块下跌时,个股同等时间内相对于大盘或行业板块却在上涨,笔者定义为"逆势上涨"。如图 2-5、图 2-6 所示。

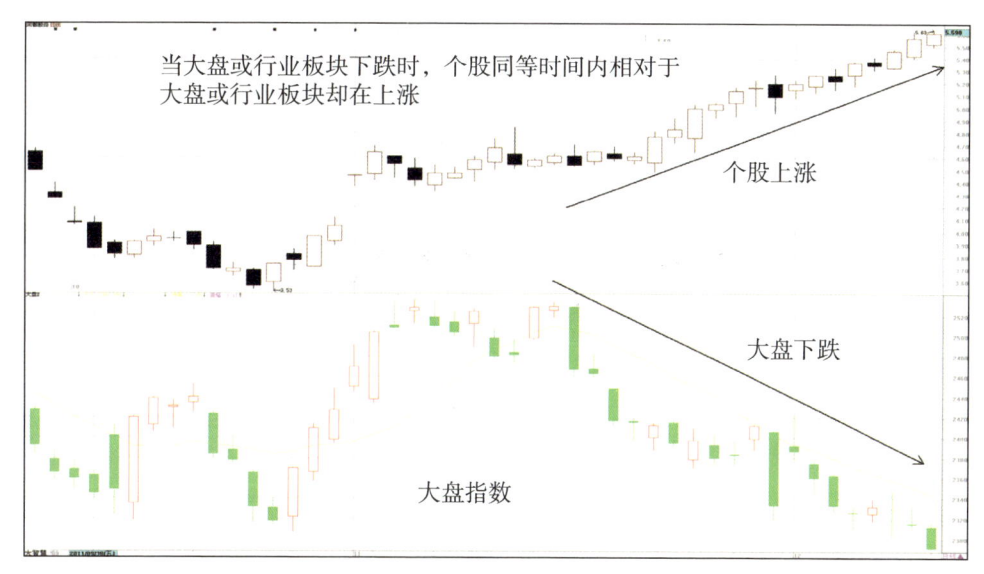

图 2-5

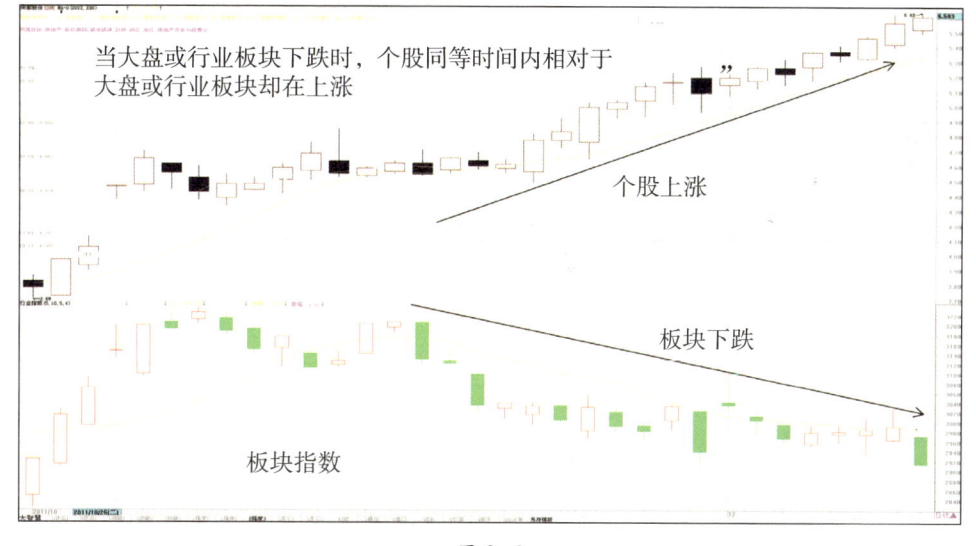

图 2-6

4. 横盘抗跌

当大盘或行业板块下跌时，个股同等时间内相对于大盘或行业板块却在横盘震荡，笔者定义为"横盘抗跌"。如图 2-7、图 2-8 所示。

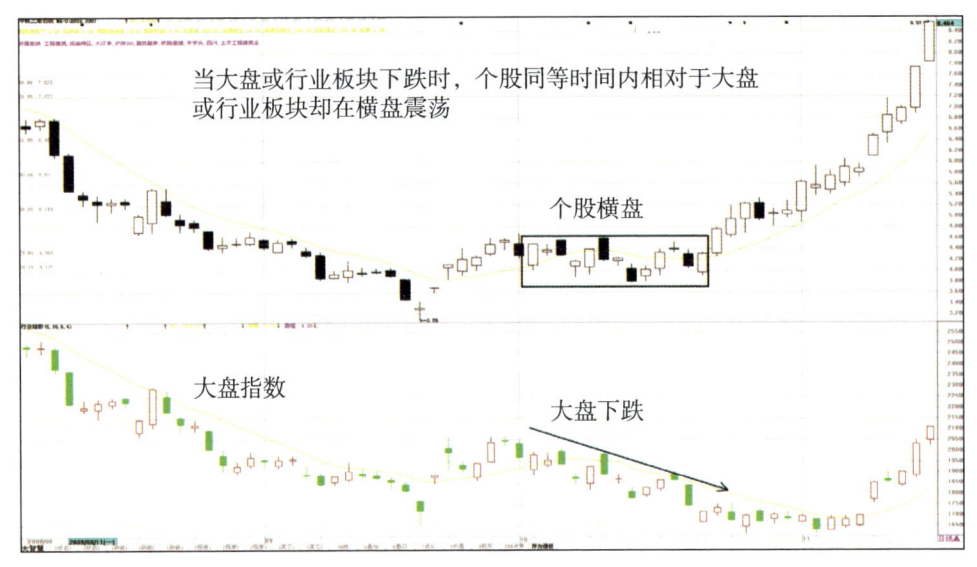

图 2—7

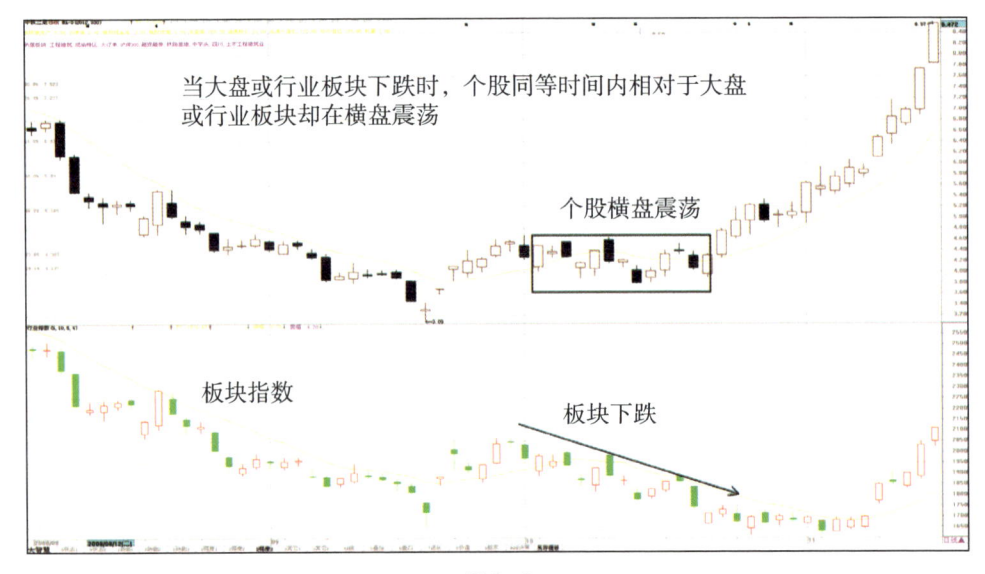

图 2—8

5. 强于大盘

当大盘或行业板块下跌时，个股同等时间内的跌幅要小于大盘或行业板块的跌幅，笔者定义为"强于大盘"。如图2-9、图2-10所示。

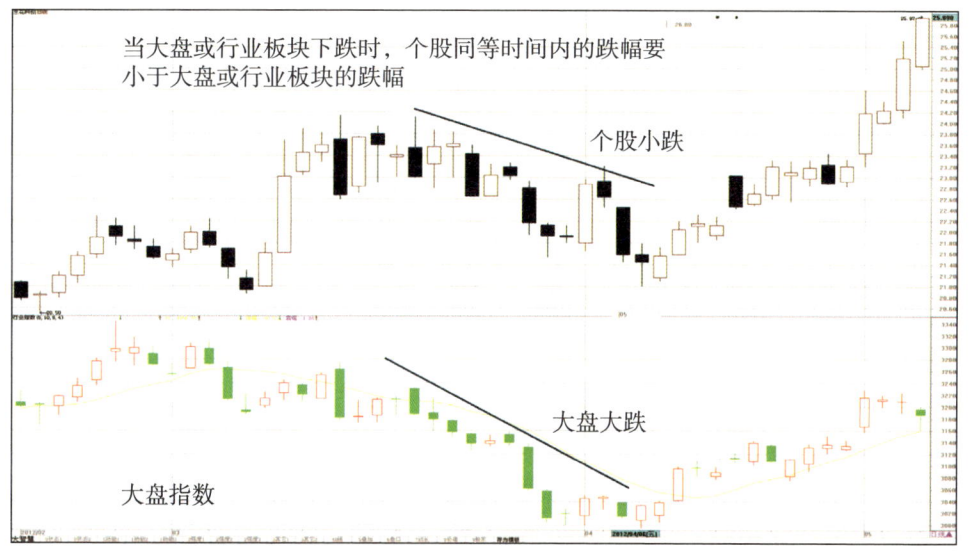

图 2-9

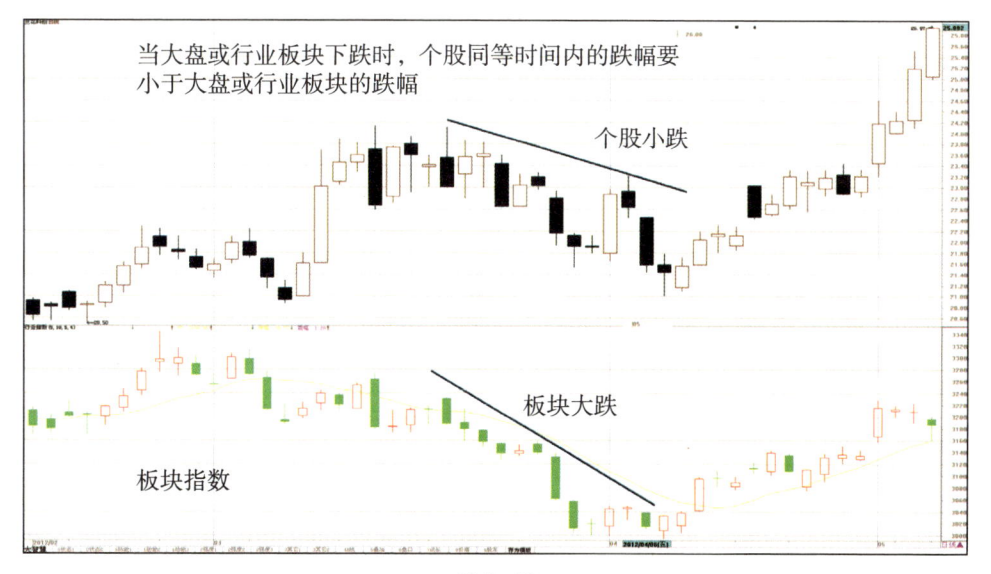

图 2-10

6. 不创新低

当大盘或行业板块下跌创出新低时，个股同等时间内虽然下跌却不创新低，笔者定义为"不创新低"。如图 2-11、图 2-12 所示。

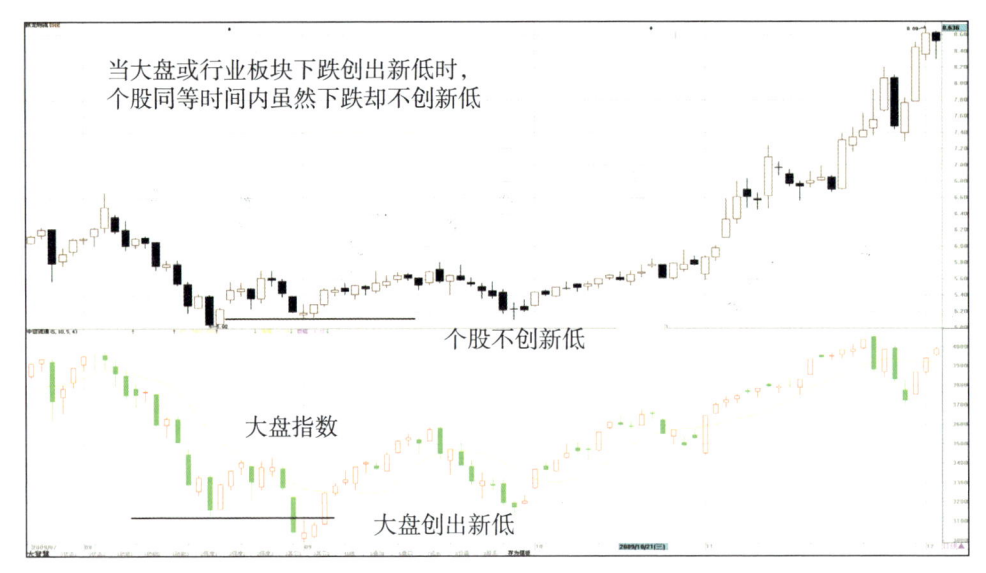

图 2-11

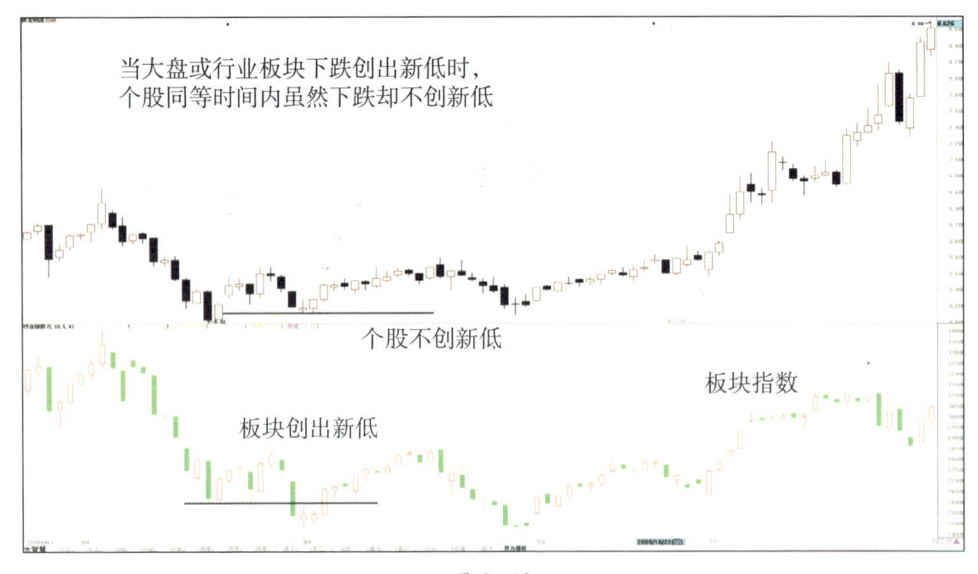

图 2-12

7. 领先新高

当大盘或行业板块上涨至前期高点附近时，个股同等时间内上涨领先创出新高，笔者定义为"领先新高"。如图2-13、图2-14所示。

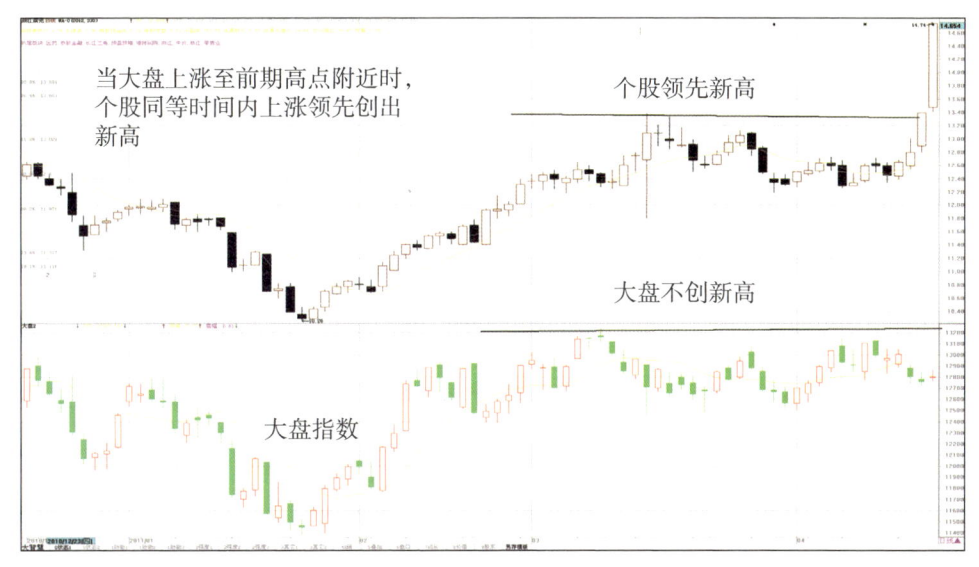

图2-13

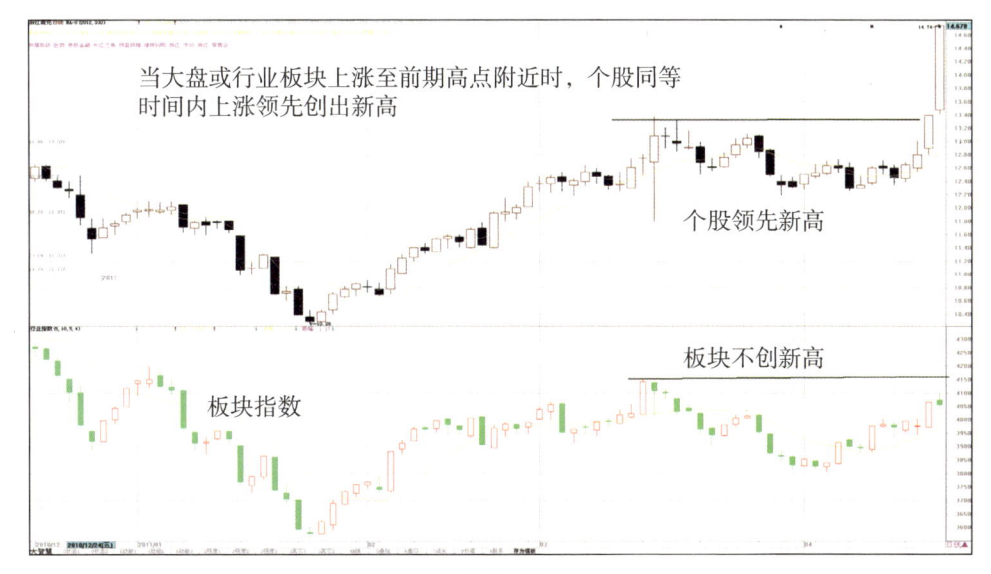

图2-14

第二节　强势股的研判公式及其源码

一、强势利器：MSD 指标

1.MSD 指标的基本概念

MSD 指标（Market Shock Degree）最早是由程峰在《稳操胜券》一书中提出，其原理是采用震荡型指标：随机指标（Stochastic Oscillator）KD 中 D 值的编制原理，另外加上大盘指数的 KD 指标中的 D 值曲线，这样在图中就形成了蓝红两条曲线，其中红色线是大盘的 D 值曲线，蓝色线是个股的 D 值曲线，蓝红两条曲线和其他震荡指标一样都是在 0～100 内波动，蓝线或者红线的分析方法和使用规则与 KD 指标的分析方法和使用规则一样，在 20 以下属超卖区，50 属强弱分界线，80 以上为超买区，这是蓝线或红线单条线的使用法则。将它们放在一个坐标图中，就形成了震荡型强弱对比指标。MSD 指标的研判规则分为以下三大方面：

①大盘线和个股线的波动形态和方向一致，同涨同跌，该类个股随大流波动，大盘涨，个股随涨；大盘跌，个股随跌，属于和大盘同步股。

②大盘线和个股线的波动形态和方向不一致，不同涨不同跌，该类个股逆大盘而运动，大盘涨，个股也涨，但其涨幅明显大于大盘；大盘跌，个股不跌或上涨或跌幅小于大盘，该类个股属于强于大盘股。

③大盘线和个股线的波动形态和方向不一致，不同涨不同跌，该类个股逆大盘而运动，大盘涨，个股不涨或下跌或涨幅要小于大盘；大盘跌，个股也跌，

其跌幅明显大于大盘跌幅，该类个股属弱于大盘股。如图 2-15 所示。

图 2-15

MSD 指标的实战法则如下：

①当大盘线和个股线都在 20 以下，并几乎同时上穿 20 线时，可以买入。

②当大盘线和个股线都在 80 以上，并几乎同时下穿 80 线时，可以卖出。

③当个股线（最好在 20 左右）上穿大盘线时，可以买入。

④当个股线（最好在 80 左右）下穿大盘线时，可以卖出。

⑤当个股线在 50 以上上穿大盘线时，谨慎买入。

⑥当个股线在 50 以下下穿大盘线时，谨慎卖出。

2.MSD 指标的公式及其源码

在国内股票软件市场中，有 20 多种看盘交易软件比较有知名度，本书中笔者只选取其中有代表性的、市场普及率较高的、有较好的指标公式的几种软件，公布其公式及源码，如大智慧软件、通达信软件、同花顺软件、钱龙新一代软件、飞狐交易师软件等。还有很多各具特色、各具优点的看盘交易软件，由于篇幅所限，这里就不一一展示了。

大智慧软件中的 MSD 指标的公式及其源码：

```
1  input:n(34,1,100,1),m(3,1,50,1),k(2,1,30,1);
2  REFLINE: 0, 20, 50, 80, 100;
3
4  RSV1:=(CLOSE-LLV(LOW,N))/(HHV(HIGH,N)-LLV(LOW,N))*100;
5  gg:ma(rsv1,m);
6  RSV2:=(indexc-LLV(indexl,N))/(HHV(indexh,N)-LLV(indexl,N))*100;
7  dp:ma(rsv2,m);
8  0,colorred,pointdot,linethick2;
9  20,colorred,pointdot,linethick2;
10 50,colorred,pointdot,linethick2;
11 80,colorred,pointdot,linethick2;
12 100,colorred,pointdot,linethick2;
13 a1:=count(gg>ref(gg,1),k)=k;
14 a2:=count(dp<ref(dp,1),k)=k;
15 a3:=count(gg<ref(gg,1),k)=k;
16 a4:=count(dp>ref(dp,1),k)=k;
17 逆势上涨:if(a1 and a2,25,0),linethick0;
18 DRAWTEXT(逆势上涨,10,'涨'),colorred;
19 逆势下跌:if(a3 and a4,10,0),linethick0;
20 DRAWTEXT(逆势下跌,10,'跌'),COLORGREEN;
```

```
input:n(34,1,100,1),m(3,1,50,1),k(2,1,500,1)
RSV1:=(CLOSE-LLV(LOW,N))/(HHV(HIGH,N)-LLV(LOW,N))*100;
gg:ma(rsv1,m);
RSV2:=(indexc-LLV(indexl,N))/(HHV(indexh,N)-LLV(indexl,N))*100;
dp:ma(rsv2,m);
0,colorred,pointdot,linethick2;
20,colorred,pointdot,linethick2;
50,colorred,pointdot,linethick2;
80,colorred,pointdot,linethick2;
100,colorred,pointdot,linethick2;
a1:=count(gg>ref(gg,1),k)=k;
a2:=count(dp<ref(dp,1),k)=k;
a3:=count(gg<ref(gg,1),k)=k;
a4:=count(dp>ref(dp,1),k)=k;
```

3.MSD 指标的图例

本着直观易懂、简洁明了、易学易用、一学就会的原则，笔者在本书中采取了直接展示例图，并在图中加以文字说明的方式向大家讲解，所谓"读懂一张图，胜过万千言"。

下面以大智慧软件中的 MSD 指标为例说明。

强于大盘股图例，如图 2-16、图 2-17、图 2-18 所示。

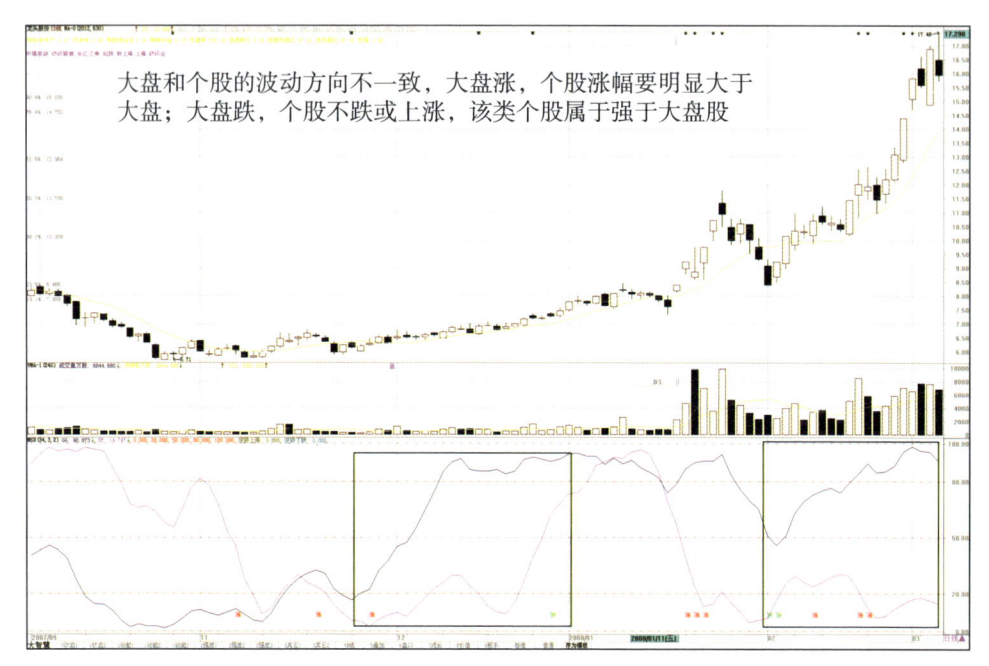

大盘和个股的波动方向不一致，大盘涨，个股涨幅要明显大于大盘；大盘跌，个股不跌或上涨，该类个股属于强于大盘股

图 2—16

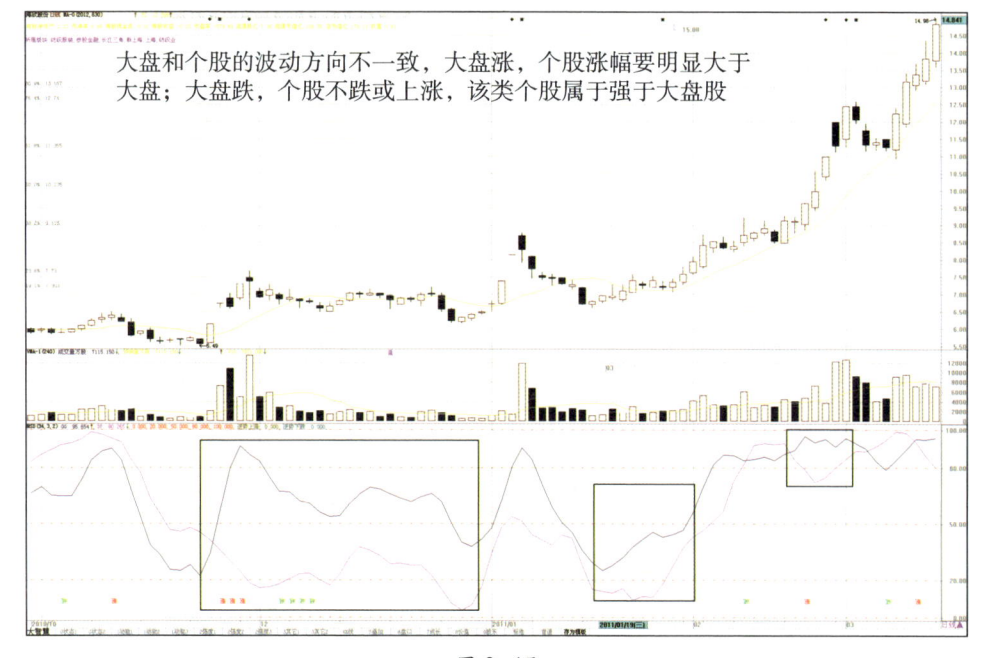

大盘和个股的波动方向不一致，大盘涨，个股涨幅要明显大于大盘；大盘跌，个股不跌或上涨，该类个股属于强于大盘股

图 2—17

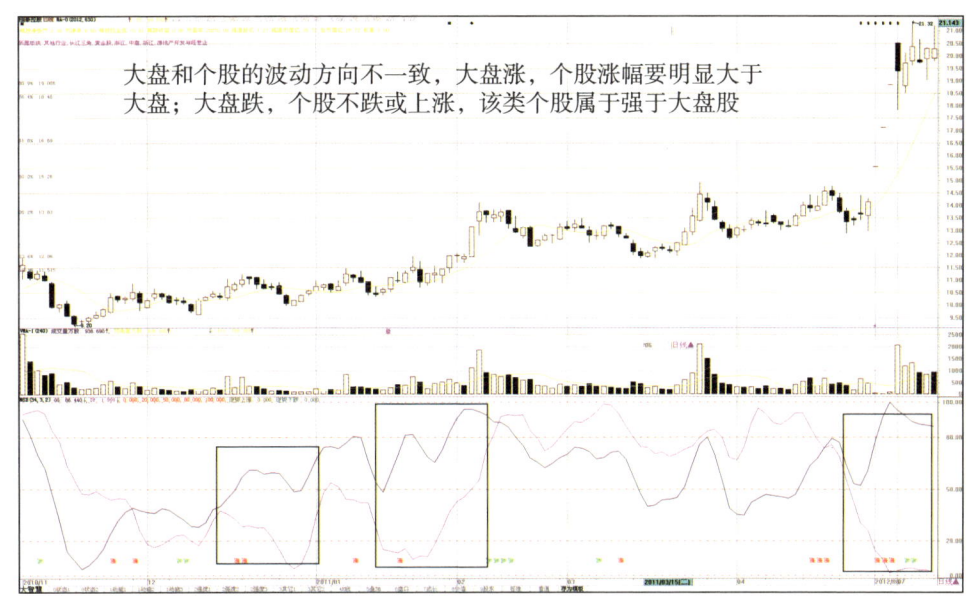

大盘和个股的波动方向不一致，大盘涨，个股涨幅要明显大于大盘；大盘跌，个股不跌或上涨，该类个股属于强于大盘股

图 2-18

弱于大盘股图例，如图 2-19、图 2-20、图 2-21 所示。

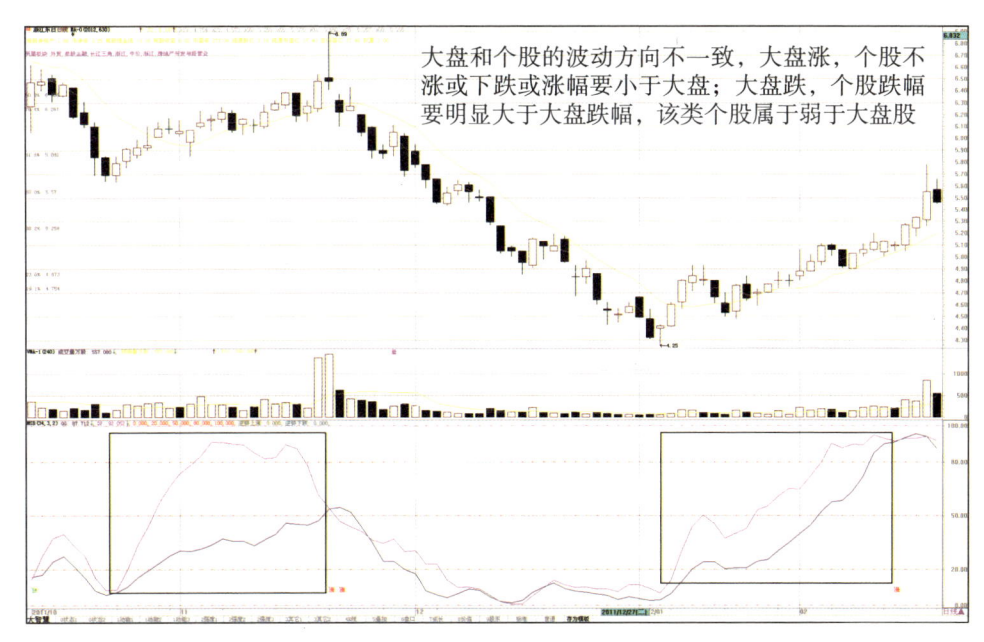

大盘和个股的波动方向不一致，大盘涨，个股不涨或下跌或涨幅要小于大盘；大盘跌，个股跌幅要明显大于大盘跌幅，该类个股属于弱于大盘股

图 2-19

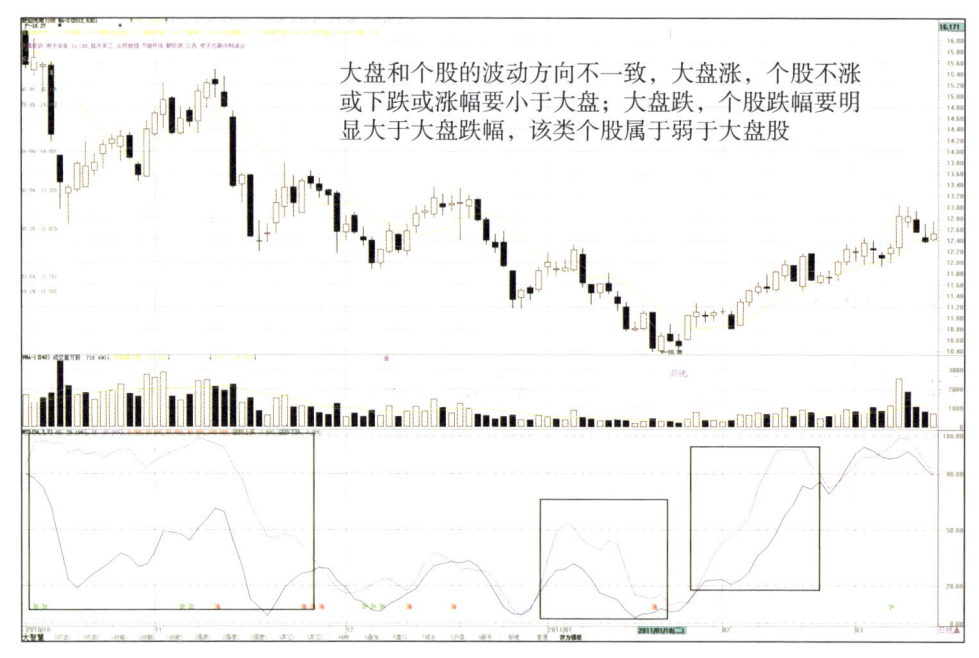

大盘和个股的波动方向不一致，大盘涨，个股不涨或下跌或涨幅要小于大盘；大盘跌，个股跌幅要明显大于大盘跌幅，该类个股属于弱于大盘股

图 2—20

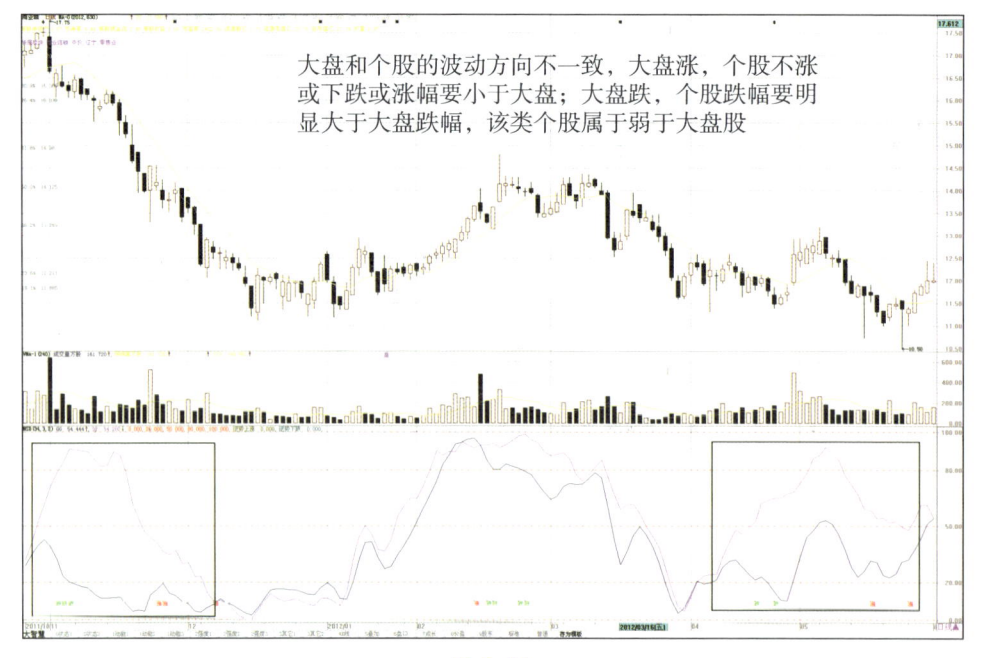

大盘和个股的波动方向不一致，大盘涨，个股不涨或下跌或涨幅要小于大盘；大盘跌，个股跌幅要明显大于大盘跌幅，该类个股属于弱于大盘股

图 2—21

同步于大盘股图例，如图 2-22、图 2-23、图 2-24 所示。

大盘和个股的波动形态和方向一致，同涨同跌，大盘涨，个股随涨；大盘跌，个股随跌，该类个股属于和大盘同步股

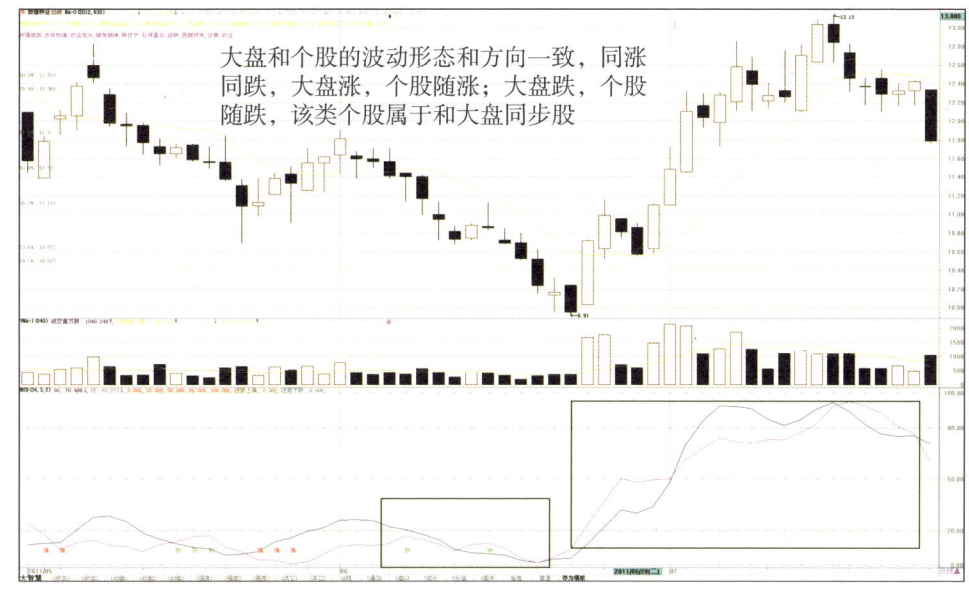

图 2-22

大盘和个股的波动形态和方向一致，同涨同跌，大盘涨，个股随涨；大盘跌，个股随跌，该类个股属于和大盘同步股

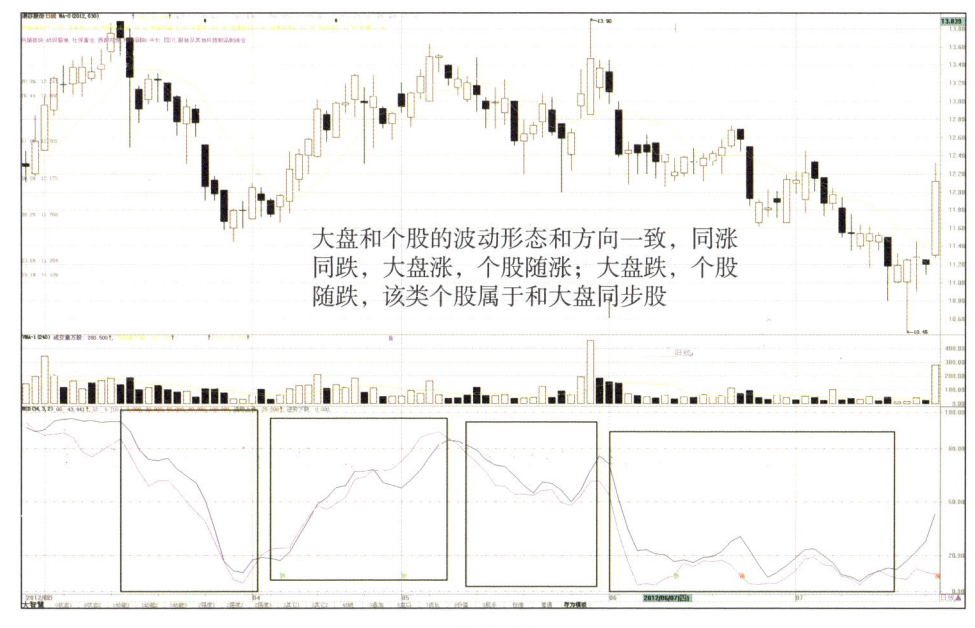

图 2-23

大盘和个股的形态和波动方向一致，同涨同跌，该类个股随大流波动，大盘涨，个股随涨；大盘跌，个股随跌，属于和大盘同步股

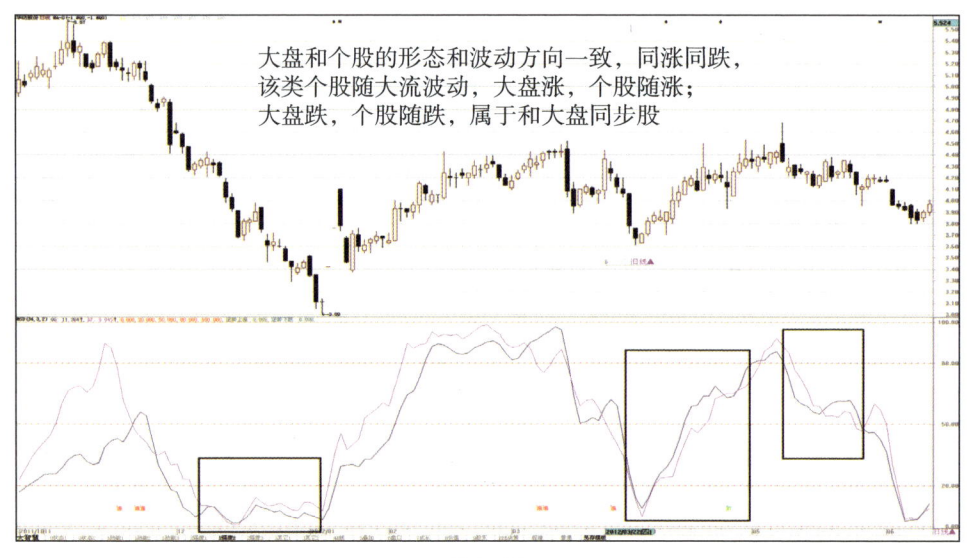

图 2-24

4.MSD 指标的买入法则

①当大盘线和个股线都在 20 以下，并几乎同时上穿 20 线时，可以买入。如图 2-25、图 2-26、图 2-27 所示。

当大盘线和个股线都在 20 以下，并几乎同时上穿 20 线时，买入

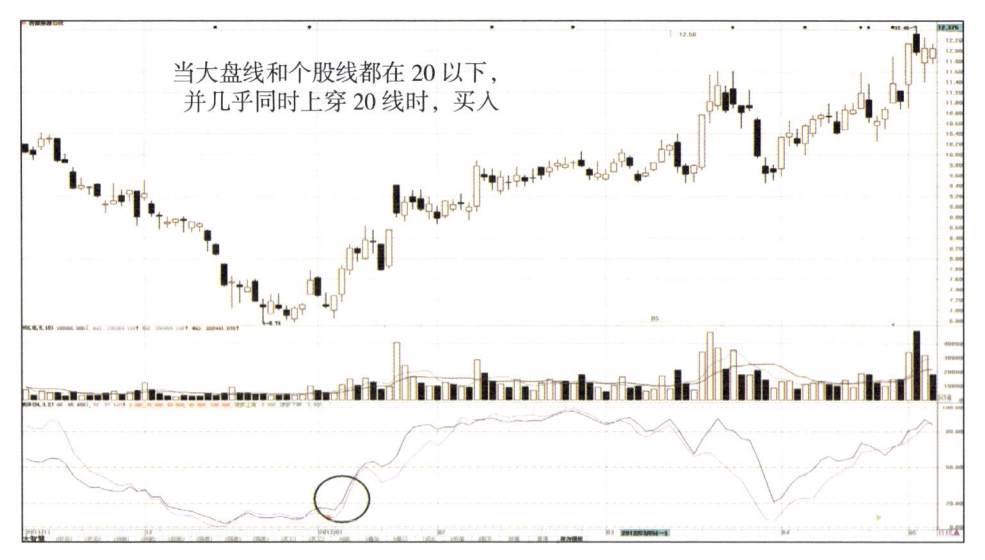

图 2-25

第二章 强势股经典形态及其研判标准

当大盘线和个股线都在 20 以下，
并几乎同时上穿 20 线时，买入

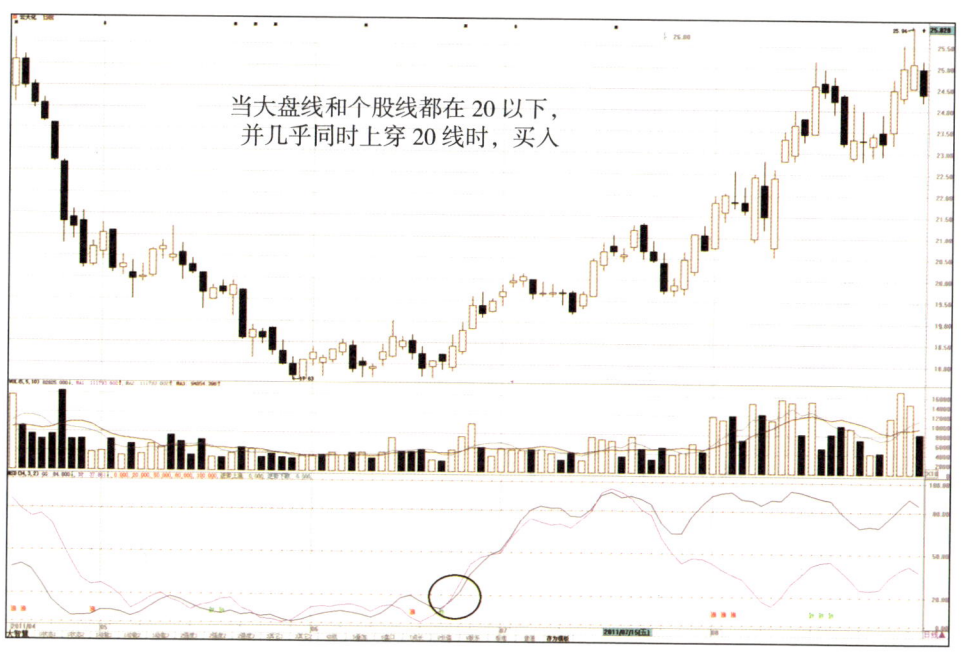

图 2-26

当大盘线和个股线都在 20 以下，
并几乎同时上穿 20 线时，买入

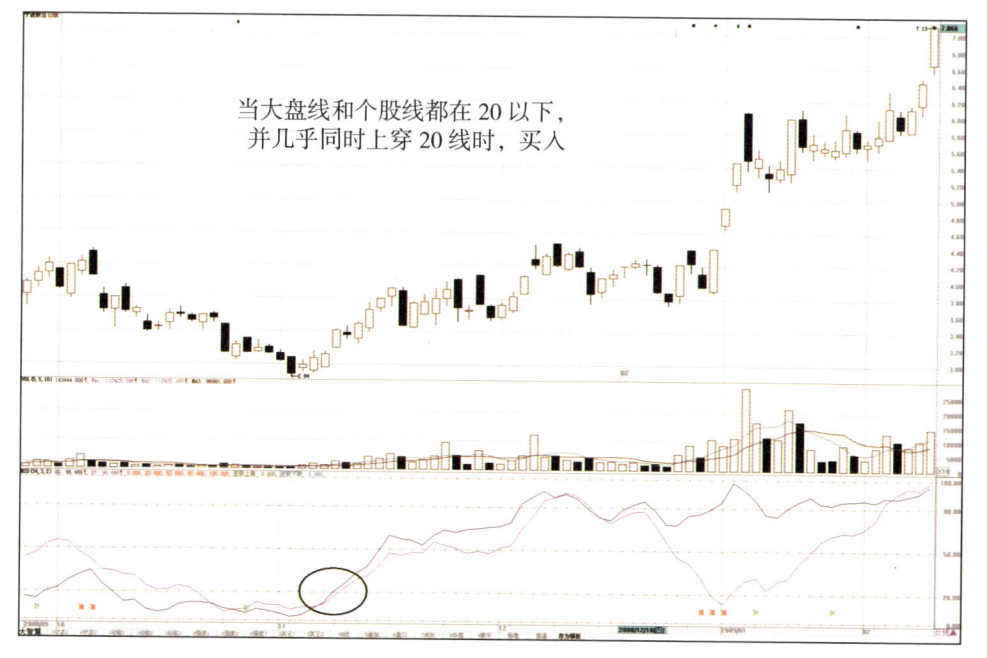

图 2-27

②当个股线（最好在20左右）上穿大盘线时，可以买入。如图2-28、图2-29、图2-30所示。

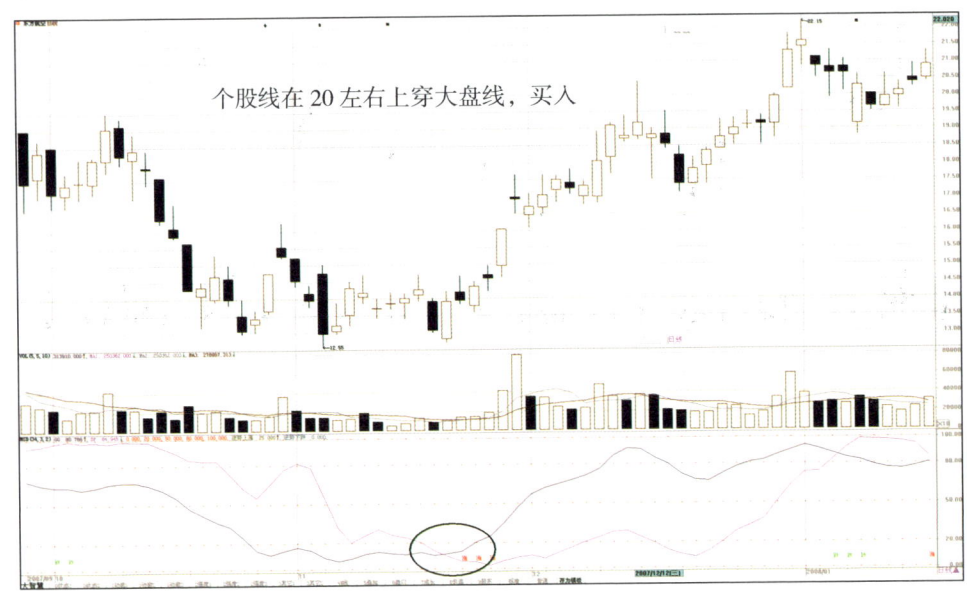

图2-28

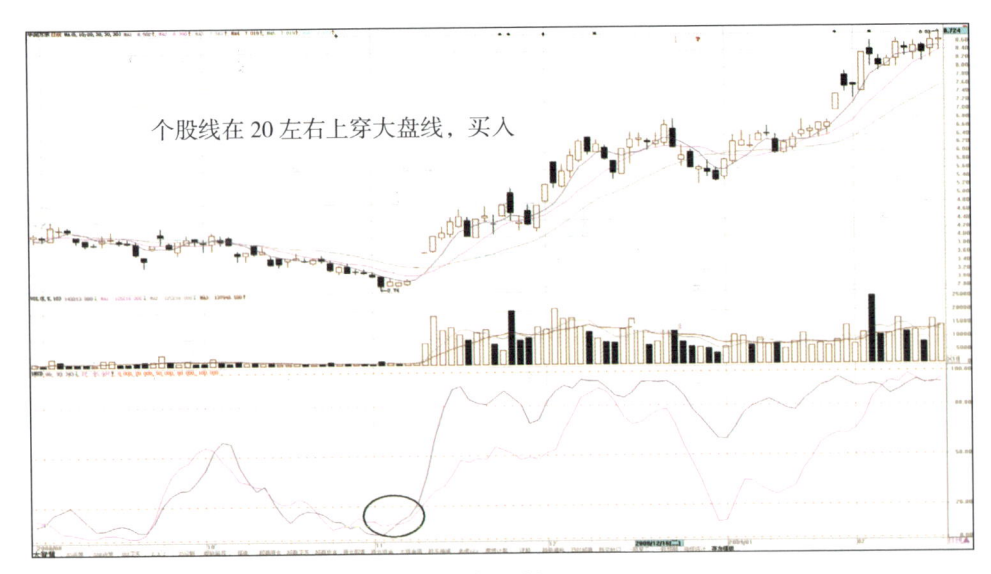

图2-29

图 2-30

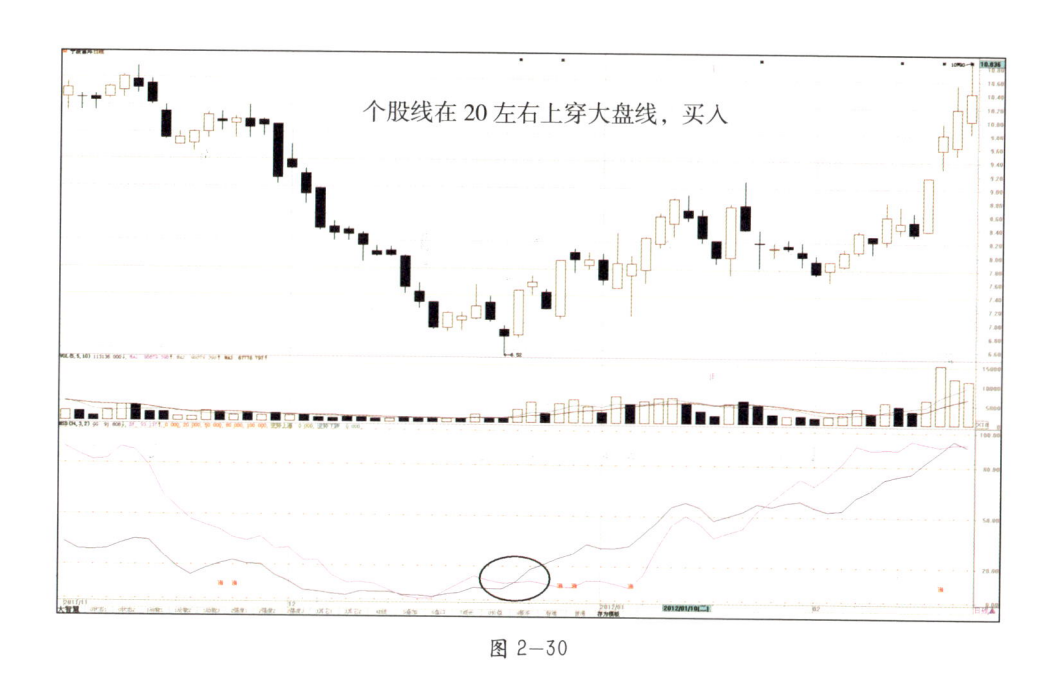

③当个股线在 50 以上上穿大盘线时，谨慎买入。如图 2-31、图 2-32、图 2-33 所示。

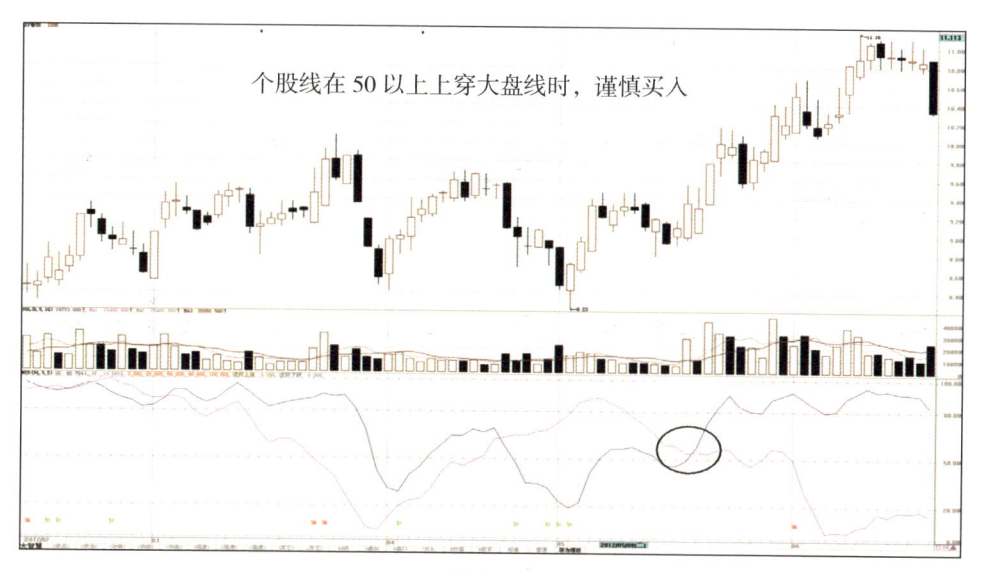

图 2-31

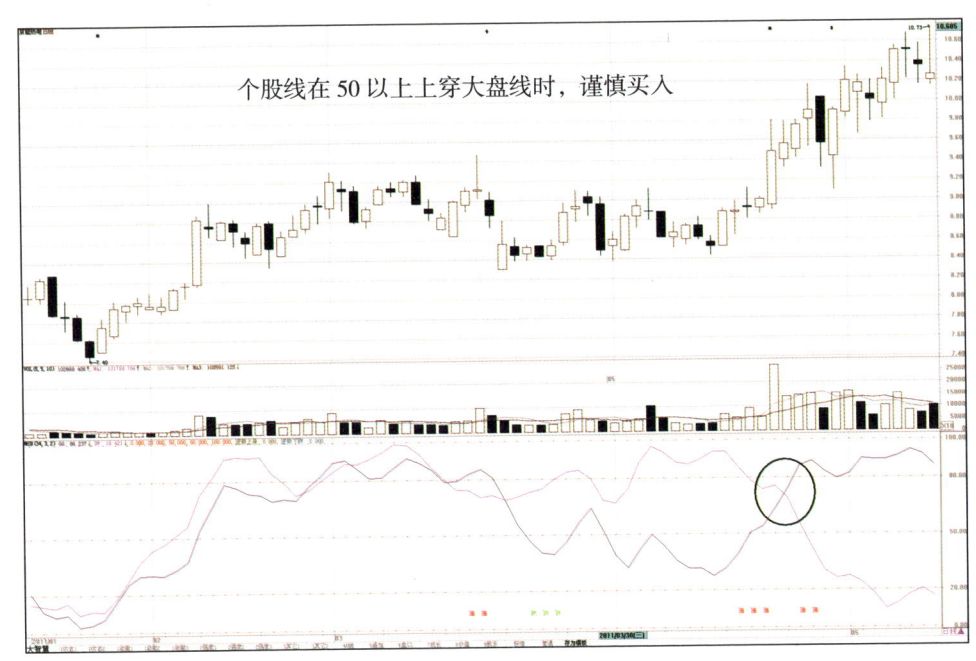

图 2-32

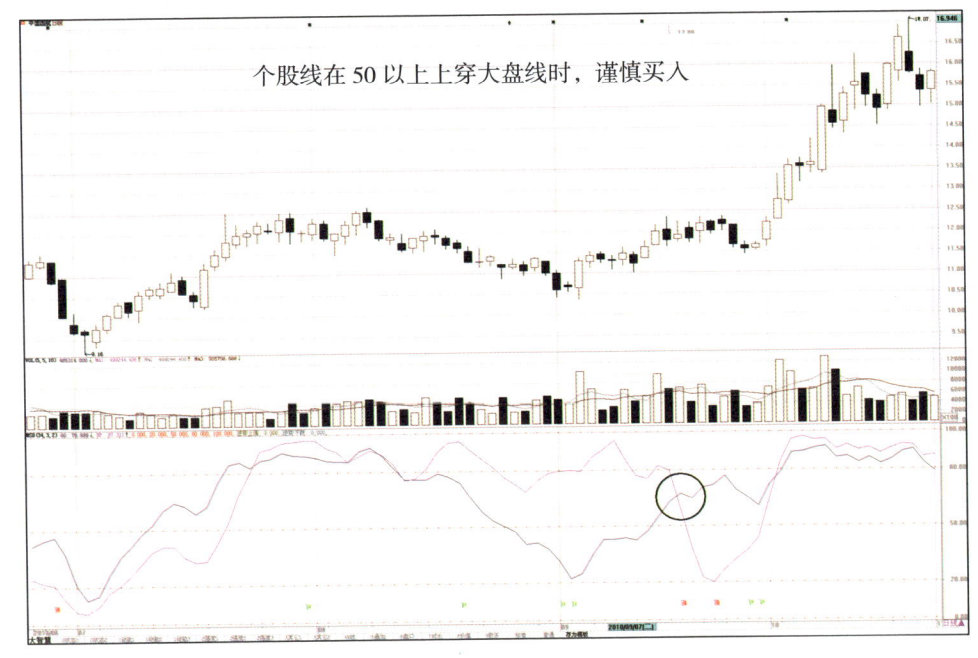

图 2-33

5.MSD 指标的卖出法则

①当大盘线和个股线都在 80 以上，并几乎同时下穿 80 线时，可以卖出。如图 2-34、图 2-35、图 2-36、图 2-37、图 2-38、图 2-39 所示。

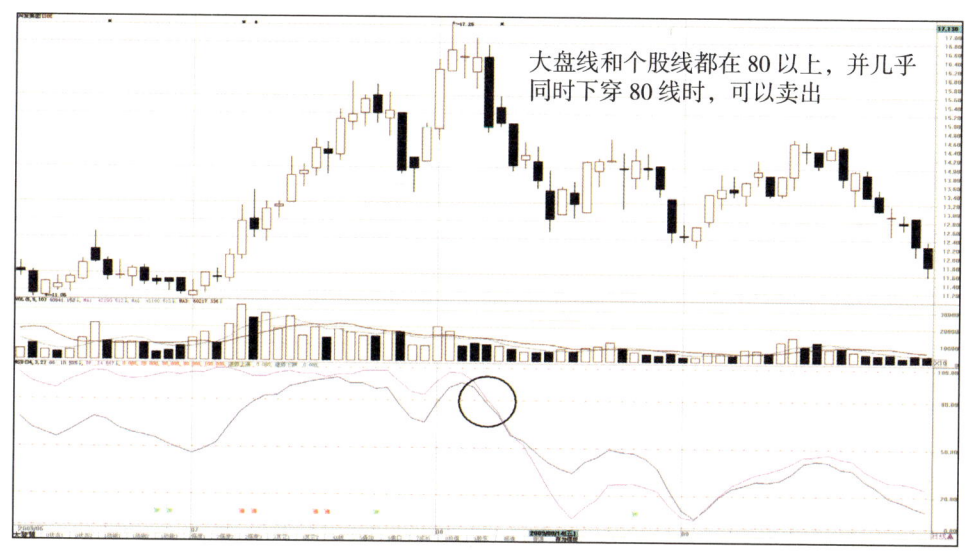

图 2-34

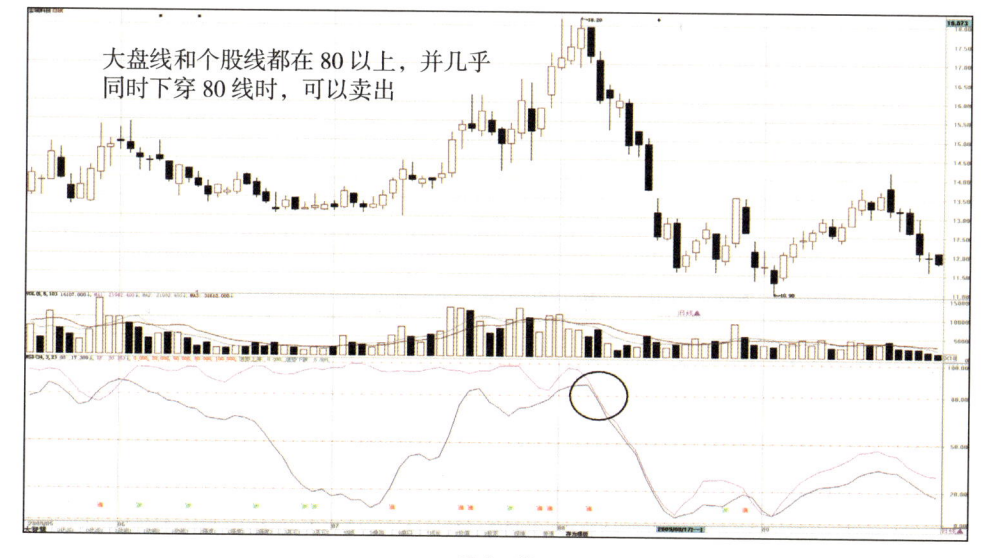

图 2-35

大盘线和个股线都在80以上,并几乎同时下穿80线时,可以卖出

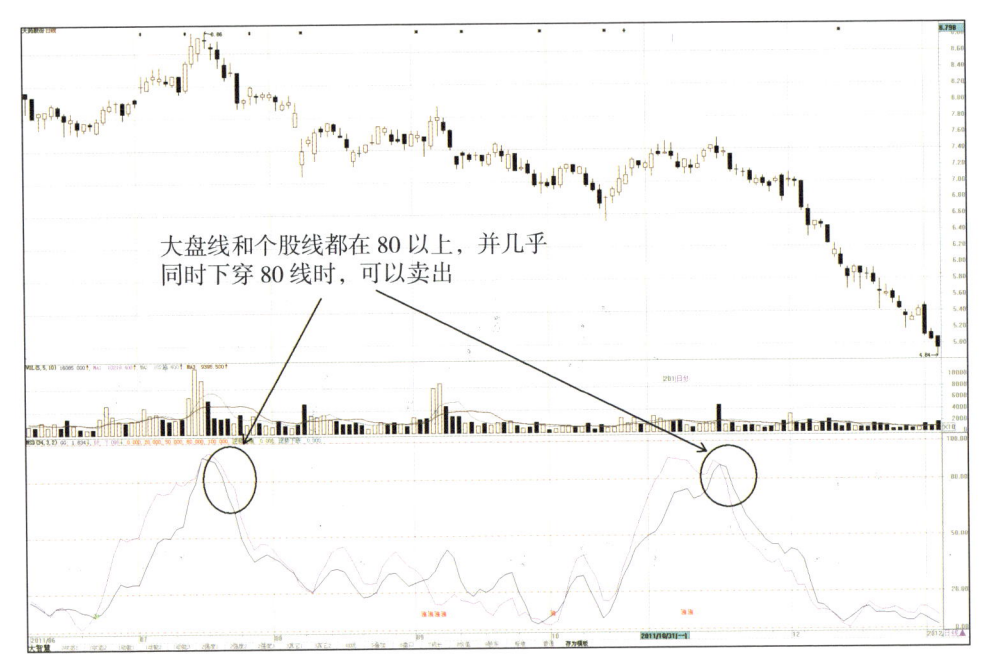

图 2—36

个股线在80左右下穿大盘线时,可以卖出

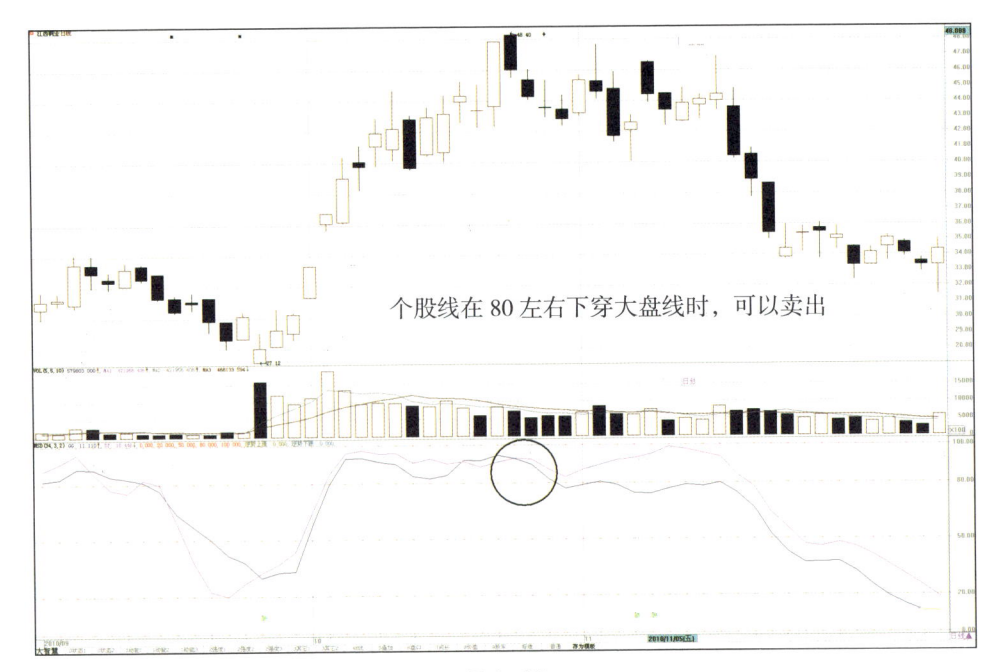

图 2—37

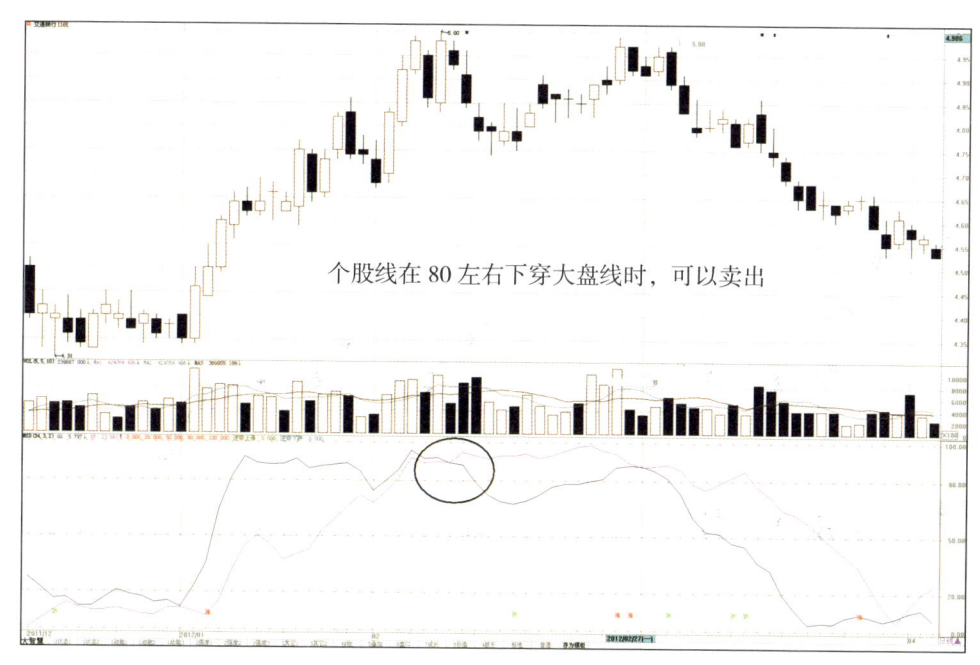

图 2-38

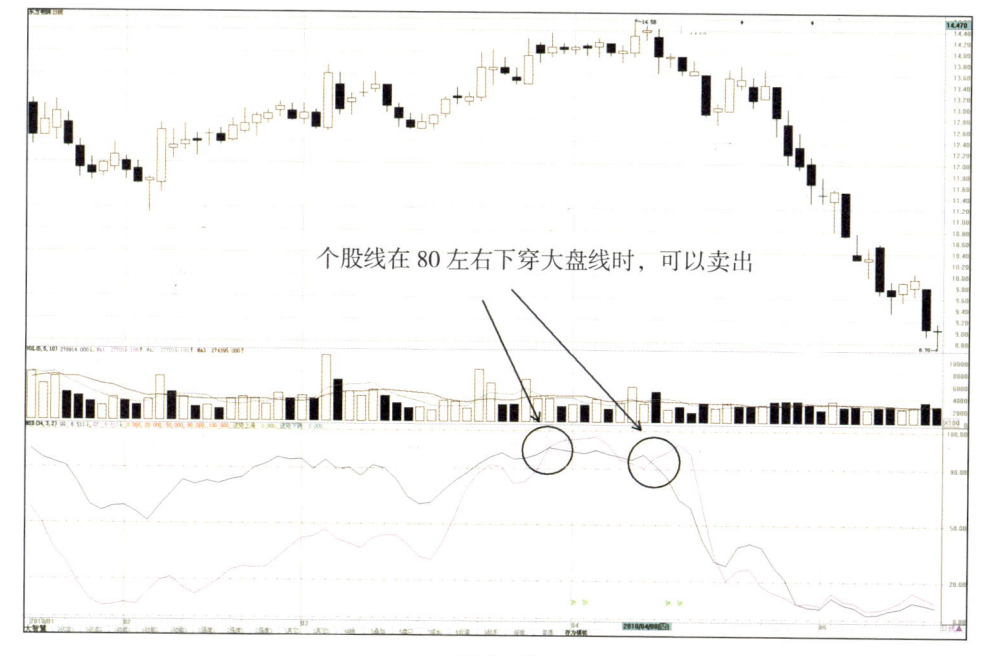

图 2-39

③当个股线在 50 以下下穿大盘线时，谨慎卖出。如图 2-40、图 2-41、图 2-42 所示。

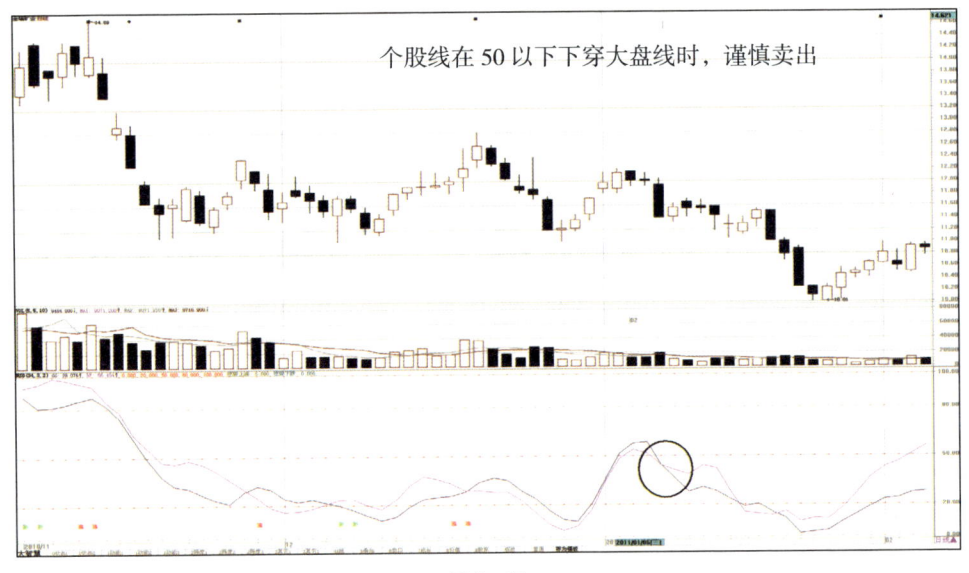

图 2-40

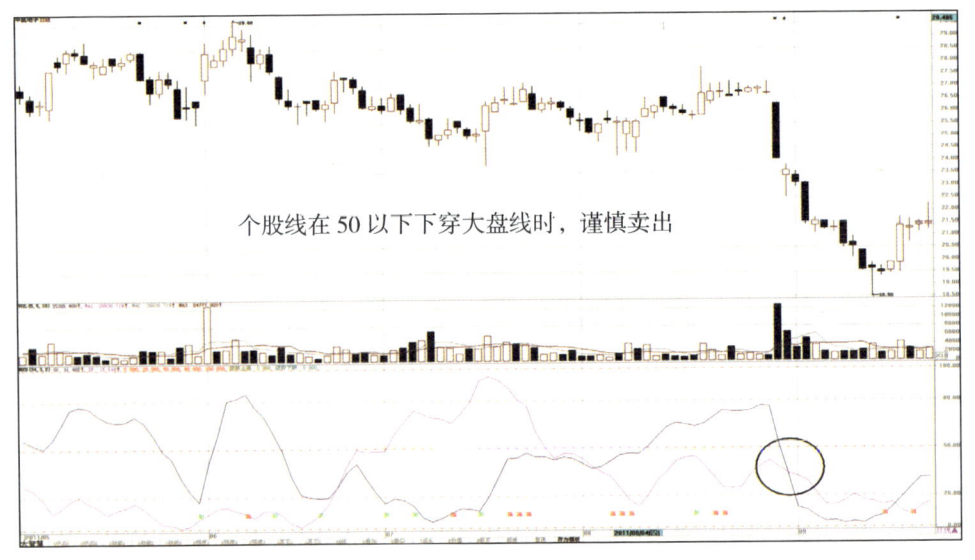

图 2-41

个股线在 50 以下下穿大盘线时，谨慎卖出

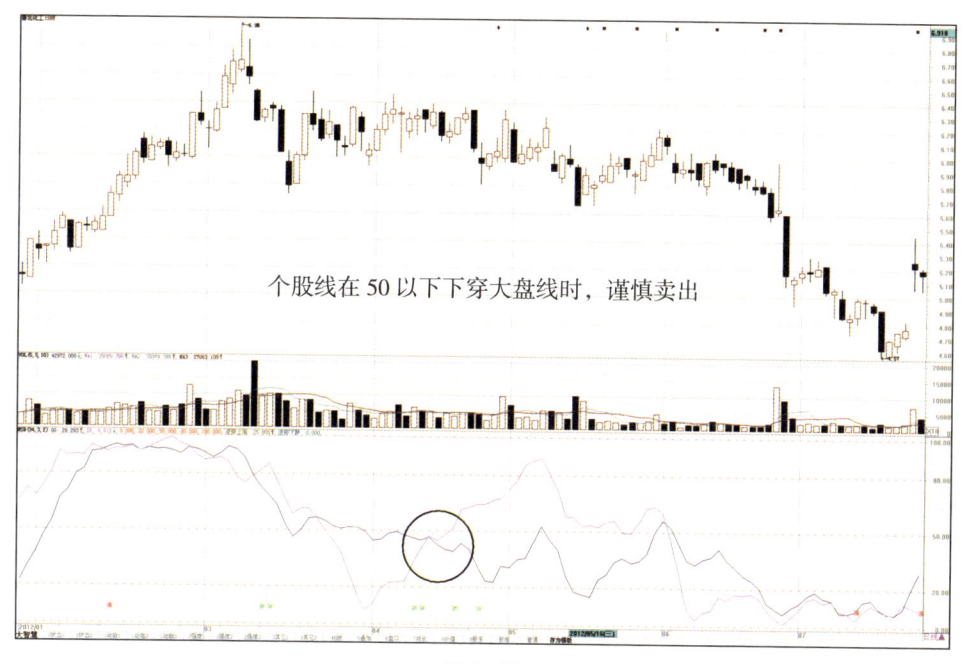

图 2-42

二、量强势利器：VMSD 指标

1.VMSD 指标的基本概念

VMSD 指标是在 MSD 指标基础上创建的，是将 MSD 指标中的收盘价函数（CLOSE）改换成成交量函数（VOL）。其分析方法和使用规则与 MSD 指标大不一样，20 以下属成交量极度萎缩，80 以上为大幅放量，这是蓝线或红线单条线的使用法则。那么将它们放在一个坐标图中，就形成了震荡型成交量强弱对比指标。VMSD 指标不能单独使用，它必须和 MSD 指标配合起来综合分析，相当于 VMSD 指标是 MSD 指标的辅助指标。MSD 指标有了 VMSD 指标的辅助研判，其功效和准确率无疑会大幅提高。MSD 指标和 VMSD 指标综合研判规则分为以下三大方面。

① MSD 指标大盘线和 MSD 指标个股线的波动形态和方向一致，同涨同跌，该类个股随大流波动，大盘涨，个股随涨；大盘跌，个股随跌。

VMSD 指标大盘成交量线和 VMSD 指标个股成交量线的波动形态和方向一致，同时放量同时缩量，该类个股随大流波动，大盘放量，个股也放量；大盘缩量，个股也缩量。

该类个股属于和大盘价量同步股。

② MSD 指标大盘线和 MSD 指标个股线的波动形态和方向不一致，不同涨不同跌，该类个股逆大盘而动，大盘涨，个股也涨，其涨幅要明显大于大盘；大盘跌，个股不跌或上涨或跌幅小于大盘。

VMSD 指标大盘成交量线和 VMSD 指标个股成交量线的波动形态和方向不一致，不同时放量不同时缩量，该类个股成交量逆大盘成交量而动，大盘放量，个股也放量，其放量幅度要明显大于大盘的放量幅度；大盘缩量，个股放量或不缩量或缩量幅度小于大盘。

该类个股属于价量强于大盘股。

③ MSD 指标大盘线和 MSD 指标个股线的波动形态和方向不一致，不同涨不同跌，个股逆大盘而动，大盘涨，个股不涨或下跌或涨幅小于大盘；大盘跌，个股也跌，其跌幅要明显大于大盘跌幅。

VMSD 指标大盘成交量线和 VMSD 指标个股成交量线的波动形态和方向不一致，不同时放量不同时缩量，该类个股成交量逆大盘成交量而动，大盘放量，个股缩量或不放量或放量幅度要小于大盘放量幅度；大盘缩量，个股也缩量，其缩量幅度要明显大于大盘缩量幅度。

该类个股属于价量弱于大盘股。

如图 2-43 所示。

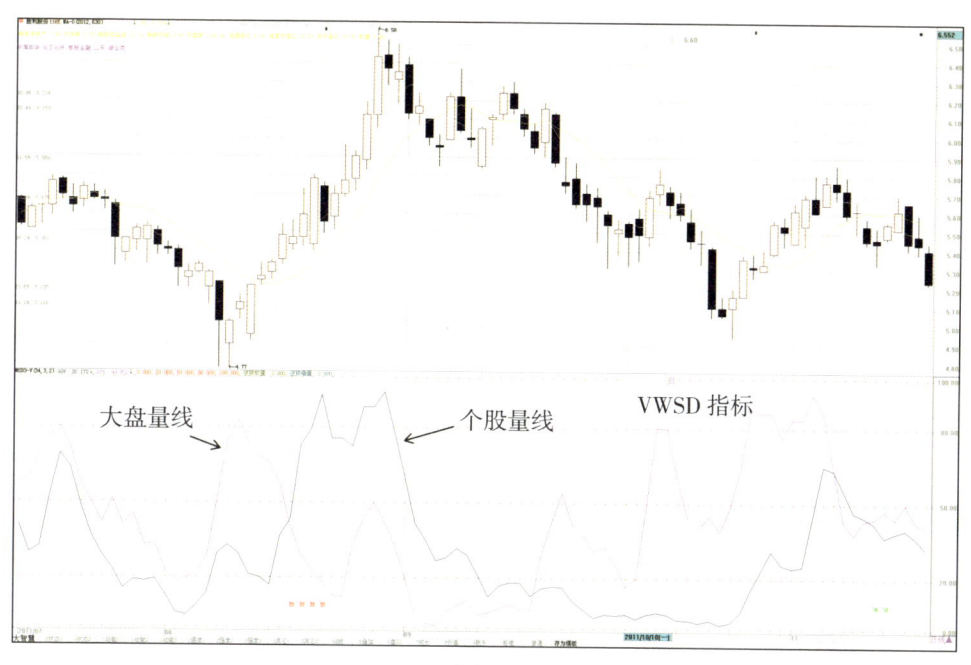

图 2-43

MSD 指标和 VMSD 指标综合运用的实战法则如下:

①当 MSD 指标大盘线和 MSD 指标个股线都在 20 以下并几乎同时上穿 20 线;VMSD 指标大盘量线和 VMSD 指标个股量线都在 20 以下并几乎同时上穿 20 线,MSD 指标和 VMSD 指标几乎同时发出信号时,可以买入。

②当 MSD 指标大盘线和 MSD 指标个股线都在 80 以上并几乎同时下穿 80 线;VMSD 指标大盘量线和 VMSD 指标个股量线都在 80 以上并几乎同时下穿 80 线时,MSD 指标和 VMSD 指标几乎同时发出信号时,可以卖出。

③当 MSD 指标个股线(最好在 20 左右)上穿 MSD 指标大盘线;VMSD 指标个股量线(最好在 20 左右)上穿 VMSD 指标大盘量线;MSD 指标和 VMSD 指标几乎同时发出信号时,可以买入。

④当 MSD 指标个股线(最好在 80 左右)下穿 MSD 指标大盘线;

VMSD 指标个股量线（最好在 80 左右）下穿 VMSD 指标大盘量线；当 MSD 指标和 VMSD 指标几乎同时发出信号时，可以卖出。

⑤当 MSD 指标个股线在 50 以上上穿 MSD 指标大盘线；VMSD 指标个股量线在 50 以上上穿 VMSD 指标大盘量线，MSD 指标和 VMSD 指标几乎同时发出信号时，谨慎买入。

⑥当 MSD 指标个股线在 50 以下下穿 MSD 指标大盘线；VMSD 指标个股量线在 50 以下下穿 VMSD 指标大盘量线，MSD 指标和 VMSD 指标几乎同时发出信号时，谨慎卖出。

2.VMSD 指标的公式及其源码

笔者将大智慧软件的 VMSD 指标的公式及其源码公布如下。

大智慧软件中的 VMSD 指标的公式及其源码：

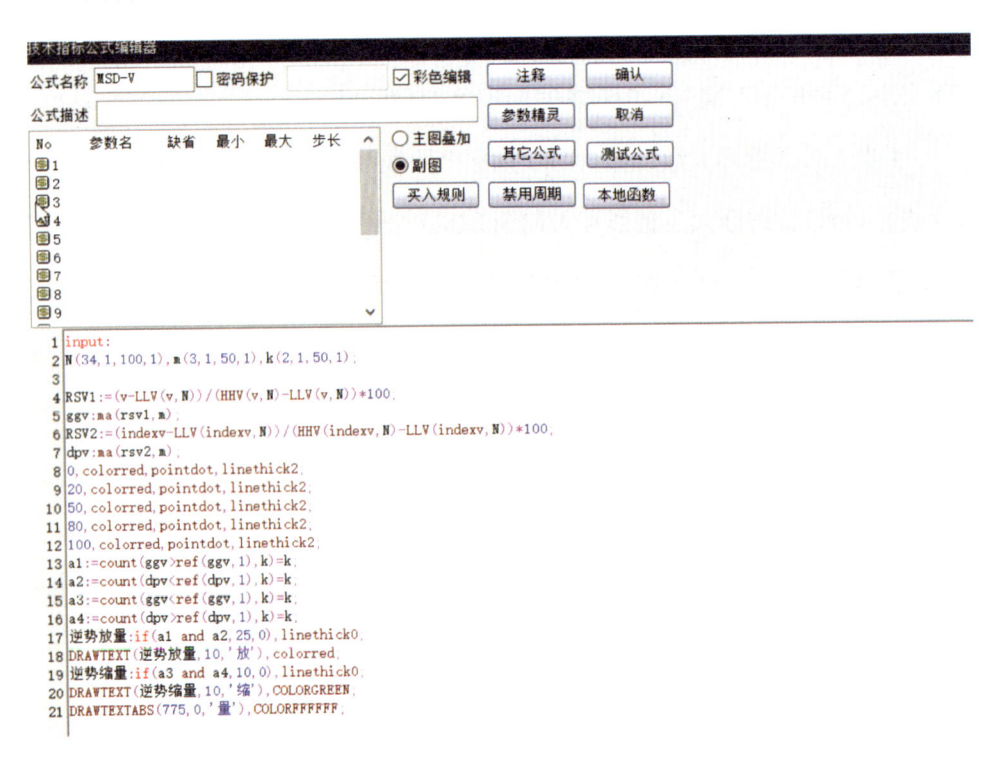

```
1 input:
2 N(34,1,100,1),m(3,1,50,1),k(2,1,50,1);
3
4 RSV1:=(v-LLV(v,N))/(HHV(v,N)-LLV(v,N))*100;
5 ggv:ma(rsv1,m);
6 RSV2:=(indexv-LLV(indexv,N))/(HHV(indexv,N)-LLV(indexv,N))*100;
7 dpv:ma(rsv2,m);
8 0,colorred,pointdot,linethick2;
9 20,colorred,pointdot,linethick2;
10 50,colorred,pointdot,linethick2;
11 80,colorred,pointdot,linethick2;
12 100,colorred,pointdot,linethick2;
13 a1:=count(ggv>ref(ggv,1),k)=k;
14 a2:=count(dpv>ref(dpv,1),k)=k;
15 a3:=count(ggv<ref(ggv,1),k)=k;
16 a4:=count(dpv<ref(dpv,1),k)=k;
17 逆势放量:if(a1 and a2,25,0),linethick0;
18 DRAWTEXT(逆势放量,10,'放'),colorred;
19 逆势缩量:if(a3 and a4,10,0),linethick0;
20 DRAWTEXT(逆势缩量,10,'缩'),COLORGREEN;
21 DRAWTEXTABS(775,0,'量'),COLORFFFFFF;
```

input:n(34, 1, 100, 1), m(3, 1, 50, 1), k(2, 1, 500, 1)

RSV1:=(v-LLV(v, N))/(HHV(v, N)-LLV(v, N))*100;

ggv:ma(rsv1, m);

RSV2:=(indexv-LLV(indexv, N))/(HHV(indexv, N)-LLV(indexv, N))*100;

dpv:ma(rsv2, m);

0, colorred, pointdot, linethick2;

20, colorred, pointdot, linethick2;

50, colorred, pointdot, linethick2;

80, colorred, pointdot, linethick2;

100, colorred, pointdot, linethick2;

a1:=count(ggv>ref(ggv, 1), k)=k;

a2:=count(dpv<ref(dpv, 1), k)=k;

a3:=count(ggv<ref(ggv, 1), k)=k;

a4:=count(dpv>ref(dpv, 1), k)=k;

逆势放量:if(a1 and a2, 25, 0), linethick0;

DRAWTEXT(逆势放量, 10, '放'), colorred;

逆势缩量:if(a3 and a4, 10, 0), linethick0;

DRAWTEXT(逆势缩量, 10, '缩'), colorgreen;

3.VMSD 指标的图例

以大智慧软件中的 VMSD 指标为例说明。

价量强于大盘股图例，如图 2-44、图 2-45、图 2-46 所示。

价量强于大盘

MSD 指标

VMSD 指标

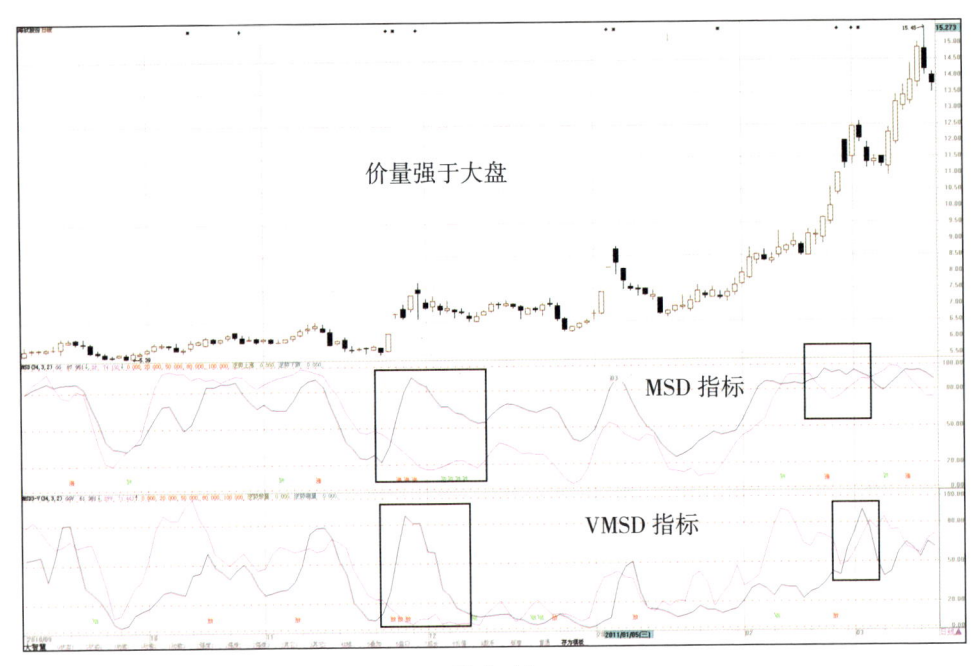

图 2—44

价量强于大盘

MSD 指标

VMSD 指标

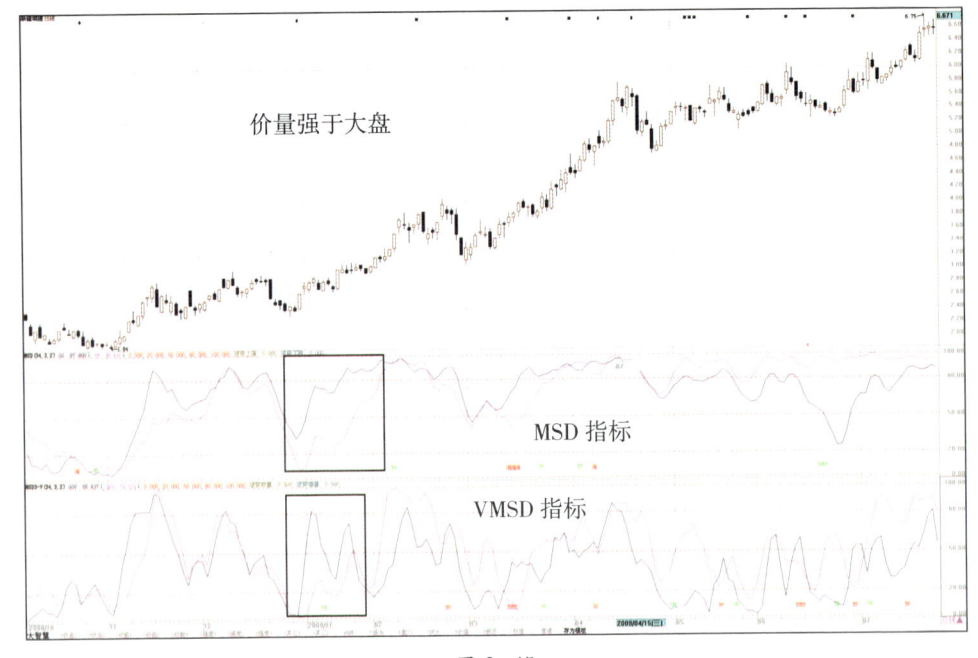

图 2—45

图 2-46

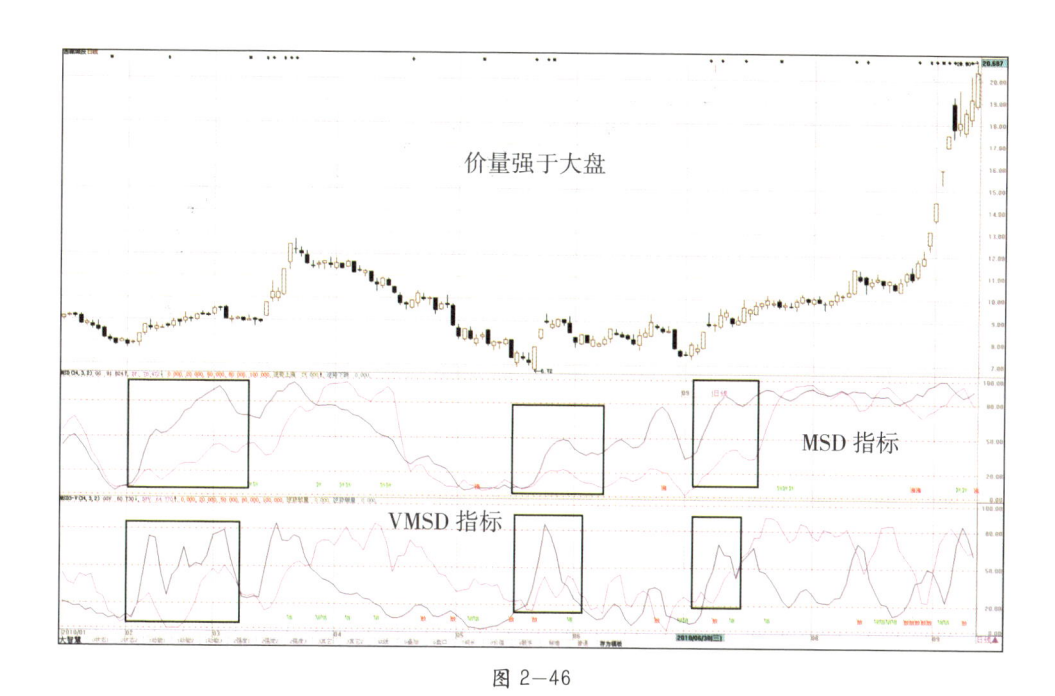

价量弱于大盘股图例，如图 2-47、图 2-48、图 2-49 所示。

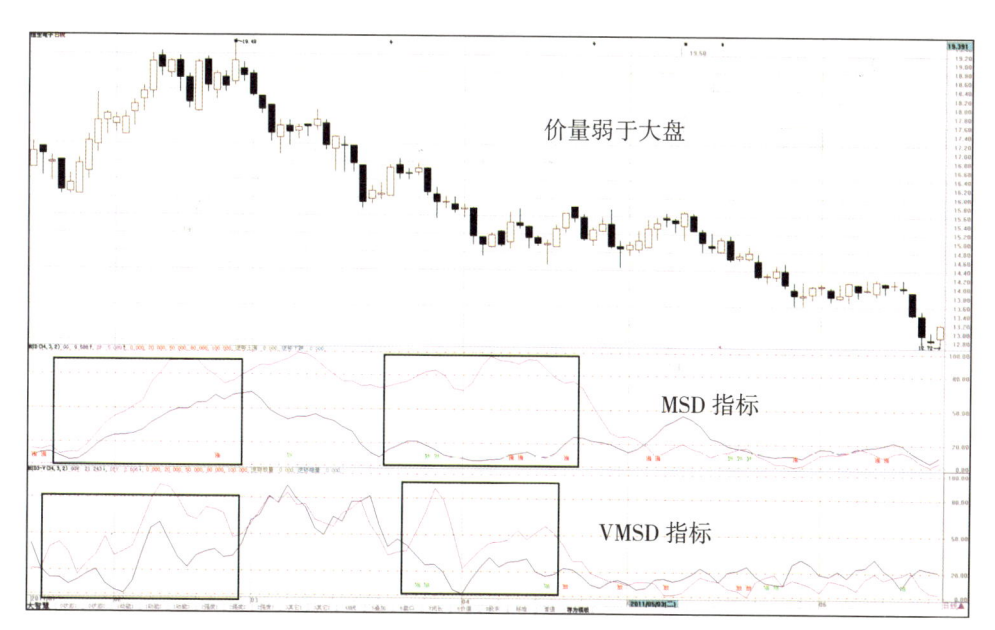

图 2-47

价量弱于大盘

MSD 指标

VMSD 指标

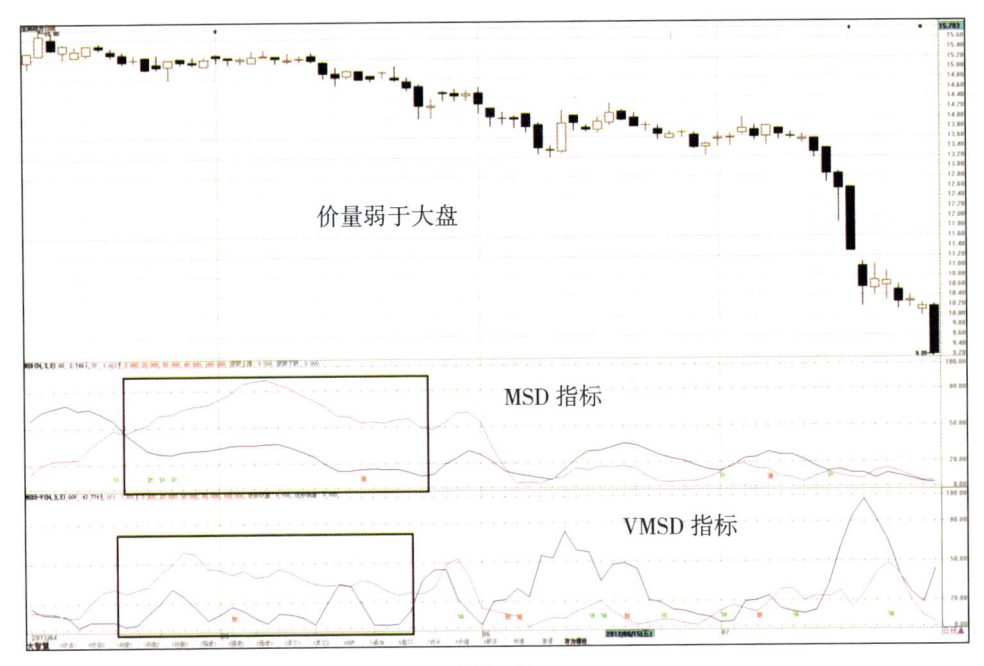

图 2—48

价量弱于大盘

MSD 指标

VMSD 指标

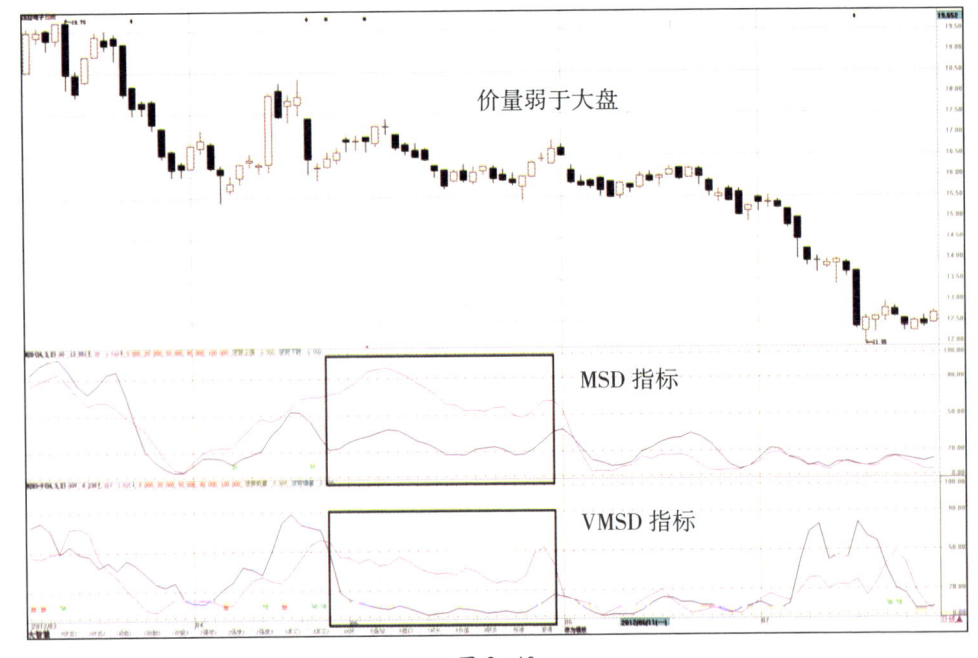

图 2—49

价量同步于大盘股图例，如图2-50、图2-51、图2-52所示。

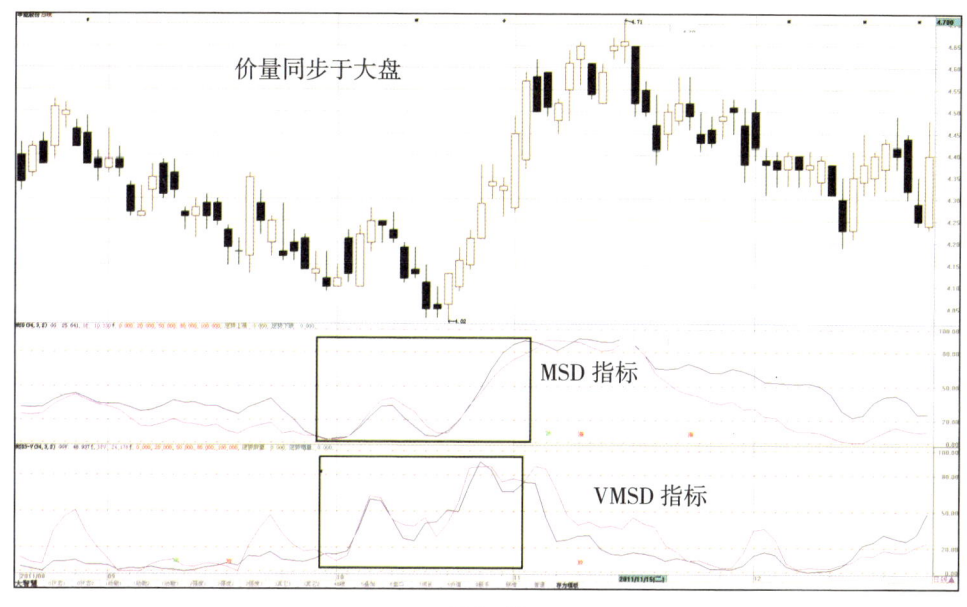

图 2-50

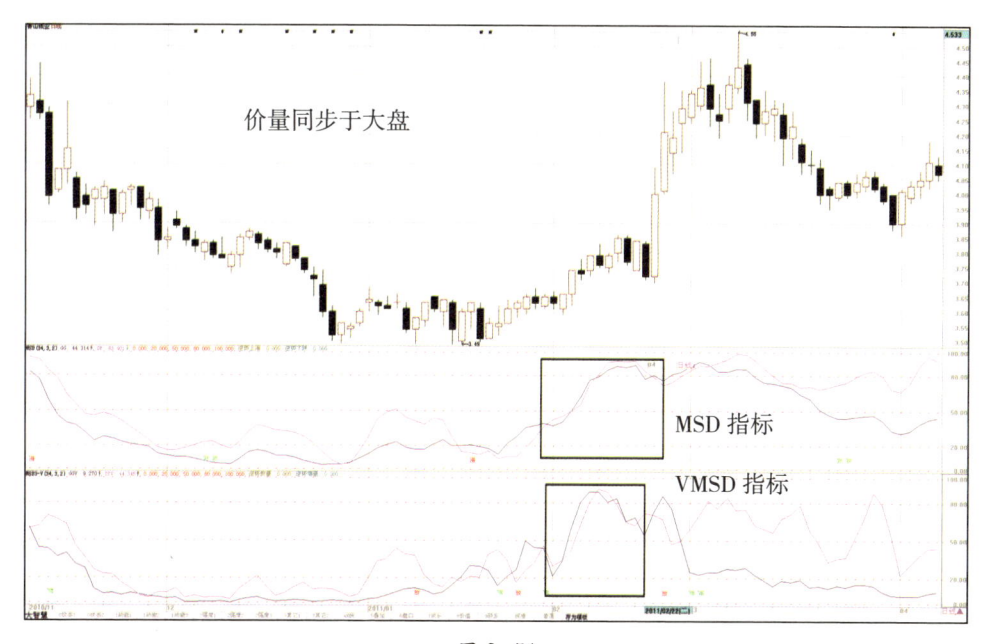

图 2-51

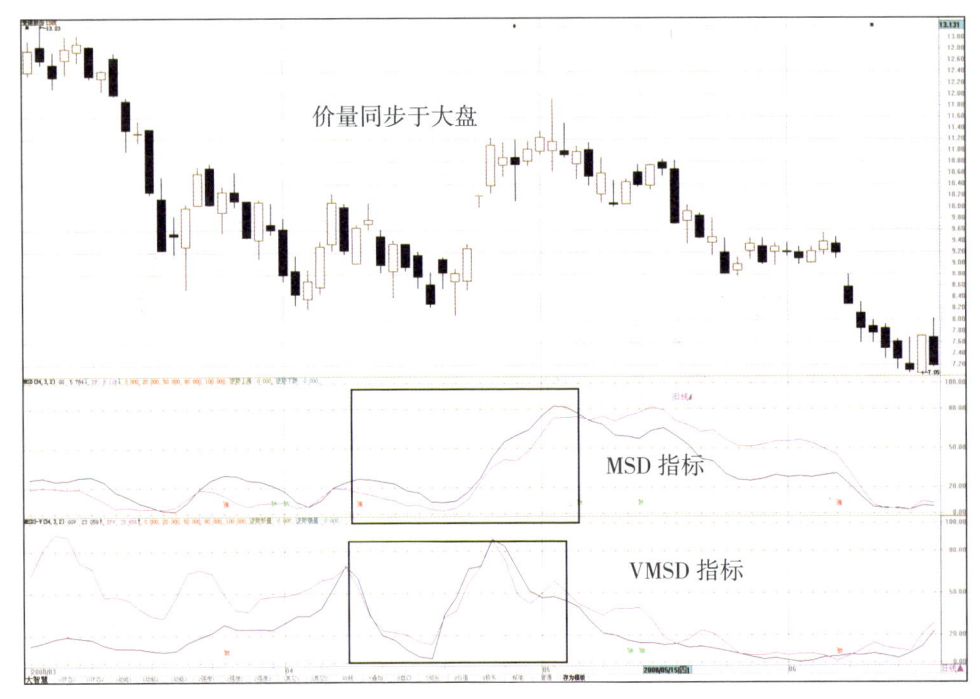

图 2-52

MSD指标和VMSD指标综合运用的买入法则如下：

①当MSD指标大盘线和MSD指标个股线都在20以下几乎同时上穿20线；VMSD指标大盘量线和VMSD指标个股量线都在20以下并几乎同时上穿20线，MSD指标和VMSD指标几乎同时发出信号时，可以买入。如图2-53、图2-54、图2-55所示。

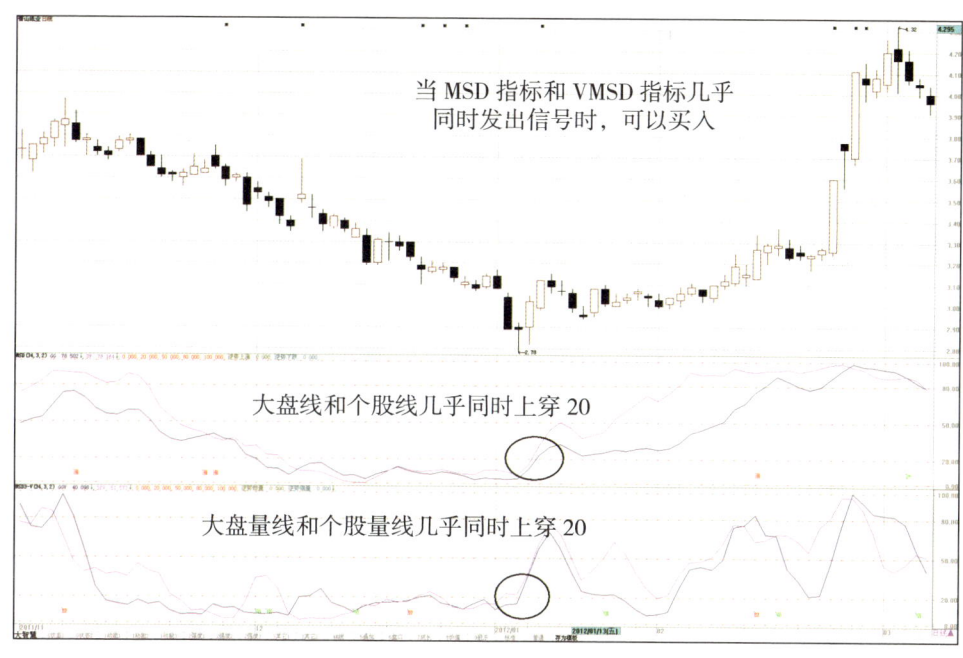

图 2-53

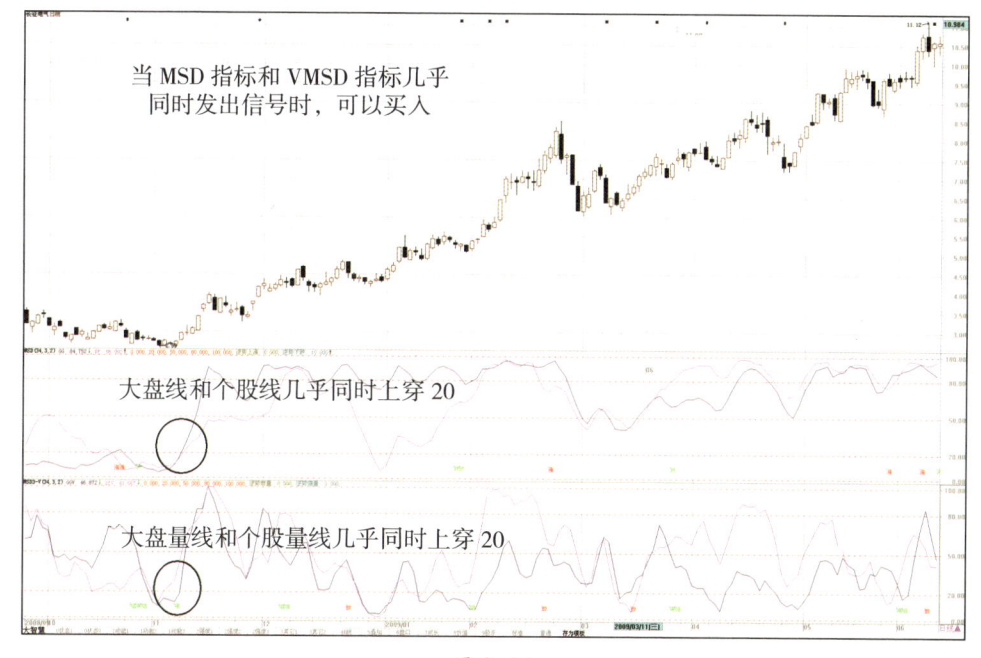

图 2-54

图 2-55 中:
- 当 MSD 指标和 VMSD 指标几乎同时发出信号时,可以买入
- 大盘线和个股线几乎同时上穿 20
- 大盘量线和个股量线几乎同时上穿 20

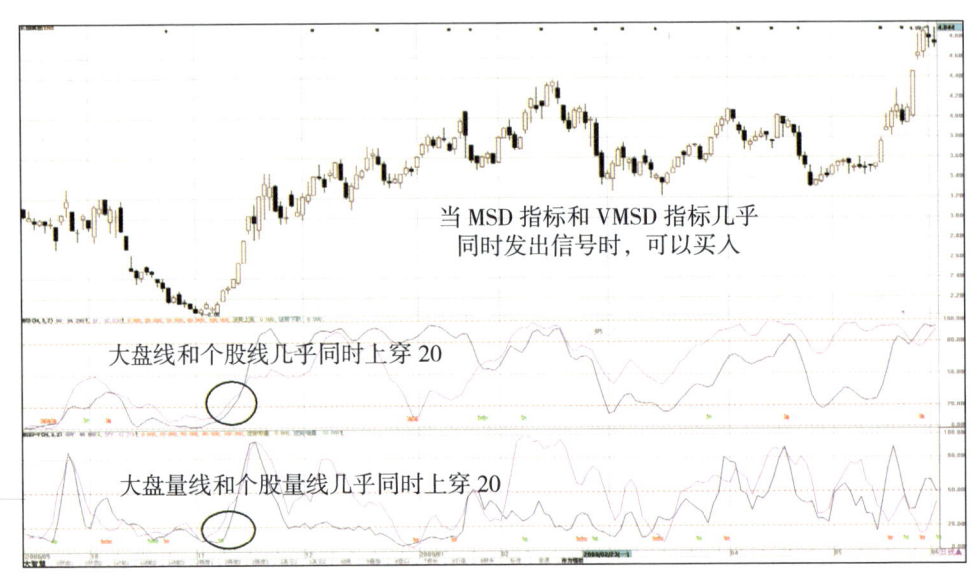

图 2-55

②当 MSD 指标个股线(最好在 20 左右)上穿 MSD 指标大盘线;VMSD 指标个股量线(最好在 20 左右)上穿 VMSD 指标大盘量线,MSD 指标和 VMSD 指标几乎同时发出信号时,可以买入。如图 2-56、图 2-57、图 2-58 所示。

图 2-56 中:
- 当 MSD 指标和 VMSD 指标几乎同时发出信号时,可以买入
- 个股线在 20 左右上空大盘线
- 个股量线在 20 左右上穿大盘量线

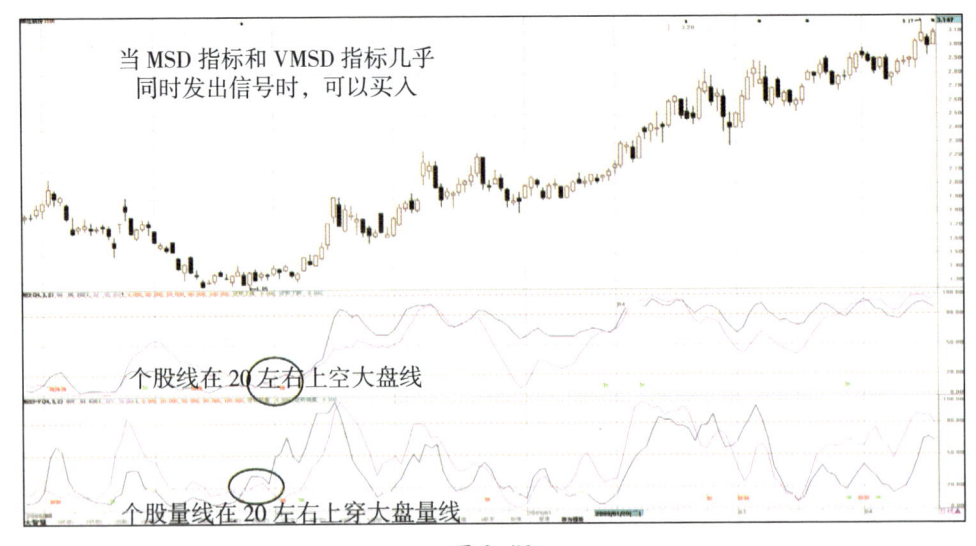

图 2-56

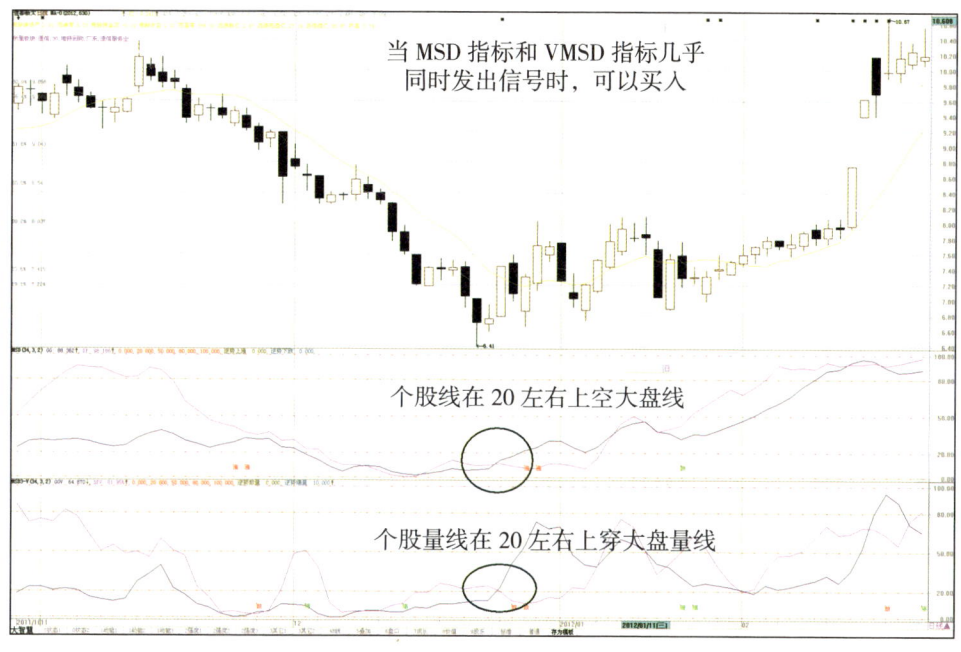

图 2-57

当 MSD 指标和 VMSD 指标几乎
同时发出信号时，可以买入

个股线在 20 左右上空大盘线

个股量线在 20 左右上穿大盘量线

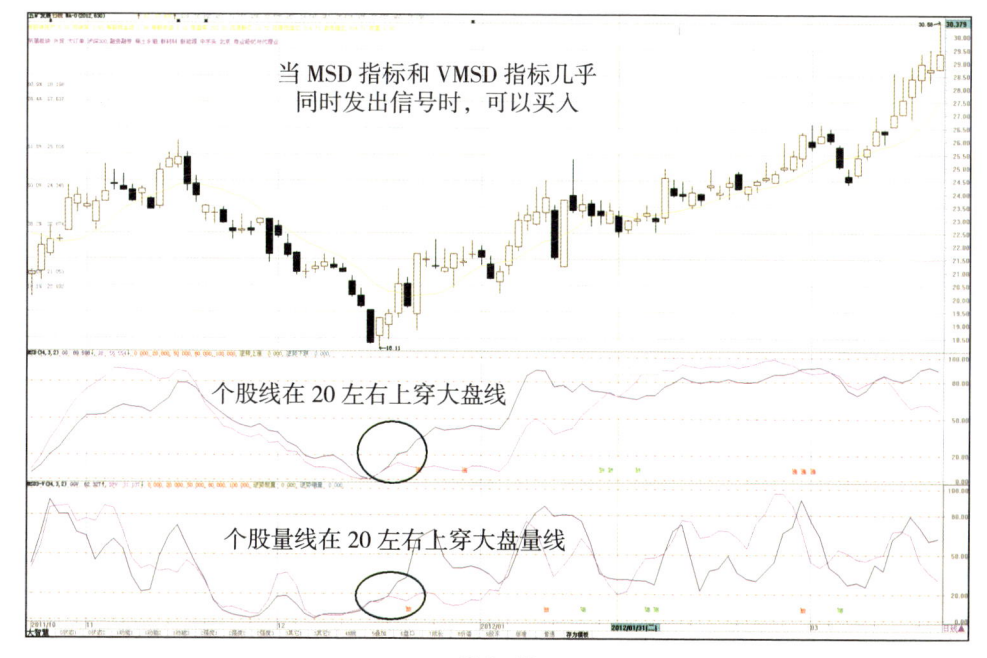

图 2-58

当 MSD 指标和 VMSD 指标几乎
同时发出信号时，可以买入

个股线在 20 左右上穿大盘线

个股量线在 20 左右上穿大盘量线

③当 MSD 指标个股线在 50 以上上穿 MSD 指标大盘线；VMSD 指标个股量线在 50 以上上穿 VMSD 指标大盘量线，MSD 指标和 VMSD 指标几乎同时发出信号时，谨慎买入。如图 2-59、图 2-60、图 2-61 所示。

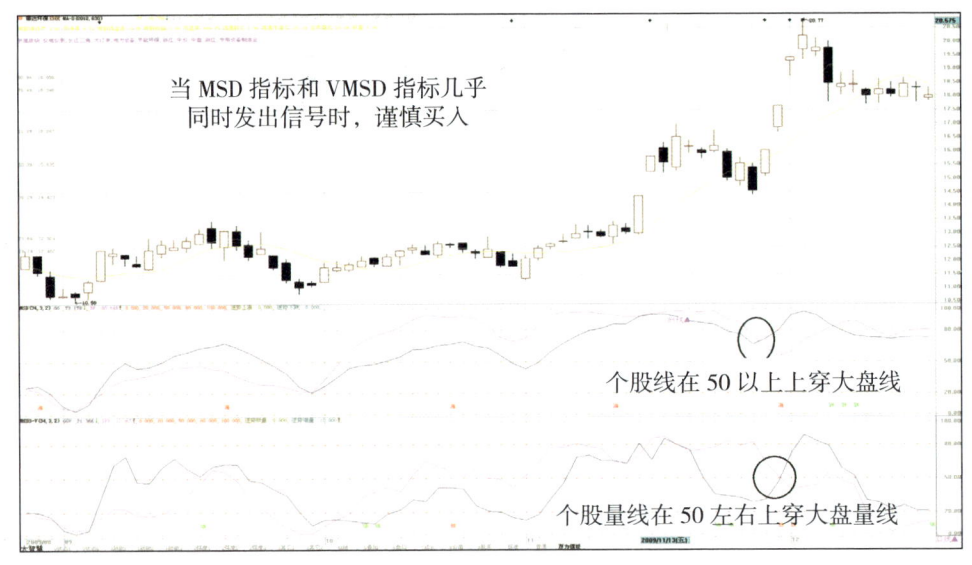

图 2-59

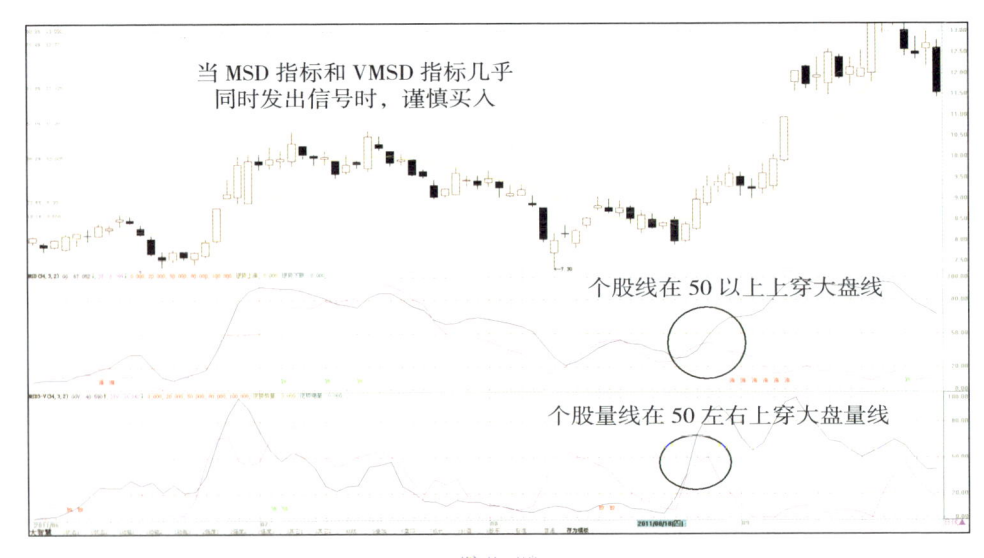

图 2-60

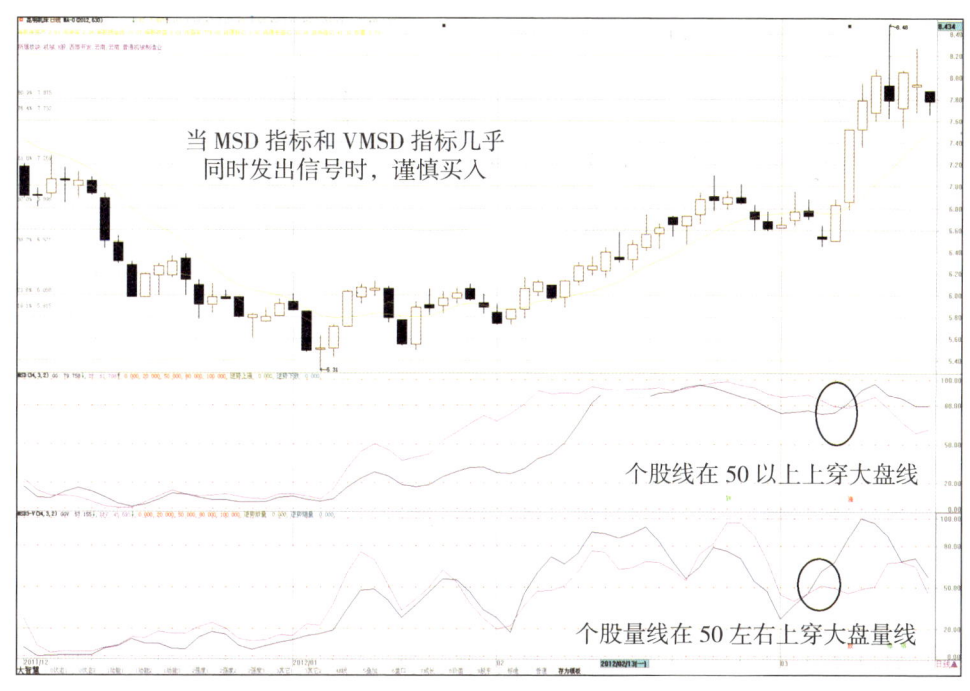

图 2-61

MSD 指标和 VMSD 指标综合运用的卖出法则如下：

①当 MSD 指标大盘线和 MSD 指标个股线都在 80 以上并几乎同时下穿 80 线；VMSD 指标大盘量线和 VMSD 指标个股量线都在 80 以上并几乎同时下穿 80 线时，MSD 指标和 VMSD 指标几乎同时发出信号时，可以卖出。如图 2-62、图 2-63、图 2-64 所示。

当 MSD 指标和 VMSD 指标几乎同时发出信号时，可以卖出

大盘线和个股线都在 80 以上，并几乎同时下穿 80

大盘量线和个股量线都在 80 以上，并几乎同时下穿 80

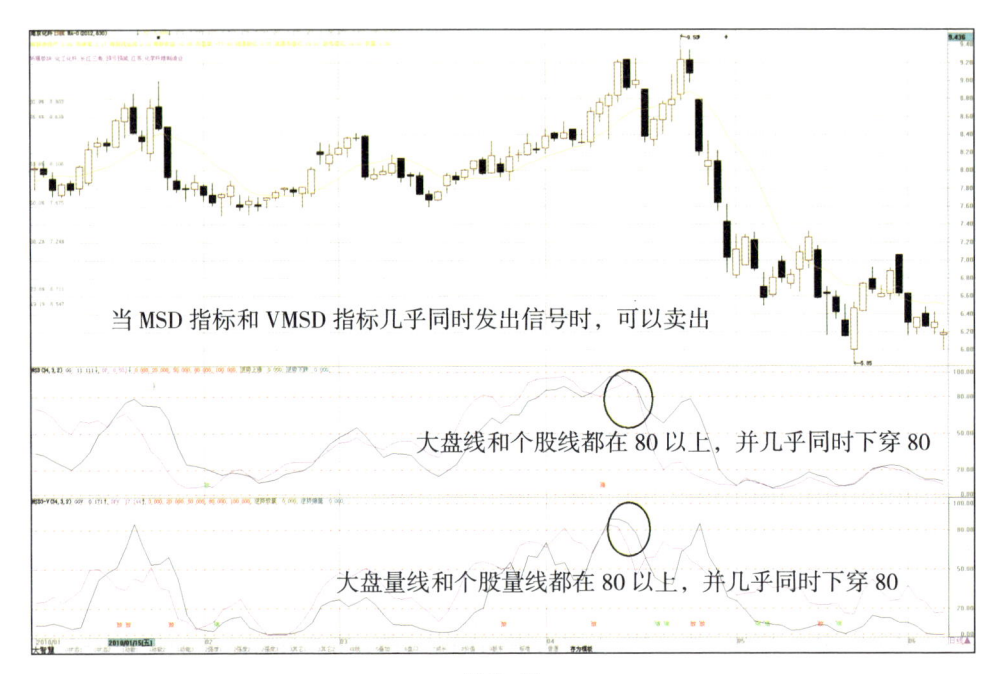

图 2-62

当 MSD 指标和 VMSD 指标几乎同时发出信号时，可以卖出

大盘线和个股线都在 80 以上，并几乎同时下穿 80

大盘量线和个股量线都在 80 以上，并几乎同时下穿 80

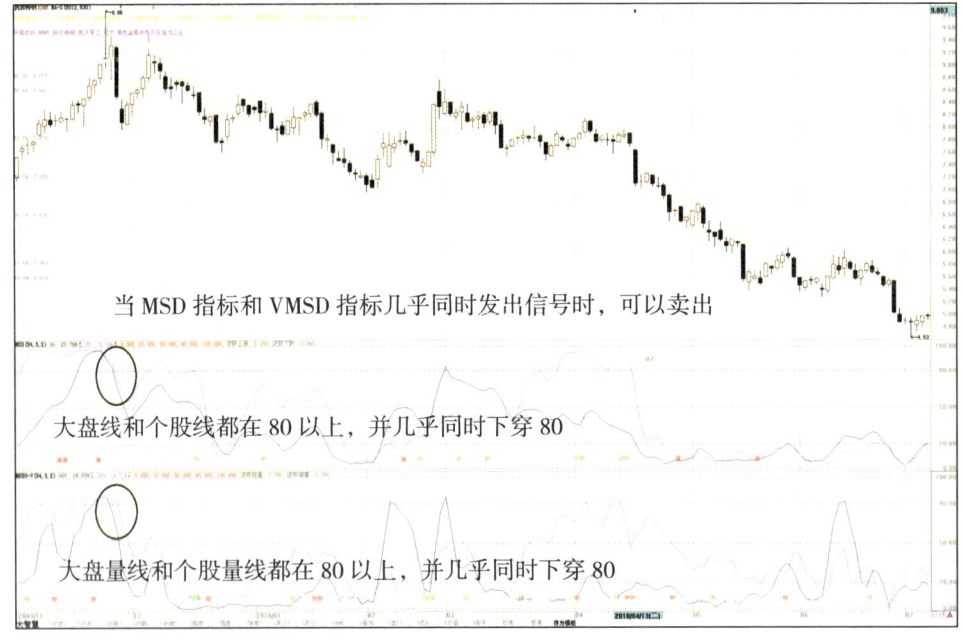

图 2-63

图 2-64 中,当 MSD 指标和 VMSD 指标几乎同时发出信号时,可以卖出;大盘线和个股线都在 80 以上,并几乎同时下穿 80;大盘量线和个股量线都在 80 以上,并几乎同时下穿 80。

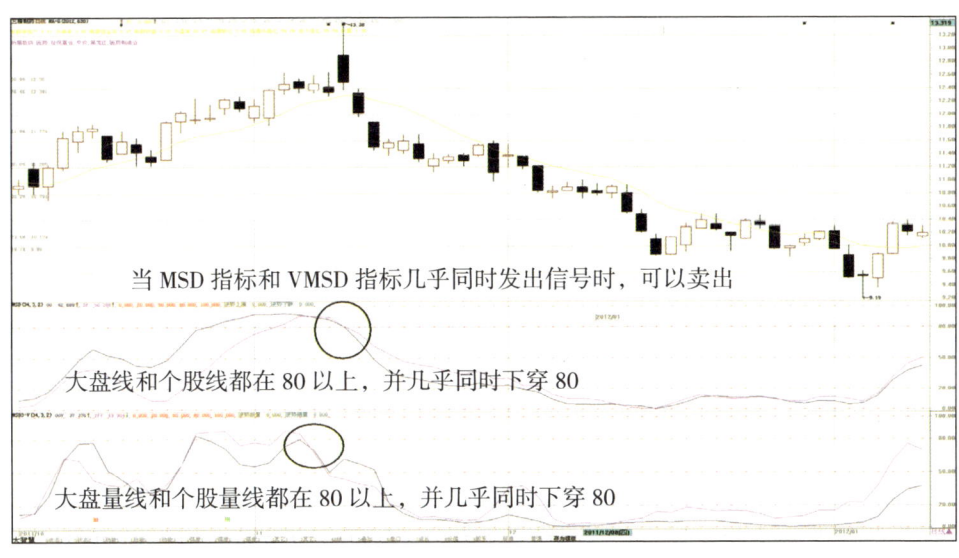

图 2-64

②当 MSD 指标个股线(最好在 80 左右)下穿 MSD 指标大盘线;VMSD 指标个股量线(最好在 80 左右)下穿 VMSD 指标大盘量线,MSD 指标和 VMSD 指标几乎同时发出信号时,可以卖出。如图 2-65、图 2-66、图 2-67 所示。

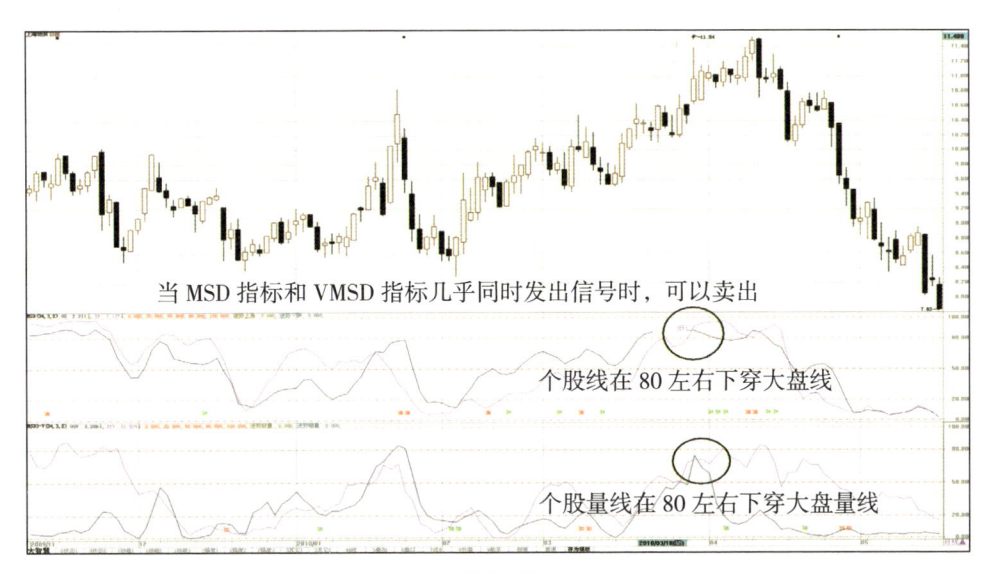

图 2-65

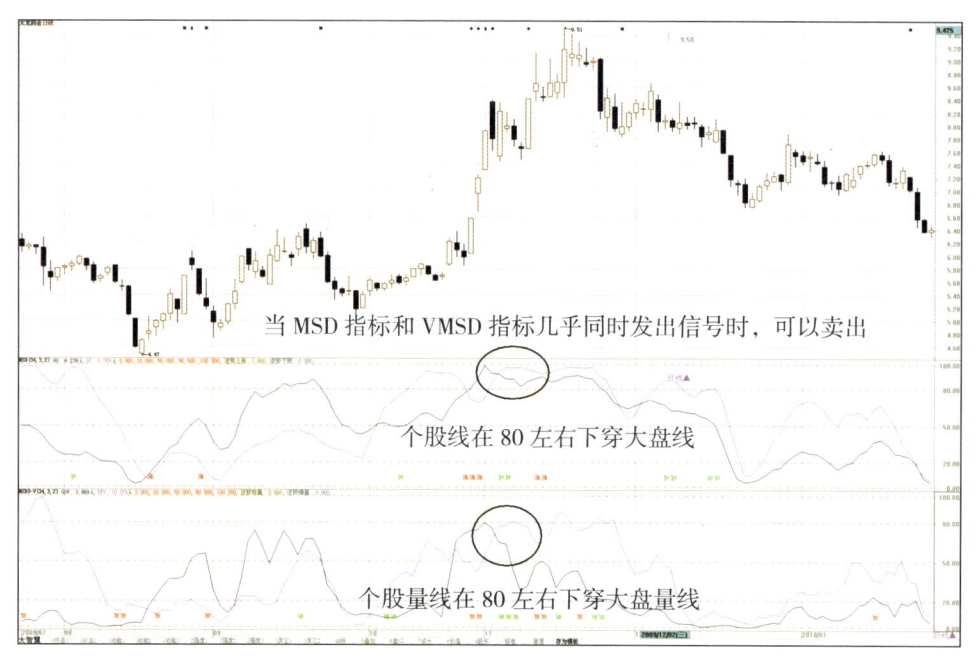

图 2-66

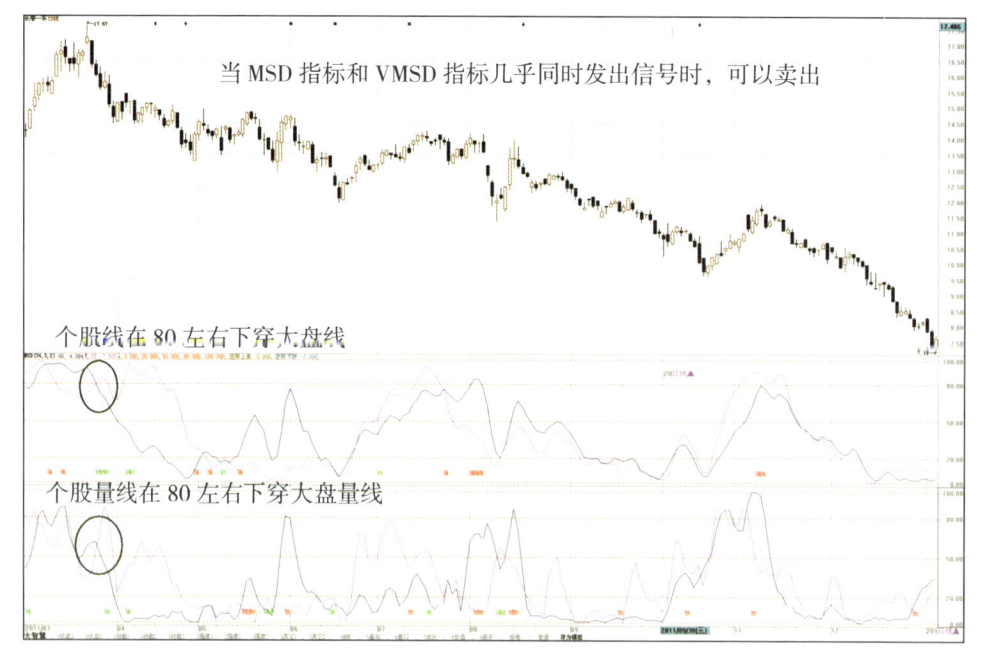

图 2-67

③当 MSD 指标个股线在 50 以下下穿 MSD 指标大盘线；VMSD 指标个股量线在 50 以下下穿 VMSD 指标大盘量线，MSD 指标和 VMSD 指标几乎同时发出信号时，谨慎卖出。如图 2-68、图 2-69、图 2-70 所示。

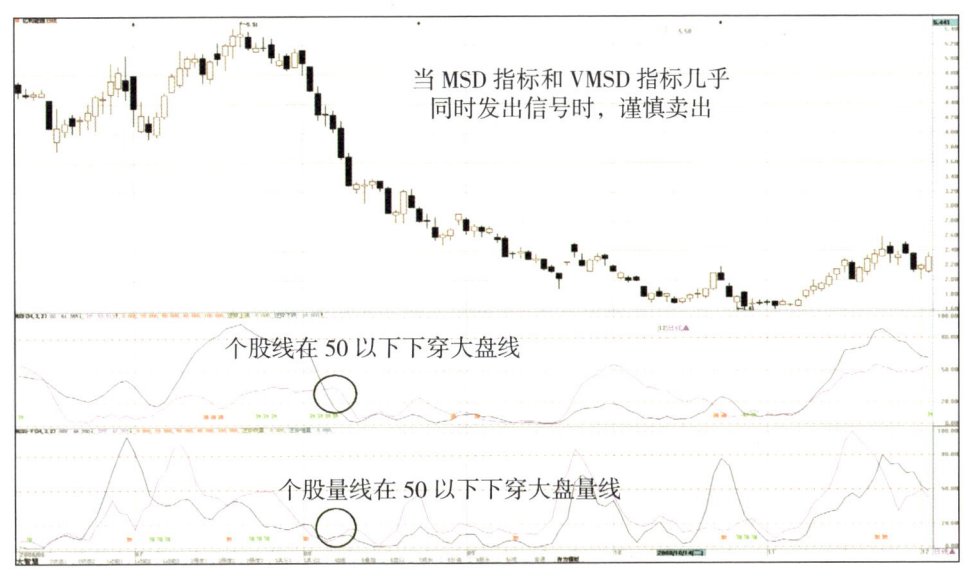

图 2-68

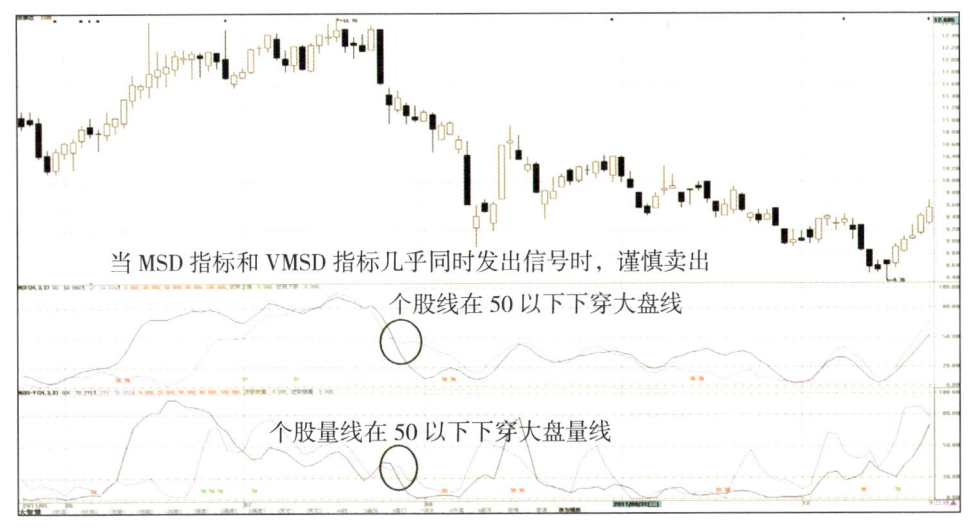

图 2-69

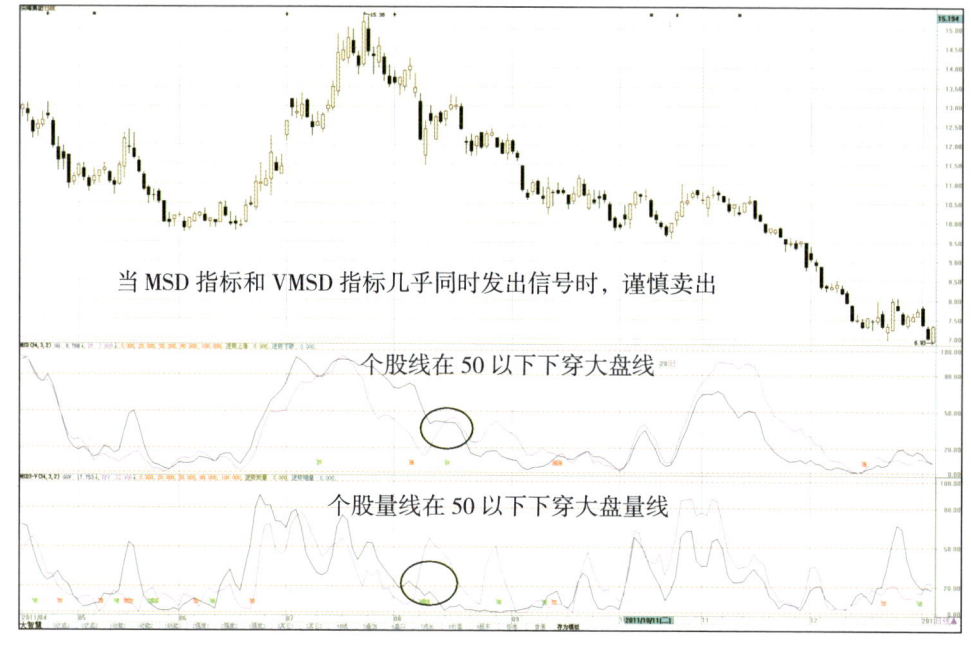

图 2—70

三、相对强度：XDQD 指标

1.XDQD 指标的基本概念

XDQD 指标是衡量个股相对于大盘指数强度对比最具实效的指标，它本着简单、实用、有效的原则来编制，故该指标成为现今投资市场上使用最为广泛的强度指标。XDQD 指标的编制原理是将每天的个股收盘价和大盘指数收盘价相对比，从而得出强度值，再将强度值进行 N 日的简单移动平滑，得出强度值的 N 日简单移动平均线，其中蓝色线为强度值线，红色线、灰色线和橘红色线均为强度值的（$N1, N2, N3$）日简单移动平均线，XDQD 指标属趋势型指标，其波动范围是无限大或无限小，正好弥补了震荡型强度指标 MSD 指标在行情处于超买超卖两个极端下的钝化失效的研判问题，如在牛市中的 MSD

指标始终处于 80 以上的超买区域内，但股价却不跌，反而不断上涨创出新高，这就是牛市中的超买区钝化。反之，在熊市中的 MSD 指标始终处于 20 以下的超卖区域内，但股价却不涨，反而不断下跌创出新低，这就是熊市中的超卖区钝化。在实战操作中每当遇到 MSD 指标出现牛市中的超买区钝化时，可将该笔交易交由 XDQD 指标来管理。当 XDQD 指标的强度值线向下死叉强度值的（$N1, N2, N3$）日简单移动平均线时，发出卖出信号，应该平仓出局。反之，在实战操作中每当遇到 MSD 指标出现熊市中的超卖区钝化时，可将该笔交易交由 XDQD 指标来管理。当 XDQD 指标的强度值线向上金叉强度值的（$N1, N2, N3$）日简单移动平均线时，发出买入信号，应该及时建仓。XDQD 指标的研判规则分为以下三大方面。

①强度值线和强度值的简单移动平均线方向向上并呈多头排列，该类个股属于强于大盘股。

②强度值线缠绕强度值的简单移动平均线，无明显方向，呈横向震荡形态，该类个股属于同步于大盘股。

③强度值线和强度值的简单移动平均线方向向下并呈空头排列，该类个股属于弱于大盘股。

如图 2-71 所示。

图 2—71

2.XDQD 指标的实践法则

XDQD 指标的实战法则如下：

①当强度值线在强度值的简单移动平均线下方，并向上穿越强度值的简单移动平均线，并且强度值的简单移动平均线的方向向上时，可以买入。

②当强度值线在强度值的简单移动平均线上方，并向下穿越强度值的简单移动平均线，并且强度值的简单移动平均线的方向向下时，可以卖出。

③当股价一底比一底低，而强度值线一底比一底高时，叫作 XDQD 指标底背离，可以买入。

④当股价一顶比一顶高，而强度值线一顶比一顶低时，叫作 XDQD 指标顶背离，可以卖出。

3.XDQD 指标的公式及其源码

笔者将大智慧软件的 XDQD 指标公式及其源码公布如下。

大智慧软件中的 XDQD 指标公式及其源码：

```
1 input:n(1,1,999,1),n1(5,1,999,1),n2(10,1,999,1),n3(25,1,999,1);
2
3 强度:ma(c/indexc*10000,n),COLORWHITE,linethick2;
4 强度1:ma(c/indexc*10000,n1),COLORFFFFFF;
5 强度2:ma(c/indexc*10000,n2),COLORYELLOW;
6 强度3:ma(c/indexc*10000,n3),COLORFF00FF;
7
8 DRAWTEXTABS(775,-0,'强度'),COLORFFFFFF;
```

input:n(1,1,999,1),n1(5,1,999,1),n2(10,1,999,1),n3(30,1,999,1);

强度:ma(c/indexc*10000,n),COLORWHITE,linethick2;

强度1:ma(c/indexc*10000,n1),COLORFFFFFF;

强度2:ma(c/indexc*10000,n2),COLORYELLOW;

强度3:ma(c/indexc*10000,n3),COLORFF00FF;

4.XDQD 指标的图例

下面以大智慧软件中的 XDQD 指标为例说明。

强于大盘股图例，如图 2-72、图 2-73、图 2-74 所示。

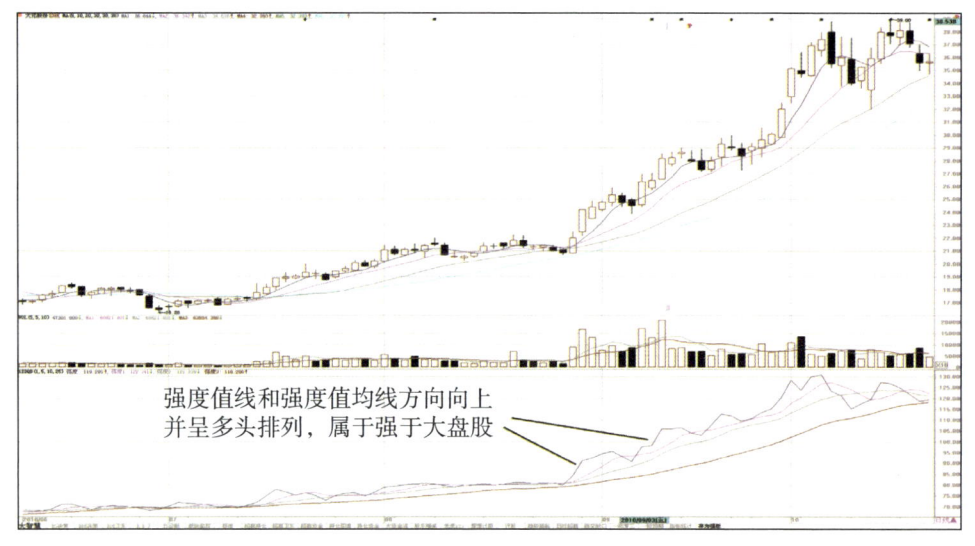

图 2-72

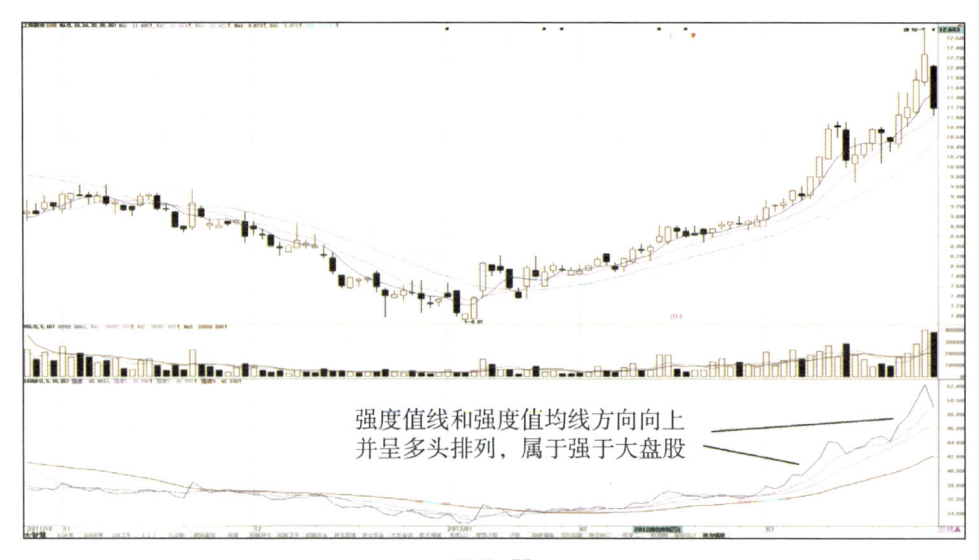

图 2-73

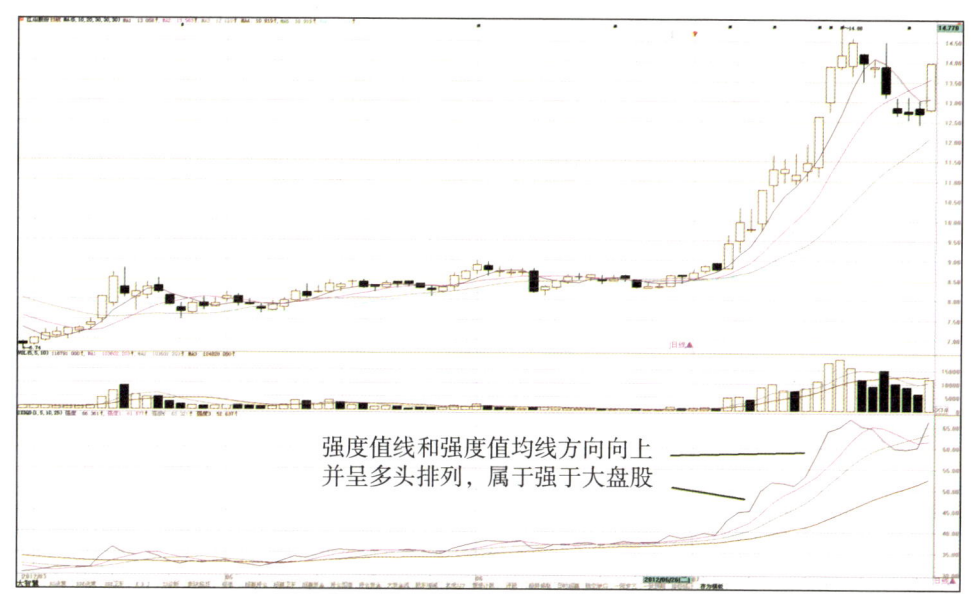

图 2-74

弱于大盘股图例，如图 2-75、图 2-76、图 2-77 所示。

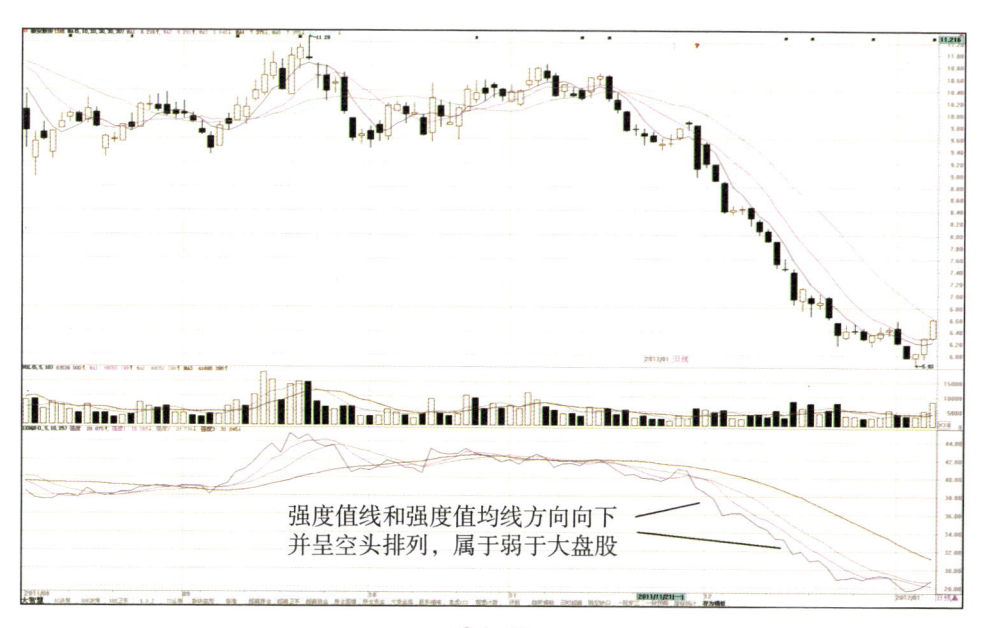

图 2-75

强度值线和强度值均线方向向下
并呈空头排列，属于弱于大盘股

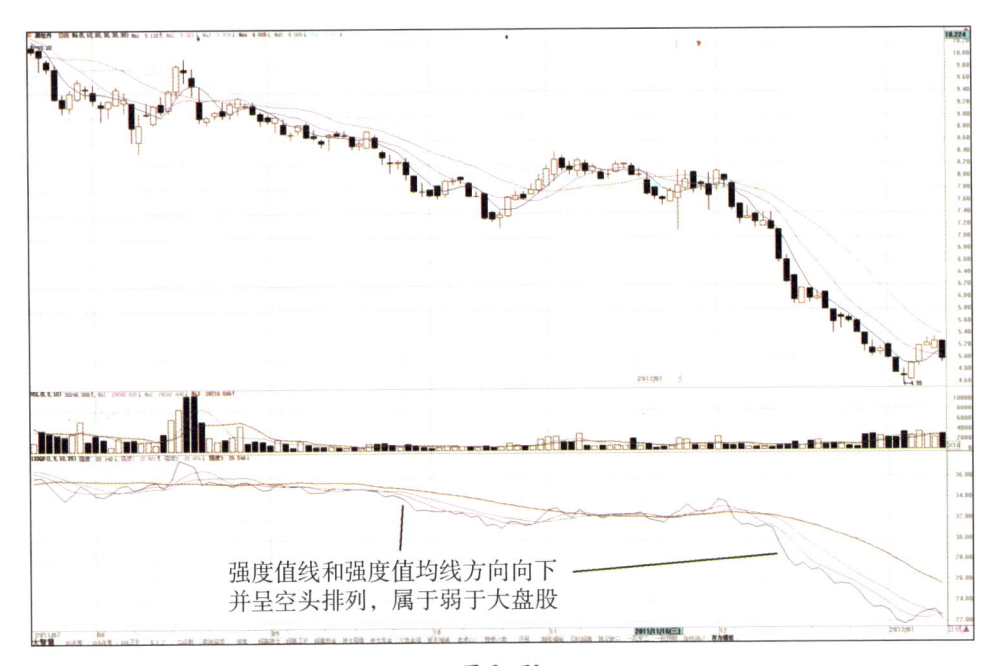

图 2—76

强度值线和强度值均线方向向下
并呈空头排列，属于弱于大盘股

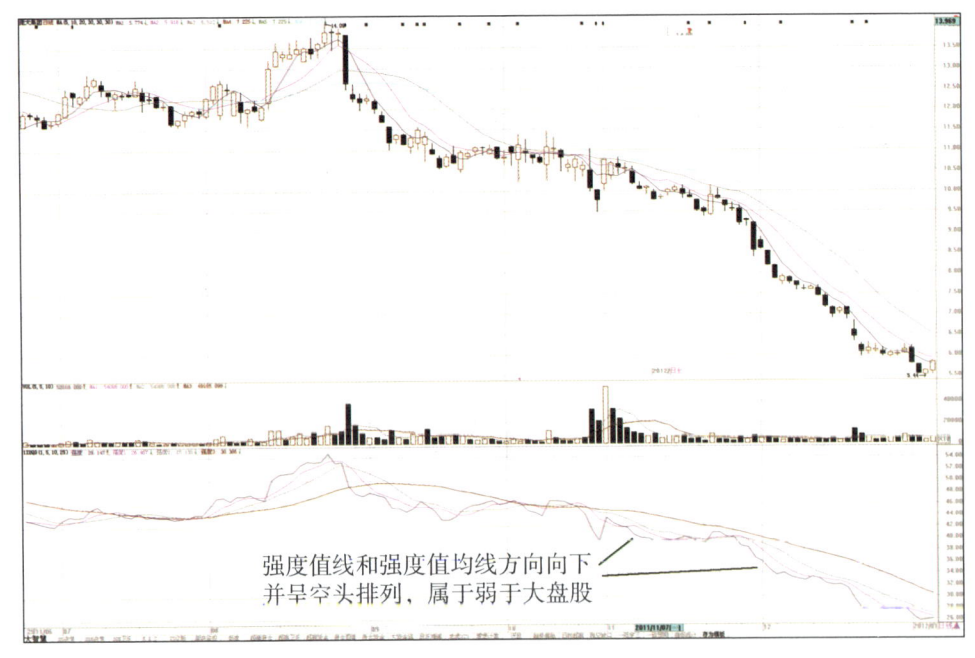

图 2—77

同步于大盘股图例,如图 2-78、图 2-79、图 2-80 所示。

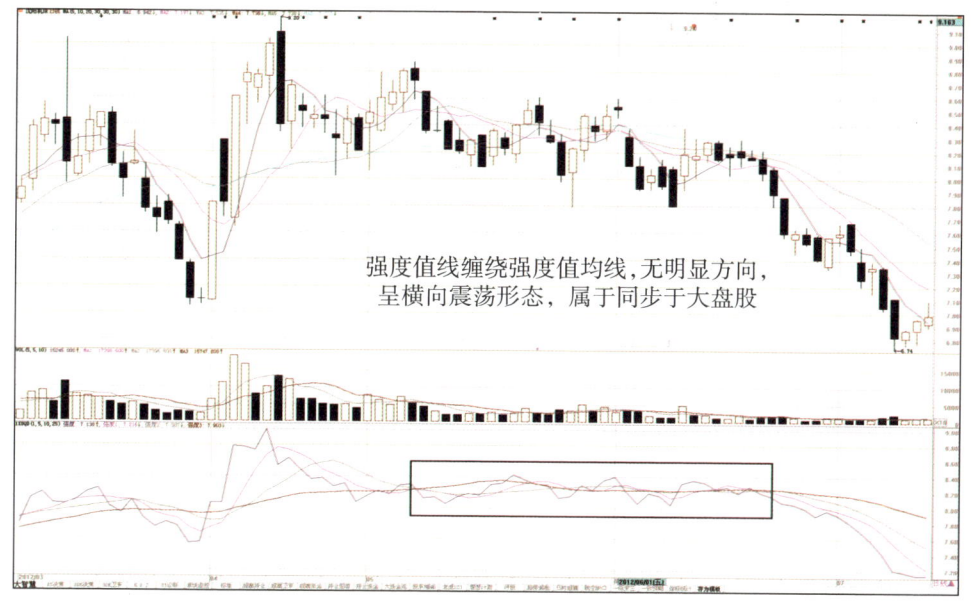

图 2-78

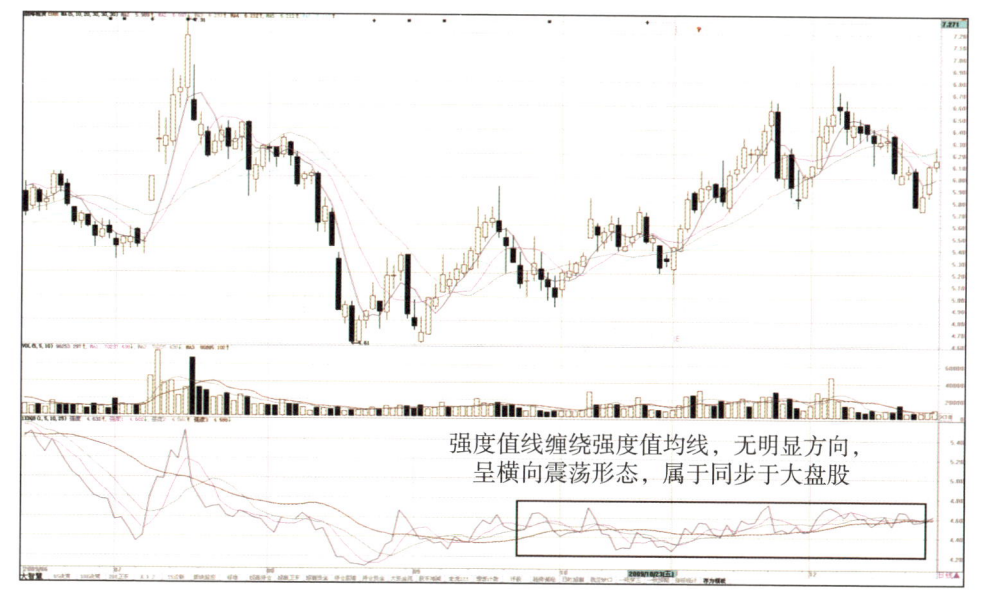

图 2-79

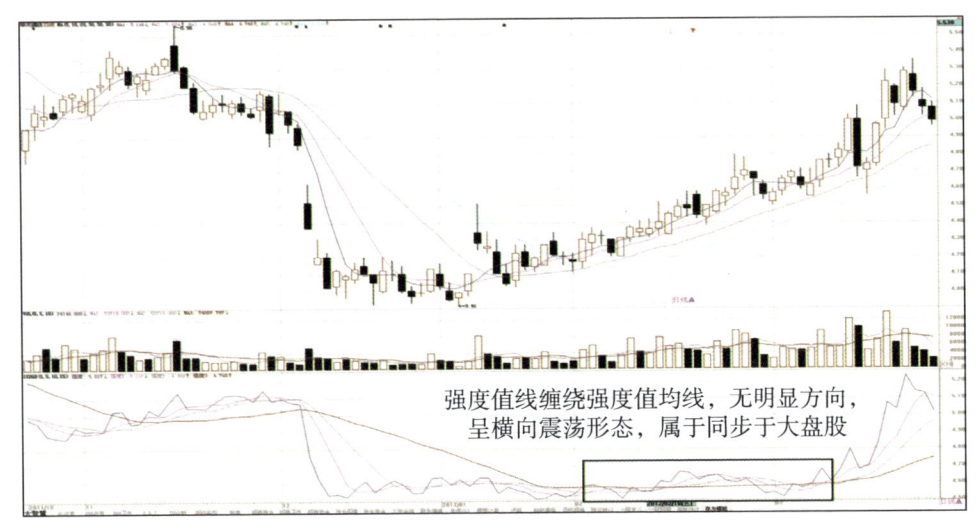

图 2-80

5.XDQD 指标的买入法则

①当强度值线在强度值的简单移动平均线下方，并向上穿越强度值的简单移动平均线，并且强度值的简单移动平均线的方向向上时，可以买入。如图 2-81、图 2-82、图 2-83 所示。

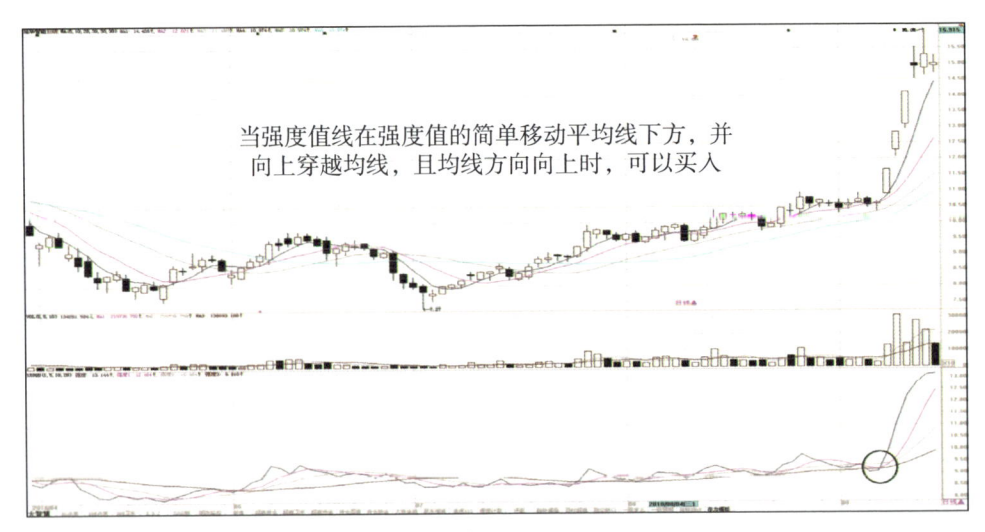

图 2-81

当强度值线在强度值的简单移动平均线下方,并向上穿越均线,且均线方向向上时,可以买入

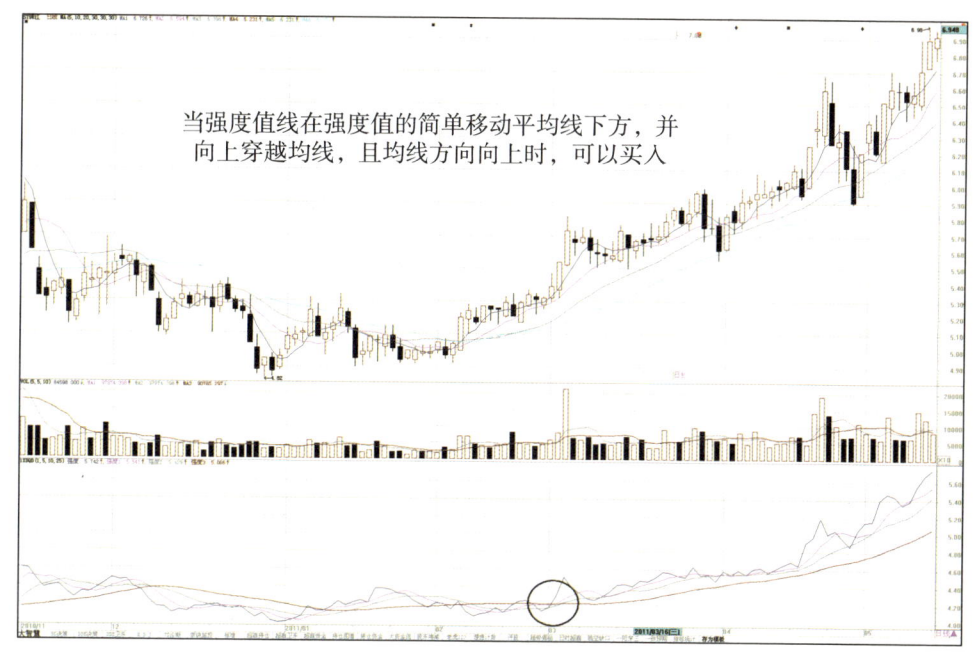

图 2—82

当强度值线在强度值的简单移动平均线下方,并向上穿越均线,且均线方向向上时,可以买入

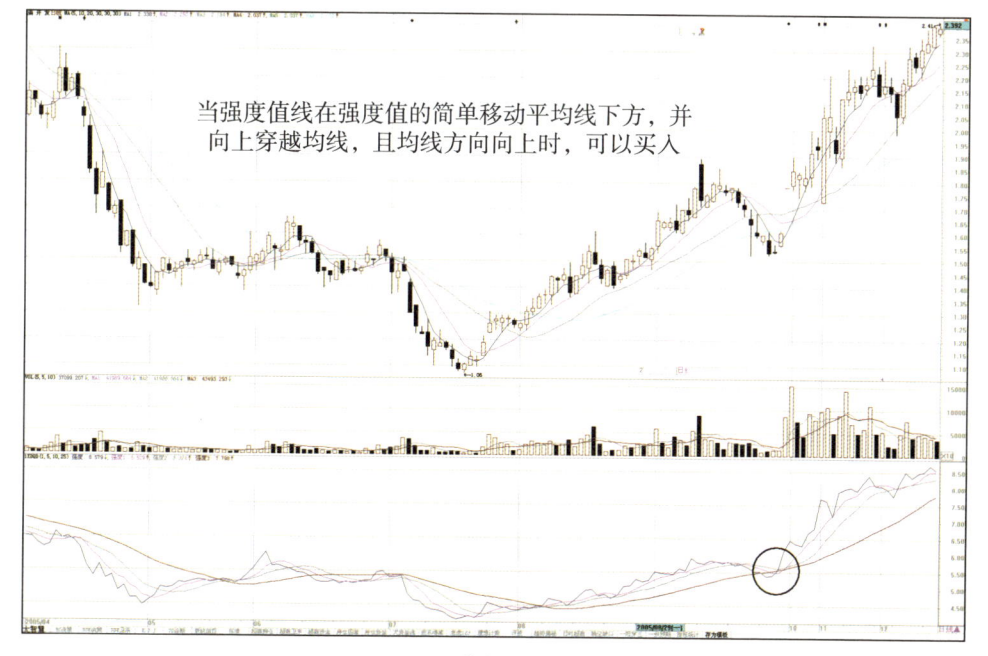

图 2—83

②当股价一底比一底低,而强度值线一底比一底高时,叫作 XDQD 指标底背离,可以买入。如图 2-84、图 2-85、图 2-86 所示。

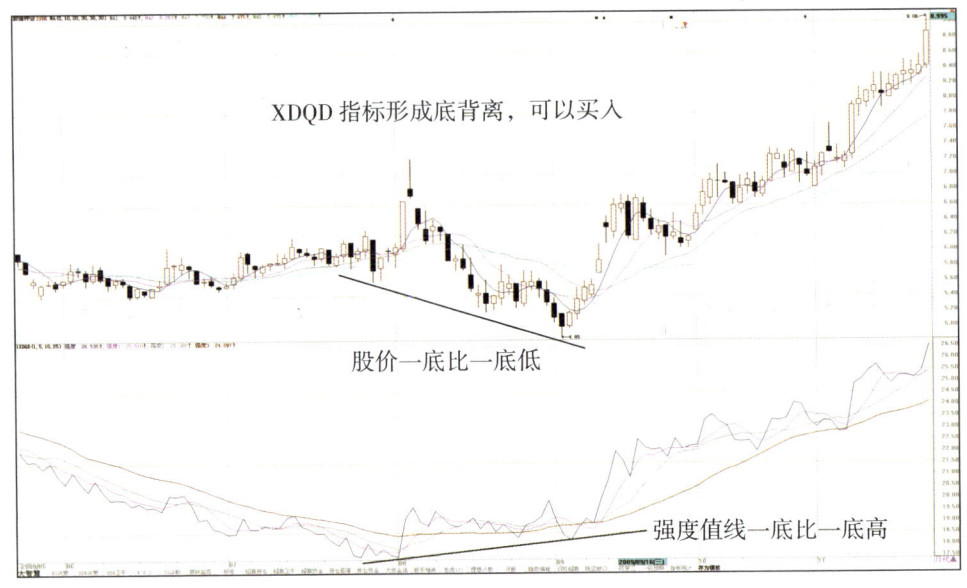

图 2-84

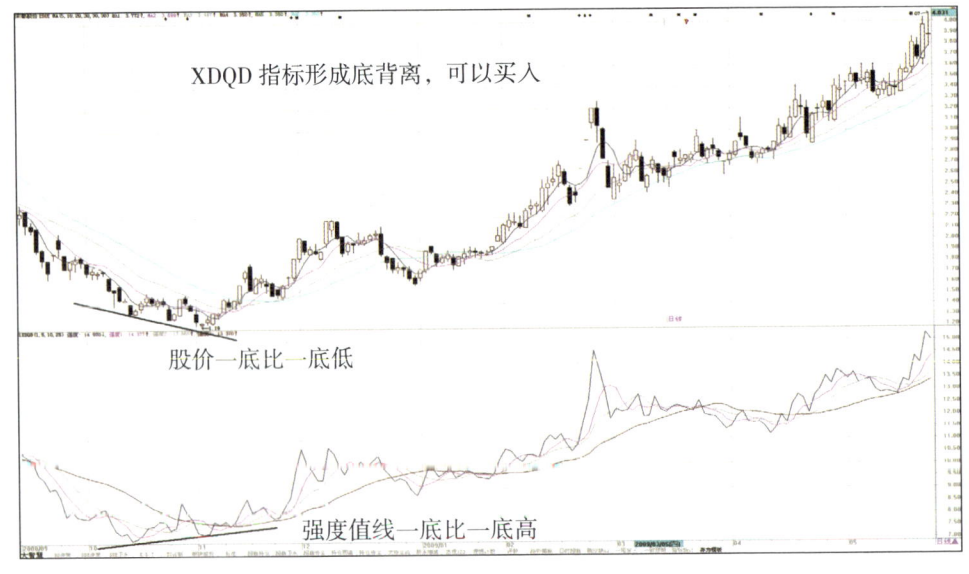

图 2-85

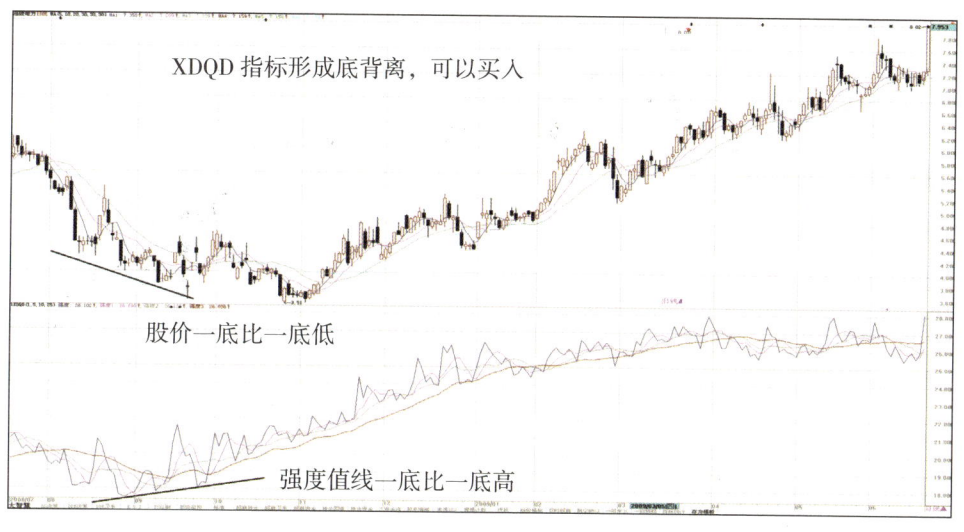

图 2-86

6.XDQD 指标的卖出法则

①当强度值线在强度值的简单移动平均线上方,并向下穿越强度值的简单移动平均线,并且强度值的简单移动平均线的方向向下时,可以卖出。如图 2-87、图 2-88、图 2-89 所示。

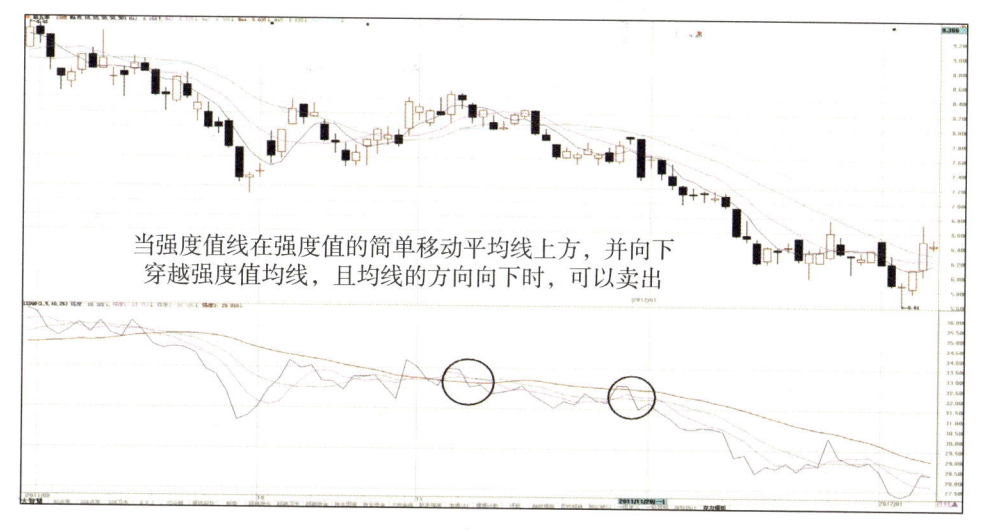

图 2-87

当强度值线在强度值的简单移动平均线上方，并向下穿越强度值均线，且均线的方向向下时，可以卖出

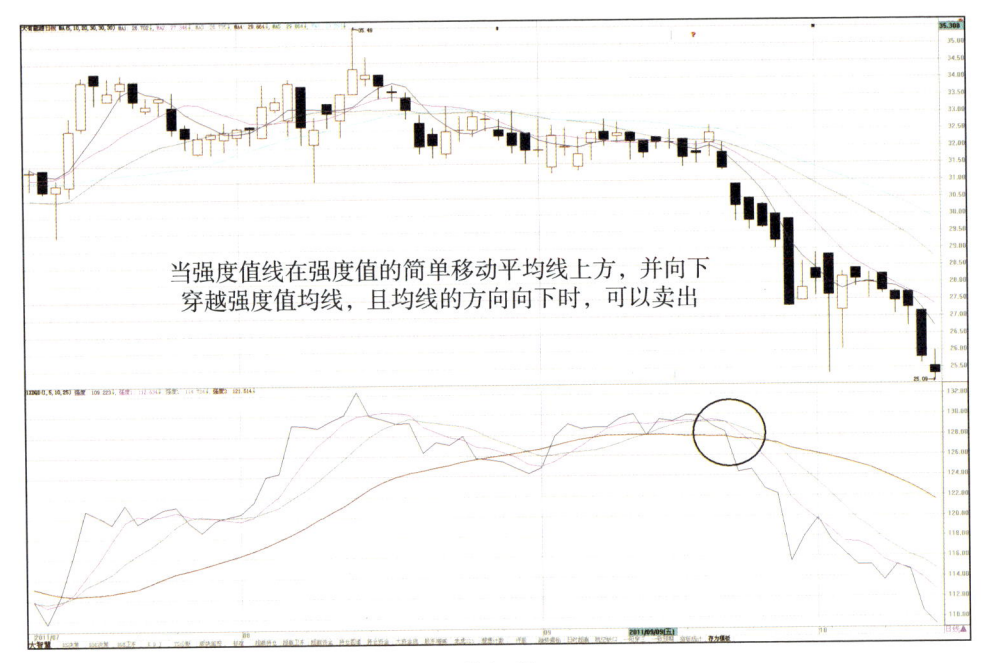

图 2—88

当强度值线在强度值的简单移动平均线上方，并向下穿越强度值均线，且均线的方向向下时，可以卖出

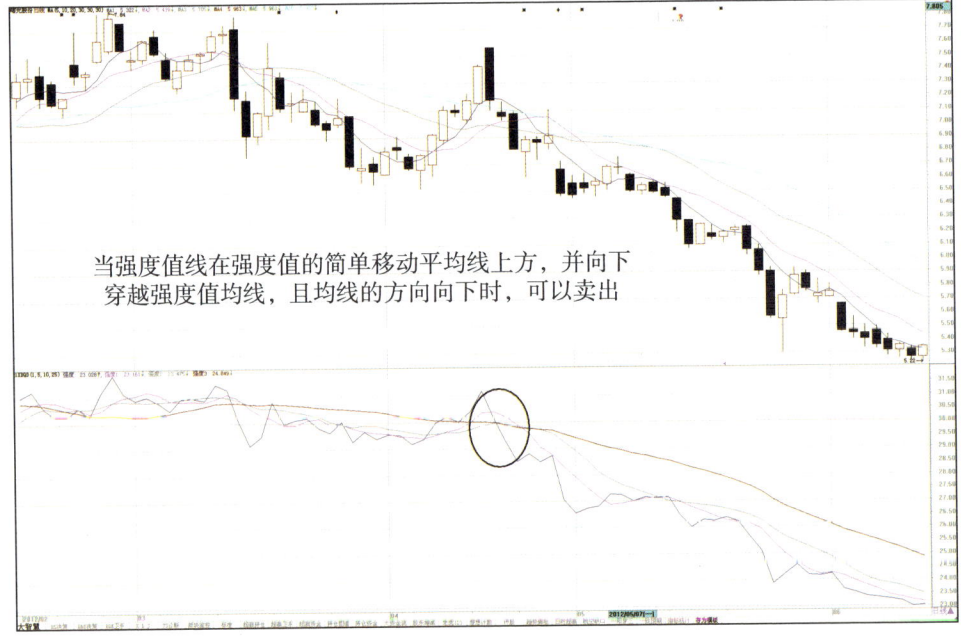

图 2—89

②当股价一顶比一顶高，而强度值线一顶比一顶低时，叫作 XDQD 指标顶背离，可以卖出。如图 2-90、图 2-91、图 2-92 所示。

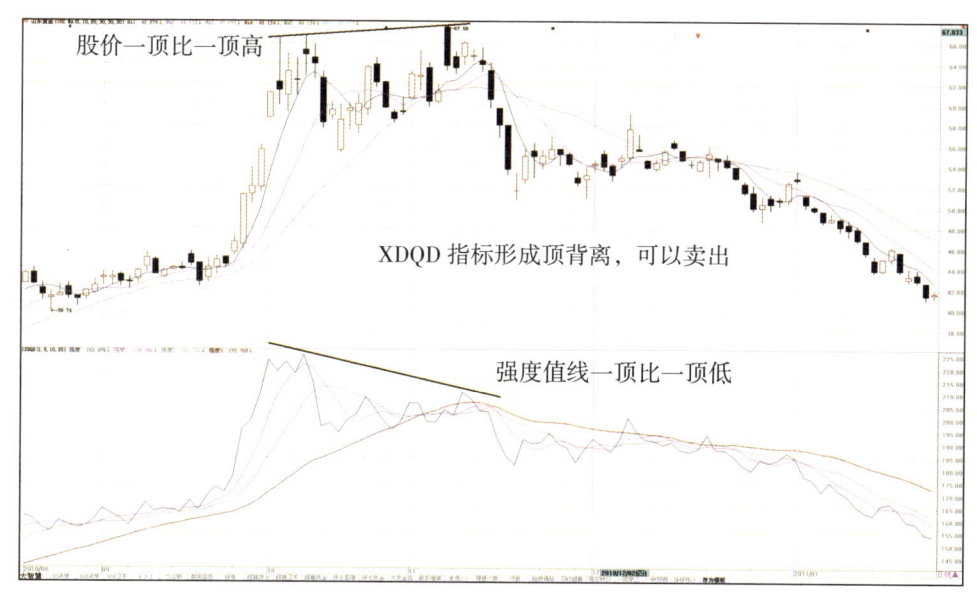

图 2-90

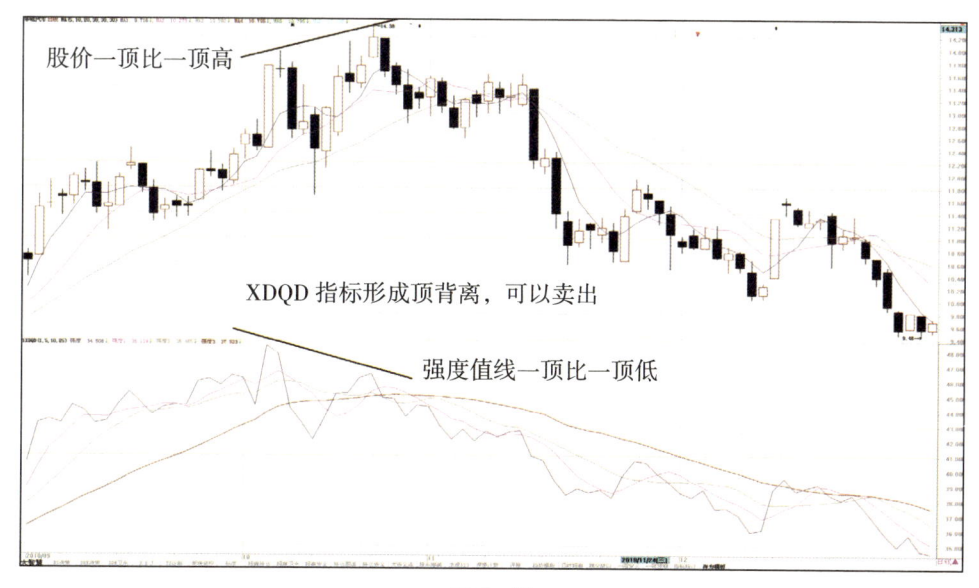

图 2-91

图中标注：
- 股价一顶比一顶高
- XDQD 指标形成顶背离，可以卖出
- 强度值线一顶比一顶低

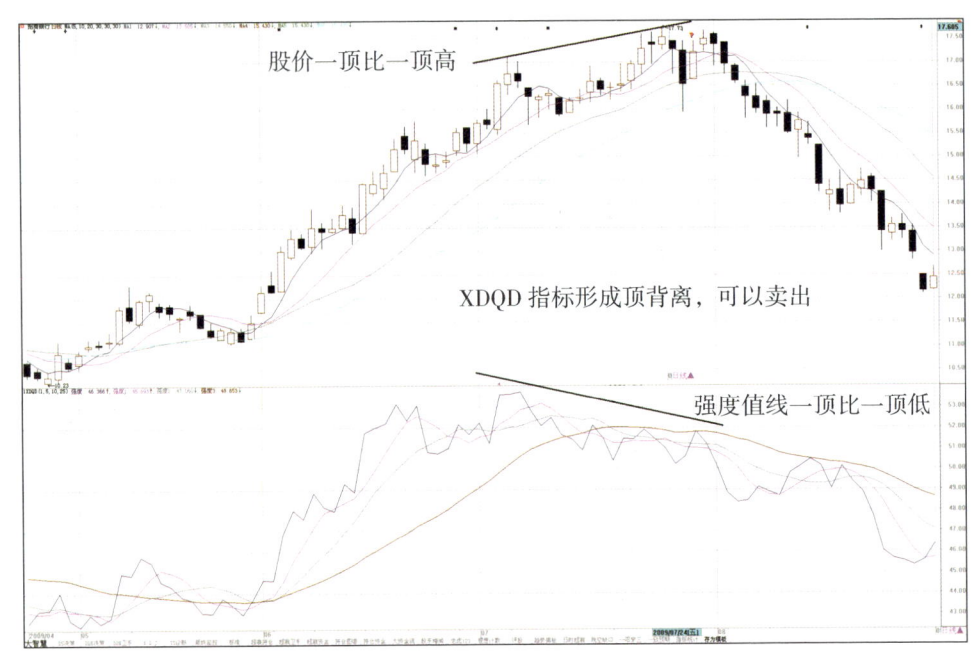

图 2-92

四、量相对强度：VXDQD 指标

1.VXDQD 指标的基本概念

　　XDQD 指标是衡量个股成交量相对于大盘指数的成交量强度对比最具实效的指标。VXDQD 指标是在 XDQD 指标的基础上创建的，是将 XDQD 指标中的收盘价函数（CIOSE）改换成成交量函数（VOL）。VXDQD 指标的编制原理是将每天的个股成交量和大盘指数成交量相对比，从而得出强度值量，再将强度值量进行 N 日的简单移动平滑，得出强度值量的 N 日简单移动平均线，其中蓝色线为强度值量线，红色线、灰色线和橘红色线均为强度值量的（$N1, N2, N3$）日简单移动平均线，VXDQD 指标的波动范围是无限大或无限小。当 VXDQD 指标的强度值量线向上金叉强度值量的（$N1, N2, N3$）日简单移动平均线时，发出放量信号，此时应结合 XDQD 指标进行综合分析。当 VXDQD 指标的强度值量线向下死叉强度值量的（$N1, N2, N3$）日简单移动平均线时，发出缩量信号，此时应结合 XDQD 指标进行综合分析。VXDQD 指标不能单独使用，它必须和 XDQD 指标配合起来综合研判，相当于 VXDQD 指标是 XDQD 指标的辅助指标。XDQD 指标有了 VXDQD 指标的辅助研判，其准确率无疑将大幅提高，XDQD 指标和 VXDQD 指标综合研判规则分为以下三大方面。

①强度值线和强度值的简单移动平均线方向向上并呈多头排列；强度值量线和强度值量线的简单移动平均线方向向上并呈多头排列。该类个股属于价量强于大盘股。

②强度值线缠绕强度值的简单移动平均线，无明显方向，呈横向震荡形态；强度值量线缠绕强度值量线的简单移动平均线，无明显方向，呈横向震荡形态。该类个股属于价量同步于大盘股。

③强度值线和强度值的简单移动平均线方向向下并呈空头排列；强度值量线和强度值量线的简单移动平均线方向向下并呈空头排列。该类个股属价量弱于大盘股。

VXDQD 指标如图 2-93 所示。

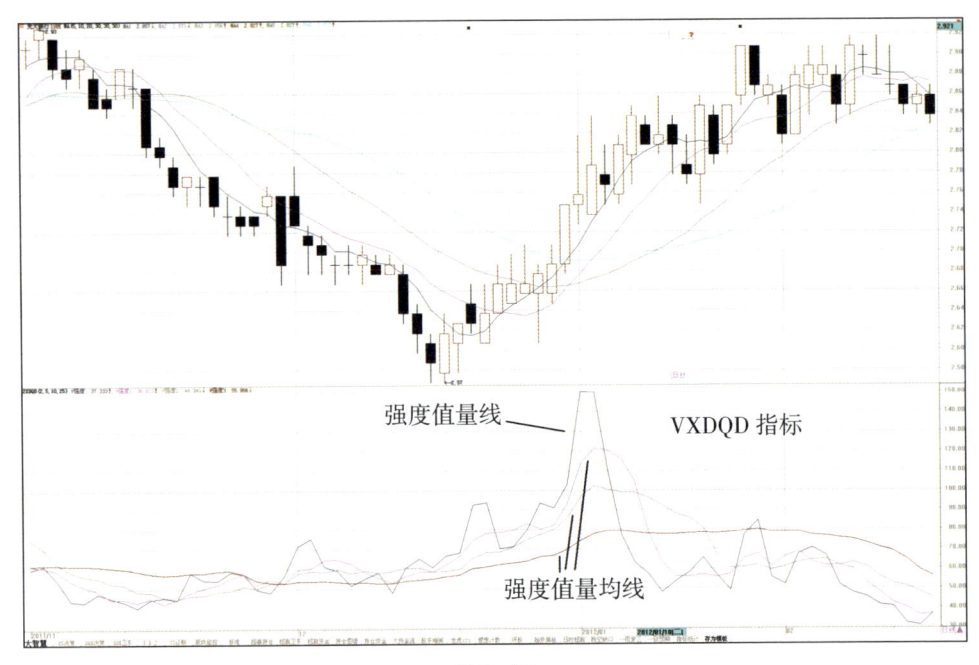

图 2—93

2.VXDQD 指标和 VXDQD 指标综合运用的实战法则

XDQD 指标和 VXDQD 指标综合运用的实战法则如下：

①当强度值线在强度值的简单移动平均线下方，并向上穿越强度值的简单移动平均线，并且强度值的简单移动平均线的方向向上；强度值量线在强度值量的简单移动平均线下方，并向上穿越强度值量的简单移动平均线，并且强度值量的简单移动平均线的方向向上；XDQD 指标和 VXDQD 指标几乎同时发出信号时，可以买入。

②当强度值线在强度值的简单移动平均线上方，并向下穿越强度值的简单移动平均线，并且强度值的简单移动平均线的方向向下；强度值量线在强度值量的简单移动平均线上方，并向下穿越强度值量的简单移动平均线，并且强度值量的简单移动平均线的方向向下；XDQD 指标和 VXDQD 指标几乎同时发

出信号时，可以卖出。

③当股价一底比一底低，而强度值线一底比一底高时，叫作 XDQD 指标底背离；当股价一底比一底低，而强度值量线一底比一底高时，叫作 VXDQD 指标底背离；当 XDQD 指标和 VXDQD 指标几乎同时发出底背离信号时，可以买入。

④当股价一顶比一顶高，而强度值线一顶比一顶低时，叫作 XDQD 指标顶背离；当股价一顶比一顶高，而强度值量线一顶比一顶低时，叫作 VXDQD 指标顶背离。

当 XDQD 指标和 VXDQD 指标几乎同时发出顶背离信号时，可以卖出。

3.VXDQD 指标的公式及其源码

笔者将大智慧软件的 VXDQD 指标的公式及其源码公布如下。

大智慧软件中的 VXDQD 指标的公式及其源码：

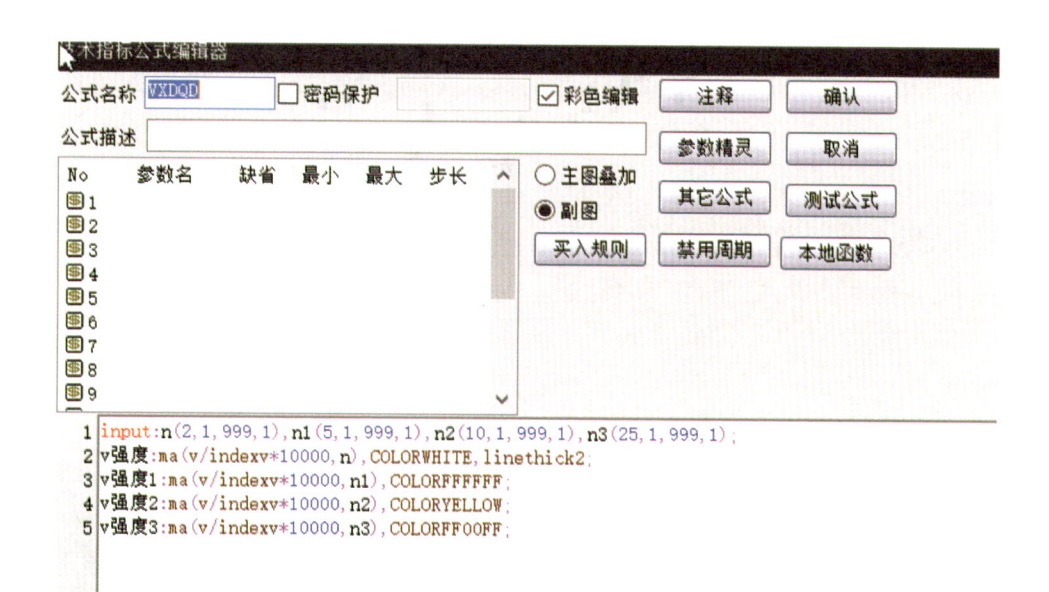

```
1 input:n(2,1,999,1),n1(5,1,999,1),n2(10,1,999,1),n3(25,1,999,1);
2 v强度:ma(v/indexv*10000,n),COLORWHITE,linethick2;
3 v强度1:ma(v/indexv*10000,n1),COLORFFFFFF;
4 v强度2:ma(v/indexv*10000,n2),COLORYELLOW;
5 v强度3:ma(v/indexv*10000,n3),COLORFF00FF;
```

input:n(2,1,999,1),n1(5,1,999,1),n2(10,1,999,1),n3(25,1,999,1);

v强度:ma(v/indexv*10000,n),COLORWHITE,linethick2;

v强度1:ma(v/indexv*10000,n1),COLORFFFFFF;

v强度2:ma(v/indexv*10000,n2),COLORYELLOW;

v强度3:ma(v/indexv*10000,n3),COLORFF00FF;

4.VXDQD 指标的图例

以大智慧软件中的 VXDQD 指标为例说明。

价量强于大盘股图例，如图 2-94、图 2-95、图 2-96 所示。

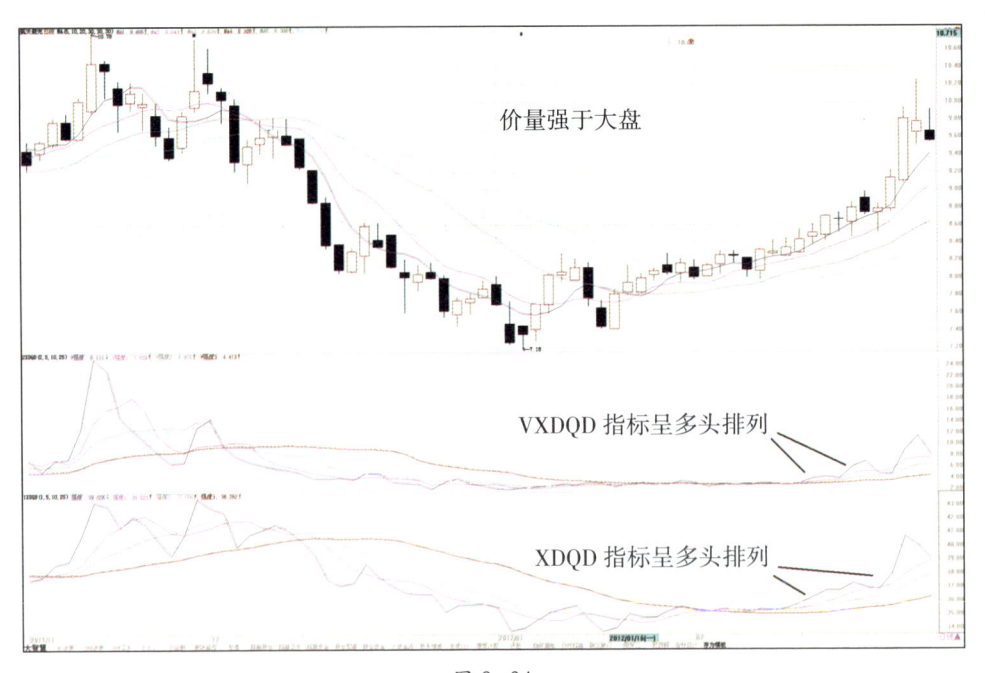

图 2-94

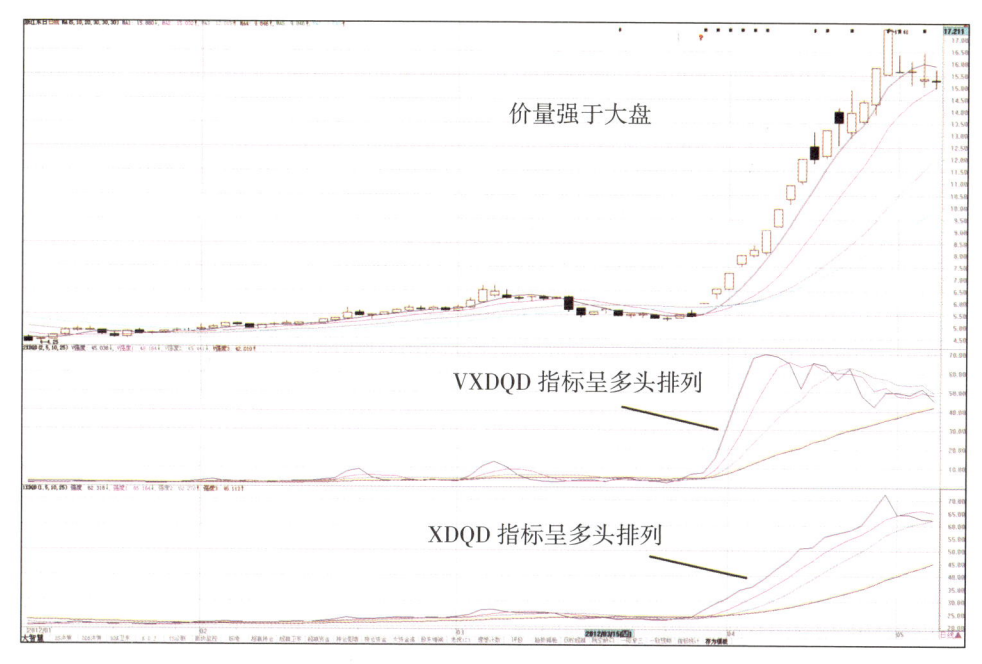

图 2-95

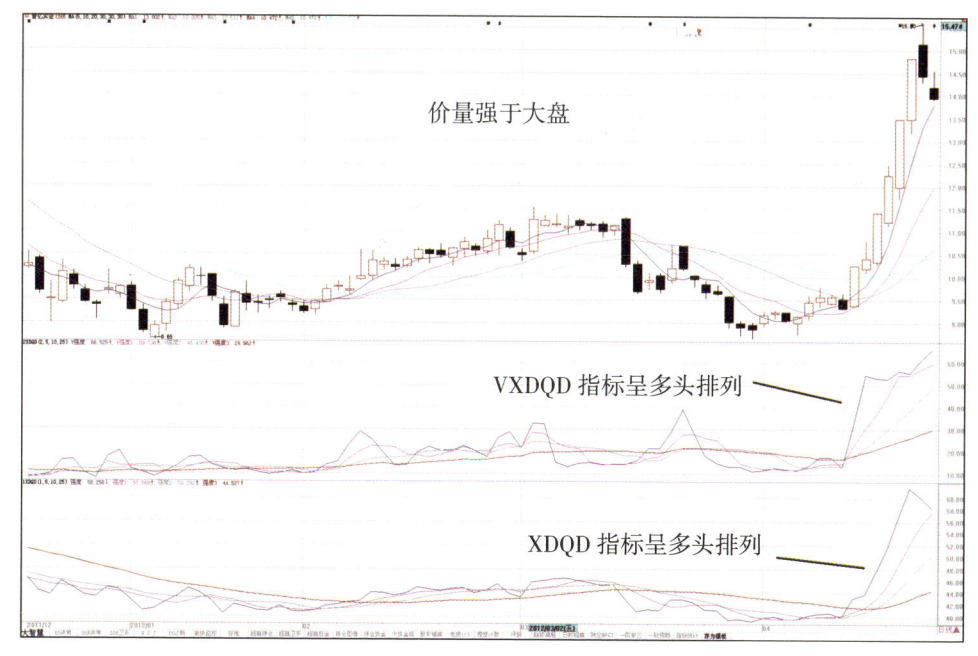

图 2-96

价量弱于大盘股图例，如图2-97、图2-98、图2-99所示。

价量弱于大盘

VXDQD 指标呈空头排列

XDQD 指标呈空头排列

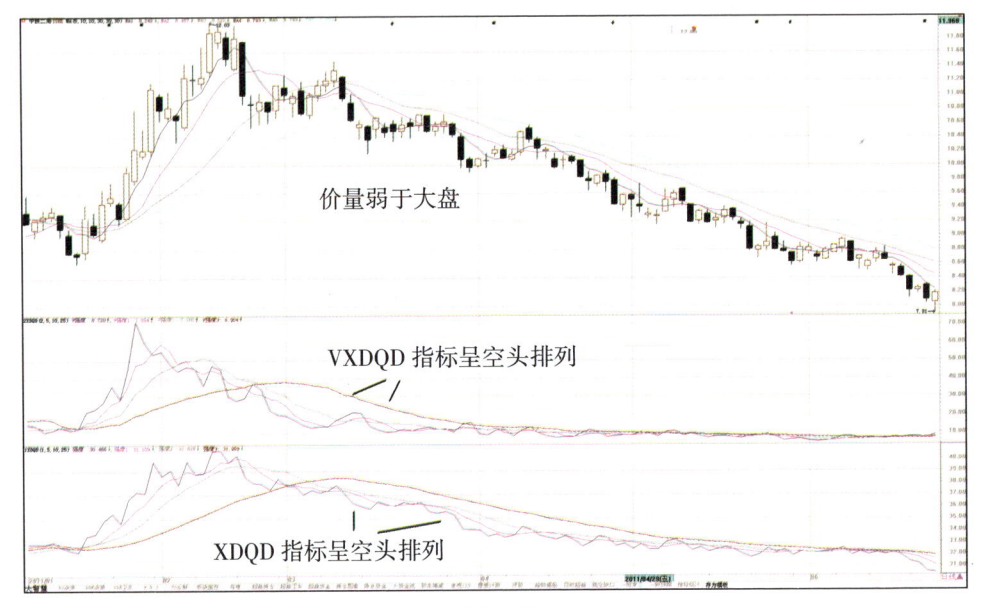

图 2-97

价量弱于大盘

VXDQD 指标呈空头排列

XDQD 指标呈空头排列

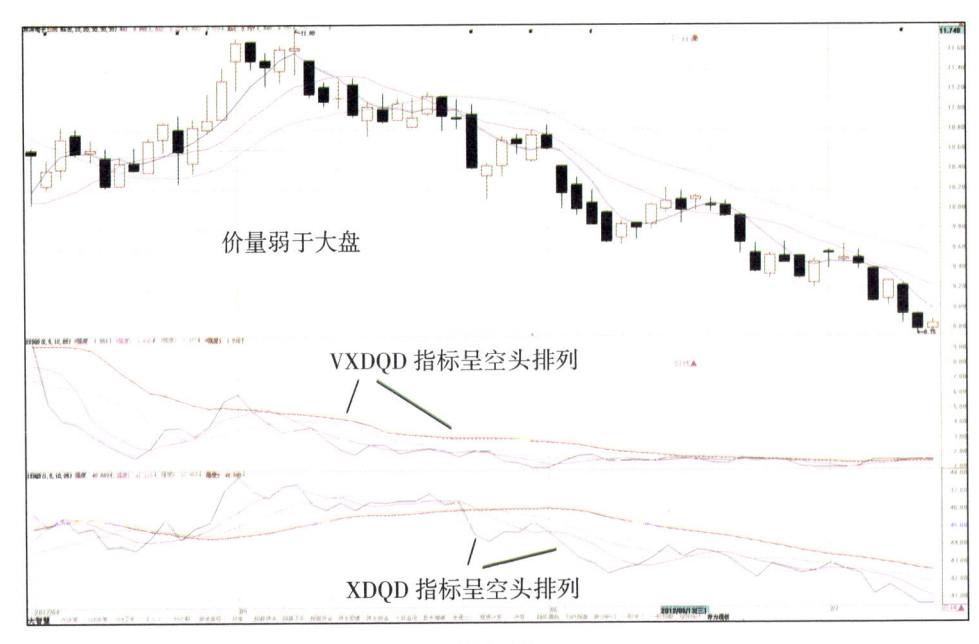

图 2-98

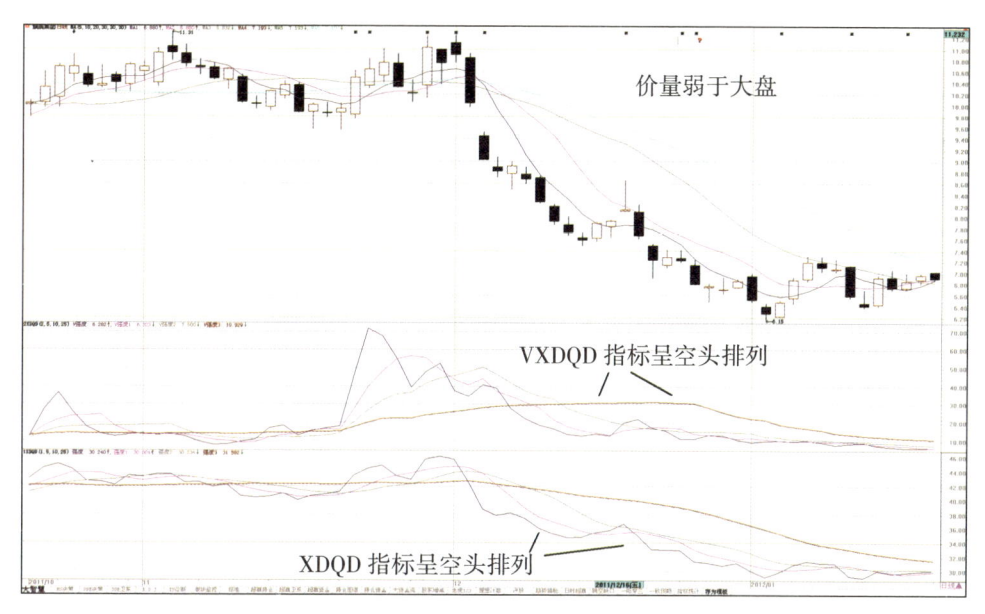

图 2-99

价量同步于大盘股图例，如图 2-100、图 2-101、图 2-102 所示。

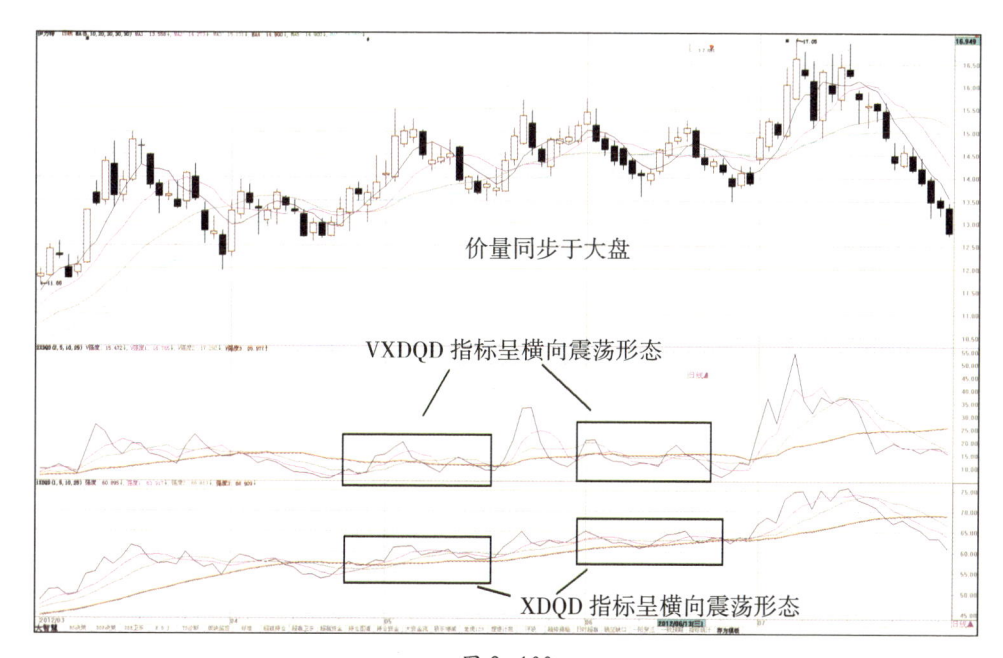

图 2-100

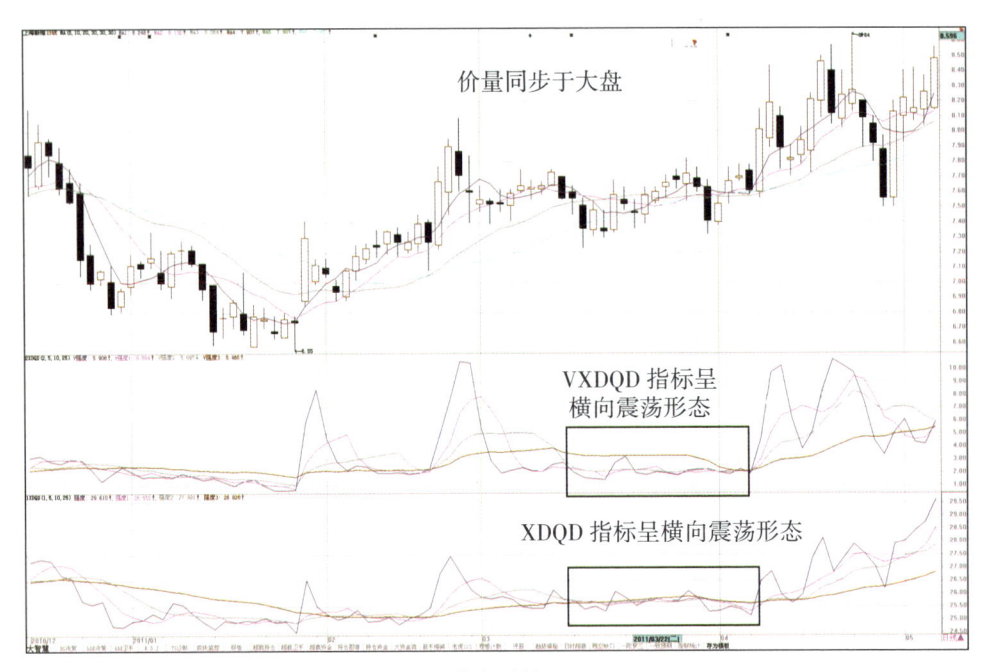

图 2-101

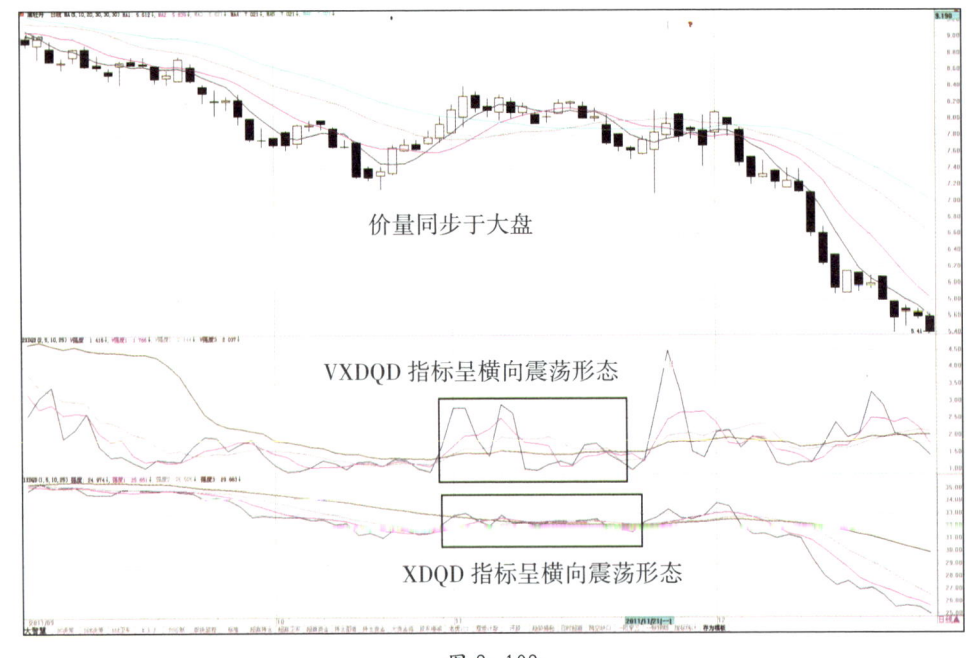

图 2-102

5.XDQD 指标和 VXDQD 指标综合运用的买入法则

XDQD 指标和 VXDQD 指标综合运用的买入法则如下：

①当强度值线在强度值的简单移动平均线下方，并向上穿越强度值的简单移动平均线，并且强度值的简单移动平均线的方向向上；当强度值量线在强度值量的简单移动平均线下方，并向上穿越强度值量的简单移动平均线，并且强度值量的简单移动平均线的方向向上；当 XDQD 指标和 VXDQD 指标几乎同时发出信号时，可以买入。如图 3-103、图 3-104、图 3-105 所示：

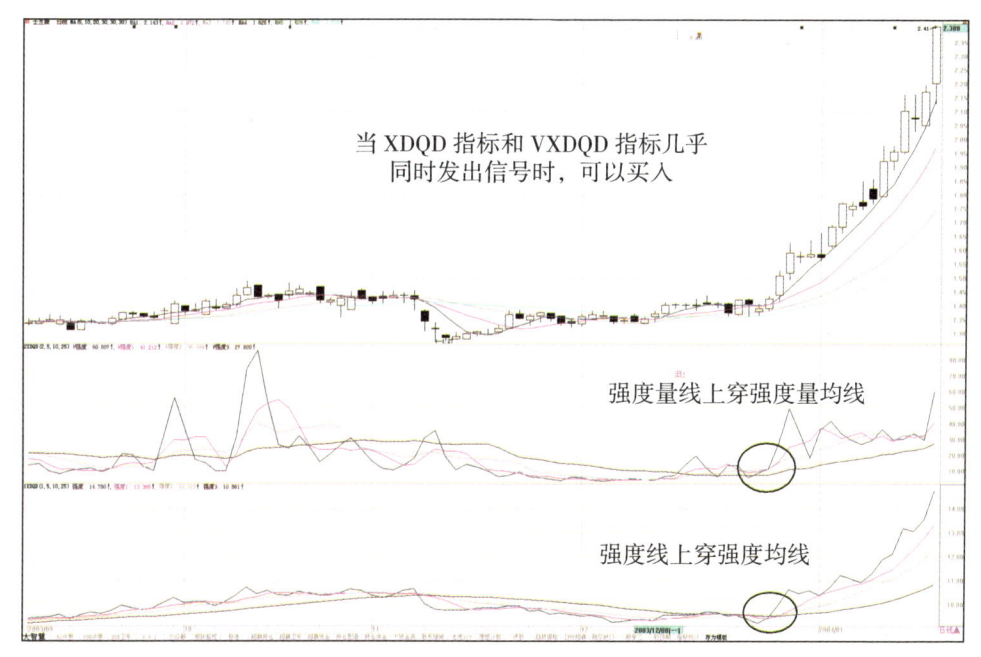

图 2-103

当 XDQD 指标和 VXDQD 指标几乎
同时发出信号时，可以买入

强度量线上穿强度量均线

强度线上穿强度均线

图 2—104

当 XDQD 指标和 VXDQD 指标几乎
同时发出信号时，可以买入

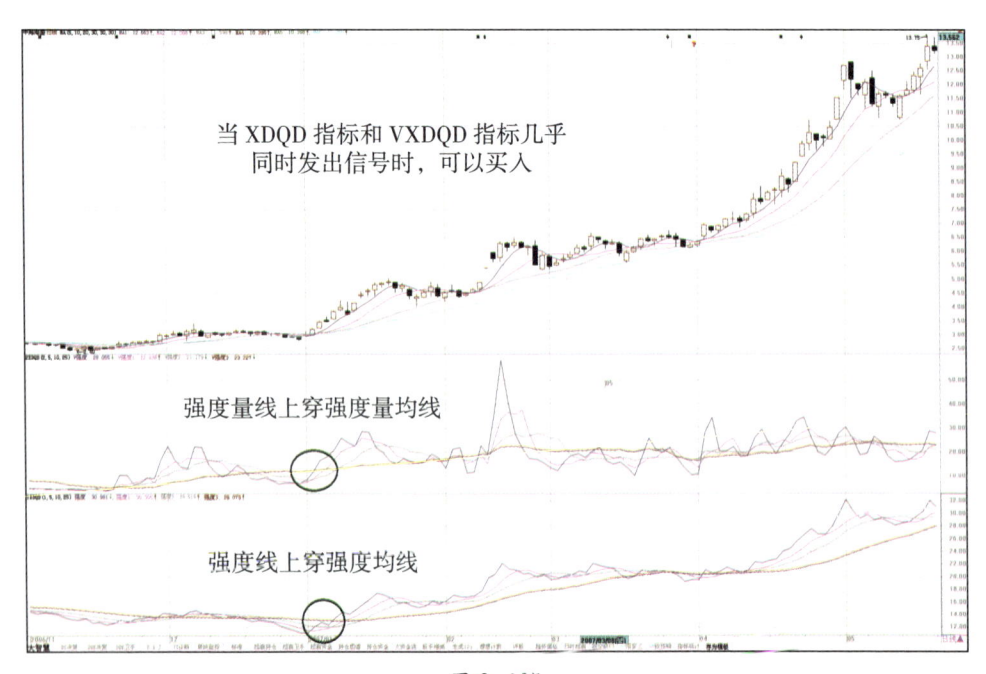

强度量线上穿强度量均线

强度线上穿强度均线

图 2—105

②当股价一底比一底低，而强度值线一底比一底高时，XDQD 指标形成底背离；当股价一底比一底低，而强度值量线一底比一底高时，VXDQD 指标形成底背离；当 XDQD 指标和 VXDQD 指标几乎同时发出底背离信号时，可以买入。如图 2-106、图 2-107、图 2-108 所示。

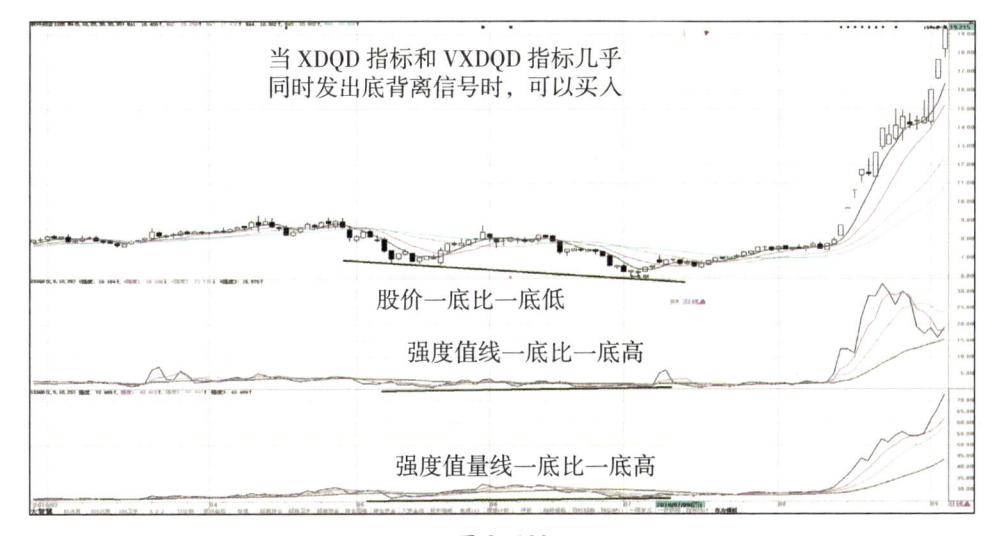

图 2-106

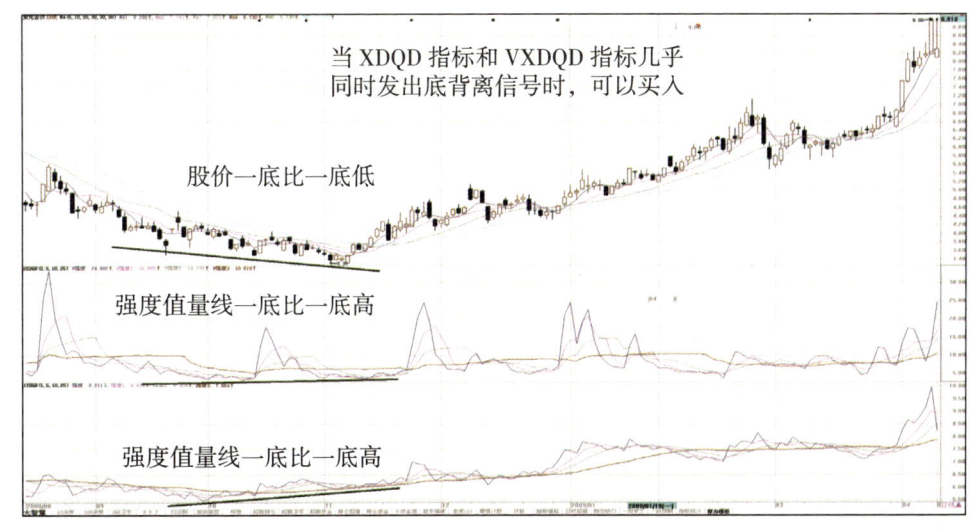

图 2-107

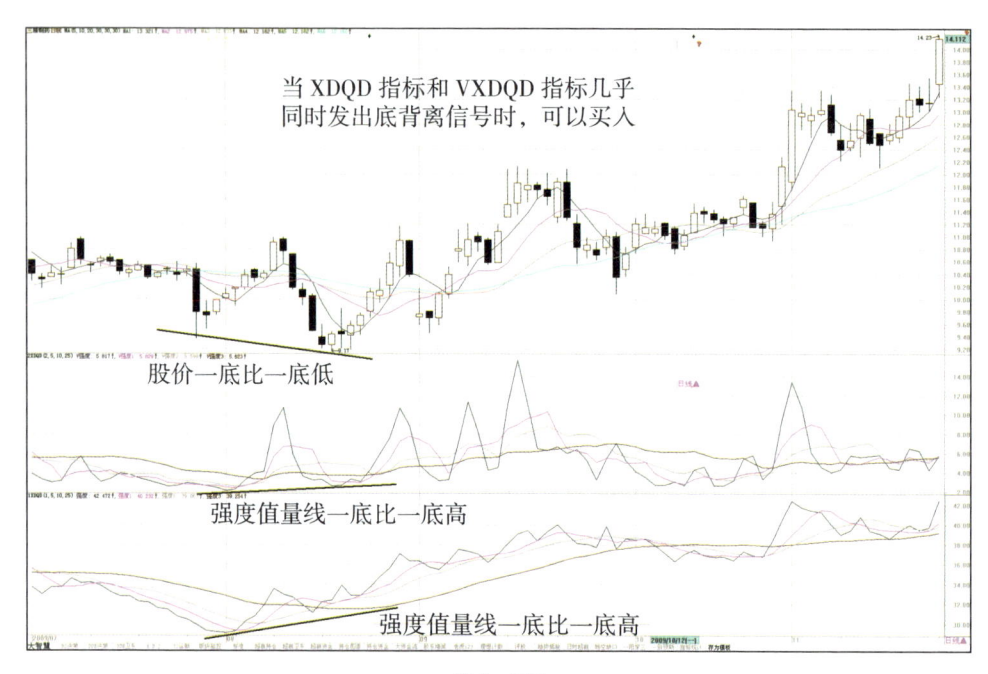

图 2-108

6.XDQD 指标和 VXDQD 指标综合运用的卖出法则

XDQD 指标和 VXDQD 指标综合运用的卖出法则如下：

①当强度值线在强度值的简单移动平均线上方，并向下穿越强度值的简单移动平均线，并且强度值的简单移动平均线的方向向下；当强度值量线在强度值量的简单移动平均线上方，并向下穿越强度值量的简单移动平均线，并且强度值量的简单移动平均线的方向向下；当 XDQD 指标和 VXDQD 指标几乎同时发出信号时，可以卖出。如图 2-109，图 2-110，图 2-111 所示。

第二章 强势股经典形态及其研判标准

当 XDQD 指标和 VXDQD 指标几乎
同时发出信号时，可以卖出

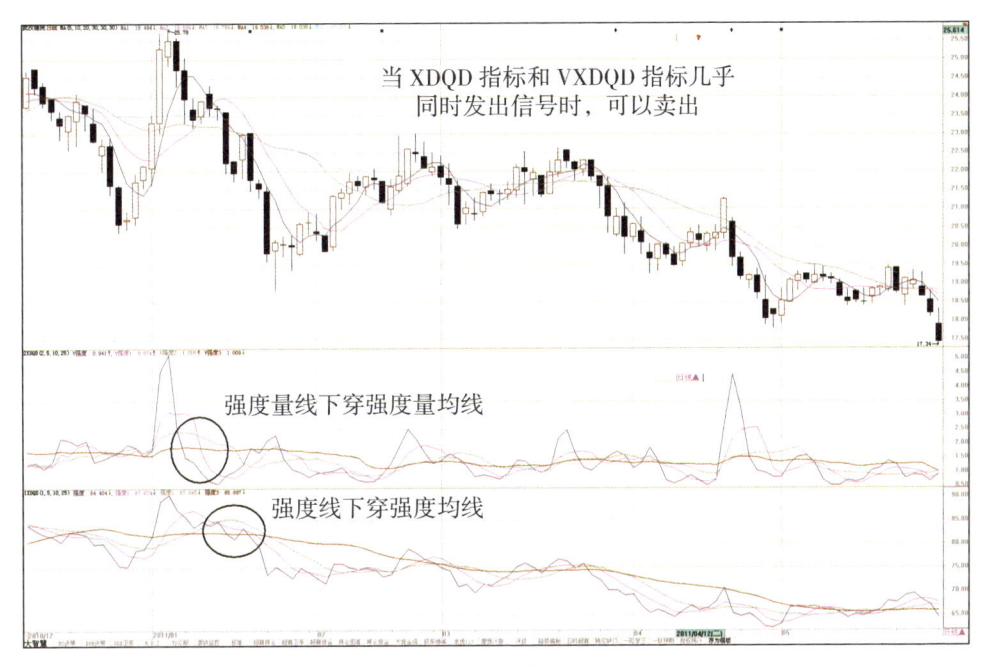

强度量线下穿强度量均线

强度线下穿强度均线

图 2-109

当 XDQD 指标和 VXDQD 指标几乎
同时发出信号时，可以卖出

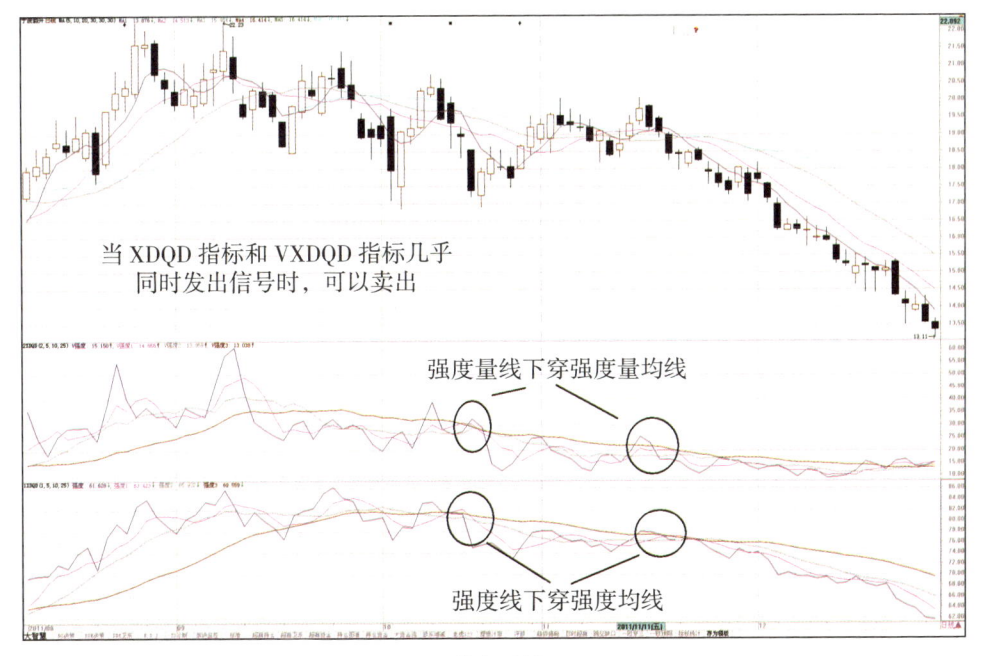

强度量线下穿强度量均线

强度线下穿强度均线

图 2-110

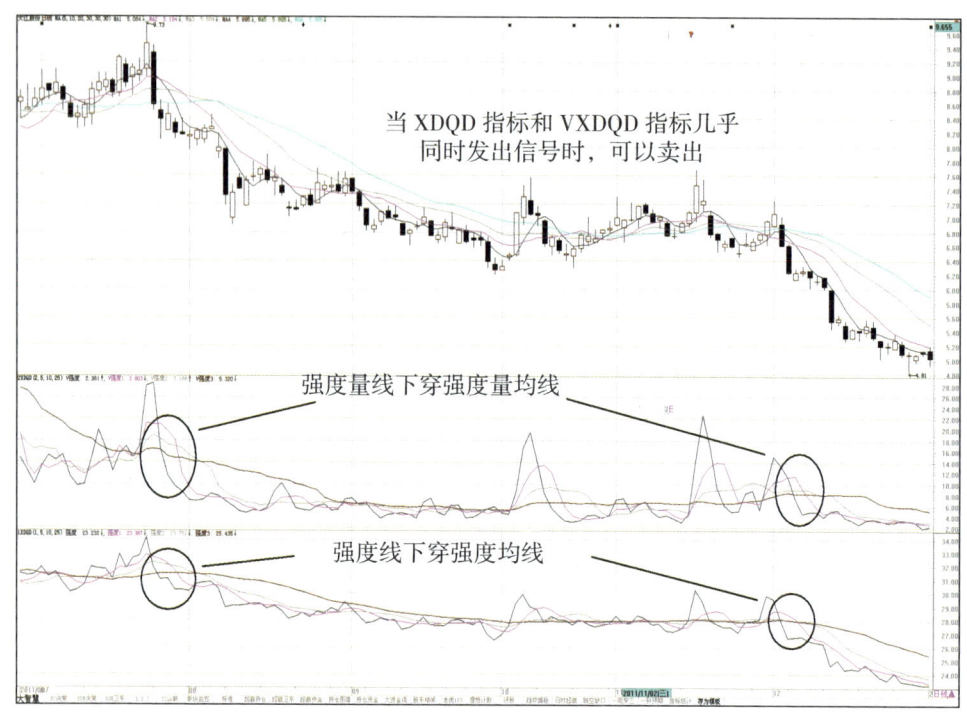

图 2-111

②当股价一顶比一顶高，而强度值线一顶比一顶低时，叫作 XDQD 指标顶背离；当股价一顶比一顶高，而强度值量线一顶比一顶低时，叫作 VXDQD 指标顶背离；当 XDQD 指标和 VXDQD 指标几乎同时发出顶背离信号时，可以卖出。如图 2-112，图 2-113，图 2-114 所示。

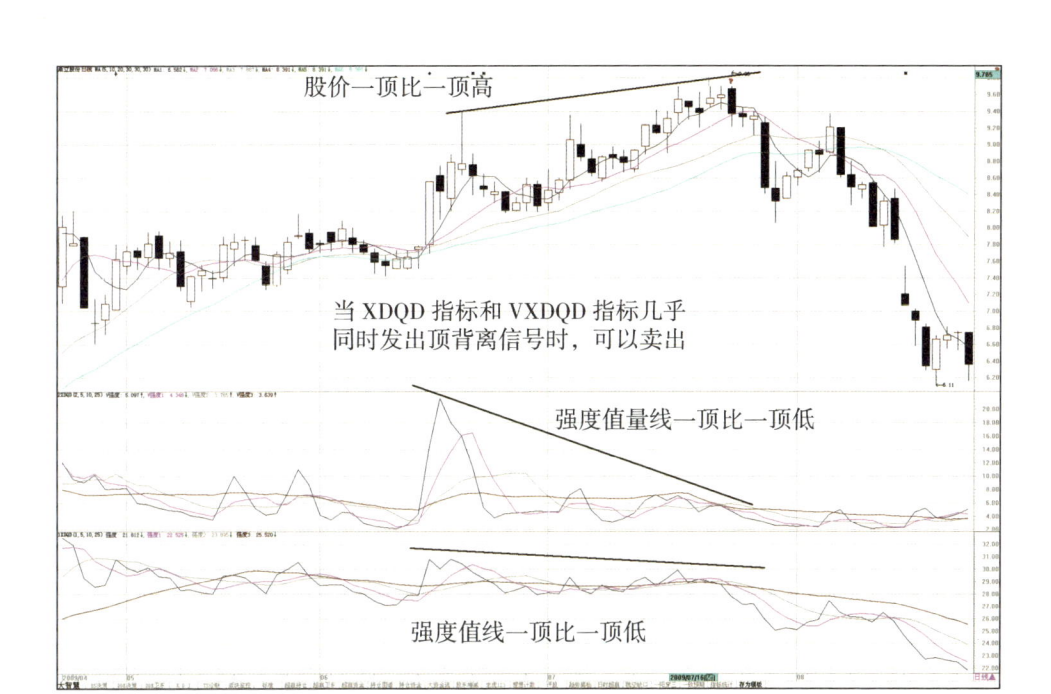

图 2-112

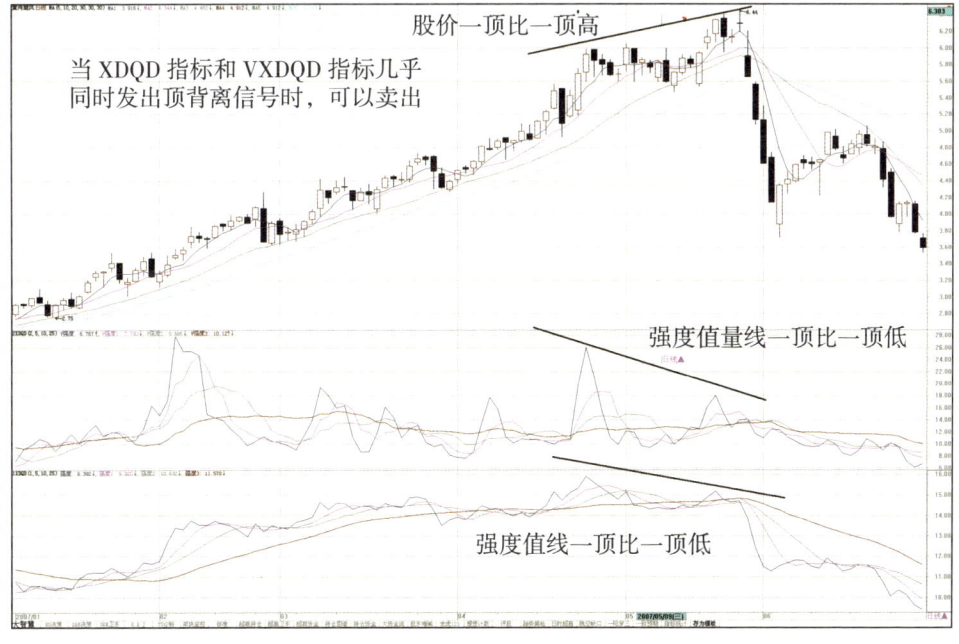

图 2-113

图 2—114

五、强势股三大形态

前文讲解了强势股经典形态的七大定义，本小节主要讲述强势股的三大形态，强势股七大定义和三大形态共同组成了强势股操作的核心理论。要捕捉到龙头股，首先要能识别强势股。龙头股和强势股的相互关系本书前文已有详细叙述，在此不赘述了。强势股三大形态分为强于大盘形态、弱于大盘形态和同步于大盘形态，所有的龙头股都出自此三大形态中，下面进行一一讲解。

1. 强于大盘形态

强于大盘形态在本节前文中有过讲解，鉴于其重要性，在此重述一遍，望读者朋友能熟记并活用之。

用强势股分析工具 MSD 指标、VMSD 指标、XDQD 指标、VXDQD 指标来研判强于大盘形态，如下：

MSD 指标大盘线和 MSD 指标个股线的波动形态和方向不一致，不同涨不同跌，该类个股逆大盘而动，大盘涨，个股也涨，其涨幅要明显大于大盘；大盘跌，个股上涨或不跌或跌幅小于大盘。

VMSD 指标大盘成交量线和 VMSD 指标个股成交量线的波动形态和方向不一致，不同时放量不同时缩量，该类个股成交量逆大盘成交量而动，大盘放量，个股也放量，其放量幅度明显大于大盘的放量幅度；大盘缩量，个股放量或不缩量或缩量幅度小于大盘。

强度值线和强度值的简单移动平均线方向向上并呈多头排列，强度值量线和强度值量线的简单移动平均线方向向上并呈多头排列。

该类个股属于价量强于大盘形态，具体案例说明详见本节前文，由于篇幅所限，在此不赘述。

2. 弱于大盘形态

弱于大盘形态在本节前文中有过讲解，鉴于其重要性，在此重述一遍，望股民朋友能熟记并活用之。

用强势股分析工具 MSD 指标、VMSD 指标、XDQD 指标、VXDQD 指标来研判弱于大盘形态。

MSD 指标大盘线和 MSD 指标个股线的波动形态和方向不一致，不同涨不同跌，该类个股逆大盘而动，大盘涨，个股不涨或下跌或涨幅要小于大盘；大盘跌，个股也跌，其跌幅要明显大于大盘跌幅。

VMSD 指标大盘成交量线和 VMSD 指标个股成交量线的波动形态和方向不一致，不同时放量不同时缩量，该类个股成交量逆大盘成交量而动，大盘放量，个股不放量或缩量或放量幅度要小于大盘放量幅度；大盘缩量，个股也缩量，其缩量幅度要明显大于大盘缩量幅度。

强度值线和强度值的简单移动平均线方向向下并呈空头排列，强度值量线和强度量值线的简单移动平均线方向向下并呈空头排列。

该类个股属于价量弱于大盘形态，具体案例说明详见本节前文，由于篇幅所限，在此不赘述。

3. 同步于大盘形态

同步于大盘形态在本章节前文中有过讲解，鉴于其重要性，在此重述一遍，望股民朋友能熟记并活用之。

用强势股分析工具 MSD 指标、VMSD 指标、XDQD 指标、VXDQD 指标来研判弱于大盘形态，如下：

MSD 指标大盘线和 MSD 指标个股线的波动形态和方向一致，同涨同跌，该类个股随大流而动，大盘涨，个股随涨；大盘跌，个股随跌。

VMSD 指标大盘成交量线和 VMSD 指标个股成交量线的波动形态和方向一致，同时放量同时缩量，该类个股随大流而动，大盘放量，个股也放量；大盘缩量，个股也缩量。

强度值线缠绕强度值的简单移动平均线，无明显方向，呈横向震荡形态；强度值量线缠绕强度量值线的简单移动平均线，无明显方向，呈横向震荡形态。

该类个股属于价量同步于大盘形态，具体案例说明详见本节前文，由于篇幅所限，在此不赘述。

第三节　强势股经典形态实战技术详解

股市中有三种趋势，一是上升趋势，二是下降趋势，三是横向趋势，那么在整个价格趋势中，这三种趋势占整个价格趋势的比例各是多少呢？因为中国股市至今也只有34年，时间样本稍微短了些，所以我们以欧美数百年的股市为例，其中上升趋势占整个价格趋势的比例是25%，下降趋势占整个价格趋势的比例是35%，而横向趋势占比为40%，所以投资者实际上是在占比时间最多的横向震荡市和下跌市中搏杀，当然投资者也可选择在股市走横和下跌时空仓观望，在上升趋势中进行投资活动，但是谁又能在事前清晰明了地划分出熊市、牛市、平衡市的临界点呢，这些大多是趋势明显了之后"一目了然"的。那么，我们该怎样去操作既能规避风险，又不至于踏空？其实，普通股民不必过多预测，猜测行情会怎样走，只要我们做个趋势跟随者，上升趋势明显了，我们就稳定持股坚决做多；横向趋势明显了，我们就高抛低吸；下降趋势明显了，我们就快进快出打短线。至于怎样判断上升趋势、下降趋势、横向趋势的简单、易行、有效的方法，因为已超出了本书范围，也因篇幅所限，只好留待下一本书中再和读者朋友们分享交流了，在此表示抱歉。下面我们就分别以下跌市、上涨市和震荡市中怎样寻找强势股，以及怎样捕捉强势股的启动点做详细的讲解。

一、强势股经典形态"逆市上涨"技术详解

1. 弱市中利用 MSD 指标捕捉强势股启动点

（1）弱市中利用 MSD 指标捕捉强势股启动点的技术要点

①当 MSD 指标中的大盘线向下，也就是大盘在下跌市中，寻找个股线开始拐头向上的目标股，这就是强势股经典形态"逆市上涨"选出的股票，然后放进自选股中，等待买入信号发出。

②当 MSD 指标中的大盘线从上至下，而个股线却从下至上，两条线交会的那个点，就是买点——还需要符合以下规则。

③30 日均线处于上升状态中，至少 30 日均线处需走平。

④个股线金叉大盘点位最好在 50 以下，在大盘上升趋势中可放宽到 80 以下。

⑤个股线金叉点位成交量至少是 10 日均量线的 2 倍以上。

⑥目标股必须符合市场当时炒作热点或具有优良的成长性或价值被严重低估。

（2）看图分析精要

如图 2-115 所示。

①大盘在跌，个股在涨，形成经典的"逆势上涨"强势股形态。随后大盘继续下跌，而个股继续上涨，短短几天涨幅达 15% 以上。

②目标股的 30 日均线处于走平状态中。

③个股线在 50 以下出现金叉。

④个股线金叉大盘线时，成交量为 283374 手，10 日均量线为 148832 手，当日成交量是 10 日均量的近 2 倍。

⑤600260 凯乐科技自收购湖北黄山头酒业营运以来，充分发挥公司所

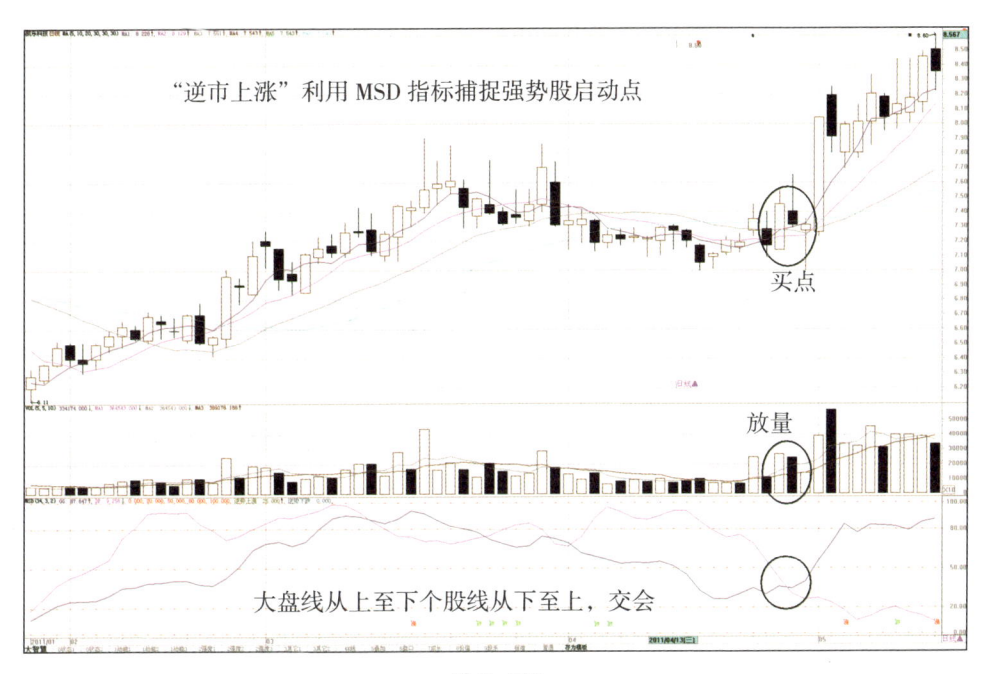

图 2-115

特有的优势,迅速扩大"黄山头"品牌在"两湖"的影响力,打造楚文化第一酒,并逐步从团购向终端市场迈进,拓宽酒业渠道,以高、中、低各档次的酒类充实市场,扩充酒业的品质。黄山头于当年荣获商务部认定的"中华老字号"称号。此外,黄山头酒厂已经积淀下了1800多口老窖。目前公司年产白酒逾万吨。当年8月,公司对黄山头增资2.77亿元,完成后,公司占79.01%。黄山头的远景规划为三至五年进入湖北白酒四强,达到年生产、勾储、灌装5万吨白酒的能力,十年内进入全国白酒第一方阵的品牌。当年年报披露,报告期内,白酒实现营收2.56亿元,同比增长157.29%,营业利润率83.04%。

凯乐股份符合市场当时的炒作热点题材吃药喝酒、大消费等概念。

如图2-116所示。

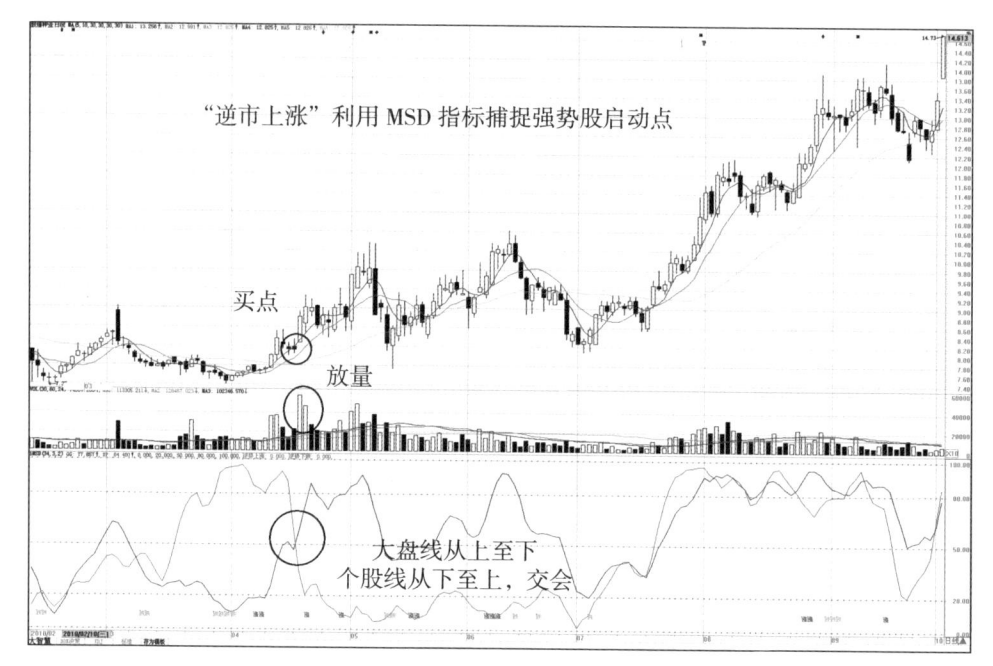

图 2-116

①大盘在跌，个股在涨，形成经典的"逆势上涨"强势股形态。随后大盘继续下跌，而个股却开始了一波大行情，从 2010 年 4 月的 7 元多起步涨到 12 月的 18 元多，历时 8 个月涨幅达 140% 左右。

②目标股的 30 日均线处于上升状态中。

③个股线在 50 附近形成金叉大盘线。

④个股线金叉大盘线时的成交量为 578014 手，10 日均量线为 236869 手，当日成交量是 10 日均量的 2 倍以上。

⑤600354（敦煌种业）是农业产业化国家重点龙头企业，年产各类农作物种子 1 亿千克（种子经营产销量位居全国前 4 位，其中玉米杂交制种占全国需种量的 10%、瓜菜种子出口占全国同类种子出口量的 10% 左右）；年收购加工皮棉 50 万担（棉花购销量占甘肃棉花总量的 50%）；2010 年时拥有种子

加工企业 7 个、棉花加工企业 6 个，种子和棉花总加工能力分别为 6.5 万吨、7 万吨。共有 1 个小麦品种通过国家审定，5 个玉米品种、2 个水稻品种、3 个棉花品种、2 个瓜菜品种通过省级审定。

由于当时美国大旱引发粮价上涨预期，敦煌种业不仅属于市场"农垦经济"概念股，还属于"粮价上涨"概念股龙头之一。

2. 弱市中利用 XDQD 指标捕捉强势股启动点

（1）弱市中利用 XDQD 指标捕捉强势股启动点的技术要点

①大盘在下跌市中，寻找 XDQD 指标中强度线即将金叉强度值均线形成多头排列的目标股，这就是强势股经典形态"逆市上涨"选出的股票，然后放进自选股中，等待买入信号发出。

②当 XDQD 指标中的强度线从下向上上穿强度值均线时，标识买点出现——但还需要符合以下规则。

③个股 30 日均线处于上升状态中，至少 30 日均线需走平。

④强度线均线出现金叉时，成交量至少是上个交易日成交量的一倍以上。

⑤目标股必须符合市场当时炒作热点或具有优良的成长性或价值被严重低估。

（2）看图分析精要

如图 2-117 所示。

①大盘在跌，个股在涨，XDQD 指标强度线即金叉强度值均线形成多头排列，形成经典的"逆势上涨"强势股形态。其后大盘下跌了 200 多点，个股却大涨了 26%。

②目标股的 30 日均线处于上升状态中。

③强度线金叉强度值均线。

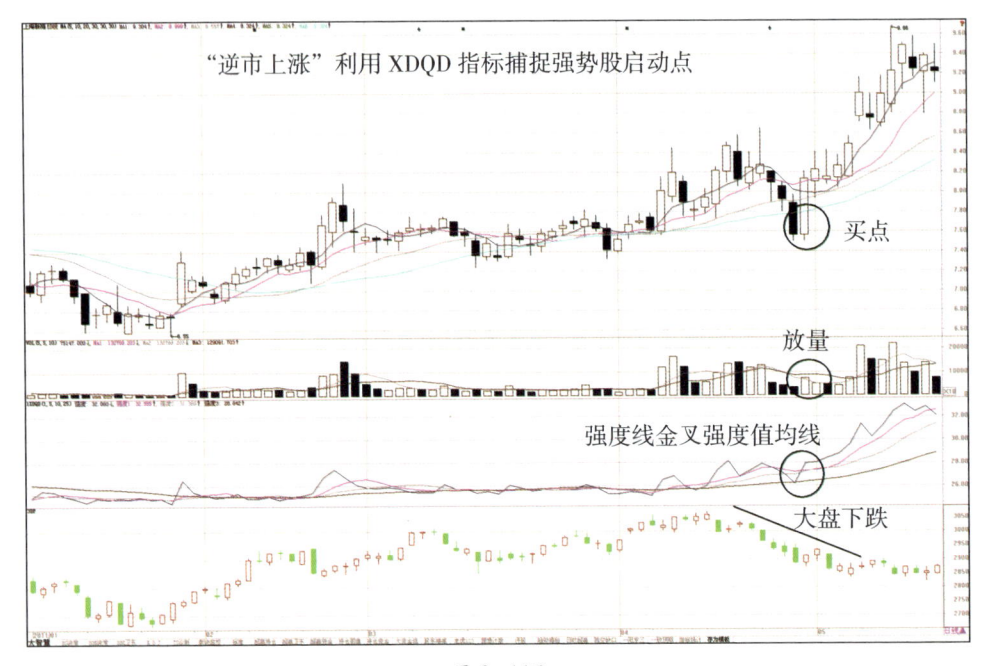

图 2-117

④出现金叉时的成交量是 71026 手,上个交易日的成交量是 33424 手,成交量是上个交易日成交量的 2.13 倍。

⑤ 600732(上海新梅,2019 年 12 月,名称由"上海新梅"变更为"爱旭股份")控股股东兴盛实业集团在浦东陆家嘴核心地段建设的新梅联合广场,由南北两座高 160 米的 38 层塔式主楼及连接的裙楼构成,在市场上被称为"新梅双塔"。2012 年 6 月 28—30 日,"陆家嘴论坛"在上海的举办地正是新梅联合广场。此次论坛关注金融改革与实体经济,该股符合市场上热捧的炒作题材"金融创新"概念,属龙头股之一。

如图 2-118 所示。

①大盘在跌,个股在涨,XDQD 指标强度线即将金叉强度值均线形成多头排列,形成经典的"逆势上涨"强势股形态。其后在大盘止跌企稳之际,主

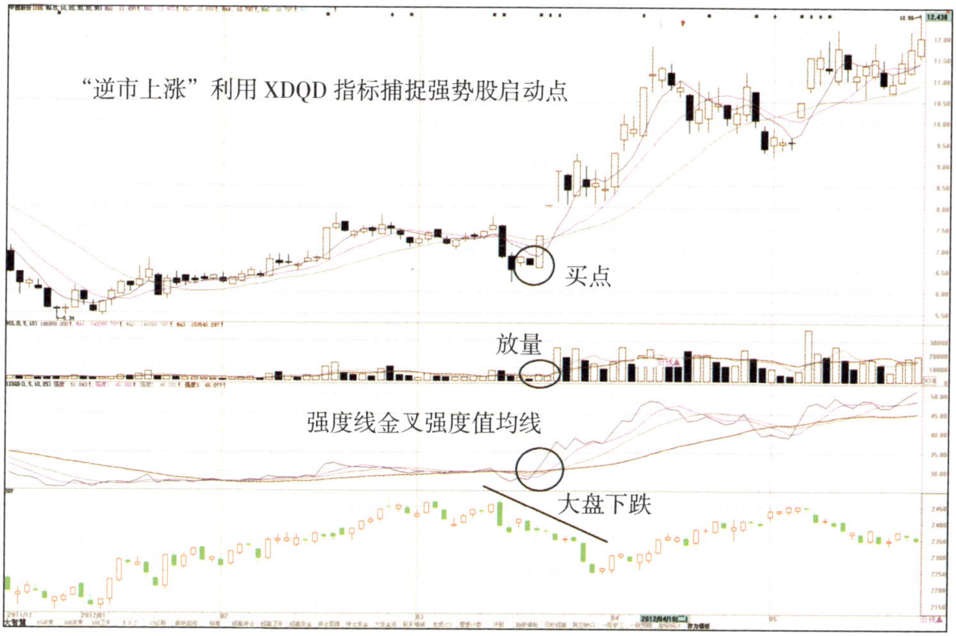

图 2-118

力开始了大幅拉升。

②目标股的 30 日均线处于上升状态中。

③强度线金叉强度值均线。

④形成金叉时的成交量是 48199 手,上个交易日的成交量是 16573 手,成交量接近上个交易日成交量的 3 倍。

⑤ 600745(中茵股份,2017 年 8 月 9 日更名为"闻泰科技")与婺源县清华酒业签订战略合作协议书,将战略性增资入股清华酒业。清华酒业成立于 1952 年,系商务部认定的"中华老字号"企业,注册资本 1000 万元。

中茵股份有限公司与全资子公司中茵置业合资成立西藏中茵矿业投资有限公司。新公司注册资本 1 亿元,其中,公司以自有货币资金出资 9900 万元,持股比例占 99%;中茵置业出资 100 万元,持股比例为 1%。新公司拟在拉萨经济开发区注册，经营范围包括矿业投资、开发；矿产品加工、购销。

中茵股份符合市场上热点题材"白酒概念"和"涉矿概念"。

二、"领先大盘"捕捉强势股启动点

1. 强市中利用 MSD 指标捕捉强势股启动点

（1）强市中利用 MSD 指标捕捉强势股启动点的技术要点：

①当 MSD 指标中的大盘线向上，也就是大盘在上涨市中，寻找个股线开始加速上涨、涨幅明显超过大盘的目标股，这就是强势股经典形态"领先大盘"选出的股票，然后放进自选股中，等待买入信号发出。

②当 MSD 指标中的大盘线向上运行，同时个股线也向上运行，个股线向上运行的速度超过大盘线向上运行的速度，当个股线上穿大盘线的那个点，就是买点——但还需要符合以下规则。

③30 日均线处于上升状态中，至少 30 日均线需走平。

④个股线出现金叉大盘线必须在 80 以下。

⑤个股线出现金叉大盘线时，成交量必须大于 10 日均量线。

⑥目标股必须符合市场当时炒作热点或具有优良的成长性或价值被严重低估。

（2）看图分析精要

如图 2-119 所示。

①大盘在涨，个股也在涨，但个股上涨速度明显超过大盘的上涨速度，形成经典的"逆势上涨"强势股形态。而且在其后续的上涨中毫不理会大盘的下跌，独自走出一波翻番行情。

②目标股的 30 日均线处于即将走平状态中。

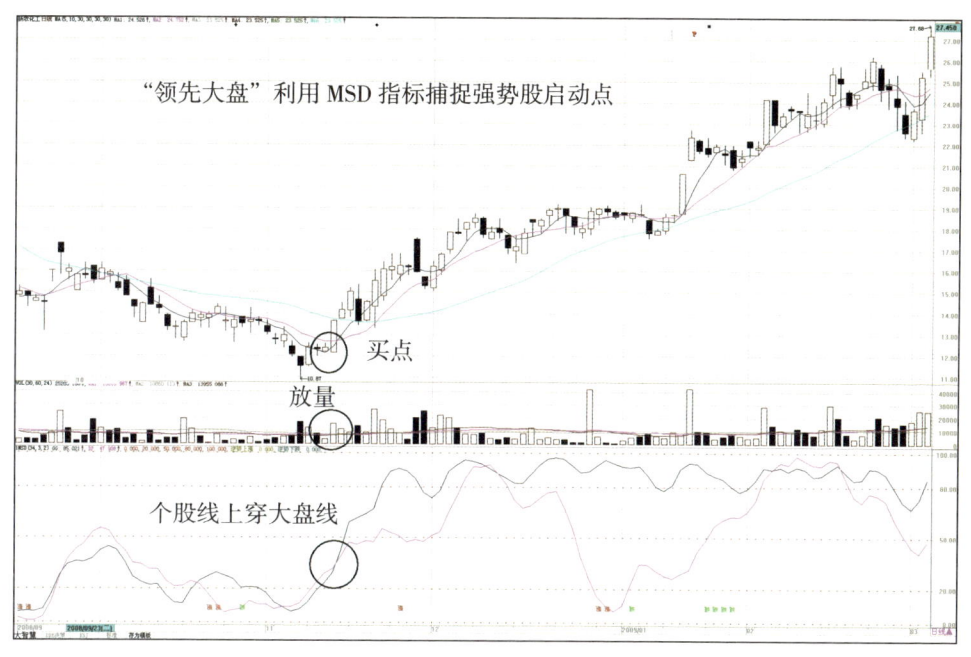

图 2-119

③个股线在 80 以下（33.95）形成金叉大盘线。

④个股线形成金叉大盘线时，成交量为 11380 手，10 日均量线为 10244 手，当日成交量大于 10 日均线量。

⑤ 600486（扬农化工）是中国唯一以拟除虫菊酯杀虫剂为主导产品的上市公司，目前拥有中国规模最大、配套最全的菊酯产业链，主导产品卫生用菊酯和农用菊酯的原药生产能力分别在 2000 吨/年和 1500 吨/年左右（2006 年），其中国内卫生杀虫剂市场占有率达到 70%，全球销量排名第二，产品远销东南亚、欧洲等十多个国家和地区，未来将成为覆盖除虫、除草、杀菌三大系列的综合性农药公司。

工信部发布《农药工业"十二五"发展规划》，提出未来 15 年，销售额在 50 亿元以上的农药生产企业达到 5 家，销售额在 10 亿元以上的农药生产企业达到 20 家。前 20 家农药生产企业的原药产量占总产量的 50% 以上。进入化工集中区的农药原药企业达到全国农药原药企业总数的 50% 以上，培育 2~3 个销售额超过 100 亿元、具有国际竞争力的大型企业集团。

扬农化工符合市场热点题材概念，并成为"农药工业'十二五'发展规划"概念龙头股之一。

如图 2-120 所示。

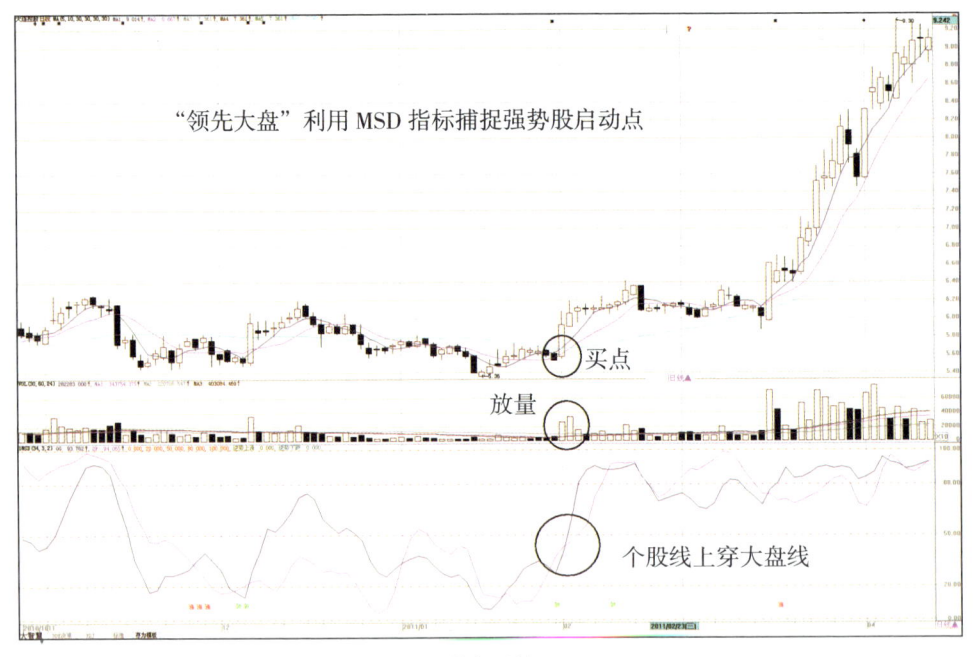

图 2-120

① 大盘在涨，个股也在涨，但个股上涨速度明显超过大盘的上涨速度，形成经典的"逆势上涨"强势股形态。其后虽然也是随大盘一起上涨，但个股上涨力度明显大于大盘。

② 目标股的 30 日均线处于即将走平状态中。

③个股线在 80 以下（46.23）形成金叉大盘线。

④个股线形成金叉大盘线时，成交量为 263167 手，10 日均量线为 88468 手，当日成交量明显大于 10 日平均量。

⑤ 600747（大连控股，2019 年 12 月退市）将主营业务从现代电子加工业务逐步转型，构建现代电子加工、房地产开发、金融投资、能源开发四大业务板块。公司在深圳设立金融资产管理中心，专门负责管理公司金融业务，将公司金融投资平台纳入管理体系。成立全资子公司瑞丰矿业资源投资有限公司，用于收购矿业等相关资产，注册资本 9000 万元。

公司以 6700 万元受让亚天商贸有限责任公司 100% 股权，亚天公司拥有新疆托里县博孜阿特南金矿的探矿权，并通过持有新疆康信矿业 75% 股权拥有新疆托里县博孜阿特 15 号金矿的采矿权。

大连控股属于"涉矿概念"和"黄金概念"，都是当时市场上最热门的炒作题材。

2. 强市中利用 XDQD 指标捕捉强势股启动点

（1）强市中利用 XDQD 指标捕捉强势股启动点的技术要点

①大盘在上涨市中，寻找 XDQD 指标中的强度线即将金叉强度值均线形成多头排列，并且个股上涨速度明显超过大盘上涨速度的目标股，这就是强势股经典形态"逆市上涨"选出的股票，然后放进自选股中，等待买入信号发出。

②当 XDQD 指标中的强度线上涨速度超过强度值均线时，表明买点出现——但还需要符合以下规则。

③个股 30 日均线处于上升状态中，至少 30 日均线需走平。

④强度线形成金叉时，成交量必须大于 10 日均量线的成交量。

⑤目标股必须符合市场当时炒作热点或具有优良的成长性或价值被严重低估。

（2）看图分析精要

如图 2-121 所示。

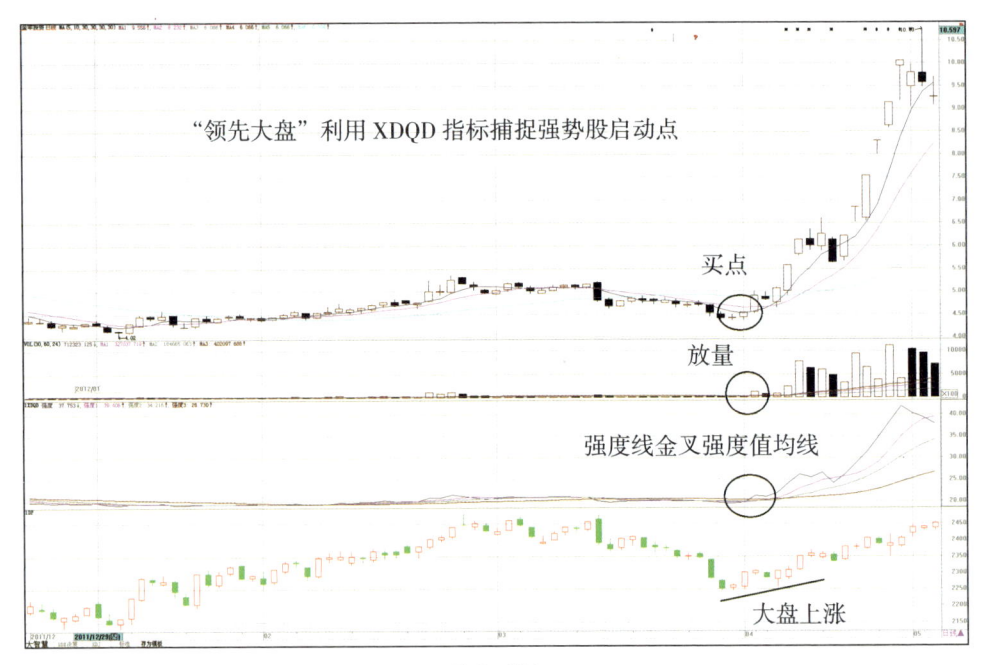

图 2-121

①大盘在涨，个股也在涨，XDQD 指标中的强度线即将金叉强度值均线形成多头排列，并且个股上涨速度明显超过大盘的上涨速度，形成经典的"逆势上涨"强势股形态。随后在短短的一个月内，个股大涨了 106%，成了市场上一匹耀眼的黑马。

②目标股的 30 日均线处于走平状态中。

③强度线金叉强度值均线。

④形成金叉时的成交量是131617手，10日平均量是42563手，成交量大于10日平均量（是10日平均量的3倍多）。

⑤ 600606（金丰投资，2015年8月，公司名称由"上海金丰投资股份有限公司"变更为"绿地控股股份有限公司"）2012年3月参与上海科创小额贷款公司定向增资扩股，拟不超过1.5亿元认购科创小贷公司1亿～1.2亿股增发股份。该公司注册资本1亿元，业务范围主要包括：发放贷款及提供咨询服务等。本次拟增发2亿股，增发价格以经审计评估后的该公司每股净资产值为依据确定。

公司还与中航信托合作设立金丰2号上海罗店保障房投资集合资金信托计划，并组建金丰易居置业公司开发建设宝山区罗店保障房项目。金丰易居置业公司注册资本为4.6亿元，其中6000万元由公司直接投入，其余4亿元由集合资金信托计划投入。公司与上海地产保障住房投资建设管理有限公司合作设立公司开发建设松江大居基地保障住房项目。新公司注册资本为2.5亿元，公司出资5000万元，占20%的股权。该项目共约104.8亩土地，地价合计约36304万元，建设周期为3年。

金丰投资具有金改题材"金融创新"概念，同时还具有"保障房""上海本地股"等概念，是集多题材于一身的小盘股，该类型个股历来是主力炒作的"最爱"。

如图2-122所示。

①大盘在涨，个股也在涨，XDQD指标中的强度线即将金叉强度值均线形成多头排列，并且个股上涨速度明显超过大盘的上涨速度，形成经典的"逆势上涨"强势股形态。随后在主力不温不火的运作下，个股涨幅达40%。

②目标股的30日均线处于走平状态中。

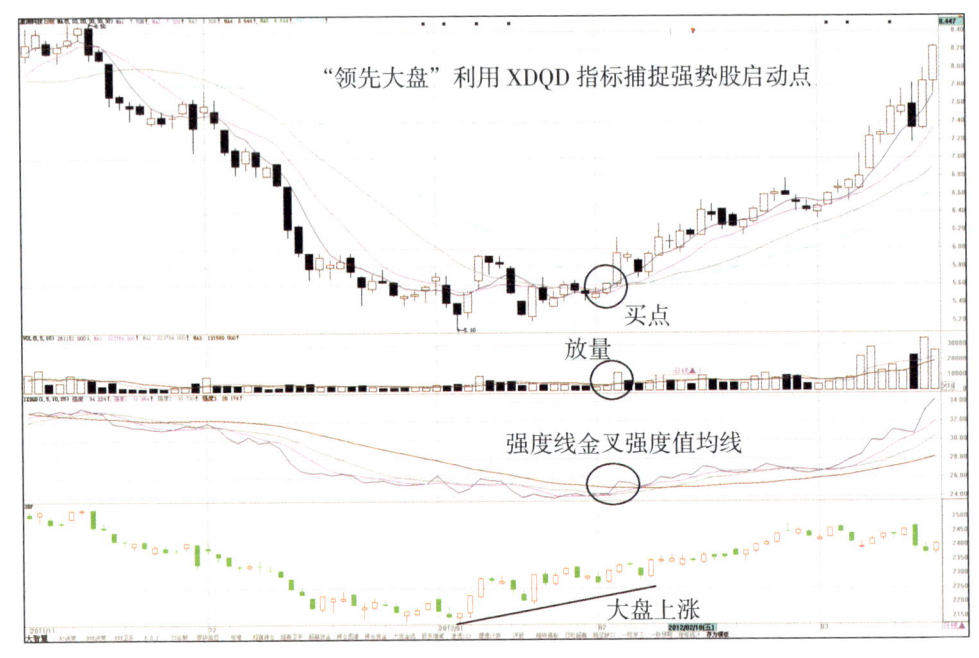

图 2-122

③强度线金叉强度值均线。

④形成金叉时的成交量是 120441 手，10 日平均量是 51328 手，成交量大于 10 日平均量（是 10 日平均量的 2 倍多）。

⑤ 600866（星湖科技）是国内唯一生产核苷酸类食品添加剂呈味核苷酸的公司，作为行业内龙头企业，具有较大的规模优势。其多个主导产品的生产规模、市场占有率国内居前，其中肌苷和利巴韦林的生产规模为全球最大，核苷酸系列产品则是填补国内空白的新产品。

2011 年 1 月，公司为持有 67% 股权的安泽康（北京）生物科技有限公司提供 9909 万元的借款用于实施冻干人用狂犬疫苗（鸡胚细胞）产业化项目的建设，当时预计该项目建设期为 38 个月，项目首期达产后产能为 200 万人份/年，预计每年销售额 3.88 亿元（含税）。

星湖科技属于市场热点题材"生物疫苗"概念。

三、"领先上涨"捕捉强势股启动点

1. 平衡市中利用 MSD 指标捕捉强势股启动点

（1）平衡市中利用 MSD 指标捕捉强势股启动点的技术要点

①当 MSD 指标中的大盘线横向震荡，也就是大盘在平衡市中，寻找个股线开始拐头向上运行的目标股，这就是强势股经典形态"领先上涨"选出的股票，然后放进自选股中，等待买入信号发出。

②当 MSD 指标中的大盘线横向运行，同时个股线却向上运行，当个股线上穿大盘线的那个点，表示买点出现——还需要符合以下规则。

③30 日均线处于上升状态中，至少也需走平。

④个股线金叉大盘线必须在 60 以下。

⑤个股线出现金叉时，成交量必须大于 10 日均量线的成交量。

⑥目标股必须符合市场当时炒作热点或具有优良的成长性或价值被严重低估。

（2）看图分析精要

如图 2-123 所示。

①大盘走平，个股却开始上涨，形成经典的"领先上涨"强势股形态。其后大盘继续横向震荡，个股以中小阳线拉升，6 个交易日最大涨幅达 20% 左右。

②目标股的 30 日均线处于走平状态中。

③个股线在 60 以下金叉大盘线。

④个股线出现金叉时成交量为 96675 手，10 日均量线成交量为 63131 手，当日成交量大于 10 日平均量。

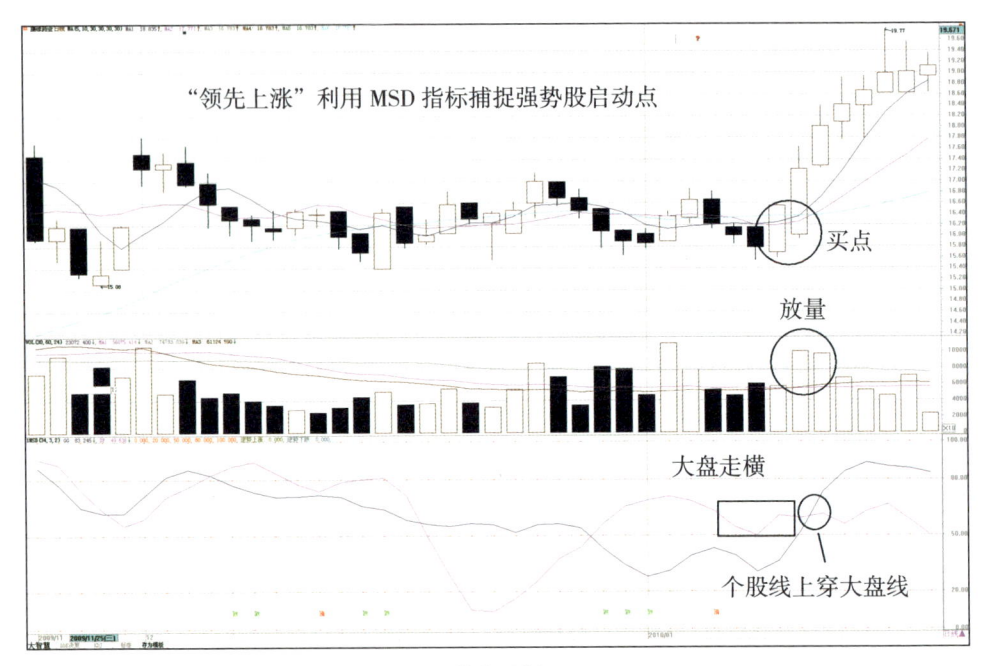

图 2-123

⑤ 2010 年 11 月 30 日，人力资源和社会保障部颁布的《国家基本医疗保险、工伤保险和生育保险药品目录》，600557（康缘药业）共有 52 个品种被列入医保目录，其中甲类品种 22 个，乙类品种 30 个。桂枝茯苓胶囊、热毒宁注射液、散结镇痛胶囊、抗骨增生胶囊、腰痹通胶囊、天舒胶囊、金振口服液七个主导品种被列入医保目录乙类，其中热毒宁注射液、散结镇痛胶囊为首次被列入国家医保目录。

公司所处医药制造业为朝阳产业，中药产业规模虽小，但产品附加值高，利润率高出医药行业平均利润率。其生产的痛安注射液是用于治疗中度、重度癌症疼痛的纯中药注射剂，具有自主知识产权。公司重点推进与中国科学院上海有机所、协和药物研究所等科研院所合作项目进展，在南京中医药大学设立了康缘科技创新基金，并在美国加州组建了康缘美国有限公司。公司启动北京中医药大学"康缘中医药科技创新基金"项目评审,与沈阳药科大学合作共建"生物培养技术联合实验室"。

公司曾获科技部"十二五"第一、二批重大新药创制项目5项,973计划项目1项,工信部中药材扶持计划1项,国家火炬计划1项,国家重点新产品1项。获得国内发明专利授权16件,国外发明专利授权2件,香港专利授权6件。截至2011年末累计获得国内发明专利授权108件,国外发明专利授权14件,香港专利授权9件。

康缘药业不仅符合市场炒作热点题材"医保概念",还属于成长性非常优异的价值投资品种,是市场追捧的热门股之一。

如图2-124所示。

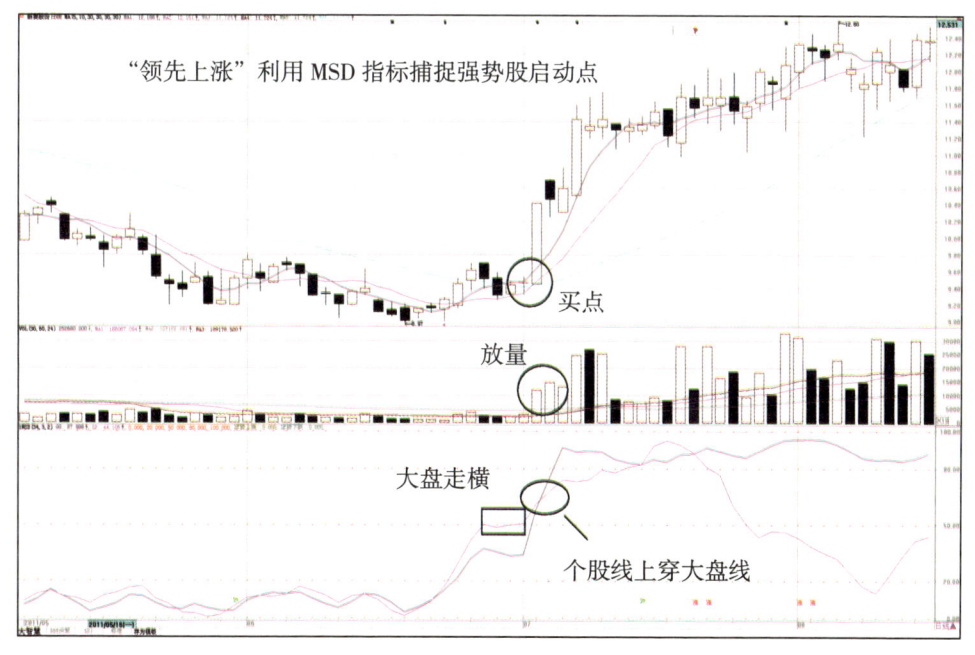

图 2-124

①大盘走平，个股开始上涨，形成经典的"领先上涨"强势股形态。其后大盘震荡，个股随即进入拉升阶段。该股是以反抛弧线形态进行拉升的，30个交易日最大涨幅达 30%。

②目标股的 30 日均线处于走平状态中。

③个股线在 60 左右形成金叉大盘线。

④个股线形成金叉大盘线时，成交量为 118427 手，10 日均量线为 31651 手，当日成交量明显大于 10 日平均量。

⑤ 600540（新赛股份）是我国以棉花为主导产业的少数几家上市公司之一，所在地有着独特的土壤、气候、水以及光热资源，极其适宜棉花作物的生长，公司棉花年均播种 24 万亩左右，优质皮棉总产 3 万吨左右（2018 年），平均单产均高于国内水平。

公司持有 51% 股权的双陆矿业将增资扩股，完成后将原定但尚未实施的 30 万吨/年改扩建项目扩大为 60 万吨/年改扩建项目，投资总额增至 18803.01 万元。项目预计建设期 22 个月，预计年销售收入 8100 万元。双陆矿业公司煤矿拥有八号井矿井一座，矿井于 6 月投产，矿区面积 2.1812 平方千米，煤矿产品为低变质烟煤，煤质较好，属较优的动力用煤、民用煤和锅炉用煤及煤化工用煤。

公司在喷滴灌节水技术应用方面居全国一流水平，滴灌面积占棉花种植面积的 90%，是全国最大的节水灌溉区之一。据农业农村部测定，滴灌技术能使棉花生产节水 50%，单产提高 20%。

新赛股份集"棉花概念""煤矿能源概念""节水灌溉和抗旱概念"多种市场炒作题材于一身，是投机的上佳品种。

2. 平衡市中利用 XDQD 指标捕捉强势股启动点

（1）平衡市中利用 XDQD 指标捕捉强势股启动点的技术要点

①大盘处于平衡市中，寻找 XDQD 指标中的强度线即将金叉强度值均线形成多头排列的目标股，这就是通过强势股经典形态"逆市上涨"选出的股票，然后放进自选股中，等待买入信号发出。

②当 XDQD 指标中的强度线上涨超过强度值均线时，表示买点出现——但还需要符合以下规则。

③个股 30 日均线处于上升状态中，至少 30 日均线需走平。

④强度线金叉强度值均线时，成交量必须大于 10 日均量线。

⑤目标股必须符合市场当时炒作热点或具有优良的成长性或价值被严重低估。

（2）看图分析精要

如图 2-125 所示。

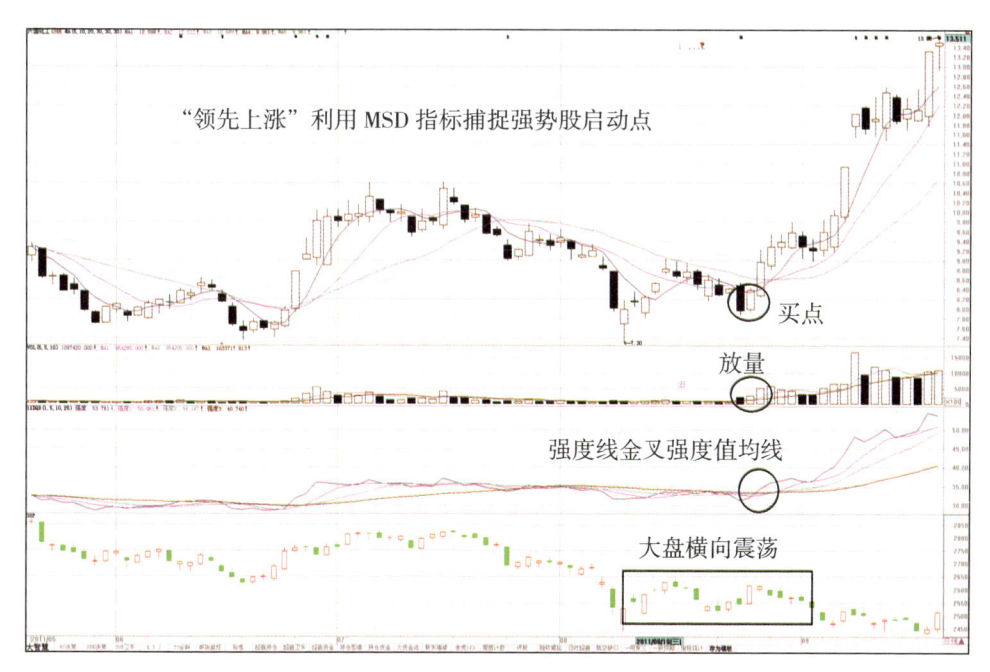

图 2-125

①大盘横向震荡，个股却开始上涨，形成经典的"领先上涨"强势股形态。其后大盘突破震荡箱体，选择向下运行，个股随即展开逆市拉升，不到一个月最大涨幅达60%。

②目标股的30日均线处于即将走平状态中。

③强度线金叉强度值均线。

④金叉时成交量为508623手，10日均量线为221069手，当日成交量是10日平均量的2倍多，明显大于10日均量。

2007年3月公司以6.78元/股定向增发3800万A股募资2.5亿元，全部用于增资六国矿业、实施80万吨/年磷矿采选项目，总投资2.53亿元，达产后预计年收入1.53亿元、年均净利润3305万元，10万吨/年生产系统在恢复生产的过程中生产磷原矿2.44万吨，磷精矿1.36万吨。

⑤2010年6月18日，600470（六国化工）与四川大学签署磷酸铁、磷酸铁锂技术研究与生产应用开发合同，四川大学负责研究开发磷酸铁、磷酸铁锂产品生产工艺，解决公司利用此工艺实施工业化中遇到的技术难题，实现工艺技术在公司生产装置中连续、稳定、达标生产，提供产品工艺技术方案和生产线的设计方案。

2012年2月3日，工信部发布《化肥工业"十二五"发展规划》，规划要求，"十二五"期间，化肥工业在满足农业、工业基本需求和淘汰落后产能的基础上，继续保持产量整体自给有余，其中氮肥、磷肥完全自给并有少量出口，钾肥国内保障能力达到60%以上。尿素占氮肥的比重达到70%左右，磷铵占磷肥的比重达到70%左右，无氯钾肥满足国内需求。大中型氮肥企业产能比重达到80%以上，大型磷肥企业产能比重达到70%以上。

六国化工同时具有"新能源+锂电池概念""涉矿概念""化肥工业'十二

五'发展规划"等多重概念于一身,是市场上游资投机炒作的上佳品种。

如图 2-126 所示。

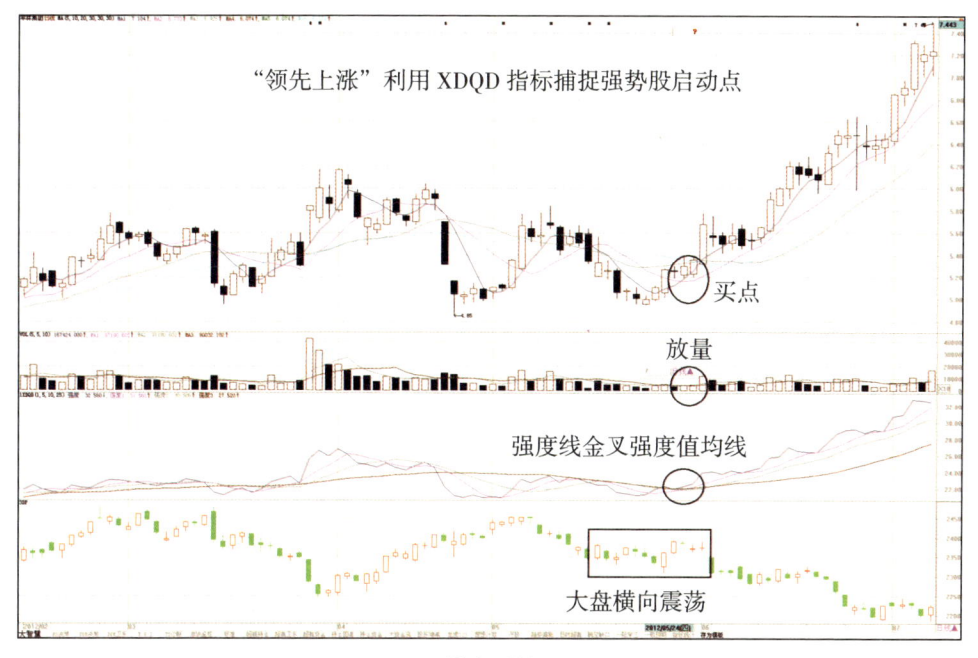

图 2-126

①大盘横向震荡,个股却开始上涨,形成经典的"领先上涨"强势股形态。其后大盘一路震荡走低,个股却展开了逆市拉升,只用 20 多天股价最大涨幅接近 40%。

②目标股的 30 日均线处于即将走平状态中。

③强度线金叉强度值均线。

④形成金叉时成交量为 48416 手,10 日均量线为 44776 手,当日成交量明显大于 10 日均量。

⑤601996(丰林集团)的主营业务为中(高)密度纤维板、胶合板的

生产销售及营林造林业务。公司是农业产业化国家重点龙头企业、国家高新技术企业，是广西第一批林业产业化龙头企业、广西农业产业化十大龙头企业中唯一的林业企业，综合实力居全国纤维板行业前列、广西纤维板行业第一。

"林板一体化"是国家林业产业政策鼓励的经营模式，其要义在于"以板养林，以林促板"。公司长期坚持实施"林板一体化"战略，2011年，种植面积达20余万亩，公司计划未来几年加强资源储备，种植面积达50万~80万亩。

丰林集团是林业龙头股，具有丰富的土地资源，被主力冠以"潜在稀土"概念大幅炒作。

四、"MSD指标+VMSD指标"组合捕捉强势股启动点

通过对以上章节的学习，我们对MSD指标和VMSD指标有了初步的认识，对它们的买卖法则有了一些了解，但这些都是常规性的基础知识，如果我们要使用好MSD指标和VMSD指标，将它们的功效发挥到极致，就不只是掌握它们的基础概念和常规使用法则那么简单了，我们更需要掌握的是利用MSD指标和VMSD指标来探测和监控主力的一举一动，将主力机构在吸筹、震仓、拉升、出货等各个阶段的走势通过MSD指标和VMSD指标组合的各种形态反映出来，尽可能地从中发现主力的蛛丝马迹和其真实意图，从而成功阻击主力。下面就对"MSD指标+VMSD指标"组合中的特殊形态来发现主力机构的软肋和怎样捕捉主力拉升浪做详细的讲解。

1. 利用"MSD指标+VMSD指标"组合袭击主力软肋

大家应该知道是主力运作股价主要在哪个阶段吧？对，就是震仓末期、拉

升初期。这个阶段的主力吃了一肚子的筹码,又通过震仓洗盘将那些短线浮筹及意志力不坚定、信心不坚决的筹码尽可能地洗出场外,正待一展宏图。大幅拉升股价之际,此时主力最担心的是有人在此价位进场抢筹,因为震仓见地量后已达到洗盘的目的,主力不可能因为一些小的资金进场,就放弃拉升的计划,那样将会得不偿失。因此,在这个软肋处,主力非常害怕有人偷袭,当然,如果是较大或很大的资金在此时进场,主力有可能会改变做盘计划,或放弃拉升,或场外谈判寻求和解。我们可通过成交量的变化来观察这一切,随时调整自己的策略,顺"势"而为。下面通过图例来详细说明。

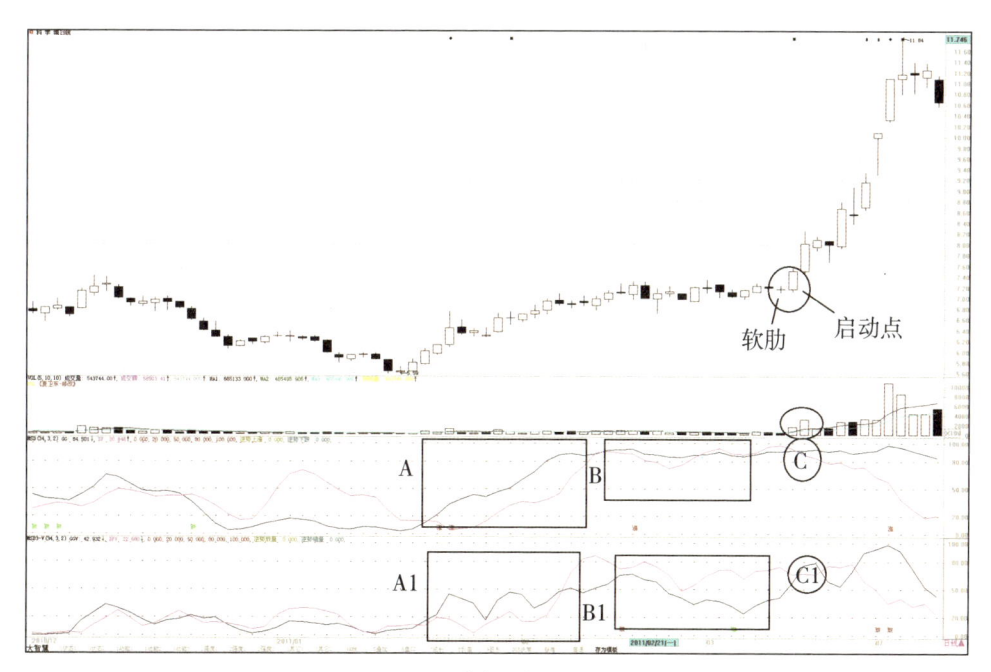

图 2-127

如图 2-127 所示，图中 A 点方框内显示 MSD 指标的个股线在大盘线之上运行，走势明显强于大盘，形成经典的"领先大盘"强势股形态，A1 点方框内显示 VMSD 指标的个股量线在大盘量线之上运行，此阶段个股放量幅度明显高于大盘，其成交量相对于前期下跌行情中的量能萎靡呈不规则性明显放量。这种不规则放量形态是主力机构在吸筹阶段所表现出的一种常见形态。我们将 MSD 指标和 VMSD 指标组合起来综合分析，图中 A 处和 A1 处方框内的走势是主力机构强势吸筹的一种典型表现。那么，主力下一步会怎么走呢？我们知道吸筹结束后将进入震仓洗盘或直接拉升阶段，主力到底是直接拉升呢？还是进入洗盘状态？让我们接着看图，在随后的 B 点处方框内，MSD 指标显示个股线基本上是和大盘同步波动，属于和大盘同步股，在走势上看不出有什么异动，主力将自己隐藏在茫茫股海中，前期吸筹所表现出来的强势已不复存在，仿佛主力已经消失，让市场感觉此股根本就没有主力机构的进驻，属无庄个股，以此来打击持股者的信心，从而达到洗盘的目的。但是，由于主力机构的资金量巨大，运作时不可能不留下一些蛛丝马迹，所以再精明的主力都会露出破绽，现出软肋。大家看图 2-127，B1 处的方框内显示 VMSD 指标中的个股量线运行在大盘量线之下，表明在整个大市的成交量都较平稳的情况下，个股的量能却逐渐萎缩。再看图 2-128，图中量能萎缩接近前期的地量，我们再对照 K 线图上的股价走势，MSD 指标和 VMSD 指标综合分析，主力通过前期的强势吸筹，到近期的成交量萎缩至地量，说明目前正是主力吸了一肚子的货，通过震仓达到了洗盘的目的，成交量的缩小说明没有大的资金在此价位偷袭主力，此处即为主力的软肋。下一步，主力即将大幅拉升，迅速脱离成本区。因此，作为阻击者，我们可在此软肋处买进半仓，作为伏击仓位，在主力放量强势拉升的启动点处重仓跟进，作为阻击仓位，此时一定要注意是在主力"强势"拉升时。看图 2-127 和图 2-128，图 2-127 中 C 处 MSD 指标的大盘线在 80 以上见顶回落，而个股线却在高位顽强横盘，强势不跌，形成强势股的经典形态"横盘抗跌"。前面中说过"横盘抗跌"多半是主力震仓洗盘阶段所形成的特殊形态，在图 2-128 中，K 线处圆圈内的小十字星振幅非常小，表明多空处于暂时平衡状态，股价随时一触即发。再看图 2-127 中 C1 处 VMSD 指标中的个股量线向上交叉方向向下的大盘量线，说明在大市不断缩量的情况下，个股的量能却逆势放大，形成了成交量的强势形态"逆势放量"，此处即为主力强势放量拉升的启动点，我们可于盘中在短期图上选择更加精细的点位买入，实现成功阻击。

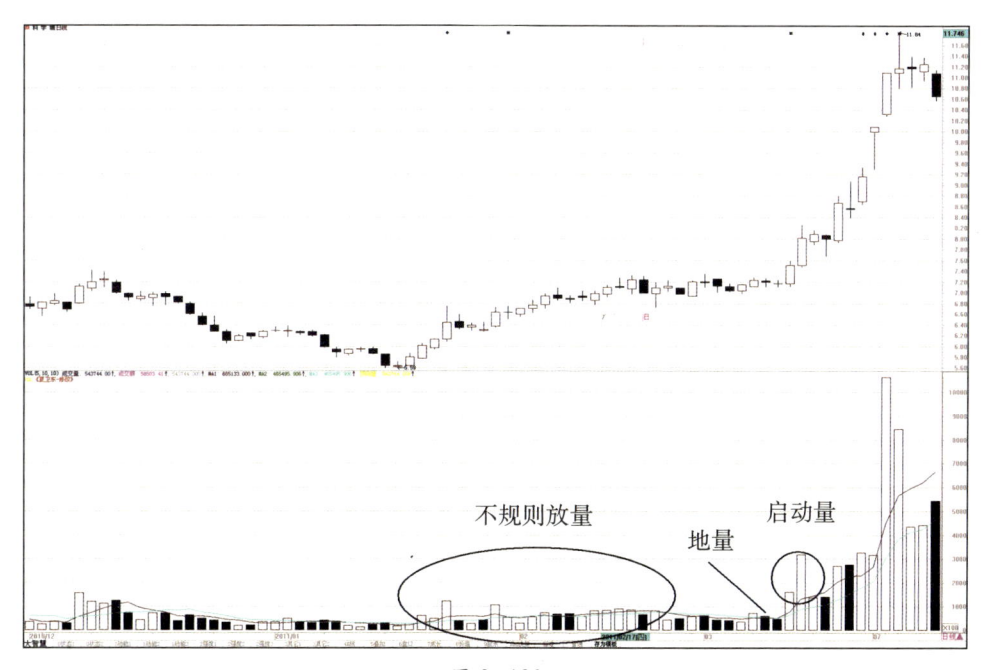

图 2-128

2. 利用"MSD 指标 +VMSD 指标"组合捕捉主力拉升浪

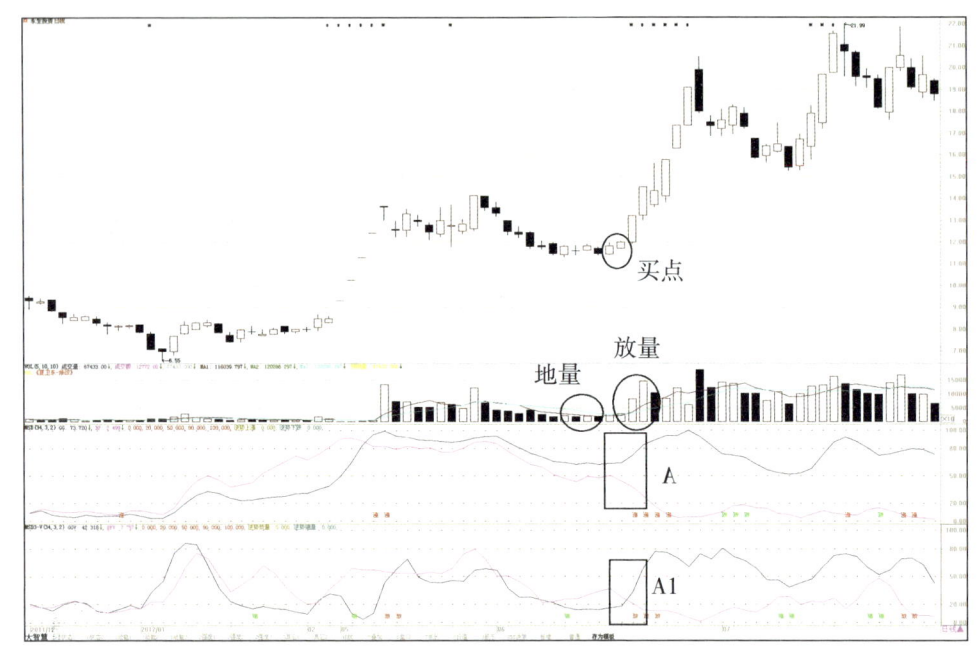

图 2-129

主力在拉升初期阶段一般非常迅猛剽悍，如没在这一阶段及时买进时，可在拉升途中短暂休整时择机介入，本组合即是向读者朋友介绍这样一种低风险、高收益的进场技巧，如图 2-129、2-130 所示。

如图 2-129 所示，600613（永生股份，2013 年 10 月，公司名称由"上海永生投资管理股份有限公司"变更为"上海神奇制药投资管理股份有限公司"）第一波拉升时，主力是以一字涨停板法连续拉升，手法凶猛，没给市场跟进的机会。对于这种风格的主力，我们可在其拉升途中择机介入，但需满足以下几点条件方可买入，享受捕捉到主升浪带来的乐趣。

①第一波拉升后的回落，一般跌到拉升浪的 50% 处即止跌，最多不可超

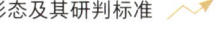

过拉升浪的 62%，最好是 38% 处，总之，跌幅越浅越好。

②回落时的 K 线振幅应该愈来愈小，表明多空争斗已经趋于平衡，股价将重新面临方向性选择。

③回落时的量能必须大幅萎缩，表明短线浮筹已被清洗干净。

④股价回落时最好得到中长期均线的支撑，得到越多均线的支撑越好。

⑤ MSD 指标和 VMSD 指标组合必须出现明显的强势股经典形态，当再次明显放量时，在短期图上择机买入。

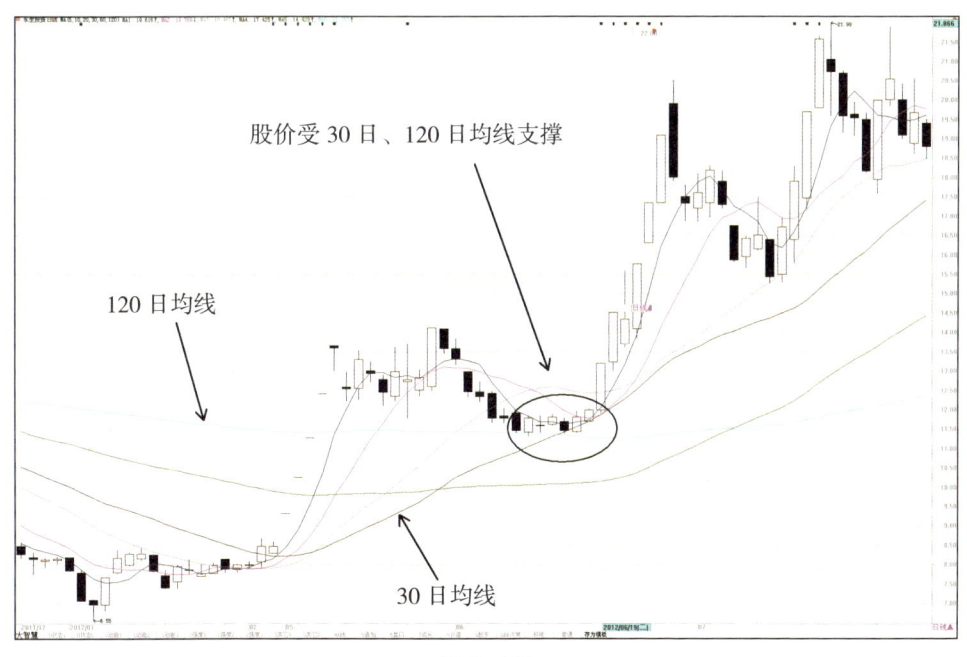

图 2-130

我们从图 2-129 中观察到，第一波下跌至前一波升浪的 38%（黄金分割位）处止跌。符合第一点。股价回落时的 K 线振幅明显缩小，有形成一小圆弧底的迹象，表明多空双方都已偃旗息鼓，股价将一触即发。符合第二点。

股价回落时成交量大幅萎缩，形成近期的地量，说明短线浮筹得到了较好的清洗。符合第三点。再看图 2-130，股价回落时得到了中期 30 日均线和长期 120 日均线的共同支撑，我们知道支撑和压力的互转原理——当压力被有效突破后将转变成支撑，当支撑被有效突破后将转变成压力，这就是支撑压力互转原理，当 120 日均线的长期压力被主力以凶悍拉升手法突破后，转变成了支撑位，又得到中期 30 日均线（方向向上）的顺势支撑，形成了中长期均线支撑共振。符合第四点。图 2-129 中 A 点处 MSD 指标的大盘线向下运行，而个股线却逆势上扬，形成经典的强势股形态"逆势上涨"，A1 处 VMSD 指标的大盘量线向下，个股量线却逆势向上，表明主力正在逆势放量启动拉升。符合第五点，此时可在 30 分钟或 15 分钟或 5 分钟图上捕捉精细的买点介入。

五、"XDQD+VXDQD"组合的妙用

"XDQD+VXDQD"组合的基本使用法则和"MSD 指标 +VMSD 指标"组合基本一致，唯一不同的是"MSD 指标 +VMSD 指标"组合另有超买超卖的功能，而"XDQD+VXDQD"组合则有解决指标钝化的功效，所以在研判主力拉升阶段的进场点和出货阶段的出场点上，"XDQD+VXDQD"组合比"MSD 指标 +VMSD 指标"组合效果更加明显，下面我们就以实战图例来详细讲解。

1. 利用"XDQD+VXDQD"组合捕捉第三浪

在一波上涨行情中，主力一般是呈波浪形态进行拉升，简单地说，就是进行三波或五波或八波形态拉升，这样就给了我们很多的介入机会，而在这些拉升波中，涨幅最大、上涨时间最长的一般是第三波或第五波拉升浪。道理很简

单，第一浪一般由主力吸筹而形成，第二浪属于震仓洗盘，第三波浪属于主力拉升阶段。本小节讲解怎样利用"XDQD+VXDQD"组合捕捉第三浪的技巧，如图2-131所示。

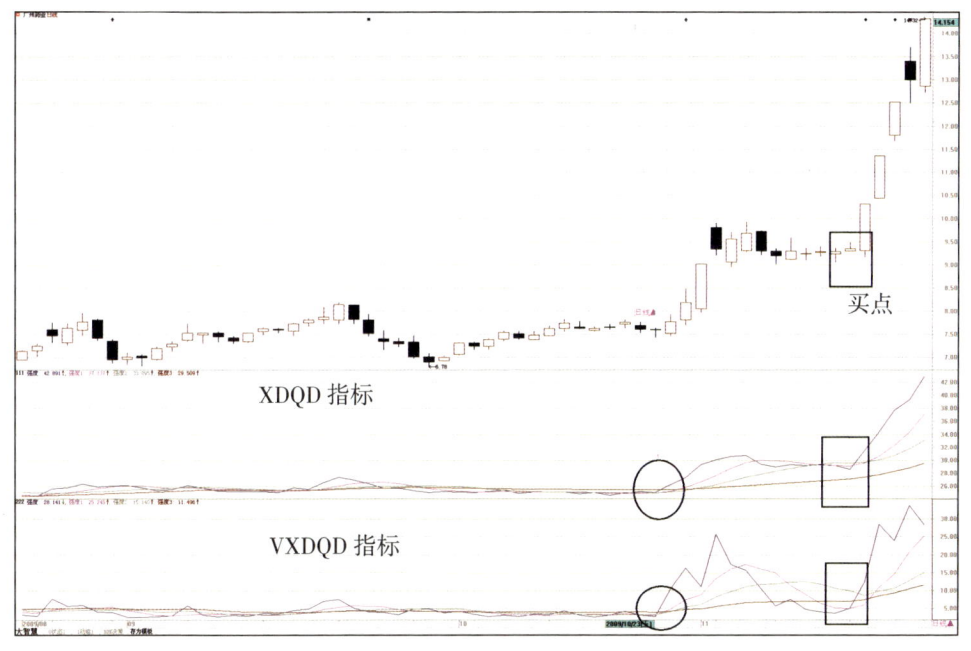

图 2-131

如图2-131所示：XDQD指标的强度线上穿强度均线，而VXDQD指标的强度量线也同时上穿强度量均线，形成了标准的买入信号，这是主力吸筹形成的第一浪。在接下来的震仓阶段，主力以横盘震荡的方式进行洗盘。通过观察，在震仓时XDQD指标的强度线走势基本上是一路走平，说明个股震仓是和大盘同时横盘震荡的，也就是说个股震仓的形态是同步于大盘的。在K线图的价格走势上主力隐藏得很好，但在成交量上主力还是露出了破绽。看图中VXDQD指标在主力震仓阶段时，强度量线回落至强度量均线之下，说明了两点：其一，强度量线不断下降，说明个股量能萎缩的程度要明显大于大盘量能萎缩的程度（回忆一下VXDQD指标的编制原理）个股的成交量呈大幅减少的趋势；其二，强度量线跌至强度量均线之下，说明个股不仅量能大幅萎缩，而且成交量萎缩至地量，显示出短线浮筹和不坚定的筹码已被清洗出局，主力达到了洗盘的效果，股价将进入拉升阶段，只要出现强势异动并再次显著放量，即可确定主力开始拉升。图中方框内显示XDQD指标和VXDQD指标几乎同时走强，同时上穿均线，发出强烈的买进信号，此时，可迅速跟进享受捕捉到主升浪的乐趣。

2. 利用"XDQD+VXDQD"组合实现胜利大逃亡

股谚云：会买的是徒弟，会卖的是师傅。在临盘实战中，很多投资者对卖出股票的时机把握得不怎么好，不是卖早了，就是卖晚了，其实这个"早"和"晚"都是相对而言的，能吃到整条鱼的"鱼身"就非常不错了，在顶部价位卖出固然可喜，但这种情况是可遇不可求的，卖在最高价多半有运气成分，我们不可能运气总是那么好，每次都卖在最高价，能在次高价卖出就已经是高手了。在实战中，我们怎样才能卖在次高价呢？有什么工具可以帮助我们做出正确的判断呢？"XDQD+VXDQD"组合即是把握精确卖出的有效工具。在使用"XDQD+VXDQD"组合把握最佳卖出点时需要满足以下条件。

①股价经过前期大幅上涨（涨幅至少50%）以后，在高位继续震荡盘升，不断创出新高，但XDQD指标却逐波走低甚至形成空头排列，说明此时个股上涨的力度已明显小于大盘，股价的上涨是外强中干，价格随时可能下跌。

②股价在高位震荡盘升创出新高的时候，VXDQD指标却逐波走低甚至形

成空头排列，说明股价在上涨时缩量而在下跌时放量，价量已经背离，价格创出新高是主力的诱多行为，实则在暗中出货，价格随时可能下跌。

③当股价跌破 5 日均线时，即是最佳卖出点，此时，可果断出局。如图 2-132，图 2-133 所示。

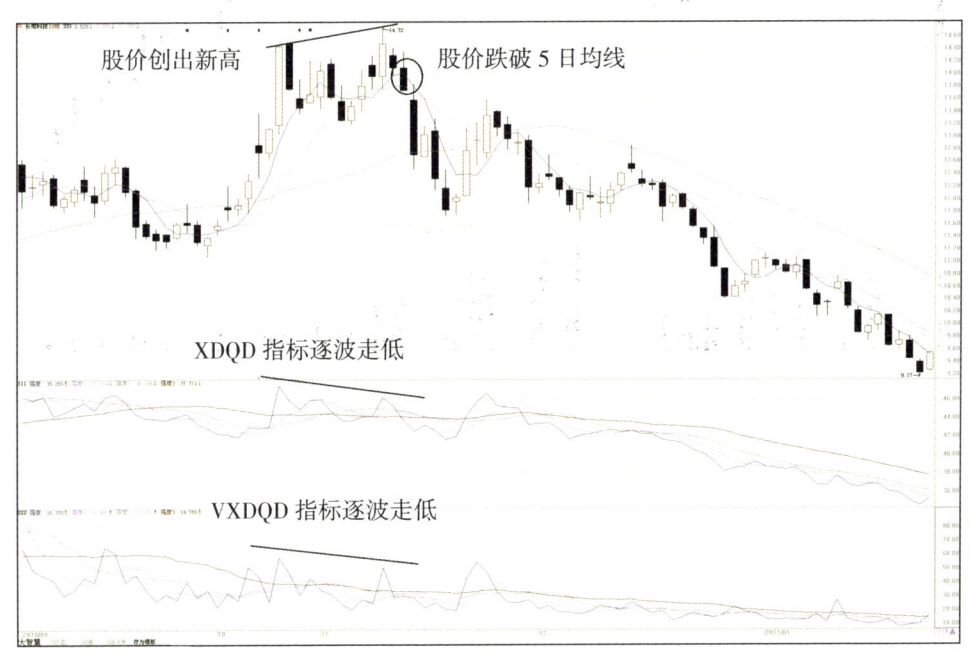

图 2-132

如图 2-132 所示：600584（长电科技）于当年 11 月低点 2.56 元开始上涨，期间毫不理会大盘的涨跌，一路上涨至次年 11 月高点 14.72 元，涨幅高达 450%，当股价在高位震荡盘升时，XDQD 指标和 VXDQD 指标同时显示出与股价的背离，说明此时股价的上升是一种假象，是主力的诱多出货手法，图 2-133 显示，价格不断震荡盘升，不断创出新高，但成交量却在不断减少，形成典型的价量背离，股价的上涨非常虚弱，当价格向下跌破 5 日均线时，应果断卖出，实现胜利大逃亡。

图 2-133

以上是经过较长时间的上涨后，利用"XDQD+VXDQD"组合来寻找最佳卖出点的方法，下面再介绍一种利用"XDQD+VXDQD"组合来寻找短线大幅飙升个股最佳卖出点的方法。当 XDQD 指标的强度线与其均线之间的距离明显拉大时，强度线猛地向下拐头，而且 VXDQD 指标的强度量线与其量均线之间的距离也明显拉大时，强度量线也向下拐头，当强度线和强度量线几乎同时向下拐头时，即为短线最佳卖出点。如图 2-134、图 2-135 所示。

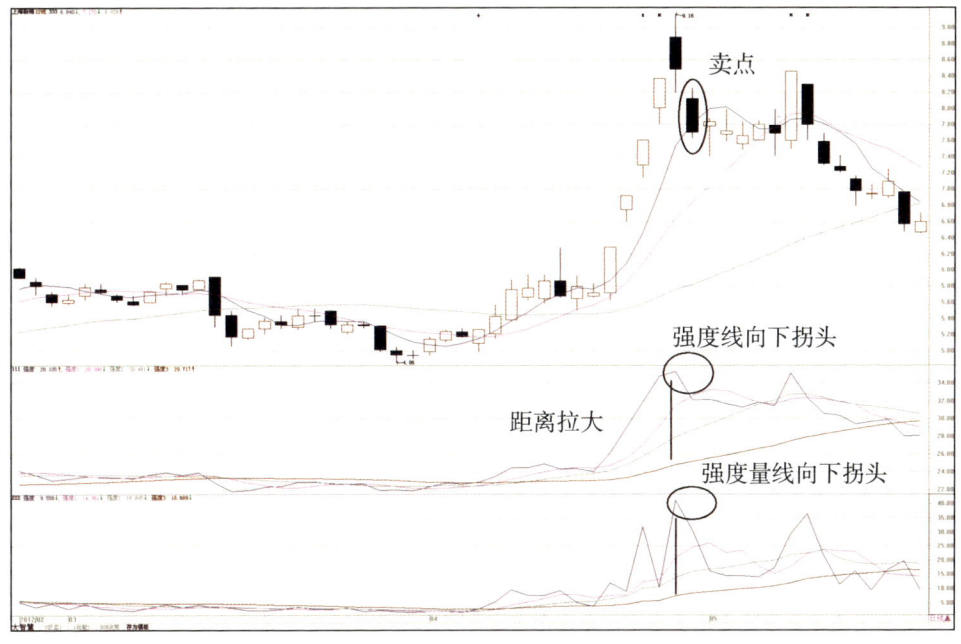

图 2—134

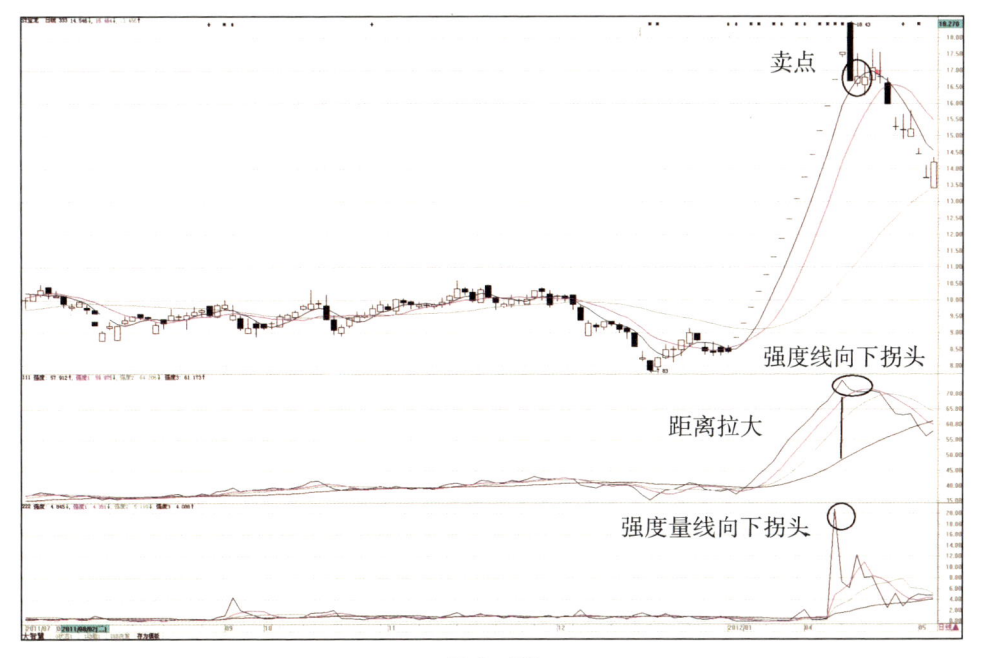

图 2—135

第三章

龙头股实战法则

第一节 上升趋势中怎样斩获龙头股

一、上升趋势中利用 XDQD 指标和 VXDQD 指标在强于大盘形态中捕捉龙头股

上升趋势中利用 XDQD 指标和 VXDQD 指标在强于大盘形态中捕捉龙头股的规则如下：

①大盘沿着 30 日中期均线上涨，市场趋势明显向上。

② XDQD 指标和 VXDQD 指标同时走强于大盘，属于"强于大盘"形态。

③个股呈现明显的强势股经典形态，符合强势股七大定义。

④个股符合龙头股的六大要素（详情见第一章第一节）。

⑤缩量回调至短中期均线处低吸或放量突破阻力位时加仓，也可在 XDQD 指标回调至其均线处低吸。

如图 3-1、图 3-2、图 3-3 所示。

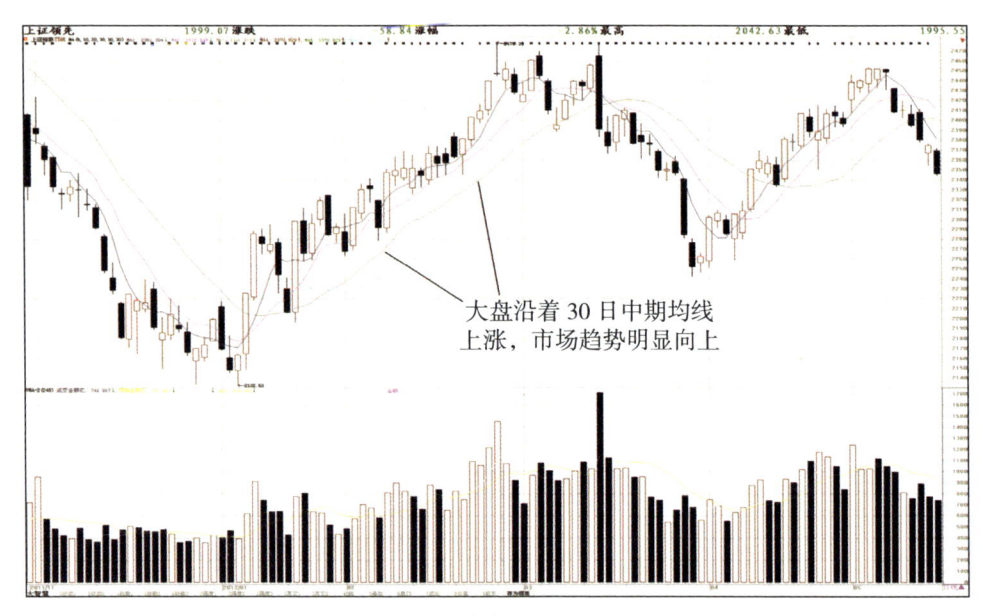

图 3-1

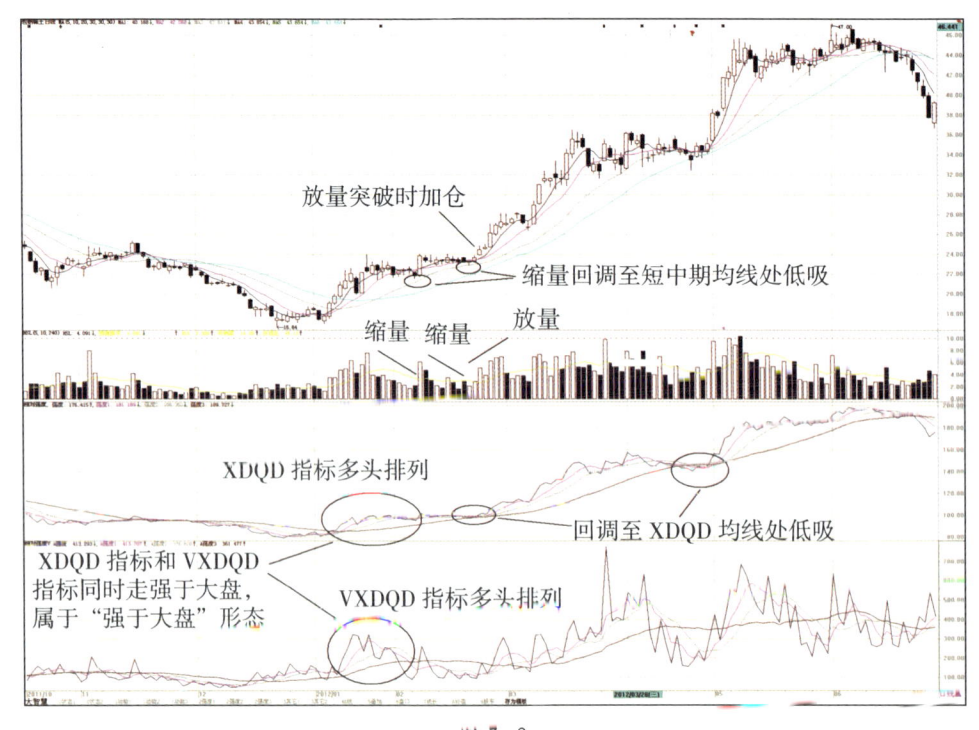

图 3-2

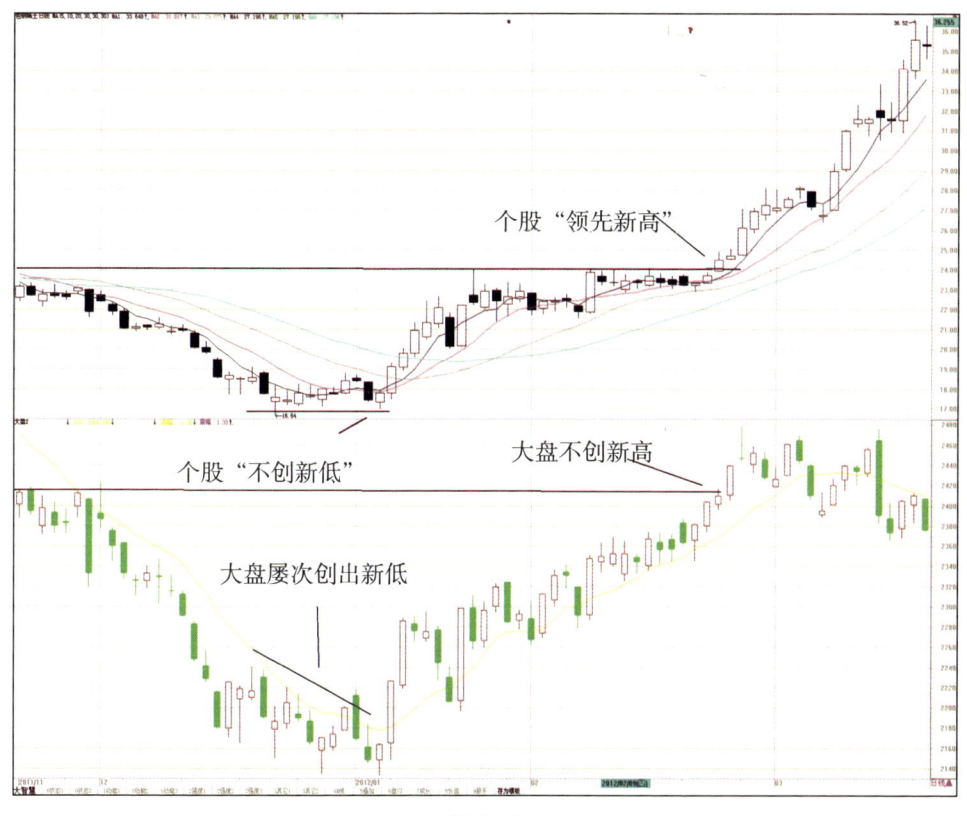

图 3-3

看图精要：

①如图 3-1，大盘沿着 30 日中期均线上涨，市场趋势明显向上。

②如图 3-2，XDQD 指标和 VXDQD 指标同时走强于大盘，属于"强于大盘"形态。

③如图 3-3，个股呈现明显的强势股经典形态之"不创新低""领先新高"，符合强势股定义。

④个股符合龙头股的六大要素（详见第一章第一节）。

⑤如图 3-2，当目标股缩量回调至短中期均线处低吸或放量突破阻力位时加仓，也可在 XDQD 指标回调至其均线处遇到支撑时买进。该股后续走势不

负众望，买进后短期内接近翻番，成为当时的市场龙头股。

二、上升趋势中利用 MSD 指标和 VMSD 指标在弱于大盘形态中捕捉龙头股

上升趋势中利用 MSD 指标和 VMSD 指标在弱于大盘形态中捕捉龙头股的规则如下：

①大盘沿着 30 日中期均线上涨，市场趋势明显向上。

② MSD 指标和 VMSD 指标同时走弱于大盘，属于"弱于大盘"形态，当 MSD 指标和 VMSD 指标开始走强，出现"强于大盘"形态时，将出现典型的补涨行情。

③个股呈现明显的强势股经典形态，符合强势股七大定义。

④个股符合龙头股的六大要素（详见第一章第一节）。

⑤当 MSD 指标和 VMSD 指标同时开始走强，个股放量突破近期阻力位时应及时跟进。

如图 3-4、图 3-5、图 3-6、图 3-7 所示。

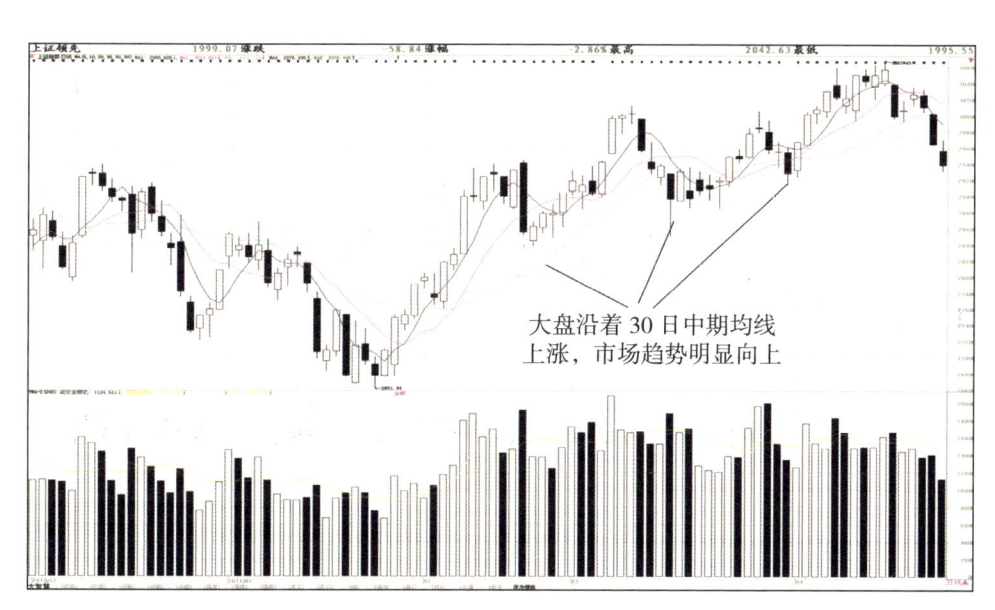

图 3-4

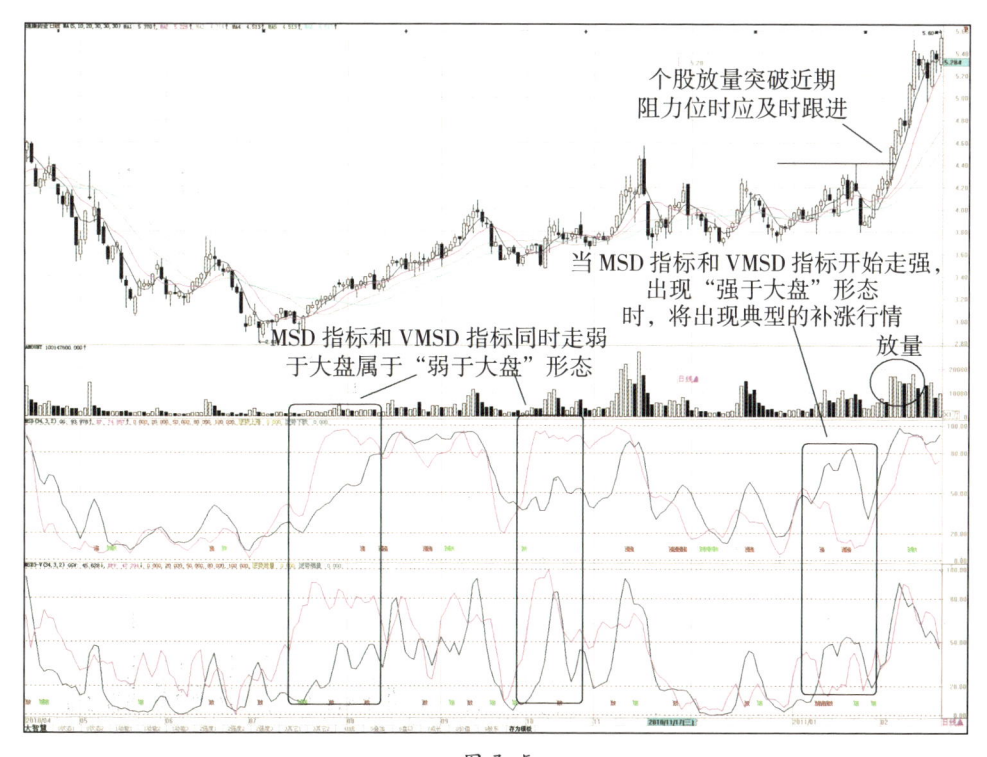

图 3-5

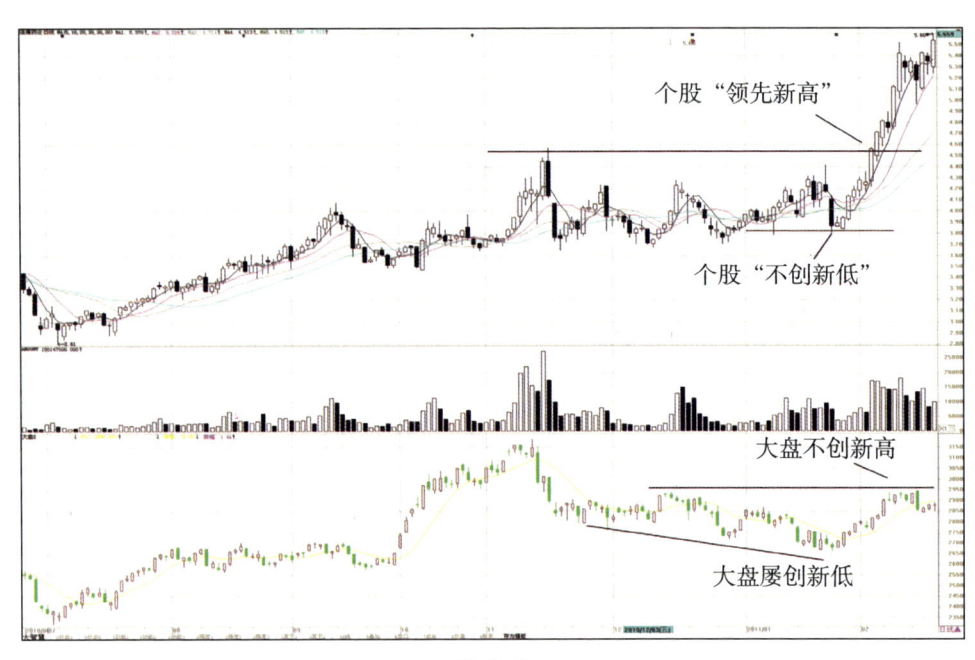

图 3-6

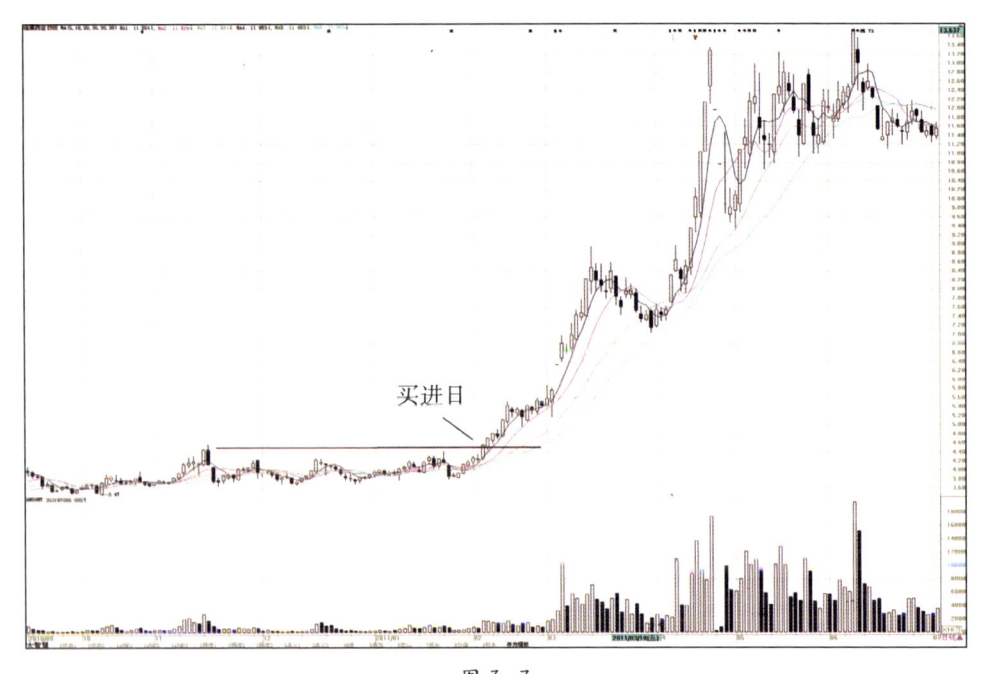

图 3-7

看图精要：

①如图 3-4，大盘沿着 30 日中期均线上涨，市场趋势明显向上。

②如图 3-5，MSD 指标和 VMSD 指标同时走弱于大盘，属于"弱于大盘"形态，当 MSD 指标和 VMSD 指标开始走强，出现"强于大盘"形态时，将出现典型的补涨行情。

③如图 3-6，个股呈现明显的强势股经典形态之"不创新低""领先新高"，符合强势股定义。

④个股符合龙头股的六大要素（详见第一章第一节）。

⑤当 MSD 指标和 VMSD 指标同时开始走强，个股放量突破近期阻力位时应及时跟进。3 个月后股价涨幅 220%，成为当时行情的龙头股，可见补涨行情也是很厉害的。

三、上升趋势中利用 MSD 指标和 VMSD 指标在同步于大盘形态中捕捉龙头股

上升趋势中利用 MSD 指标和 VMSD 指标在同步于大盘形态中捕捉龙头股的规则如下：

①大盘沿着 30 日中期均线上涨，市场趋势明显向上。

② MSD 指标和 VMSD 指标都同步于大盘，属于"同步于大盘"形态，当 MSD 指标和 VMSD 指标开始走强，出现"强于大盘"形态时，将出现领涨行情。

③个股呈现明显的强势股经典形态，符合强势股七大定义。

④个股符合龙头股的六大要素（详见第一章第一节）。

⑤当 MSD 指标和 VMSD 指标同时开始走强后，沿着中短期均线低吸买进。

如图 3-8、图 3-9、图 3-10 所示。

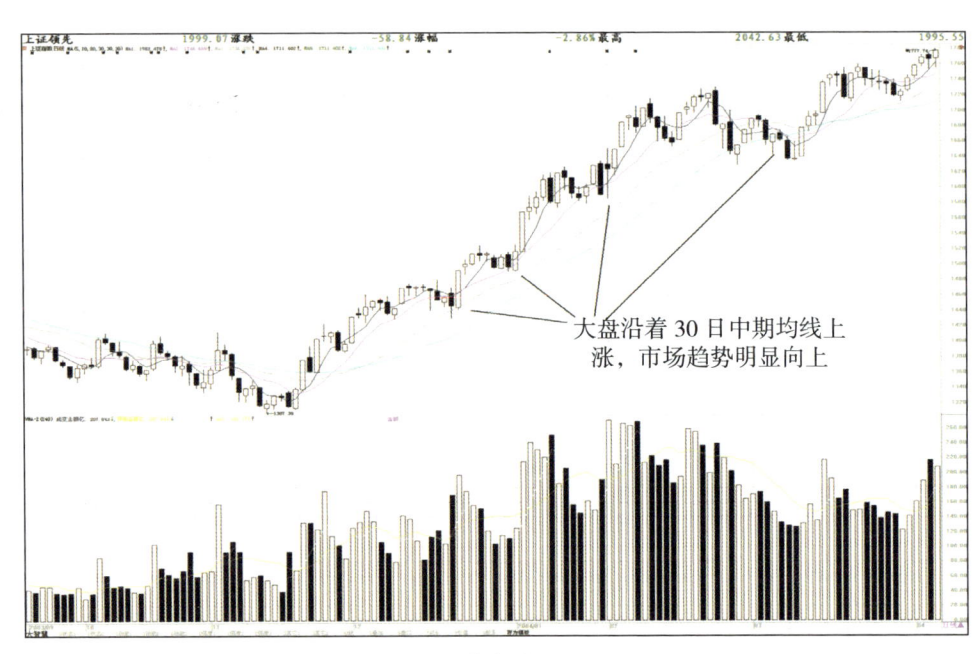

图 3-8

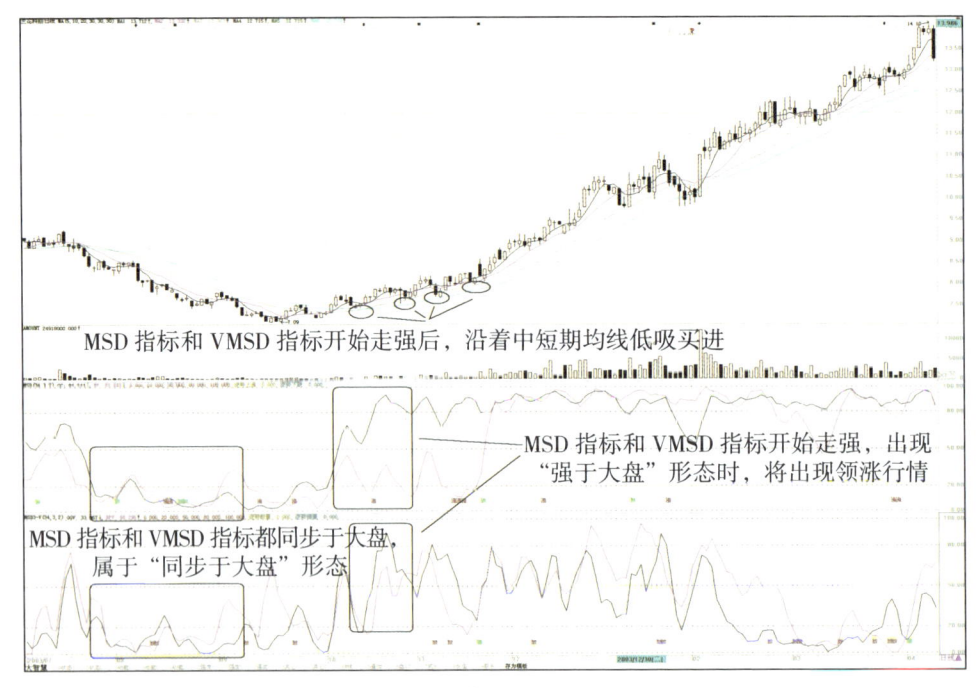

图 3-9

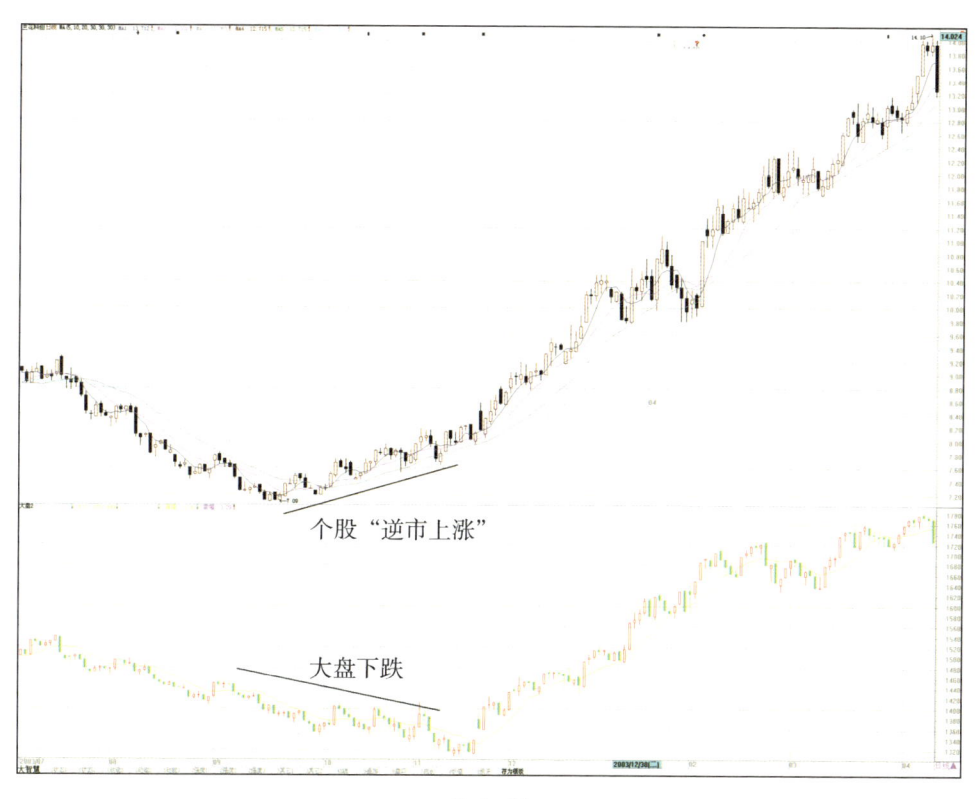

图 3-10

看图精要：

①如图 3-8，大盘沿着 30 日中期均线上涨，市场趋势明显向上。

②如图 3-9，MSD 指标和 VMSD 指标都同步于大盘，属于"同步于大盘"形态，当 MSD 指标和 VMSD 指标开始走强，出现"强于大盘"形态时，将出现领涨行情。

③个股呈现明显的强势股经典形态之"逆市上涨"，符合强势股定义。

④个股符合龙头股的六大要素（详见第一章第一节）。

⑤当 MSD 指标和 VMSD 指标同时开始走强后，沿着中短期均线低吸买进，短期内股价接近翻番，成为当时行情的领涨龙头。

第二节　下降趋势中怎样捕捉龙头股

一、下降趋势中利用 XDQD 指标和 VXDQD 指标在强于大盘形态中捕捉龙头股

下降趋势中利用 XDQD 指标和 VXDQD 指标在强于大盘形态中捕捉龙头股的规则如下：

①大盘沿着 30 日中期均线下降，市场趋势明显向下。

② XDQD 指标和 VXDQD 指标同时走强于大盘，属于"强于大盘"形态。

③个股呈现明显的强势股经典形态，符合强势股七大定义。

④个股符合龙头股的六大要素（详见第一章第一节）。

⑤缩量回调至短中期均线处低吸或放量突破阻力位时加仓，也可在 XDQD 指标回调至其均线处低吸。

如图 3-11、图 3-12、图 3-13、图 3-14 所示。

大盘沿着 30 日中期均线
下降，市场趋势明显向下

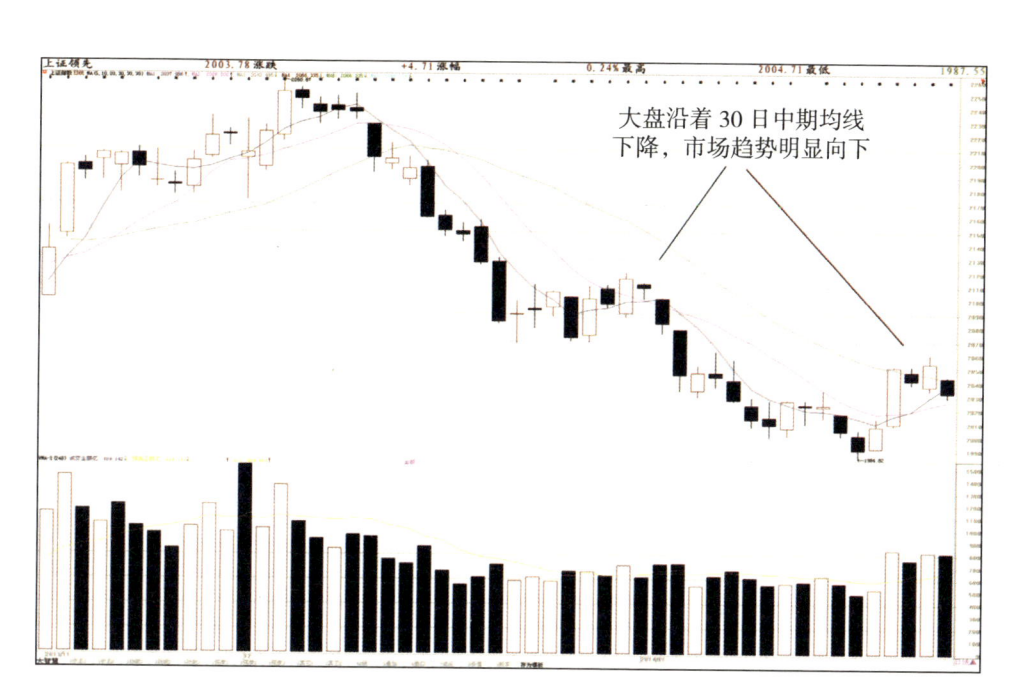

图 3-11

XDQD 指标和 VXDQD 指标同时走强于
大盘，属于"强于大盘"形态

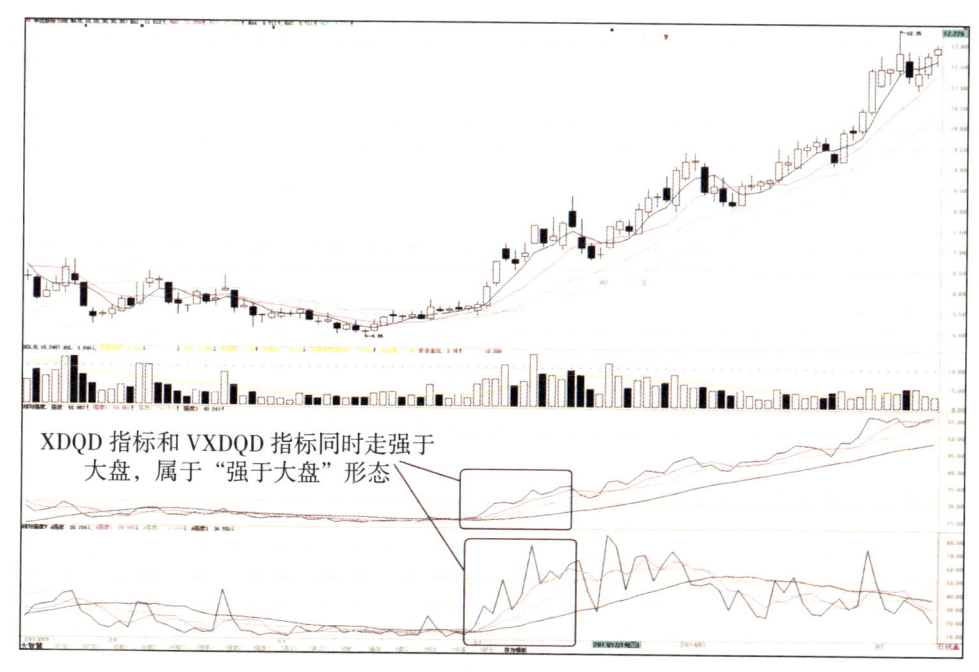

图 3-12

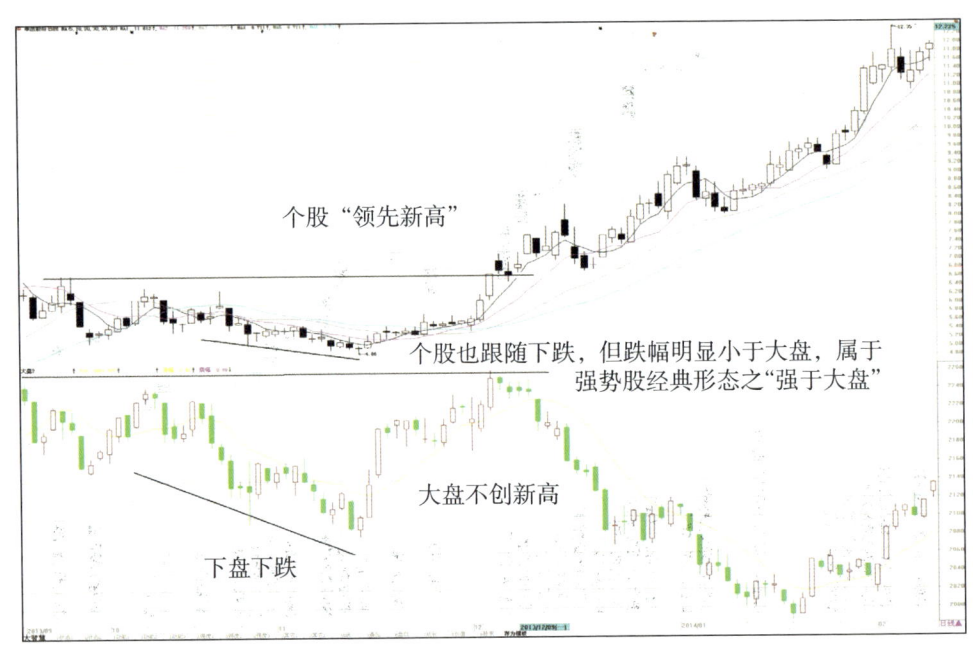

图 3-13

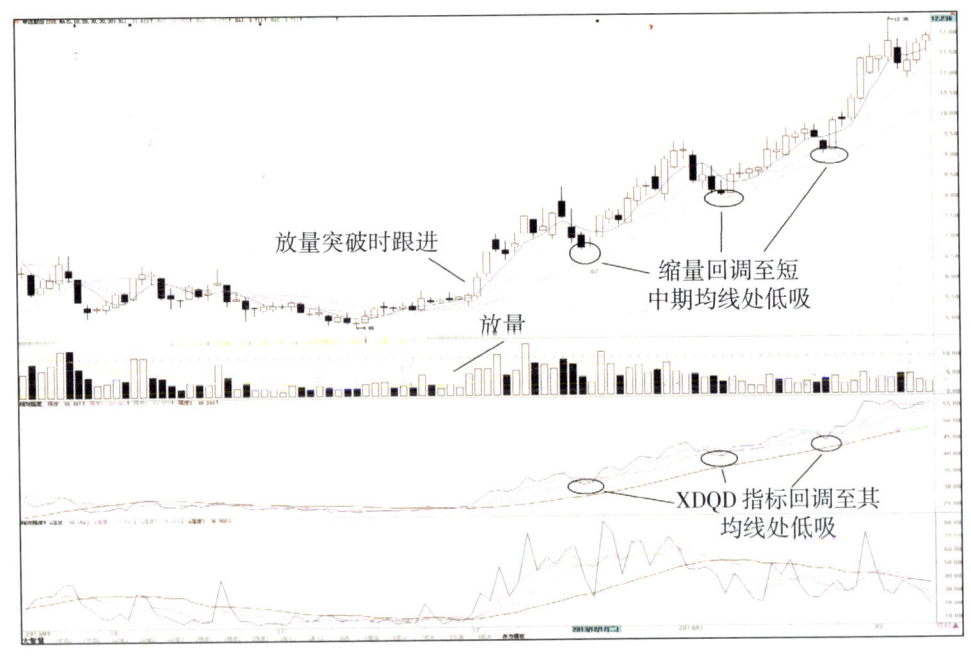

图 3-14

看图精要：

①如图 3-11，大盘沿着 30 日中期均线下降，市场趋势明显向下。

②如图 3-12，XDQD 指标和 VXDQD 指标同时走强于大盘，属于"强于大盘"形态。

③如图 3-13，个股呈现明显的强势股经典形态之"强于大盘""领先新高"，符合强势股七大定义。

④个股符合龙头股的六大要素（详见第一章第一节）。

⑤如图 3-14，股价缩量回调至短中期均线处低吸或放量突破阻力位时加仓，也可在 XDQD 指标回调至其均线处低吸。买进后短期内股价即大涨 110%，成为当时市场上的明星龙头股。

二、下降趋势中利用 XDQD 指标和 VXDQD 指标在弱于大盘形态中捕捉龙头股

下降趋势中利用 XDQD 指标和 VXDQD 指标在弱于大盘形态中捕捉龙头股的规则如下：

①大盘沿着 30 日中期均线下降，市场趋势明显向下。

② XDQD 指标和 VXDQD 指标同时走弱于大盘，属于"弱于大盘"形态，当 XDQD 指标和 VXDQD 指标开始走强，出现"强于大盘"形态时，将出现典型的补涨行情。

③个股呈现明显的强势股经典形态，符合强势股七大定义。

④个股符合龙头股的六大要素（详见第一章第一节）。

⑤当 XDQD 指标和 VXDQD 指标开始走强，个股放量突破近期阻力位时应及时跟进。

如图 3-15、图 3-16、图 3-17、图 3-18 所示。

大盘沿着 30 日中期均线下降，
市场趋势明显向下

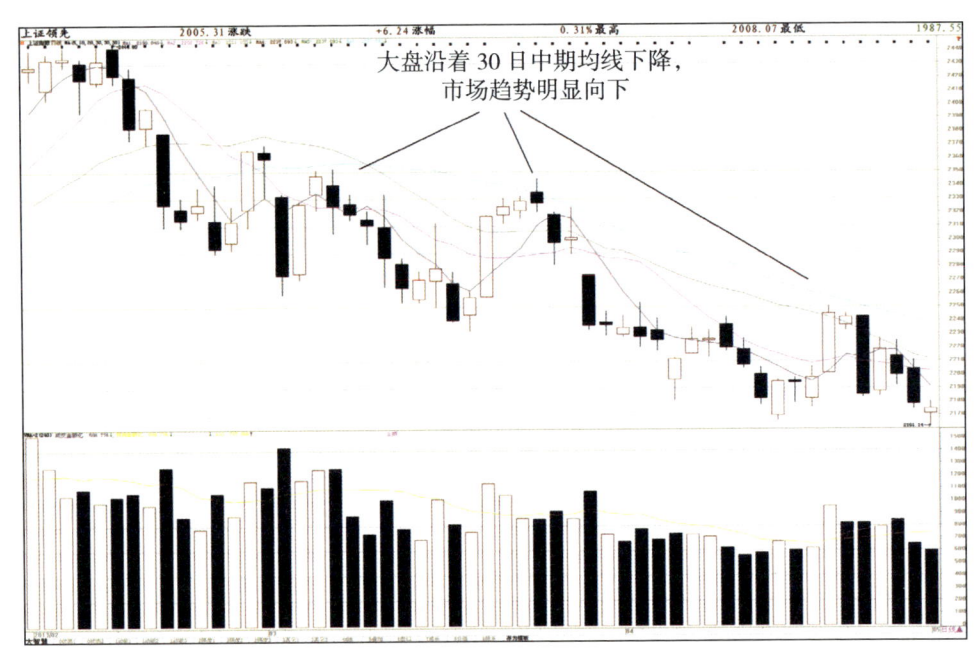

图 3-15

XDQD 指标和 VXDQD 指标同时走弱
于大盘，属于"弱于大盘"形态

XDQD 指标和 VXDQD 指标开始走强，出现"强
于大盘"形态时，将出现典型的补涨行情

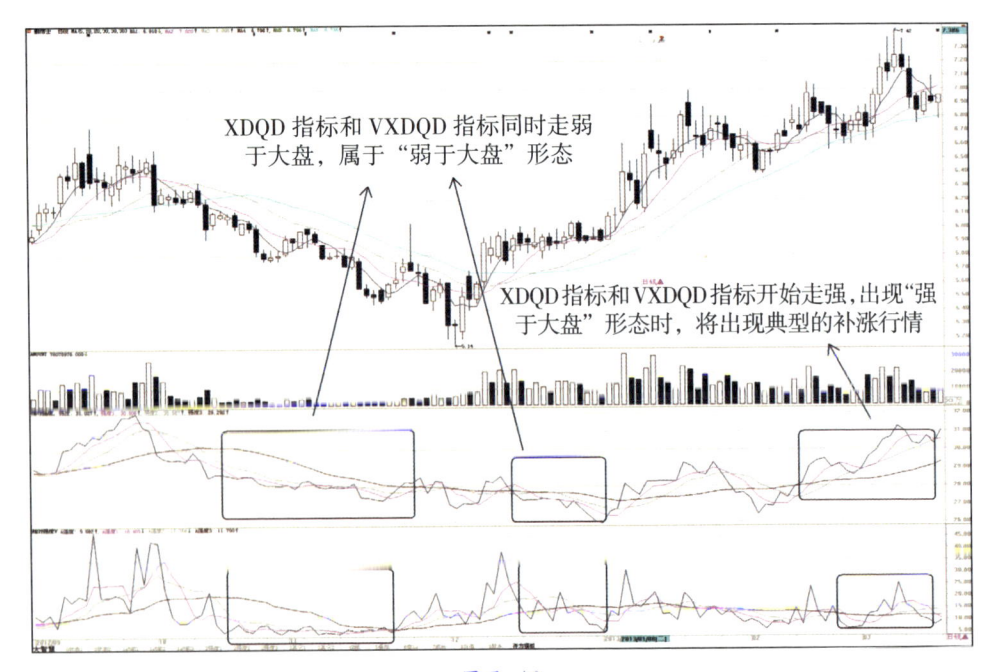

图 3-16

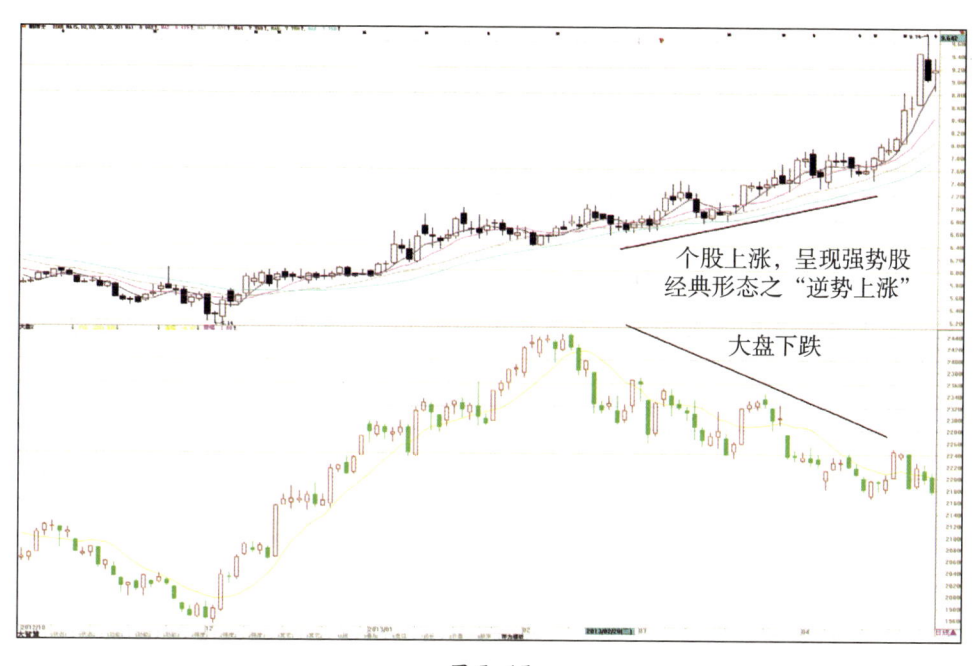

图 3-17

个股上涨，呈现强势股
经典形态之"逆势上涨"

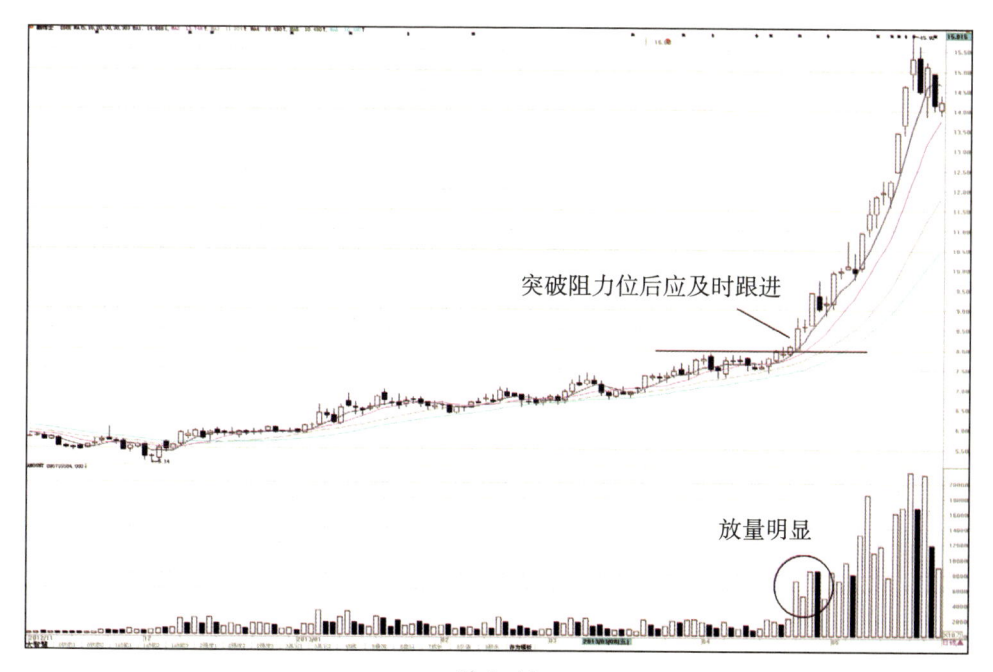

大盘下跌

图 3-18

突破阻力位后应及时跟进

放量明显

①如图 3-15，大盘沿着 30 日中期均线下降，市场趋势明显向下。

②如图 3-16，XDQD 指标和 VXDQD 指标同时走弱于大盘，属于"弱于大盘"形态，当 XDQD 指标和 VXDQD 指标开始走强，出现"强于大盘"形态时，将出现典型的补涨行情。

③如图 3-17，个股呈现明显的强势股经典形态之"逆势上涨"，符合强势股七大定义。

④个股符合龙头股的六大要素（详见第一章第一节）。

⑤如图 3-18，当 XDQD 指标和 VXDQD 指标开始走强，个股放量突破近期阻力位时应及时跟进。买进后股价快速翻番，成为当时市场的补涨龙头股。

三、下降趋势中利用 MSD 指标和 VMSD 指标在同步于大盘形态中捕捉龙头股

下降趋势中利用 MSD 指标和 VMSD 指标在同步于大盘形态中捕捉龙头股的规则如下：

①大盘沿着 30 日中期均线下跌，市场趋势明显向下。

② MSD 指标和 VMSD 指标都同步于大盘，属于"同步于大盘"形态，当 MSD 指标和 VMSD 指标开始走强，出现"强于大盘"形态时，将出现领涨行情。

③个股呈现明显的强势股经典形态，符合强势股七大定义。

④个股符合龙头股的六大要素（详见第一章第一节）。

⑤当 MSD 指标和 VMSD 指标同时开始走强后，沿着中短期均线低吸买进。

如图 3-19、图 3-20、图 3-21、图 3-22 所示。

图 3-19

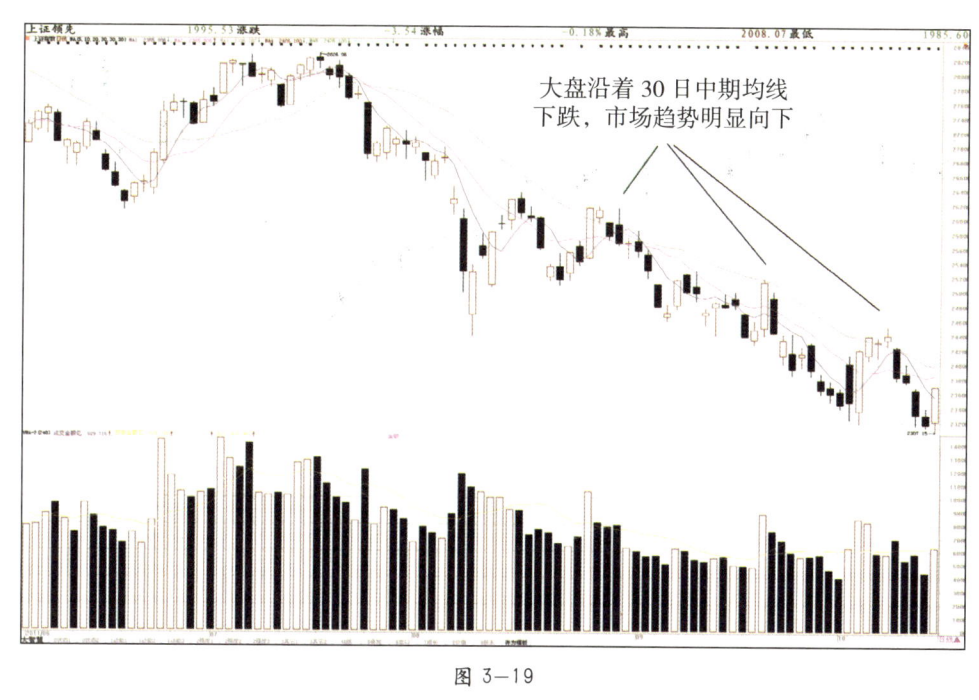

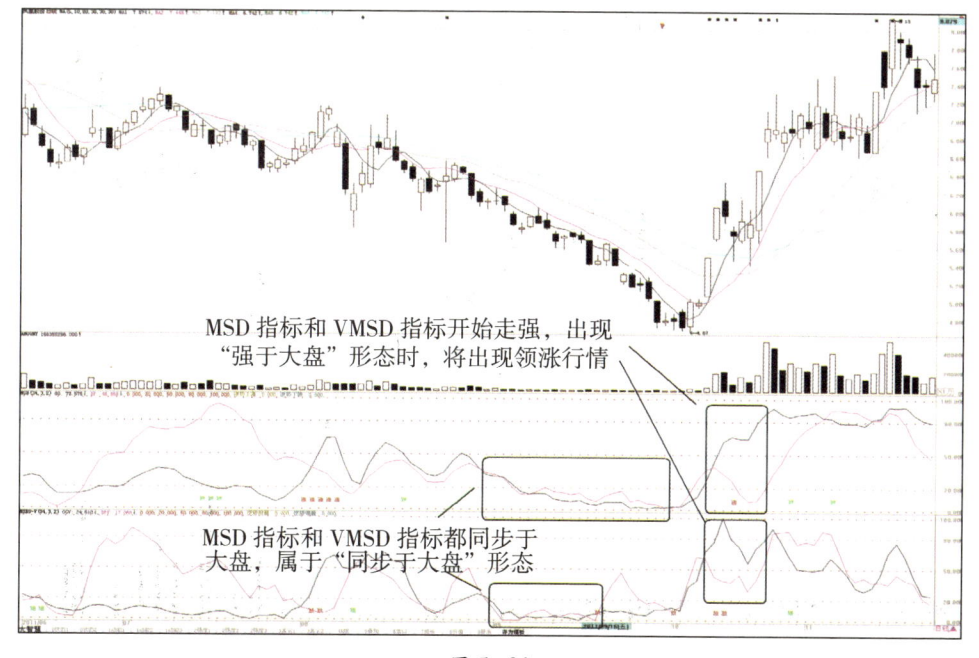

图 3-20

个股上涨，属于强势股经典形态之"领先上涨"

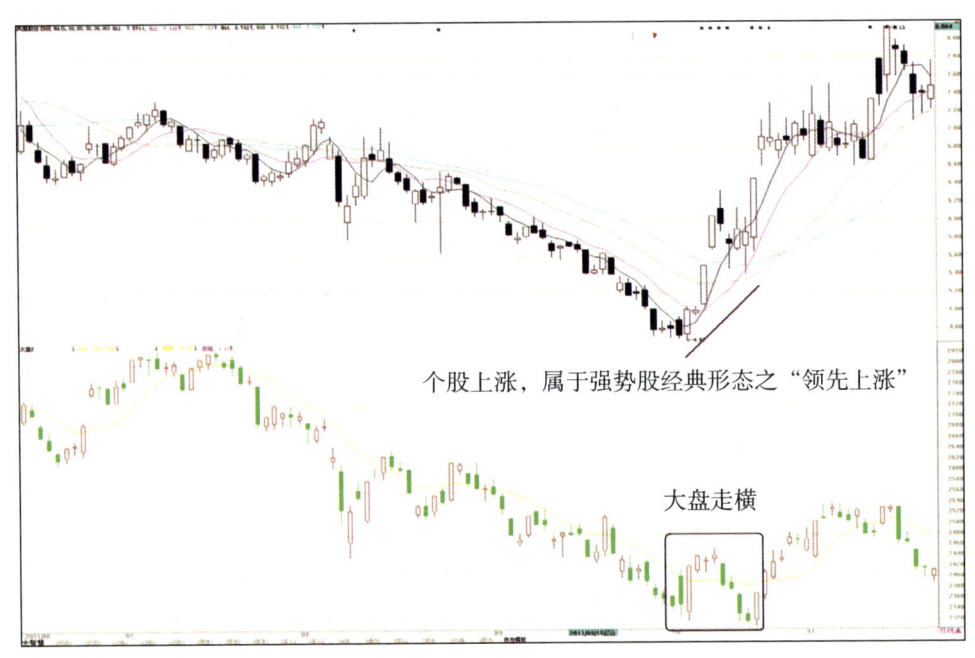

大盘走横

图 3-21

沿着中短期均线低吸

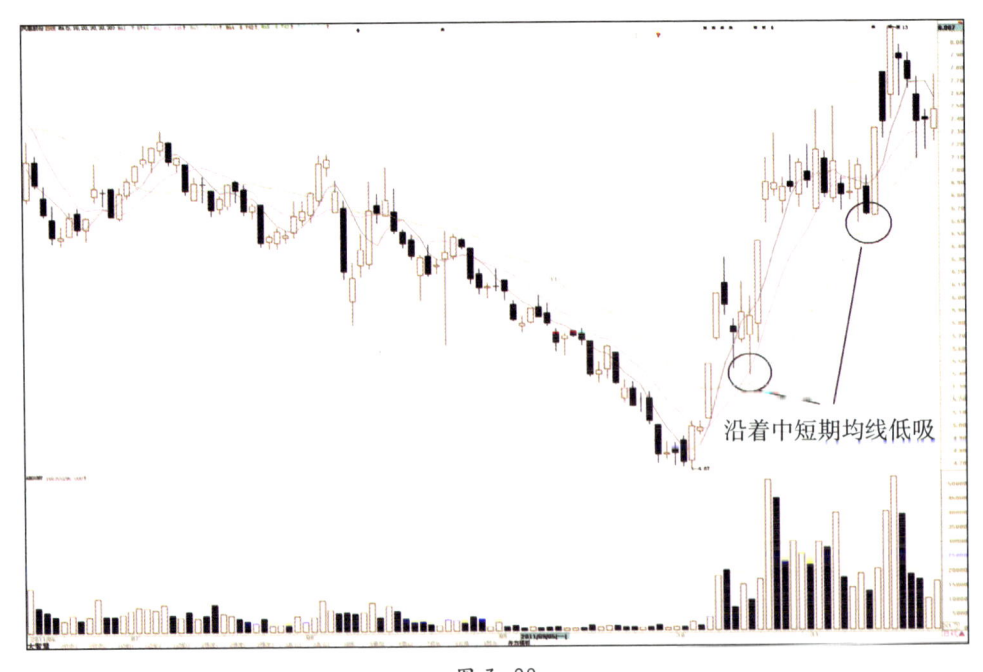

图 3-22

看图精要：

①如图 3-19，大盘沿着 30 日中期均线下跌，市场趋势明显向下。

②如图 3-20，MSD 指标和 VMSD 指标都同步于大盘，属于"同步于大盘"形态，当 MSD 指标和 VMSD 指标开始走强，出现"强于大盘"形态时，将出现领涨行情。

③个股呈现明显的强势股经典形态之"领先上涨"，符合强势股定义。

④个股符合龙头股的六大要素（详见第一章第一节）。

⑤当 MSD 指标和 VMSD 指标同时开始走强后，沿着中短期均线低吸买进，短期内股价连续拉升，成为当时弱势行情中的领涨龙头。

第三节　平衡震荡市中怎样操作龙头股

一、震荡市中利用 XDQD 指标和 VXDQD 指标在强于大盘形态中捕捉龙头股

震荡市中利用 XDQD 指标和 VXDQD 指标在强于大盘形态中捕捉龙头股的规则如下：

①大盘呈横向趋势运行或上下震荡、无明显的方向。

② XDQD 指标和 VXDQD 指标同时走强于大盘，属于"强于大盘"形态。

③个股呈现明显的强势股经典形态，符合强势股七大定义。

④个股符合龙头股的六大要素（详见第一章第一节）。

⑤缩量回调至短中期均线处低吸或放量突破阻力位时加仓,也可在 XDQD 指标回调至其均线处低吸。

如图 3-23、图 3-24、图 3-25、图 3-26 所示。

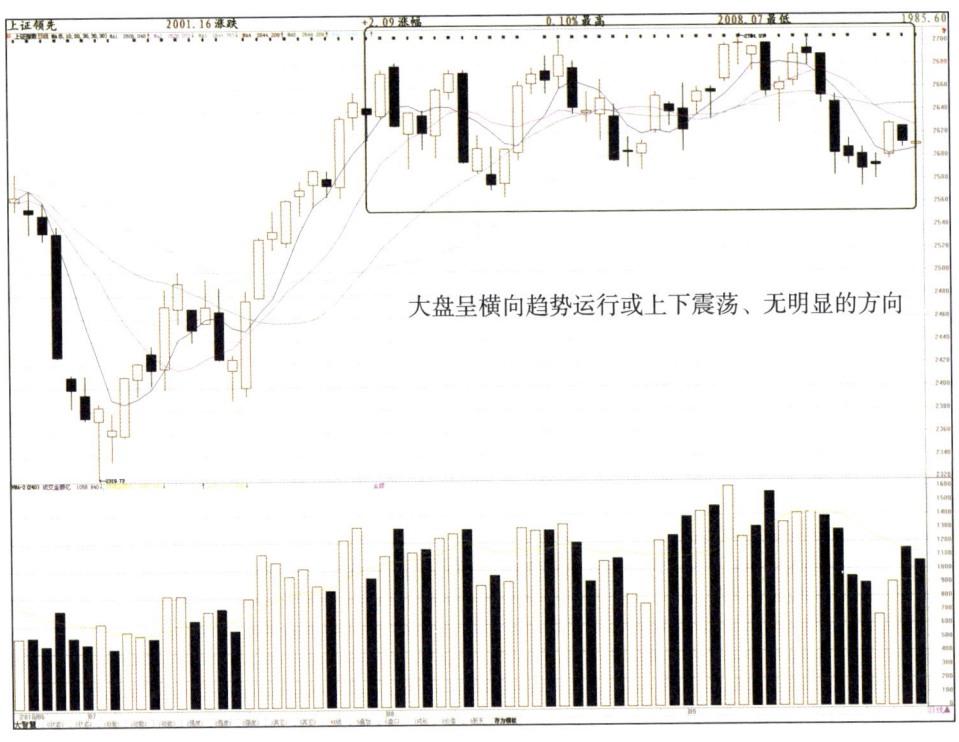

图 3-23

XDQD 指标和 VXDQD 指标同时走强
于大盘，属于"强于大盘"形态

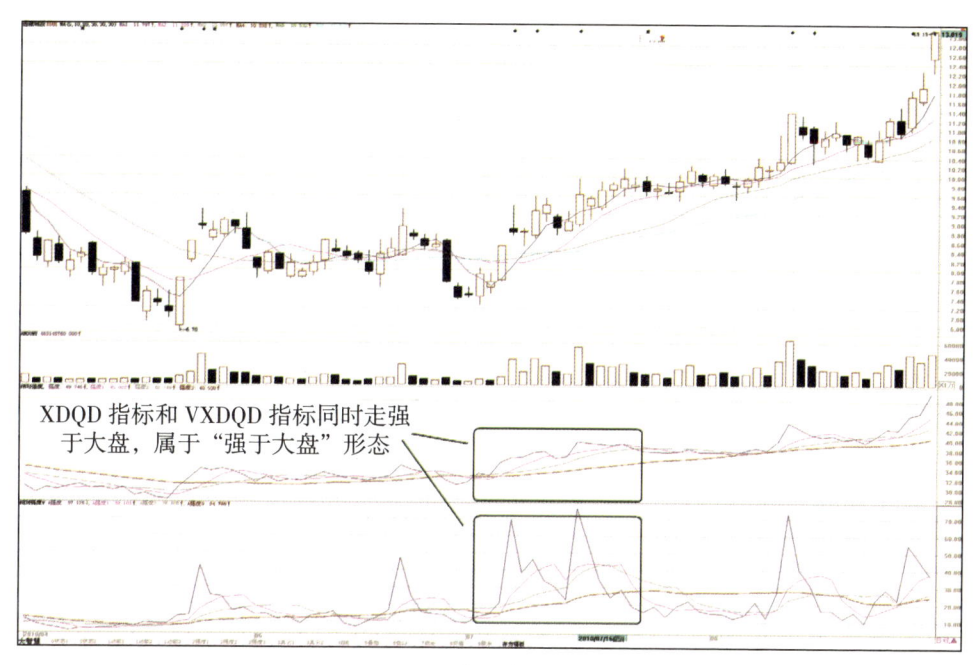

图 3—24

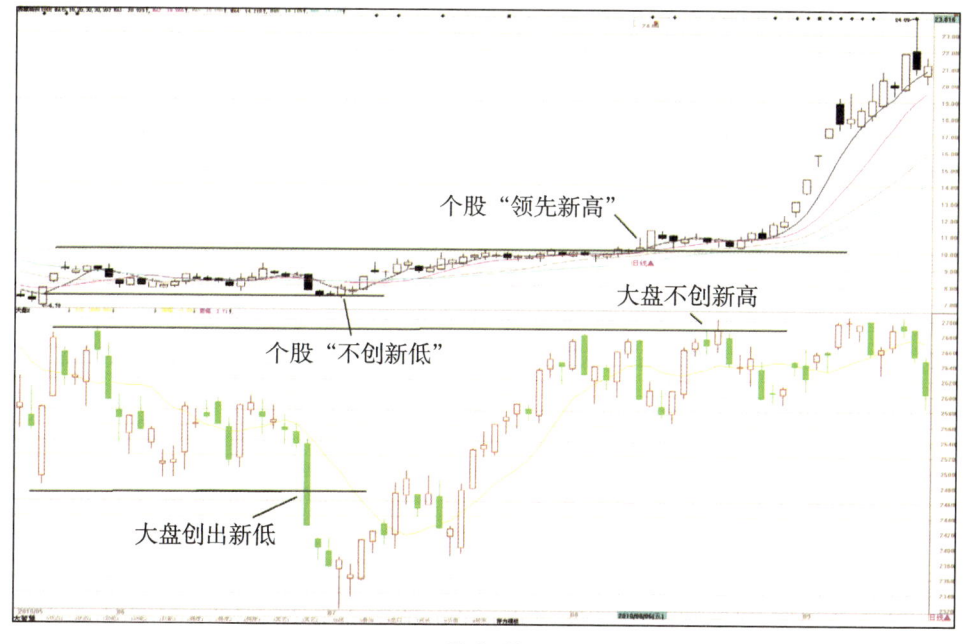

个股"领先新高"

大盘不创新高

个股"不创新低"

大盘创出新低

图 3—25

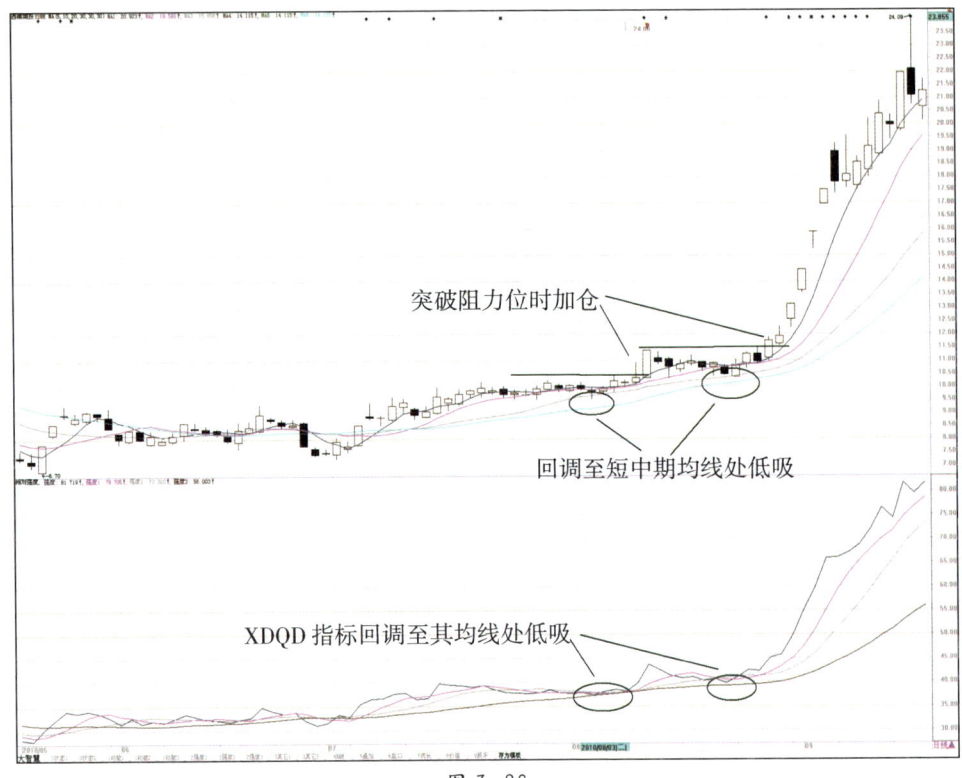

图 3-26

看图精要：

①如图 3-23，大盘呈横向趋势运行或上下震荡、无明显的方向。

②如图 3-24，XDQD 指标和 VXDQD 指标同时走强于大盘，属于"强于大盘"形态。

③如图 3-25，个股呈现明显的强势股经典形态之"不创新低""领先新高"，符合强势股七大定义。

④个股符合龙头股的六大要素（详见第一章第一节）。

⑤如图 3-26，缩量回调至短中期均线处低吸或放量突破阻力位时加仓，也可在 XDQD 指标回调至其均线处低吸。买进后股价短期内大涨 120%，成为震荡市中的龙头股。

二、震荡市中利用 XDQD 指标和 VXDQD 指标在弱于大盘形态中捕捉龙头股

震荡市中利用 XDQD 指标和 VXDQD 指标在弱于大盘形态中捕捉龙头股的规则如下：

①大盘呈横向趋势运行或上下震荡、无明显的方向。

② XDQD 指标和 VXDQD 指标同时走弱于大盘，属于"弱于大盘"形态，当 XDQD 指标和 VXDQD 指标开始走强，出现"强于大盘"形态时，将出现典型的补涨行情。

③个股呈现明显的强势股经典形态，符合强势股七大定义。

④个股符合龙头股的六大要素（详见第一章第一节）。

⑤当 XDQD 指标和 VXDQD 指标开始走强后，股价缩量回调至短中期均线处低吸或放量突破阻力位时加仓，也可在 XDQD 指标回调至其均线处低吸。

如图 3-27、图 3-28、图 3-29、图 3-30 所示。

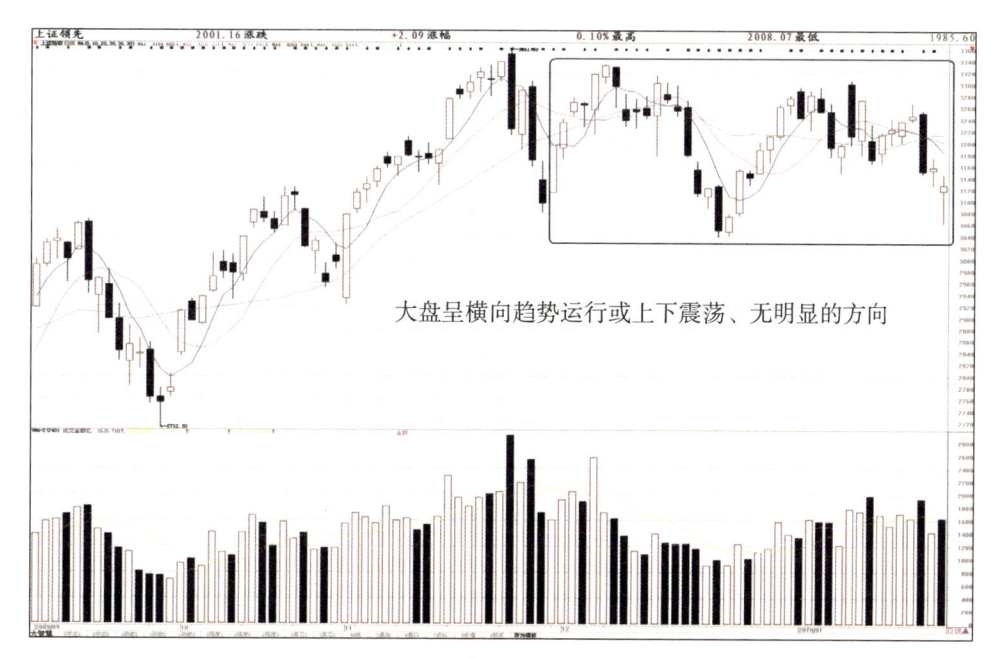

图 3-27

XDQD指标和VXDQD指标同时走弱于大盘，属于"弱于大盘"形态

XDQD指标和VXDQD指标开始走强，出现"强于大盘"形态时，将出现典型的补涨行情

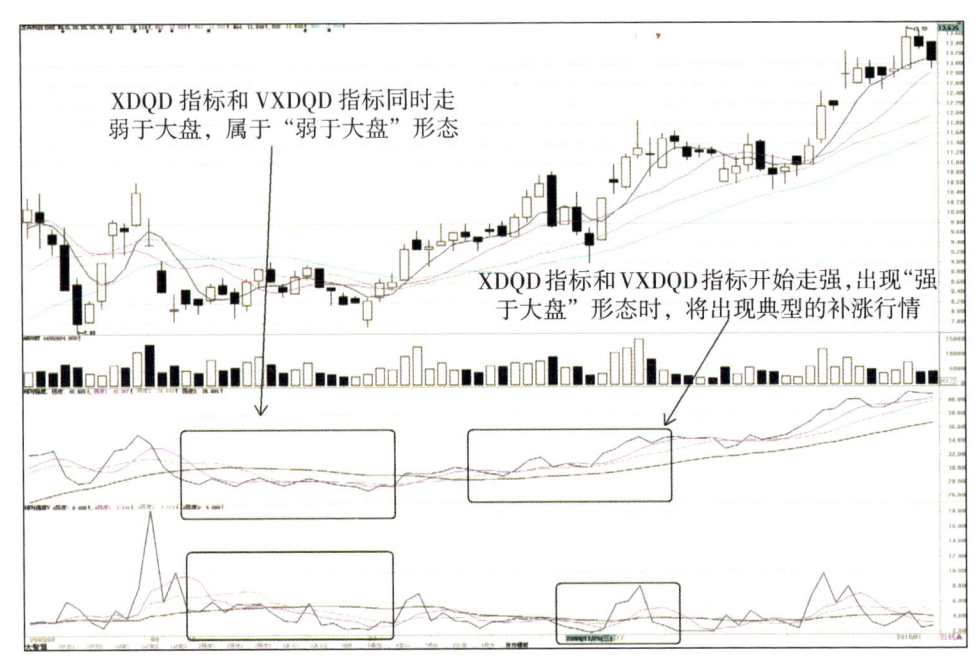

图 3-28

个股逆势上涨，呈强势股经典形态之"领先上涨"

大盘呈横向趋势运行

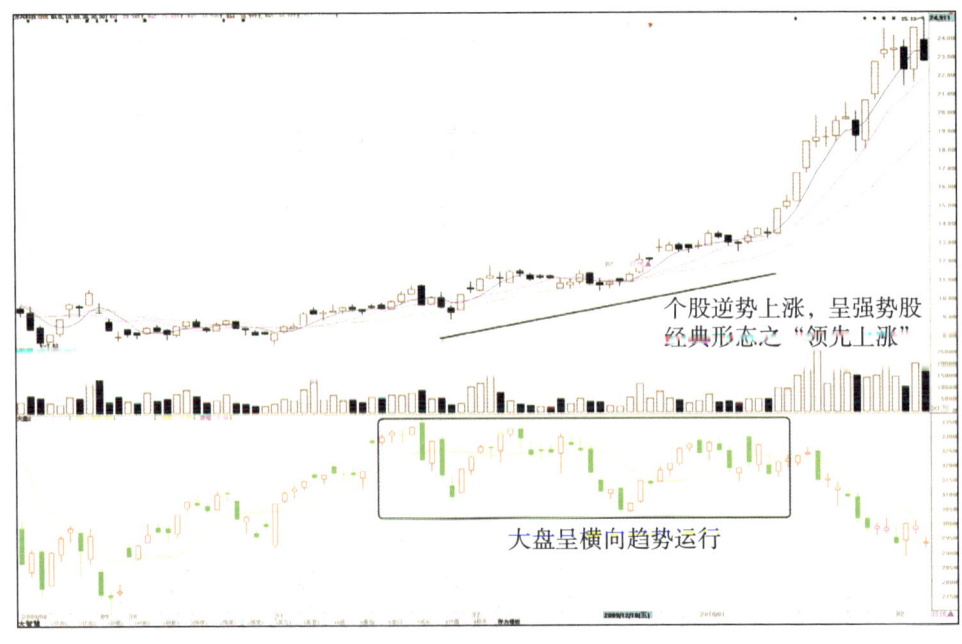

图 3-29

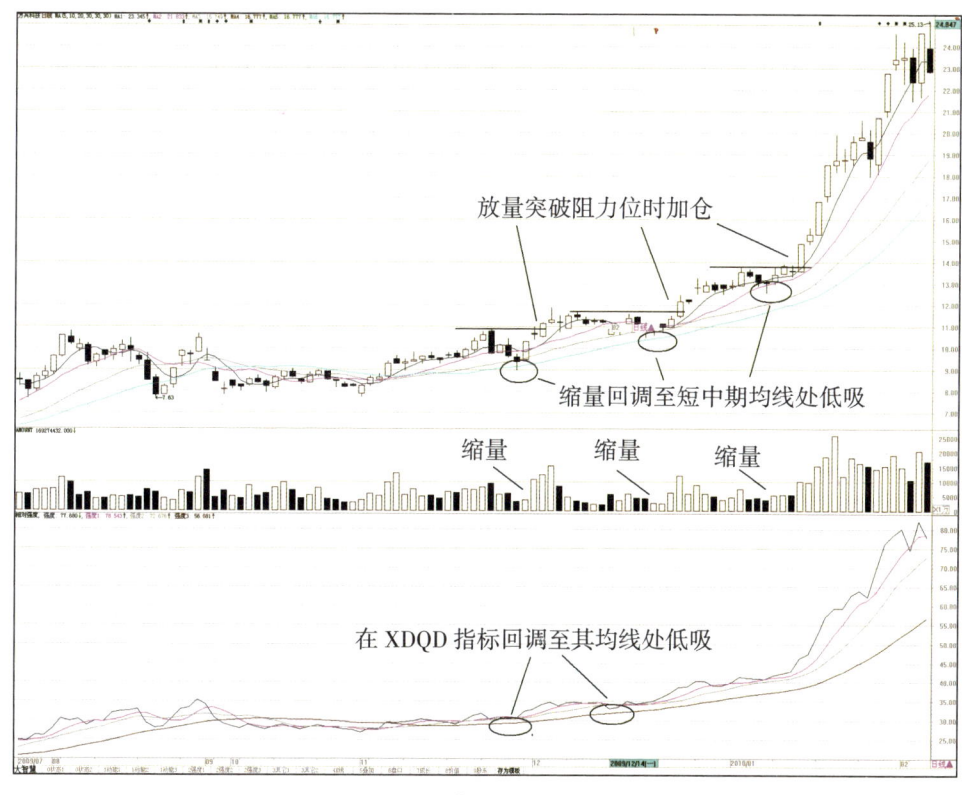

图 3-30

看图精要：

①如图 3-27，大盘呈横向趋势运行或上下震荡、无明显的方向。

②如图 3-28，XDQD 指标和 VXDQD 指标同时走弱于大盘，属于"弱于大盘"形态，当 XDQD 指标和 VXDQD 指标开始走强，出现"强于大盘"形态时，将出现典型的补涨行情。

③如图 3-29，个股呈现明显的强势股经典形态之"领先上涨"，符合强势股七大定义。

④个股符合龙头股的六大要素（详见第一章第一节）。

⑤如图 3-30，当 XDQD 指标和 VXDQD 指标开始走强后，股价缩量

回调至短中期均线处低吸或放量突破阻力位时加仓,也可在 XDQD 指标回调至其均线处低吸。买进后股价迅速拉升,短期内大涨 130%,成为震荡市中耀眼的明星龙头股。

三、震荡市中利用 MSD 指标和 VMSD 指标在同步于大盘形态中捕捉龙头股

震荡市中利用 MSD 指标和 VMSD 指标在同步于大盘形态中捕捉龙头股的规则如下:

①大盘呈横向趋势运行或上下震荡、无明显的方向。

② MSD 指标和 VMSD 指标都同步于大盘,属于"同步于大盘"形态,当 MSD 指标和 VMSD 指标开始走强,出现"强于大盘"形态时,将出现领涨行情。

③个股呈现明显的强势股经典形态,符合强势股七大定义。

④个股符合龙头股的六大要素(详见第一章第一节)。

⑤当 MSD 指标和 VMSD 指标同时开始走强后,沿着中短期均线低吸或突破后加仓买进。

如图 3-31、图 3-32、图 3-33、图 3-34 所示。

大盘呈横向趋势运行或上下震荡、无明显的方向

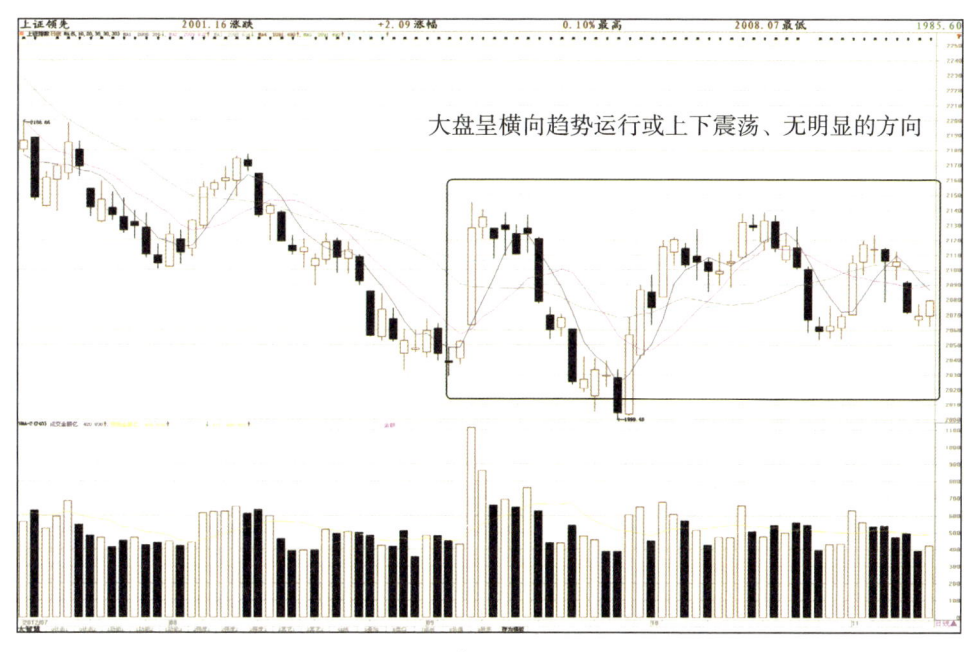

图 3-31

MSD 指标和 VMSD 指标开始走强，出现"强于大盘"形态时，将出现领涨行情

MSD 指标和 VMSD 指标都同步于大盘，属于"同步于大盘"形态

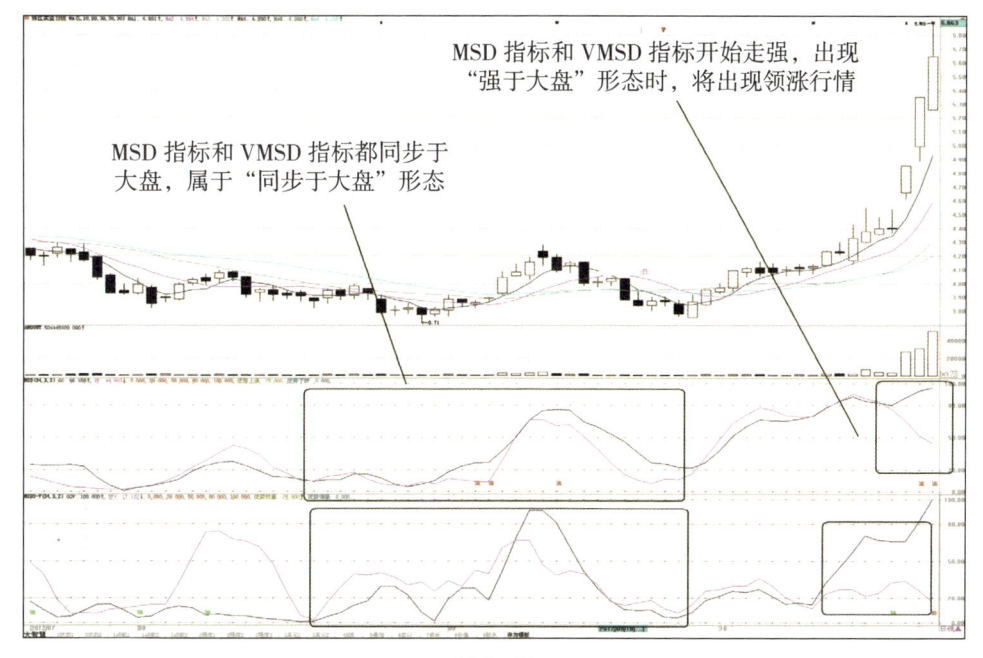

图 3-32

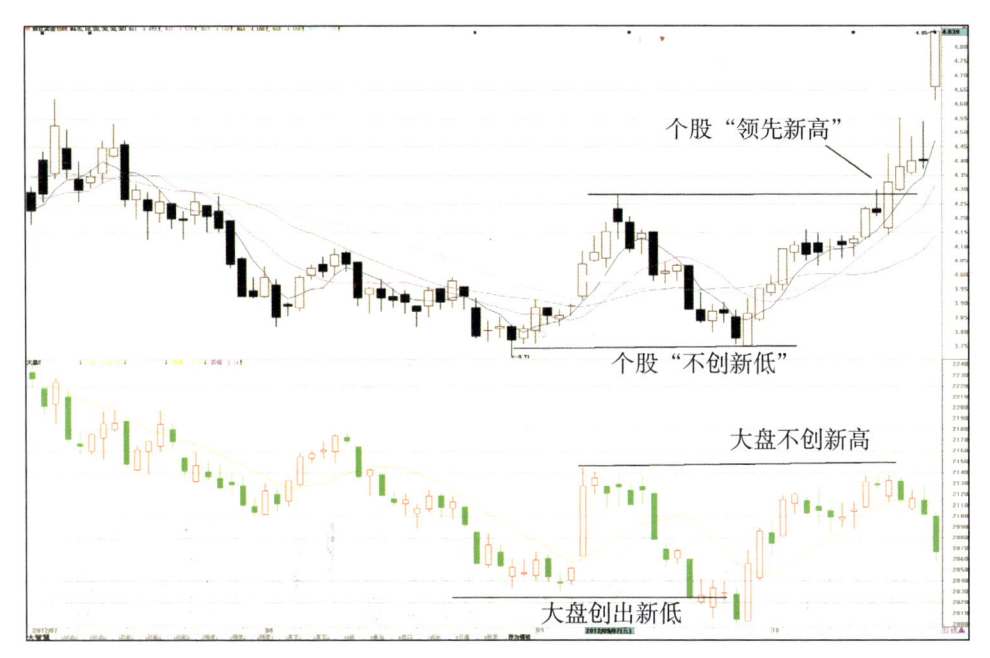

图 3-33

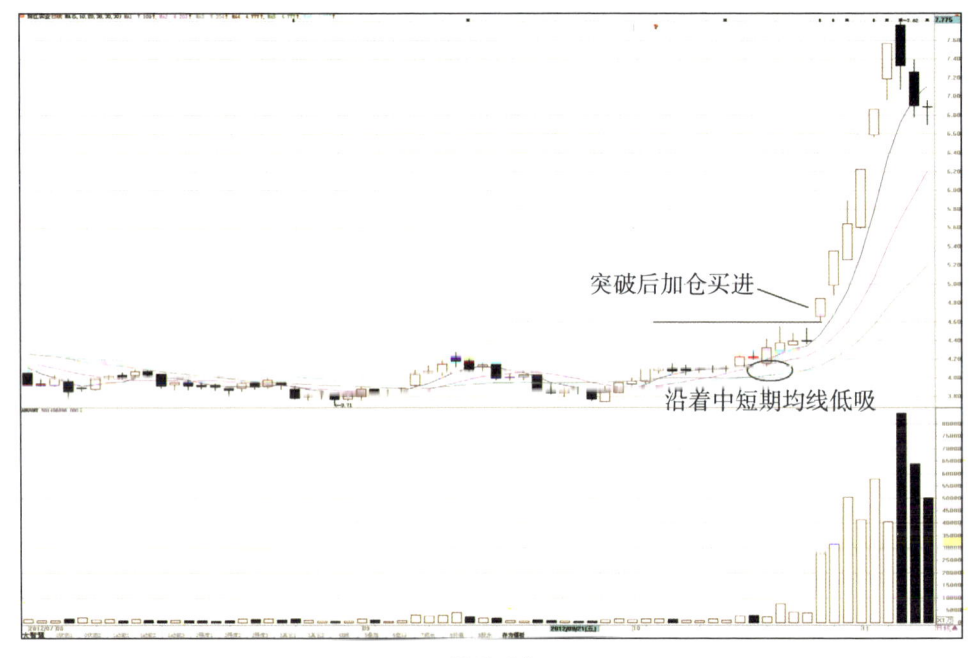

图 3-34

看图精要：

①如图3-31，大盘呈横向趋势运行或上下震荡、无明显的方向。

②如图3-32，MSD指标和VMSD指标都同步于大盘，属于"同步于大盘"形态，当MSD指标和VMSD指标开始走强，出现"强于大盘"形态时，将出现领涨行情。

③如图3-33，个股呈现明显的强势股经典形态之"不创新低""领先新高"，符合强势股七大定义。

④个股符合龙头股的六大要素（详见第一章第一节）。

⑤如图3-34，沿着中短期均线低吸或突破后加仓，买进后股价大幅拉升，短期内上涨70%，成为震荡市中的领涨龙头股。

第四章

新增公式源码

第一节　升级后的 MSD 指标源码

　　为什么要升级指标，在本书前言里已经阐述，这里就不再赘述。我们直奔主题，首先将上证指数、深证成指、创业板指、科创 50、北证 50、国证 A 股的各个函数放进 MSD 指标公式中，还是以大智慧股票软件来编写指标。这里说明一下，笔者的一系列著作中大部分图是以大智慧软件来进行说明讲解，是因为笔者一直以来在使用大智慧软件，从进入金融市场就开始使用大智慧，使用了二十多年，已经习惯了；而且大智慧软件在技术分析方面的功能是延续分析家的（大智慧收购了分析家股票软件，分析家的优势功能就是技术分析），而笔者是主攻技术的，所以就一直使用大智慧股票软件。这里并没有选择软件上的任何主观偏向，不管是大智慧，还是通达信、同花顺、东方财富等都是国内顶级股票软件，各有所长，各具优势，选择哪个股票软件只是个人习惯而已。言归正传，下面开始一一进行讲解。

一、上证指数 MSD 指标

上证指数 MSD 指标对应的是上证 A 股，其源码如下。

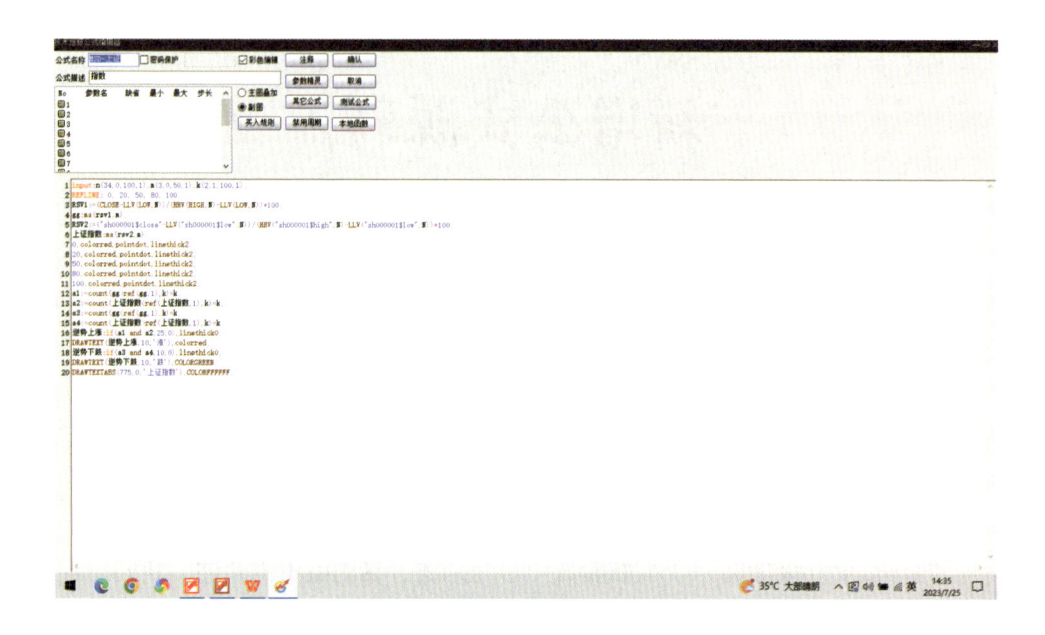

input:n(34,0,100,1),m(3,0,50,1),k(2,1,100,1);

REFLINE: 0,20,50,80,100;

RSV1:=(CLOSE-LLV(LOW,N))/(HHV(HIGH,N)-LLV(LOW,N))*100;

gg:ma(rsv1,m);

RSV2:=("sh000001$close"-LLV("sh000001$low",N))/(HHV("sh000001$high",N)-LLV("sh000001$low",N))*100;

上证指数:ma(rsv2,m);

0,colorred,pointdot,linethick2;

20,colorred,pointdot,linethick2;

50,colorred,pointdot,linethick2;

80,colorred,pointdot,linethick2;

100,colorred,pointdot,linethick2;

a1:=count(gg>ref(gg,1),k)=k;

a2:=count(上证指数<ref(上证指数,1),k)=k;

a3:=count(gg<ref(gg,1),k)=k;

a4:=count(上证指数>ref(上证指数,1),k)=k;

逆势上涨:if(a1 and a2,25,0),linethick0;

DRAWTEXT(逆势上涨,10,'涨'),colorred;

逆势下跌:if(a3 and a4,10,0),linethick0;

DRAWTEXT(逆势下跌,10,'跌'),COLORGREEN;

DRAWTEXTABS(775,0,'上证指数'),COLORFFFFFF;

如图4-1所示。

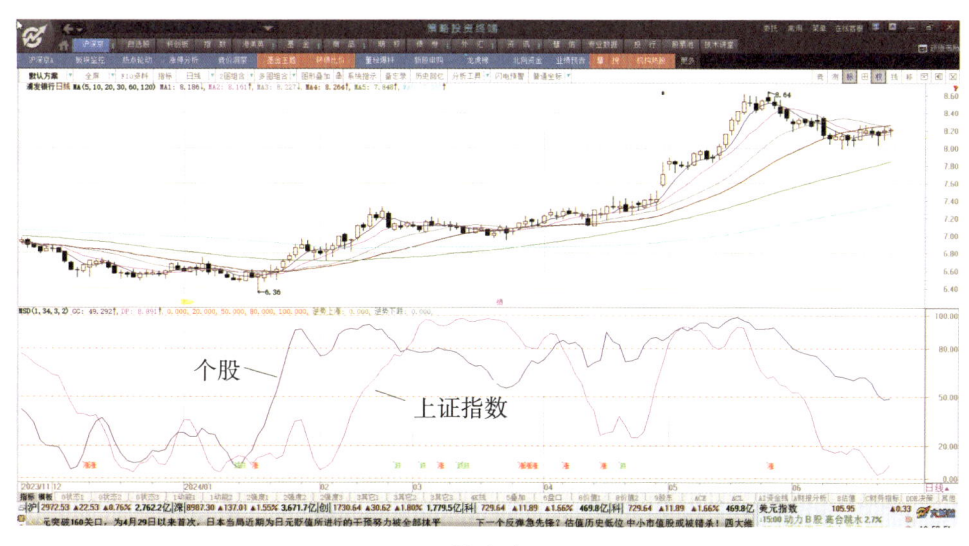

图4-1

二、深证成指 MSD 指标

深证成指 MSD 指标对应的是深证 A 股，其源码如下。

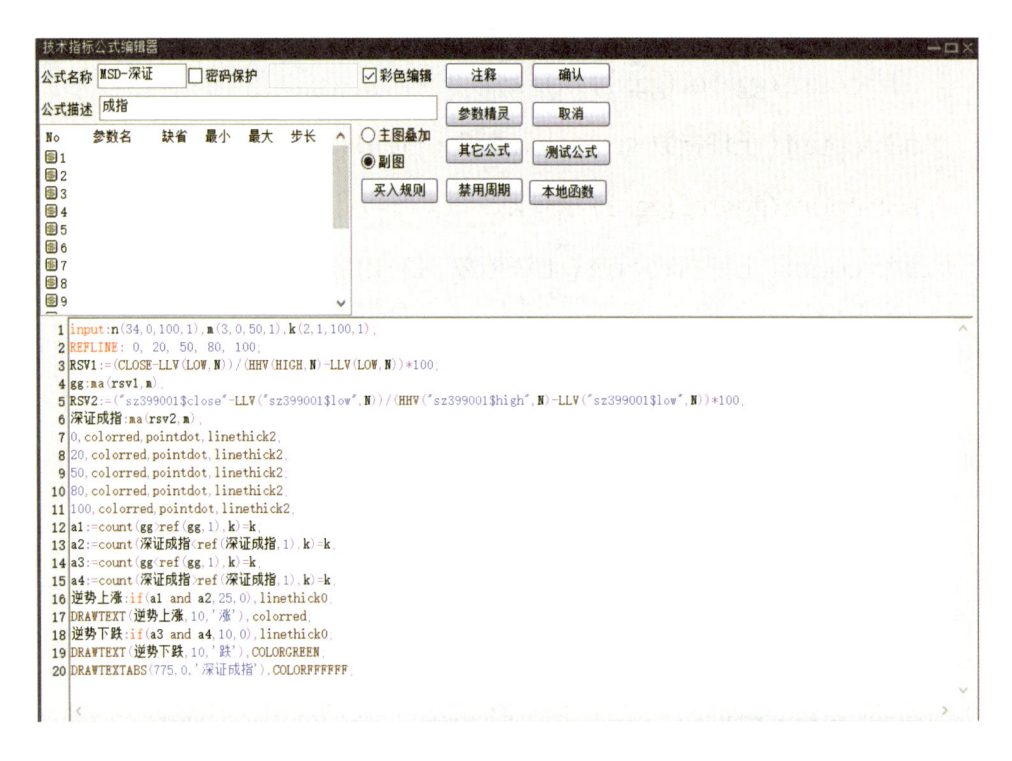

```
input:n(34,0,100,1),m(3,0,50,1),k(2,1,100,1);
REFLINE: 0, 20, 50, 80, 100;
RSV1:=(CLOSE-LLV(LOW,N))/(HHV(HIGH,N)-LLV(LOW,N))*100;
gg:ma(rsv1,m);
RSV2:=("sz399001$close"-LLV("sz399001$low",N))/(HHV("sz399001$high",N)-LLV("sz399001$low",N))*100;
深证成指:ma(rsv2,m);
0,colorred,pointdot,linethick2;
20,colorred,pointdot,linethick2;
50,colorred,pointdot,linethick2;
80,colorred,pointdot,linethick2;
100,colorred,pointdot,linethick2;
a1:=count(gg>ref(gg,1),k);
a2:=count(深证成指>ref(深证成指,1),k)=k;
a3:=count(gg<ref(gg,1),k)=k;
a4:=count(深证成指<ref(深证成指,1),k)=k;
逆势上涨:if(a1 and a2,25,0),linethick0;
DRAWTEXT(逆势上涨,10,'涨'),colorred;
逆势下跌:if(a3 and a4,10,0),linethick0;
DRAWTEXT(逆势下跌,10,'跌'),COLORGREEN;
DRAWTEXTABS(775,0,'深证成指'),COLORFFFFFF;
```

input:n(34,0,100,1),m(3,0,50,1),k(2,1,100,1);

REFLINE: 0,20,50,80,100;

RSV1:=(CLOSE-LLV(LOW,N))/(HHV(HIGH,N)-LLV(LOW,N))*100;

gg:ma(rsv1,m);

RSV2:=("sz399001$close"-LLV("sz399001$low",N))/(HHV("sz399001$high",N)-LLV("sz399001$low",N))*100;

深证成指:ma(rsv2,m);

0, colorred, pointdot, linethick2;

20, colorred, pointdot, linethick2;
50, colorred, pointdot, linethick2;
80, colorred, pointdot, linethick2;
100, colorred, pointdot, linethick2;
a1:=count(gg>ref(gg,1),k)=k;
a2:=count(深证成指<ref(深证成指,1),k)=k;
a3:=count(gg<ref(gg,1),k)=k;
a4:=count(深证成指>ref(深证成指,1),k)=k;
逆势上涨:if(a1 and a2,25,0),linethick0;
DRAWTEXT(逆势上涨,10,'涨'),colorred;
逆势下跌:if(a3 and a4,10,0),linethick0;
DRAWTEXT(逆势下跌,10,'跌'),COLORGREEN;
DRAWTEXTABS(775,0,'深证成指'),COLORFFFFFF;

如图4-2所示。

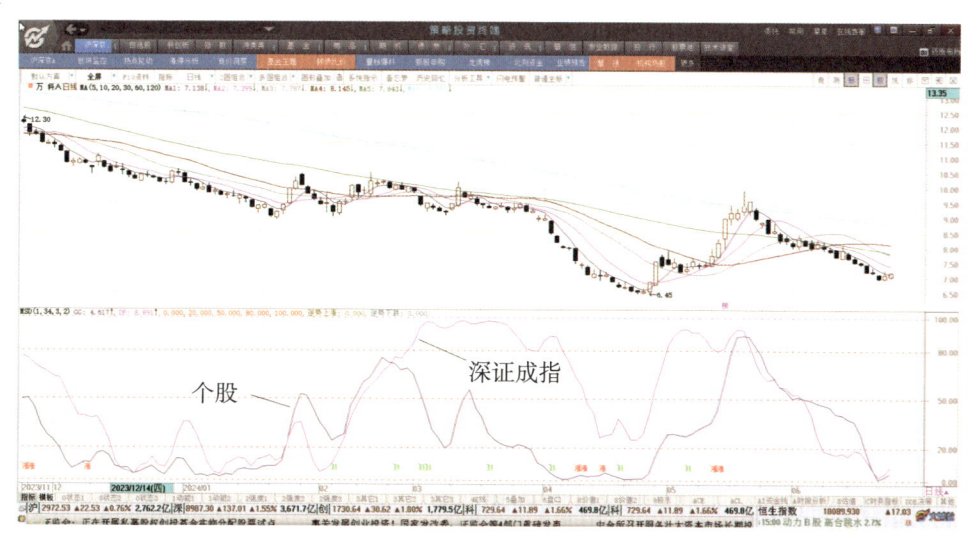

图 4-2

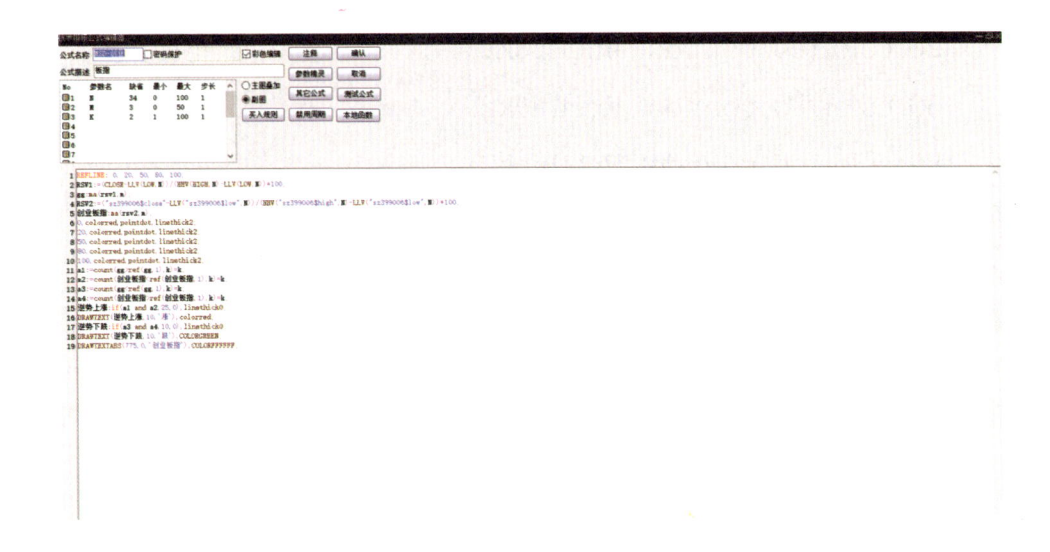

三、创业板指 MSD 指标

创业板指 MSD 指标对应的是创业板股票，其源码如下。

REFLINE: 0, 20, 50, 80, 100;

RSV1:=(CLOSE-LLV(LOW,N))/(HHV(HIGH,N)-LLV(LOW,N))*100;

gg:ma(rsv1,m);

RSV2:=("sz399006$close"-LLV("sz399006$low",N))/(HHV("sz399006$high",N)-LLV("sz399006$low",N))*100;

创业板指:ma(rsv2,m);

0, colorred, pointdot, linethick2;

20, colorred, pointdot, linethick2;

50, colorred, pointdot, linethick2;

80, colorred, pointdot, linethick2;

100,colorred,pointdot,linethick2;

a1:=count(gg>ref(gg,1),k)=k;

a2:=count(创业板指<ref(创业板指,1),k)=k;

a3:=count(gg<ref(gg,1),k)=k;

a4:=count(创业板指>ref(创业板指,1),k)=k;

逆势上涨:if(a1 and a2,25,0),linethick0;

DRAWTEXT(逆势上涨,10,'涨'),colorred;

逆势下跌:if(a3 and a4,10,0),linethick0;

DRAWTEXT(逆势下跌,10,'跌'),COLORGREEN;

DRAWTEXTABS(775,0,'创业板指'),COLORFFFFFF;

如图4-3所示。

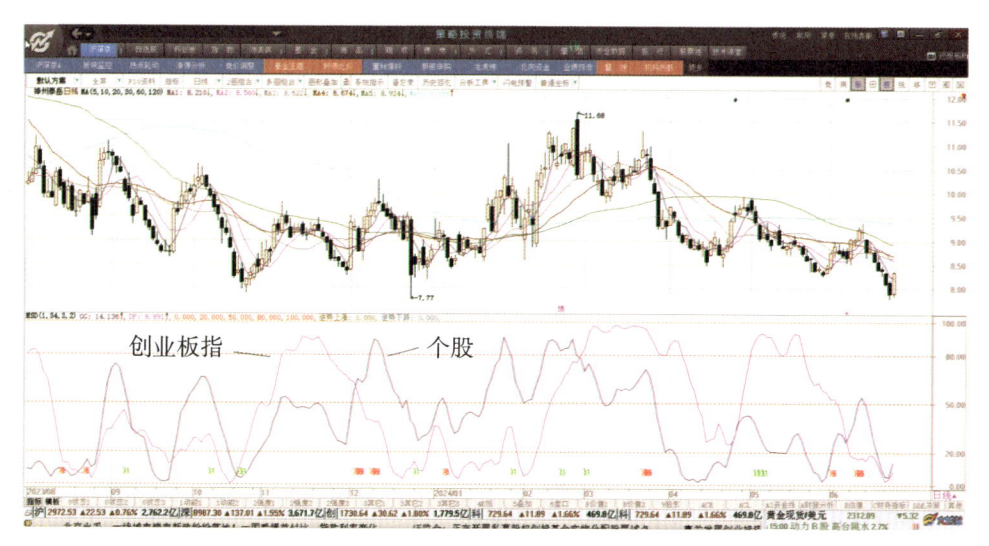

图4-3

四、科创 50 指数 MSD 指标

科创 50 指数 MSD 指标对应的是科创板股票，其源码如下。

REFLINE: 0, 20, 50, 80, 100;

RSV1:=(CLOSE-LLV(LOW, N))/(HHV(HIGH, N)-LLV(LOW, N))*100;

gg:ma(rsv1, m);

RSV2:=("sh000688$close"-LLV("sh000688$low", N))/(HHV("sh000688$high", N)-LLV("sh000688$low", N))*100;

科创 50:ma(rsv2, m);

0, colorred, pointdot, linethick2;

20, colorred, pointdot, linethick2;

50, colorred, pointdot, linethick2;

80,colorred,pointdot,linethick2;

100,colorred,pointdot,linethick2;

a1:=count(gg>ref(gg,1),k)=k;

a2:=count(科创50<ref(科创50,1),k)=k;

a3:=count(gg<ref(gg,1),k)=k;

a4:=count(科创50>ref(科创50,1),k)=k;

逆势上涨:if(a1 and a2,25,0),linethick0;

DRAWTEXT(逆势上涨,10,'涨'),colorred;

逆势下跌:if(a3 and a4,10,0),linethick0;

DRAWTEXT(逆势下跌,10,'跌'),COLORGREEN;

DRAWTEXTABS(775,0,'科创50'),COLORFFFFFF;

如图4-4所示。

图4-4

五、北证 50 指数 MSD 指标

北证 50 指数 MSD 指标对应的是北证 A 股，其源码如下。

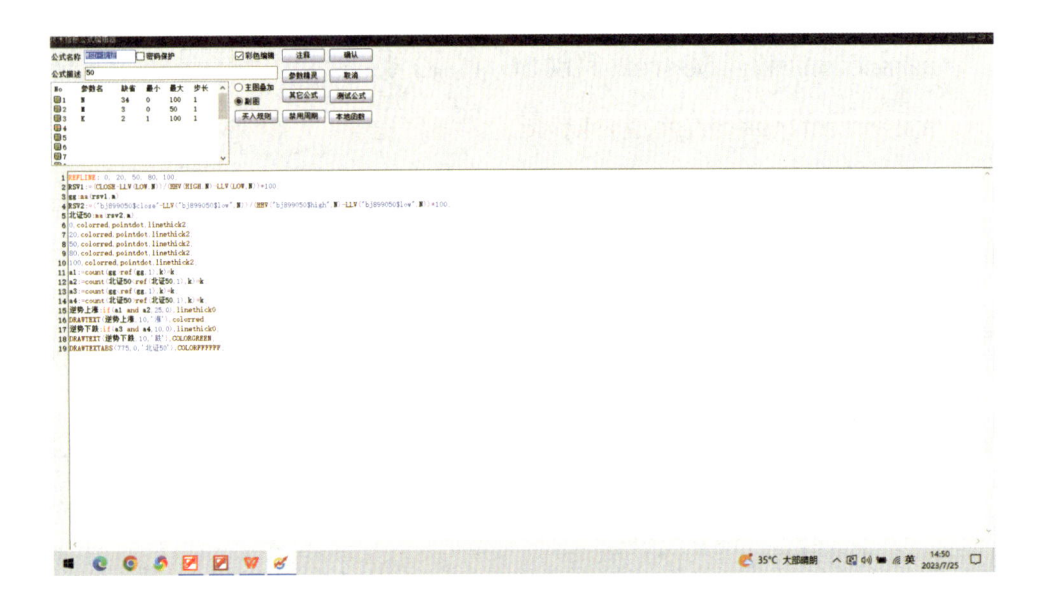

REFLINE: 0, 20, 50, 80, 100;

RSV1:=(CLOSE-LLV(LOW,N))/(HHV(HIGH,N)-LLV(LOW,N))*100;

gg:ma(rsv1,m);

RSV2:=("bj899050$close"-LLV("bj899050$low",N))/(HHV("bj899050$high",N)-LLV("bj899050$low",N))*100;

北证 50:ma(rsv2,m);

0, colorred, pointdot, linethick2;

20, colorred, pointdot, linethick2;

50, colorred, pointdot, linethick2;

80,colorred,pointdot,linethick2;
100,colorred,pointdot,linethick2;
a1:=count(gg>ref(gg,1),k)=k;
a2:=count(北证50<ref(北证50,1),k)=k;
a3:=count(gg<ref(gg,1),k)=k;
a4:=count(北证50>ref(北证50,1),k)=k;
逆势上涨:if(a1 and a2,25,0),linethick0;
DRAWTEXT(逆势上涨,10,'涨'),colorred;
逆势下跌:if(a3 and a4,10,0),linethick0;
DRAWTEXT(逆势下跌,10,'跌'),COLORGREEN;
DRAWTEXTABS(775,0,'北证50'),COLORFFFFFF;

如图4-5所示。

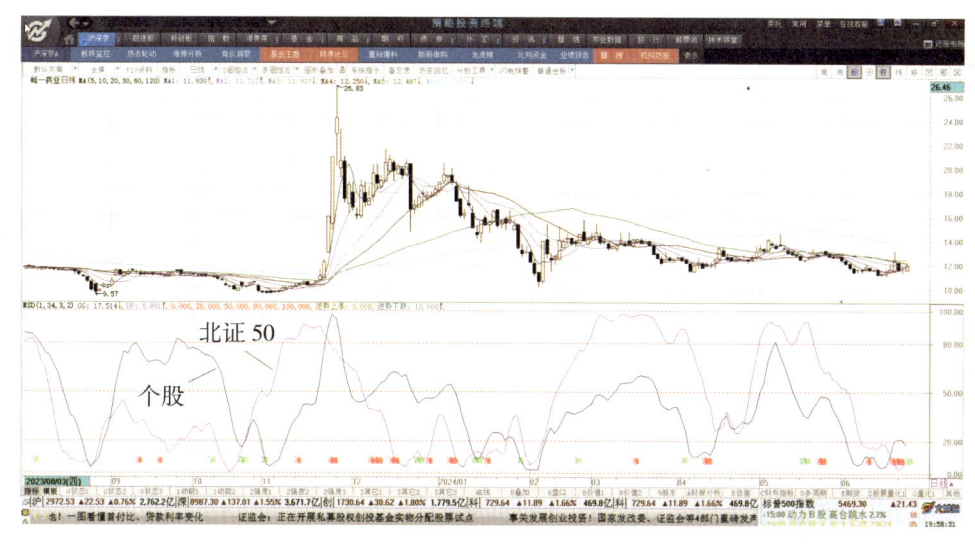

图 4—5

六、国证 A 股指数 MSD 指标

国证 A 股指数 MSD 指标对应的是所有的 A 股和板块指数，因我们的选股程序是先大盘再板块后个股，因板块包含个股不一，所以统一以代表全体 A 股的指数国证 A 股为对应标的，其源码如下。

REFLINE: 0, 20, 50, 80, 100;

RSV1:=(CLOSE-LLV(LOW,N))/(HHV(HIGH,N)-LLV(LOW,N))*100;

gg:ma(rsv1,m);

RSV2:=("sz399317$close"-LLV("sz399317$low",N))/(HHV("sz399317$high",N)-LLV("sz399317$low",N))*100;

国证 A 指:ma(rsv2,m);

0, colorred, pointdot, linethick2;

20,colorred,pointdot,linethick2;

50,colorred,pointdot,linethick2;

80,colorred,pointdot,linethick2;

100,colorred,pointdot,linethick2;

a1:=count(gg>ref(gg,1),k)=k;

a2:=count(国证A指<ref(国证A指,1),k)=k;

a3:=count(gg<ref(gg,1),k)=k;

a4:=count(国证A指>ref(国证A指,1),k)=k;

逆势上涨:if(a1 and a2,25,0),linethick0;

DRAWTEXT(逆势上涨,10,'涨'),colorred;

逆势下跌:if(a3 and a4,10,0),linethick0;

DRAWTEXT(逆势下跌,10,'跌'),COLORGREEN;

DRAWTEXTABS(775,0,'国证A指'),COLORFFFFFF;

如图4-6所示。

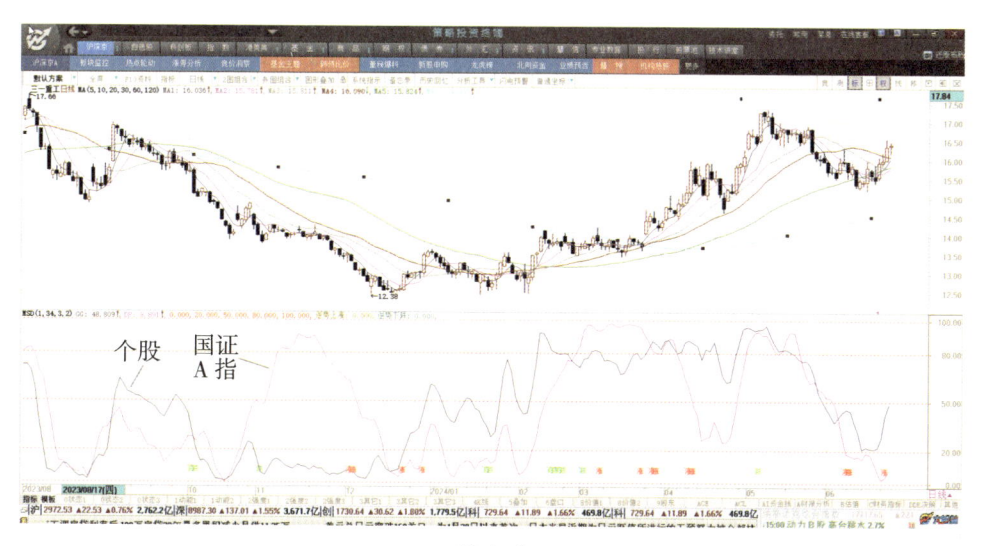

图4-6

如图 4-7 所示。

图 4-7

第二节 升级后的 VMSD 指标源码

VMSD 指标源码的原理和 MSD 指标一样,只不过一个是价格对比,一个是量能对比,先看价后看量,放量是对价格方向的肯定,缩量是对价格方向的否定。

一、上证指数 VMSD 指标

上证指数 VMSD 指标对应的是上证 A 股的量能,其源码如下。

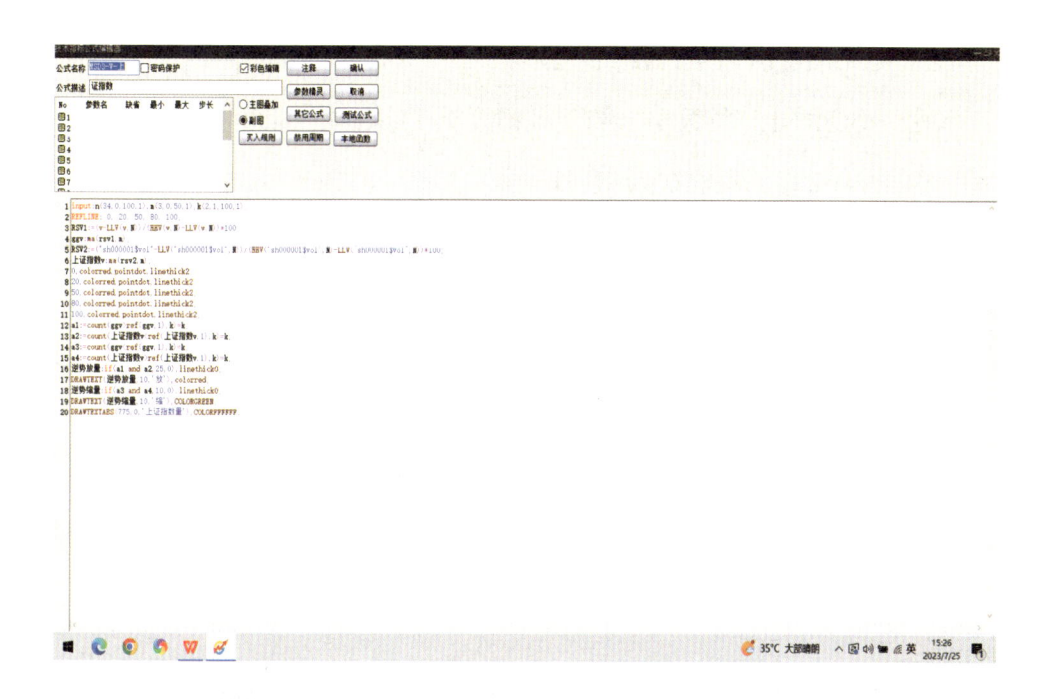

input:n(34, 0, 100, 1), m(3, 0, 50, 1), k(2, 1, 100, 1);

REFLINE: 0, 20, 50, 80, 100;

RSV1:=(v-LLV(v, N))/(HHV(v, N)-LLV(v, N))*100;

ggv:ma(rsv1, m);

RSV2:=("sh000001$vol"-LLV("sh000001$vol", N))/(HHV("sh000001$vol", N)-LLV("sh000001$vol", N))*100;

上证指数 v:ma(rsv2, m);

0, colorred, pointdot, linethick2;

20, colorred, pointdot, linethick2;

50, colorred, pointdot, linethick2;

80, colorred, pointdot, linethick2;

100, colorred, pointdot, linethick2;

a1:=count(ggv>ref(ggv,1),k)=k;

a2:=count(上证指数 v<ref(上证指数 v,1),k)=k;

a3:=count(ggv<ref(ggv,1),k)=k;

a4:=count(上证指数 v>ref(上证指数 v,1),k)=k;

逆势放量:if(a1 and a2,25,0),linethick0;

DRAWTEXT(逆势放量,10,' 放 '),colorred;

逆势缩量:if(a3 and a4,10,0),linethick0;

DRAWTEXT(逆势缩量,10,' 缩 '),COLORGREEN;

DRAWTEXTABS(775,0,' 上证指数量 '),COLORFFFFFF;

如图 4-8 所示。

图 4-8

二、深证成指 VMSD 指标

深证成指 VMSD 指标对应的是深证 A 股的量能，其源码如下。

```
1  input:n(34,0,100,1),m(3,0,50,1),k(2,1,100,1);
2  REFLINE: 0, 20, 50, 80, 100;
3  RSV1:=(CLOSE-LLV(LOW,N))/(HHV(HIGH,N)-LLV(LOW,N))*100;
4  gg:ma(rsv1,m);
5  RSV2:=("sz399001$close"-LLV("sz399001$low",N))/(HHV("sz399001$high",N)-LLV("sz399001$low",N))*100;
6  深证成指:ma(rsv2,m);
7  0,colorred,pointdot,linethick2;
8  20,colorred,pointdot,linethick2;
9  50,colorred,pointdot,linethick2;
10 80,colorred,pointdot,linethick2;
11 100,colorred,pointdot,linethick2;
12 a1:=count(gg>ref(gg,1),k)=k;
13 a2:=count(深证成指>ref(深证成指,1),k)=k;
14 a3:=count(gg<ref(gg,1),k)=k;
15 a4:=count(深证成指<ref(深证成指,1),k)=k;
16 逆势上涨:if(a1 and a2,25,0),linethick0;
17 DRAWTEXT(逆势上涨,10,'涨'),colorred;
18 逆势下跌:if(a3 and a4,10,0),linethick0;
19 DRAWTEXT(逆势下跌,10,'跌'),COLORGREEN;
20 DRAWTEXTABS(775,0,'深证成指'),COLORFFFFFF;
```

input:n(34, 0, 100, 1), m(3, 0, 50, 1), k(2, 1, 100, 1);

REFLINE: 0, 20, 50, 80, 100;

RSV1:=(v-LLV(v,N))/(HHV(v,N)-LLV(v,N))*100;

ggv:ma(rsv1,m);

RSV2:=("sz399001$vol"-LLV("sz399001$vol",N))/(HHV("sz399001$vol",N)-LLV("sz399001$vol",N))*100;

深证成指 v:ma(rsv2,m);

0, colorred, pointdot, linethick2;

20, colorred, pointdot, linethick2;

50, colorred, pointdot, linethick2;

80, colorred, pointdot, linethick2;

100, colorred, pointdot, linethick2;

a1:=count(ggv>ref(ggv,1),k)=k;

a2:=count(深证成指v<ref(深证成指v,1),k)=k;

a3:=count(ggv<ref(ggv,1),k)=k;

a4:=count(深证成指v>ref(深证成指v,1),k)=k;

逆势放量:if(a1 and a2,25,0),linethick0;

DRAWTEXT(逆势放量,10,'放'),colorred;

逆势缩量:if(a3 and a4,10,0),linethick0;

DRAWTEXT(逆势缩量,10,'缩'),COLORGREEN;

DRAWTEXTABS(775,0,'深证成指量'),COLORFFFFFF;

如图4-9所示。

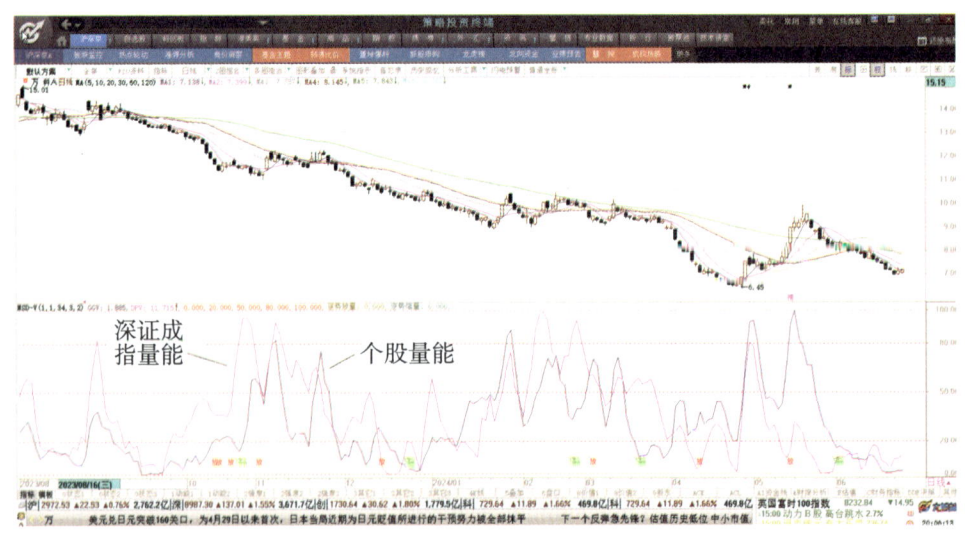

图4-9

三、创业板指 VMSD 指标

创业板指 VMSD 指标对应的是创业板股票的量能，其源码如下。

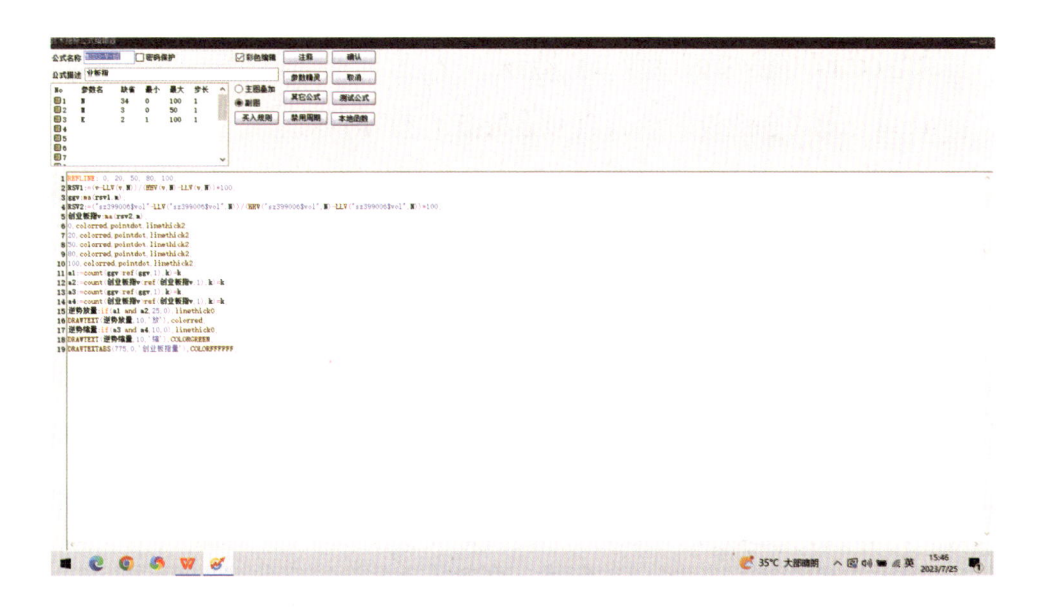

REFLINE: 0, 20, 50, 80, 100;

RSV1:=(v-LLV(v,N))/(HHV(v,N)-LLV(v,N))*100;

ggv:ma(rsv1,m);

RSV2:=("sz399006$vol"-LLV("sz399006$vol",N))/(HHV("sz399006$vol",N)-LLV("sz399006$vol",N))*100;

创业板指 v:ma(rsv2,m);

0, colorred, pointdot, linethick2;

20, colorred, pointdot, linethick2;

50, colorred, pointdot, linethick2;

80, colorred, pointdot, linethick2;

100,colorred,pointdot,linethick2;

a1:=count(ggv>ref(ggv,1),k)=k;

a2:=count(创业板指v<ref(创业板指v,1),k)=k;

a3:=count(ggv<ref(ggv,1),k)=k;

a4:=count(创业板指v>ref(创业板指v,1),k)=k;

逆势放量:if(a1 and a2,25,0),linethick0;

DRAWTEXT(逆势放量,10,'放'),colorred;

逆势缩量:if(a3 and a4,10,0),linethick0;

DRAWTEXT(逆势缩量,10,'缩'),COLORGREEN;

DRAWTEXTABS(775,0,'创业板指量'),COLORFFFFFF;

如图4-10所示。

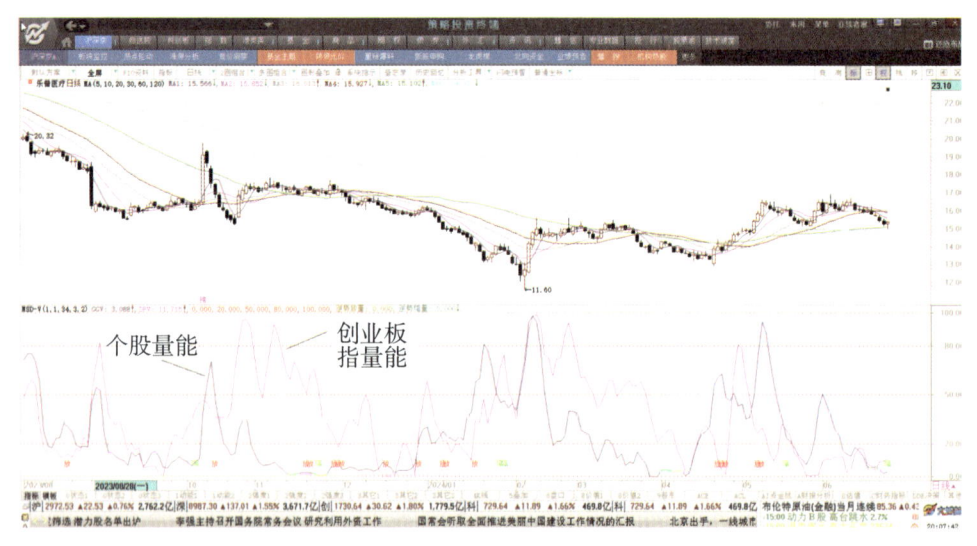

图4-10

四、科创 50 指数 VMSD 指标

科创 50 指数 VMSD 指标对应的是科创板股票的量能，其源码如下。

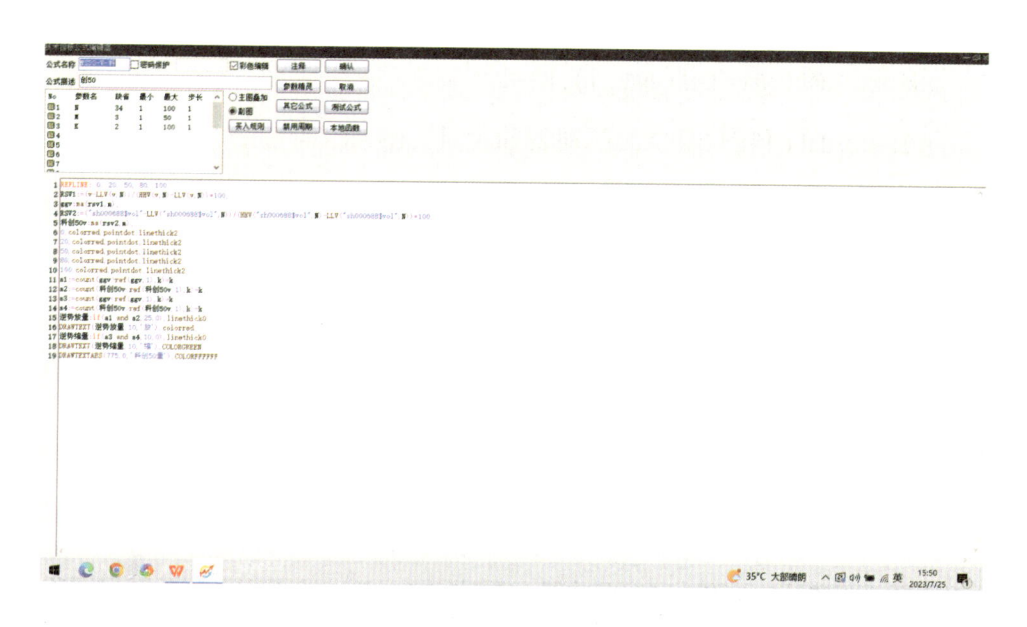

REFLINE: 0, 20, 50, 80, 100;

RSV1:=(v-LLV(v,N))/(HHV(v,N)-LLV(v,N))*100;

ggv:ma(rsv1,m);

RSV2:=("sh000688$vol"-LLV("sh000688$vol",N))/(HHV("sh000688$vol",N)-LLV("sh000688$vol",N))*100;

科创50v:ma(rsv2,m);

0, colorred, pointdot, linethick2;

20, colorred, pointdot, linethick2;

50, colorred, pointdot, linethick2;

80, colorred, pointdot, linethick2;

100,colorred,pointdot,linethick2;

a1:=count(ggv>ref(ggv,1),k)=k;

a2:=count(科创50v<ref(科创50v,1),k)=k;

a3:=count(ggv<ref(ggv,1),k)=k;

a4:=count(科创50v>ref(科创50v,1),k)=k;

逆势放量:if(a1 and a2,25,0),linethick0;

DRAWTEXT(逆势放量,10,'放'),colorred;

逆势缩量:if(a3 and a4,10,0),linethick0;

DRAWTEXT(逆势缩量,10,'缩'),COLORGREEN;

DRAWTEXTABS(775,0,'科创50量'),COLORFFFFFF;

如图4-11所示。

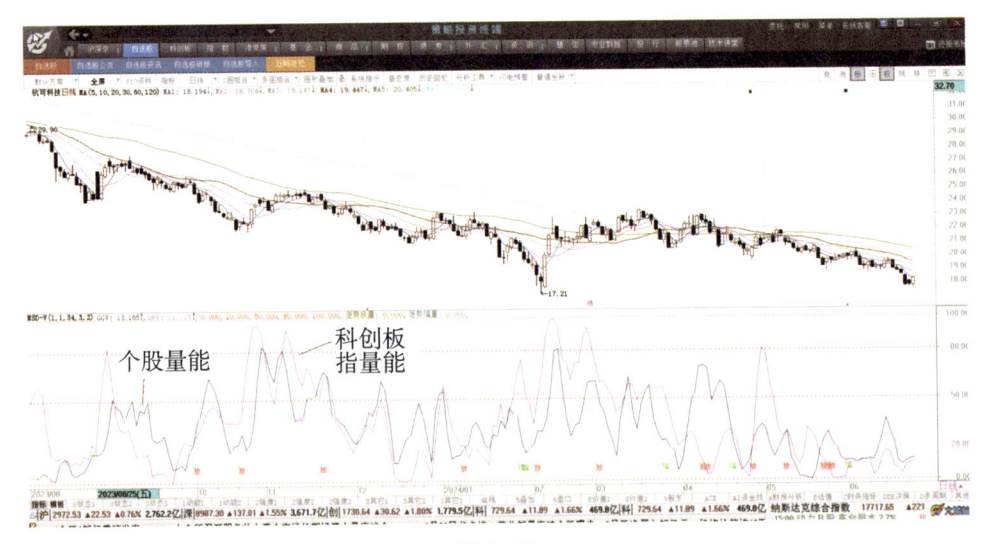

图 4-11

五、北证 50 指数 VMSD 指标

北证 50 指数 VMSD 指标对应的是北证 A 股的股票的量能，其源码如下。

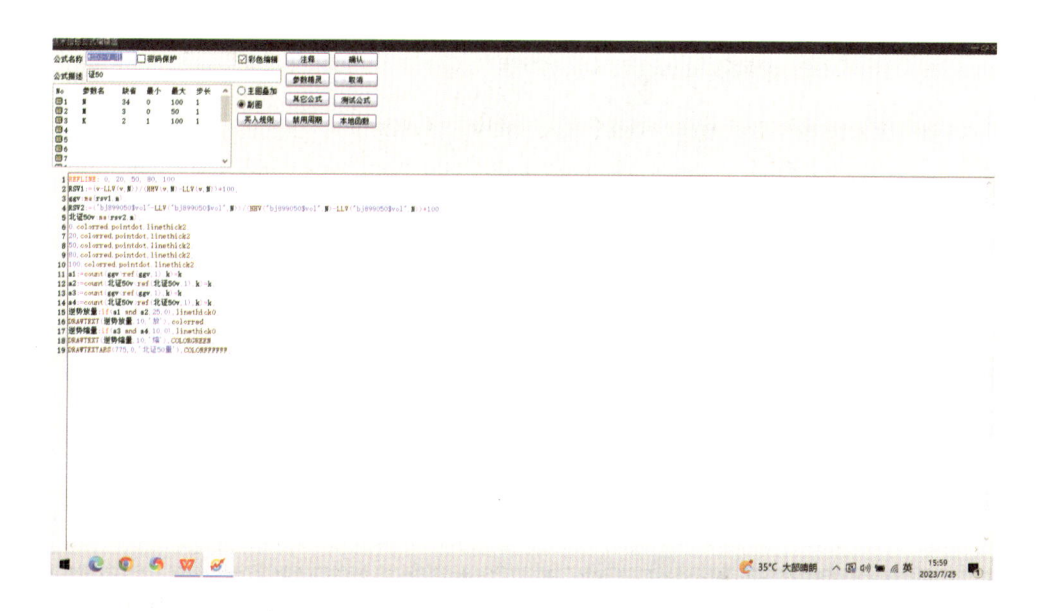

REFLINE: 0, 20, 50, 80, 100;

RSV1:=(v-LLV(v,N))/(HHV(v,N)-LLV(v,N))*100;

ggv:ma(rsv1,m);

RSV2:=("bj899050$vol"-LLV("bj899050$vol",N))/(HHV("bj899050$vol",N)-LLV("bj899050$vol",N))*100;

北证 50v:ma(rsv2,m);

0, colorred, pointdot, linethick2;

20, colorred, pointdot, linethick2;

50, colorred, pointdot, linethick2;

80, colorred, pointdot, linethick2;

100, colorred, pointdot, linethick2;

a1:=count(ggv>ref(ggv,1),k)=k;

a2:=count(北证50v<ref(北证50v,1),k)=k;

a3:=count(ggv<ref(ggv,1),k)=k;

a4:=count(北证50v>ref(北证50v,1),k)=k;

逆势放量:if(a1 and a2,25,0),linethick0;

DRAWTEXT(逆势放量,10,'放'),colorred;

逆势缩量:if(a3 and a4,10,0),linethick0;

DRAWTEXT(逆势缩量,10,'缩'),COLORGREEN;

DRAWTEXTABS(775,0,'北证50量'),COLORFFFFFF;

如图4-12所示。

图4-12

六、国证 A 股指数 VMSD 指标

国证 A 股指数 VMSD 指标对应的是所有的 A 股的量能和板块指数的量能，其源码如下。

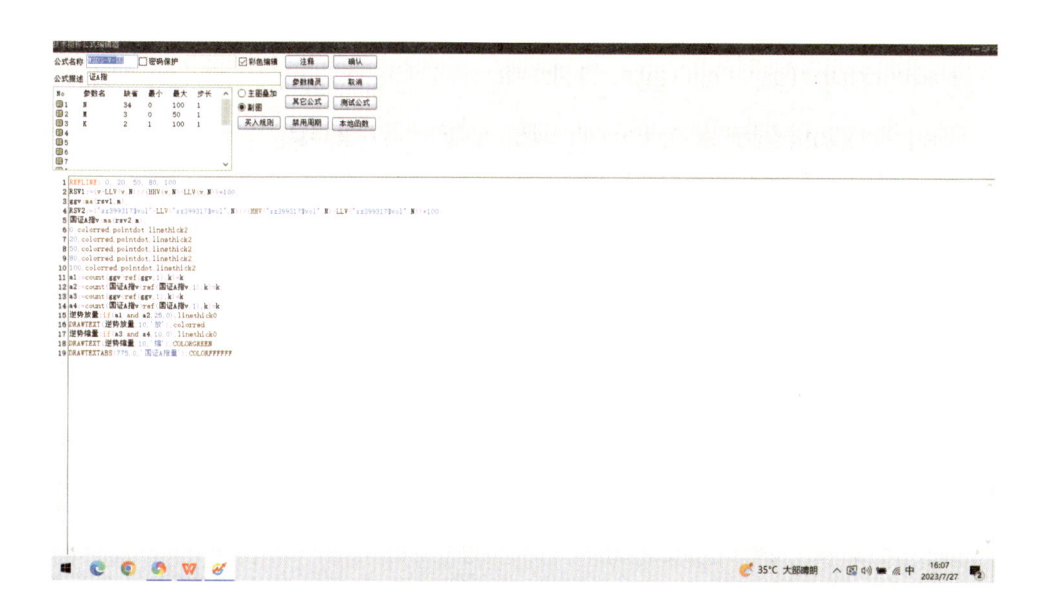

REFLINE: 0, 20, 50, 80, 100;

RSV1:=(v-LLV(v,N))/(HHV(v,N)-LLV(v,N))*100;

ggv:ma(rsv1,m);

RSV2:=("sz399317$vol"-LLV("sz399317$vol",N))/(HHV("sz399317$vol",N)-LLV("sz399317$vol",N))*100;

国证 A 指 v:ma(rsv2,m);

0, colorred, pointdot, linethick2;

20, colorred, pointdot, linethick2;

50, colorred, pointdot, linethick2;

80,colorred,pointdot,linethick2;

100,colorred,pointdot,linethick2;

a1:=count(ggv>ref(ggv,1),k)=k;

a2:=count(国证A指v<ref(国证A指v,1),k)=k;

a3:=count(ggv<ref(ggv,1),k)=k;

a4:=count(国证A指v>ref(国证A指v,1),k)=k;

逆势放量:if(a1 and a2,25,0),linethick0;

DRAWTEXT(逆势放量,10,'放'),colorred;

逆势缩量:if(a3 and a4,10,0),linethick0;

DRAWTEXT(逆势缩量,10,'缩'),COLORGREEN;

DRAWTEXTABS(775,0,'国证A指量'),COLORFFFFFF;

如图4-13所示。

图4-13

第三节　升级后的 XDQD 指标源码

XDQD 指标和 MSD 指标都属于强弱对比型指标，各有优劣势，区别在于 MSD 指标属于超买超卖型强弱对比，XDQD 指标属于趋势型强弱对比，XDQD 指标可以解决 MSD 指标的钝化问题，而 MSD 指标可解决 XDQD 指标的超买超卖问题。所以，在交易世界里只有取舍与适不适合，没有绝对的好坏之分，任何指标和策略都只是工具，关键在于使用工具的人的功力。其功力就表现在对于市场、投机、交易等的本质的理解和认知。对于功力的修为，怎样提高交易内功，欢迎大家联系笔者沟通交流，在这里就不过多阐述了。

一、上证指数 XDQD 指标

上证指数 XDQD 指标对应的是上证 A 股，其源码如下。

input:n(1,1,999,1),n1(5,1,999,1),n2(10,1,999,1),n3(25,1,999,1),n4(25,1,999,1),n5(25,1,999,1),n6(25,1,999,1);

强　度:ma(c/"sh000001$close"*10000,n),COLORWHITE,linethick2;

强度1:ma(c/"sh000001$close"*10000,n1),COLORFFFFFF;

强度2:ma(c/"sh000001$close"*10000,n2),COLORYELLOW;

强度3:ma(c/"sh000001$close"*10000,n3),COLORFF00FF;

强度4:ma(c/"sh000001$close"*10000,n4),COLOR40FF00;

强度5:ma(c/"sh000001$close"*10000,n5),COLORCYAN;

强度6:ma(c/"sh000001$close"*10000,n6),COLORRED;

DRAWTEXTABS(775,0,'强度上证指数'),COLORFFFFFF;

如图4-14所示。

图 4—14

二、深证成指 XDQD 指标

深证成指 XDQD 指标对应的是深证 A 股，其源码如下。

```
1 input:n1(1,1,999,1),n1(5,1,999,1),n2(10,1,999,1),n3(25,1,999,1),n4(25,1,999,1),n5(5,1,999,1),n6(25,1,999,1);
2 强度:aa:c/"sz399001$close"*10000,n,COLORWHITE linethick2;
3 强度1:aa:c/"sz399001$close"*10000,n1,COLORFFFFFF;
4 强度2:aa:c/"sz399001$close"*10000,n2,COLORYELLOW;
5 强度3:aa:c/"sz399001$close"*10000,n3,COLORFF00FF;
6 强度4:aa:c/"sz399001$close"*10000,n4,COLOR40FF00;
7 强度5:aa:c/"sz399001$close"*10000,n5,COLORCYAN;
8 强度6:aa:c/"sz399001$close"*10000,n6,COLORRED;
9 DRAWTEXTABS(775,0,'强度深证成指'),COLOR999999;
```

input:n(1,1,999,1),n1(5,1,999,1),n2(10,1,999,1),n3(25,1,999,1),n4(25,1,999,1),n5(25,1,999,1),n6(25,1,999,1);

强　度:ma(c/"sz399001$close"*10000,n),COLORWHITE,linethick2;

强度1:ma(c/"sz399001$close"*10000,n1),COLORFFFFFF;

强度2:ma(c/"sz399001$close"*10000,n2),COLORYELLOW;

强度3:ma(c/"sz399001$close"*10000,n3),COLORFF00FF;

强度4:ma(c/"sz399001$close"*10000,n4),COLOR40FF00;

强度5:ma(c/"sz399001$close"*10000,n5),COLORCYAN;

强度6:ma(c/"sz399001$close"*10000,n6),COLORRED;

DRAWTEXTABS(775,0,'强度深证成指'),COLORFFFFFF;

如图4-15所示。

图 4—15

三、创业板指 XDQD 指标

创业板指 XDQD 指标对应的是创业板股票，其源码如下。

input:n(1,1,999,1),n1(5,1,999,1),n2(10,1,999,1),n3(25,1,999,1),n4(25,1,999,1),n5(25,1,999,1),n6(25,1,999,1);

强度:ma(c/"sz399006$close"*10000,n),COLORWHITE,linethick2;

强度1:ma(c/"sz399006$close"*10000,n1),COLORFFFFFF;

强度2:ma(c/"sz399006$close"*10000,n2),COLORYELLOW;

强度3:ma(c/"sz399006$close"*10000,n3),COLORFF00FF;

强度4:ma(c/"sz399006$close"*10000,n4),COLOR40FF00;

强度5:ma(c/"sz399006$close"*10000,n5),COLORCYAN;

强度 6:ma(c/"sz399006$close"*10000,n6),COLORRED;
DRAWTEXTABS(775,0,'强度创业板'),COLORFFFFFF;

如图 4-15 所示。

图 4-15

四、科创 50 指数 XDQD 指标

科创 50 指数 XDQD 指标对应的是科创板股票，其源码如下。

input:n(1,1,999,1),n1(5,1,999,1),n2(10,1,999,1),n3(25,1,999,1),n4(25,1,999,1),n5(25,1,999,1),n6(25,1,999,1);

强度:ma(c/"sh000688$close"*10000,n),COLORWHITE,linethick2;

强度1:ma(c/"sh000688$close"*10000,n1),COLORFFFFFF;

强度2:ma(c/"sh000688$close"*10000,n2),COLORYELLOW;

强度3:ma(c/"sh000688$close"*10000,n3),COLORFF00FF;

强度4:ma(c/"sh000688$close"*10000,n4),COLOR40FF00;

强度5:ma(c/"sh000688$close"*10000,n5),COLORCYAN;

强度6:ma(c/"sh000688$close"*10000,n6),COLORRED;

DRAWTEXTABS(775,0,'强度科创50'),COLORFFFFFF;

如图4-16所示。

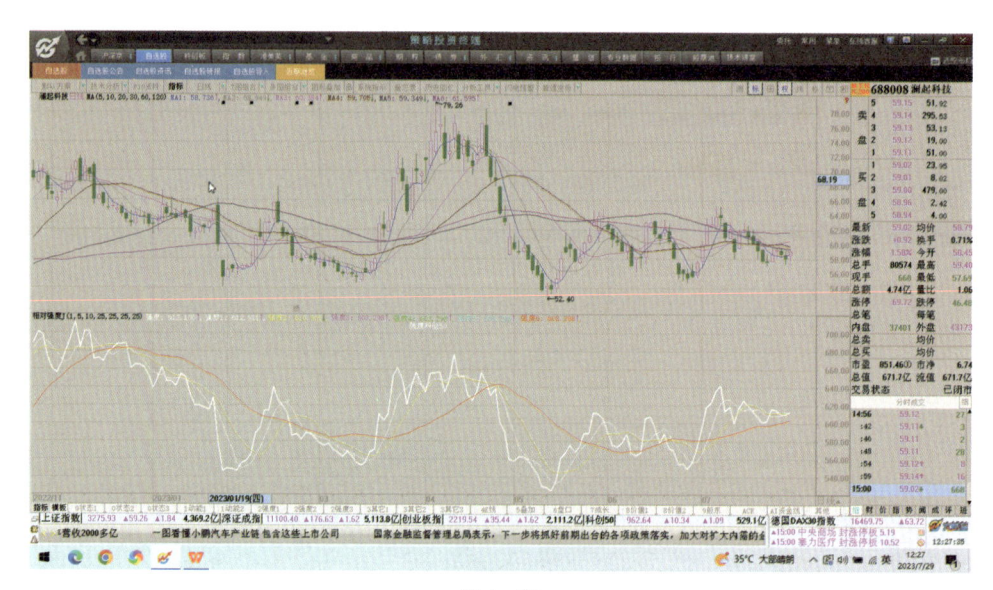

图 4-16

五、国证 A 股 XDQD 指标

国证 A 股 XDQD 指标对应的是全体 A 股和板块指数，其源码如下。

input:n(1,1,999,1),n1(5,1,999,1),n2(10,1,999,1),n3(25,1,999,1),n4(25,1,999,1),n5(25,1,999,1),n6(25,1,999,1);

强度:ma(c/"sz399317$close"*10000,n),COLORWHITE,linethick2;

强度1:ma(c/"sz399317$close"*10000,n1),COLORFFFFFF;

强度2:ma(c/"sz399317$close"*10000,n2),COLORYELLOW;

强度3:ma(c/"sz399317$close"*10000,n3),COLORFF00FF;

强度4:ma(c/"sz399317$close"*10000,n4),COLOR40FF00;

强度5:ma(c/"sz399317$close"*10000,n5),COLORCYAN;

强度6:ma(c/"sz399317$close"*10000,n6),COLORRED;

DRAWTEXTABS(775,0,' 强度国证 A 指 '),COLORFFFFFF;

如图 4-17 所示。

图 4—17

第四节　升级后的 VXDQD 指标源码

一、上证指数和深证成指的 VXDQD 指标

上证指数和深证成指的 VXDQD 指标对应的是上证 A 股和深证 A 股的量能，统一使用大盘函数，其源码如下。

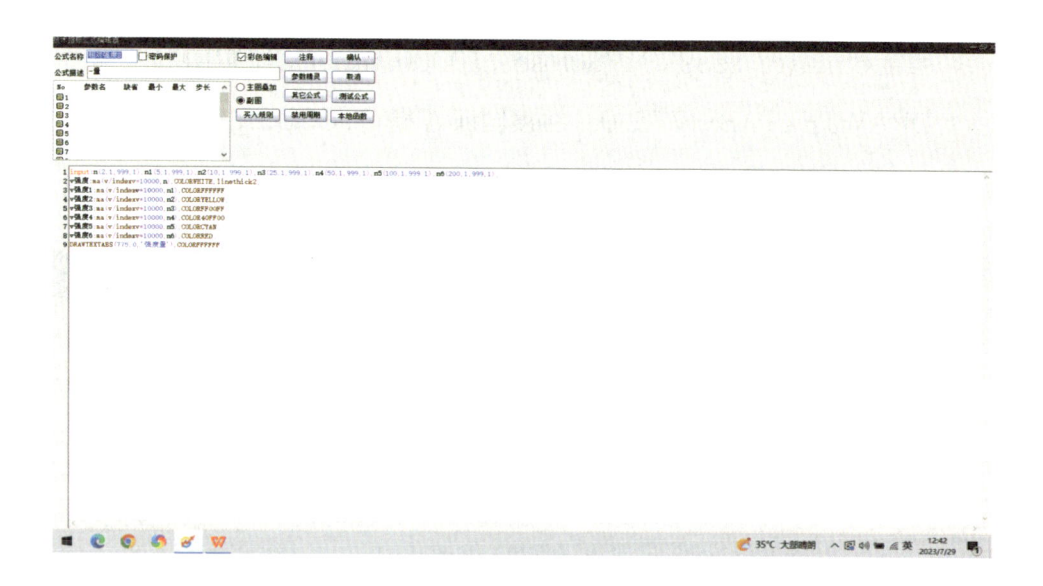

input:n(2,1,999,1),n1(5,1,999,1),n2(10,1,999,1),n3(25,1,999,1),n4(50,1,999,1),n5(100,1,999,1),n6(200,1,999,1);

v 强度 :ma(v/indexv*10000,n),COLORWHITE,linethick2;

v强度1:ma(v/indexv*10000,n1),COLORFFFFFF;

v强度2:ma(v/indexv*10000,n2),COLORYELLOW;

v强度3:ma(v/indexv*10000,n3),COLORFF00FF;

v强度4:ma(v/indexv*10000,n4),COLOR40FF00;

v强度5:ma(v/indexv*10000,n5),COLORCYAN;

v强度6:ma(v/indexv*10000,n6),COLORRED;

DRAWTEXTABS(775,0,'强度量'),COLORFFFFFF;

如图4-18所示。

图 4—18

二、创业板 VXDQD 指标

创业板 VXDQD 指标对应的是创业板股的量能，其源码如下。

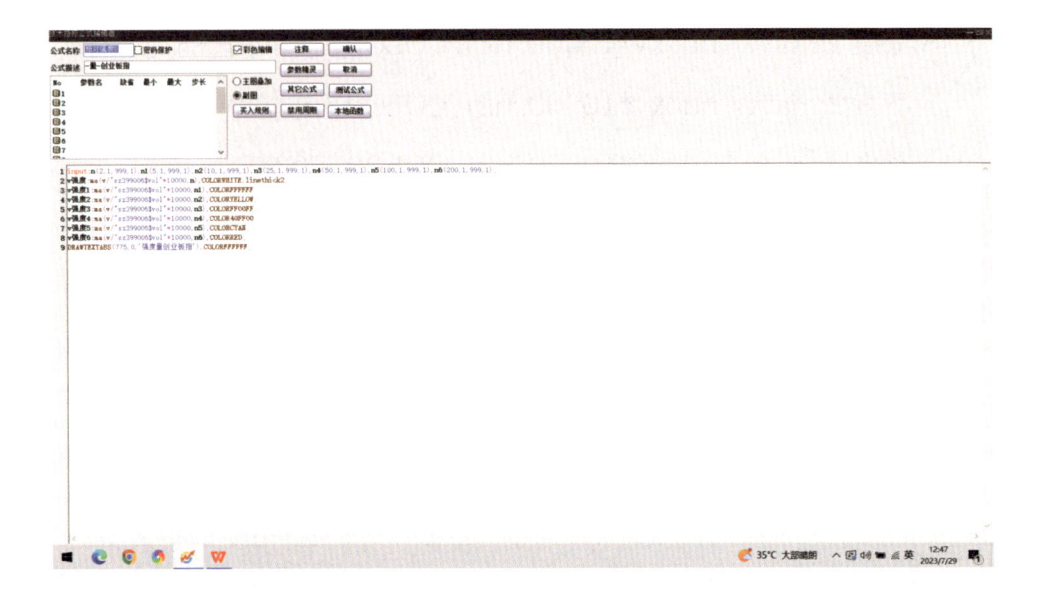

input:n(2,1,999,1),n1(5,1,999,1),n2(10,1,999,1),n3(25,1,999,1),n4(50,1,999,1),n5(100,1,999,1),n6(200,1,999,1);

v强度:ma(v/"sz399006$vol"*10000,n),COLORWHITE,linethick2;

v强度1:ma(v/"sz399006$vol"*10000,n1),COLORFFFFFF;

v强度2:ma(v/"sz399006$vol"*10000,n2),COLORYELLOW;

v强度3:ma(v/"sz399006$vol"*10000,n3),COLORFF00FF;

v强度4:ma(v/"sz399006$vol"*10000,n4),COLOR40FF00;

v强度5:ma(v/"sz399006$vol"*10000,n5),COLORCYAN;

v强度6:ma(v/"sz399006$vol"*10000,n6),COLORRED;

DRAWTEXTABS(775,0,'强度量创业板指'),COLORFFFFFF;

如图4-19所示。

图 4-19

三、科创板 VXDQD 指标

科创板 VXDQD 指标对应的是科创板股的量能，其源码如下。

input:n(2,1,999,1),n1(5,1,999,1),n2(10,1,999,1),n3(25,1,999,1),n4(50,1,999,1),n5(100,1,999,1),n6(200,1,999,1);

v强度:ma(v/"sh000688$vol"*10000,n),COLORWHITE,linethick2;

v强度1:ma(v/"sh000688$vol"*10000,n1),COLORFFFFFF;

v强度2:ma(v/"sh000688$vol"*10000,n2),COLORYELLOW;

v强度3:ma(v/"sh000688$vol"*10000,n3),COLORFF00FF;

v强度4:ma(v/"sh000688$vol"*10000,n4),COLOR40FF00;

v强度5:ma(v/"sh000688$vol"*10000,n5),COLORCYAN;

v强度6:ma(v/"sh000688$vol"*10000,n6),COLORRED;

DRAWTEXTABS(775,0,'强度量科创50'),COLORFFFFFF;

如图4-20所示。

图4-20

四、国证 A 股 VXDQD 指标

国证 A 股 VXDQD 指标对应的是全体 A 股和板块指数的量能，其源码如下。

input:n(2,1,999,1),n1(5,1,999,1),n2(10,1,999,1),n3(25,1,999,1),n4(50,1,999,1),n5(100,1,999,1),n6(200,1,999,1);

v 强度 :ma(v/"sz399317$vol"*10000,n),COLORWHITE,linethick2;

v 强度 1:ma(v/"sz399317$vol"*10000,n1),COLORFFFFFF;

v 强度 2:ma(v/"sz399317$vol"*10000,n2),COLORYELLOW;

v 强度 3:ma(v/"sz399317$vol"*10000,n3),COLORFF00FF;

v 强度 4:ma(v/"sz399317$vol"*10000,n4),COLOR40FF00;

v 强度 5:ma(v/"sz399317$vol"*10000,n5),COLORCYAN;

v 强度 6:ma(v/"sz399317$vol"*10000,n6),COLORRED;
DRAWTEXTABS(775,0,' 强度量国证 A 指 '),COLORFFFFFF;

如图 4-21 所示。

图 4-21

五、总结：利用价量 MSD 指标和价量 XDQD 指标来选股的具体步骤

选股程序如下：先大盘再板块后个股。

首先分析大盘趋势，无外乎上涨、下跌、横盘三种，再根据强势股的七大定义选出强势的板块，最后同样根据强势股的七大定义选出板块中强势的个股，具体可参阅拙著《捕捉强势股启动点（第三版）》（待出）一书，或联系笔者交流沟通。

使用强势股的七大定义的工具有价量 MSD 指标、价量 XDQD 指标和裸

K 对比（最优），现以价量 MSD 指标来展示操作，举例如下：

首先看大盘的趋势（上涨、下跌和横盘三种），我们以 2022 年 4 月 29 日为例，当时在读者交流群中提示大盘已见阶段底部区域，可进场操作。判断底部的依据是根据笔者独创的专利技术趋势规律操盘技法之趋势两级。趋势规律由趋势两级、趋势之中、趋势同向三个形态组成，所有趋势都如此轮回，周而复始，故可称为规律。只有规律性的方法才可复制，只有可复制的方法才可稳定持续盈利。由于该技法不属于本书阐述范围，同时限于篇幅，这里就不展开讲解了，有待以后出版趋势规律方面的专著或视频详细讲解（"说"比"写"更透彻），或直接和笔者联系交流。当时和读者的交流可见群聊天截图，见图 4-22、图 4-23。

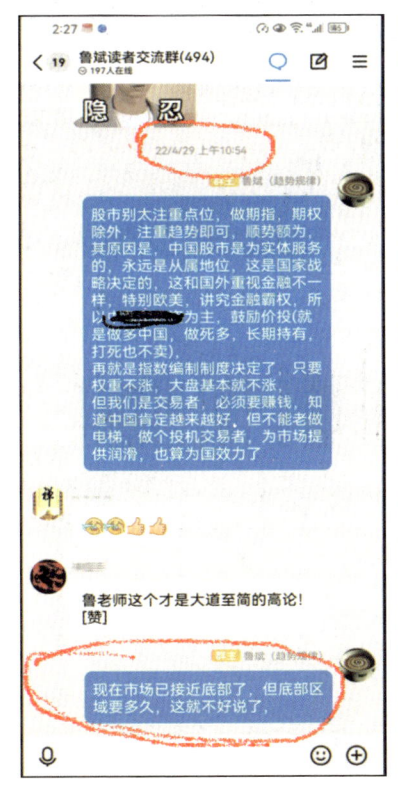

图 4-22　　　　　　　　　图 4-23

我们以大盘处于下跌趋势时使用价量 MSD 指标来选择龙头股。当然，在大盘处于上涨趋势或横盘时也可根据强势股七大定义来选股，跌势显英雄，沧海显横流。一图胜过万千言，我们还是以图示例。

首先，分析大盘在 2022 年 4 月的走势，很明显属于下降趋势，再找出强于大盘的板块。我们以行业板块为主，而不分析概念板块，这是因为概念会因时而变，而行业不会在短时间内改变，当时根据笔者的专利技术强势股的七大定义工具进行排序找出住宿餐饮和煤炭石油两个板块明显强于大盘，如图 4-24、图 4-25、图 4-26、图 4-27 所示。

图 4-24

第四章　新增公式源码　221

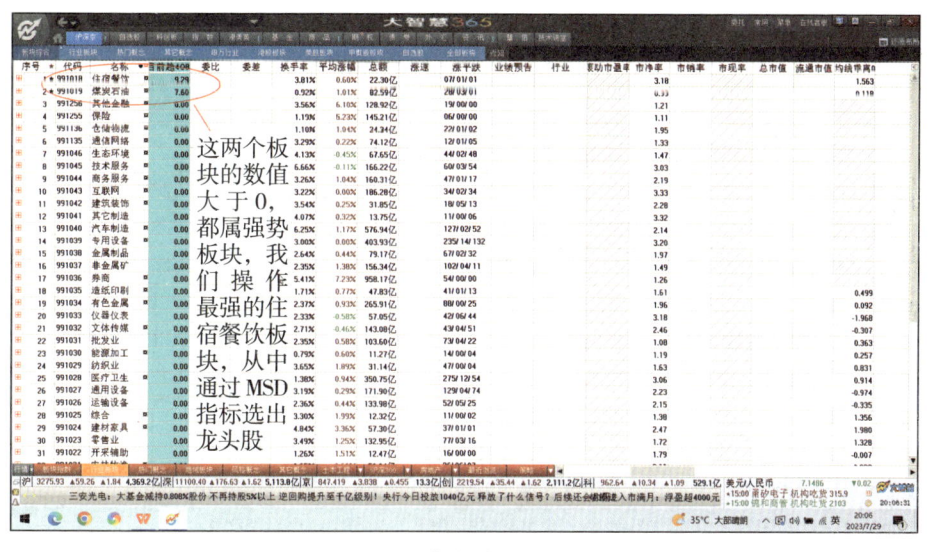

图 4-25

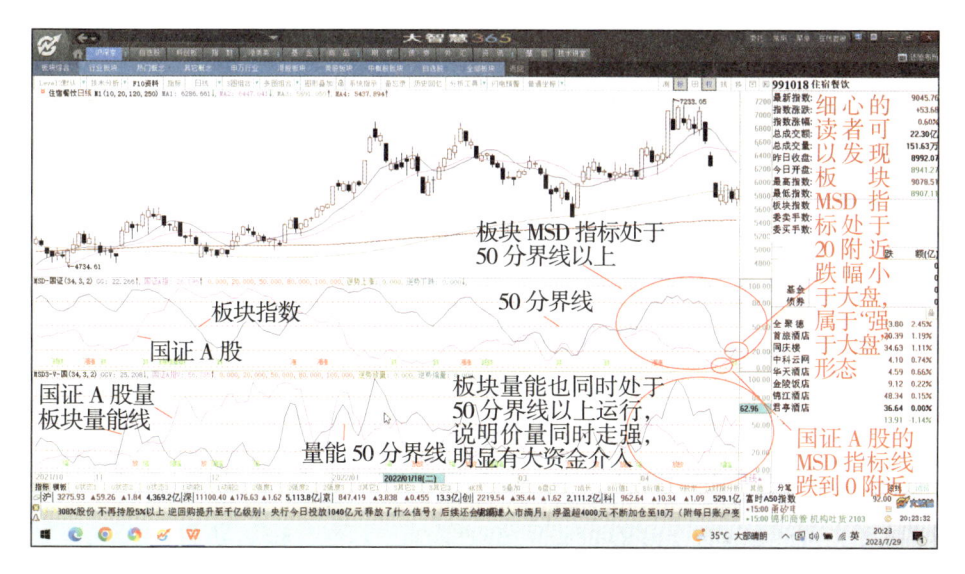

图 4-26

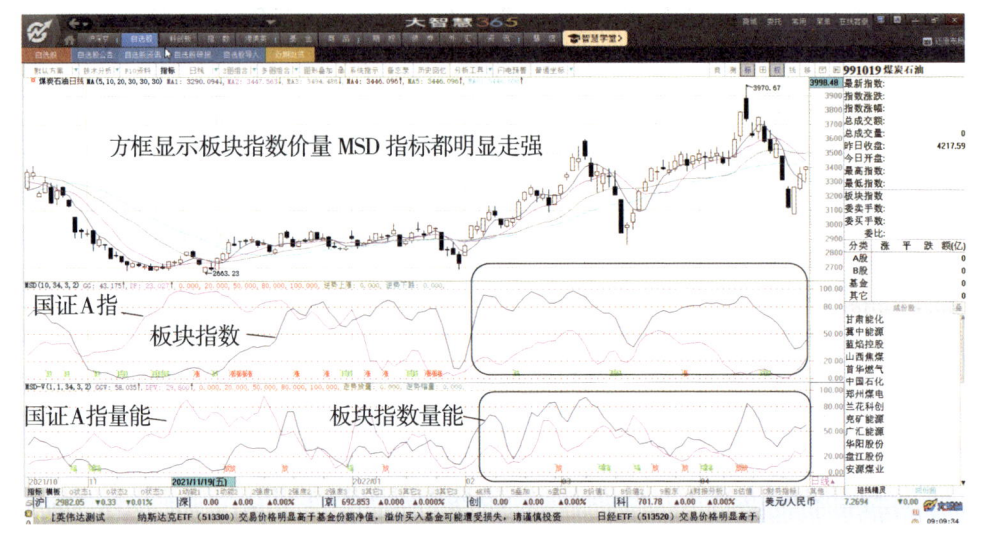

图 4-27

接着，根据选出的强势板块进行对比，选出板块中的龙头个股，限于篇幅，我们只讲解住宿餐饮板块中龙头股的选择要领。笔者的方法具有一致性、简单性和规律性，这是稳定持续盈利的基础，也是笔者独创的检验任何方法是否有效的唯一准则。其详细讲解在笔者的视频中。不是笔者卖关子，很多技术不是几句话就可以说得清楚的，因为说比写要透彻得多。读者朋友也可和笔者联系交流。选出的第二强势板块——煤炭石油板块的龙头个股留待读者自行检验，权当作业。通过强势股七大定义工具排序，选出排在第一的"西安饮食"，如图 4-28、如图 4-29、图 4-30 所示。

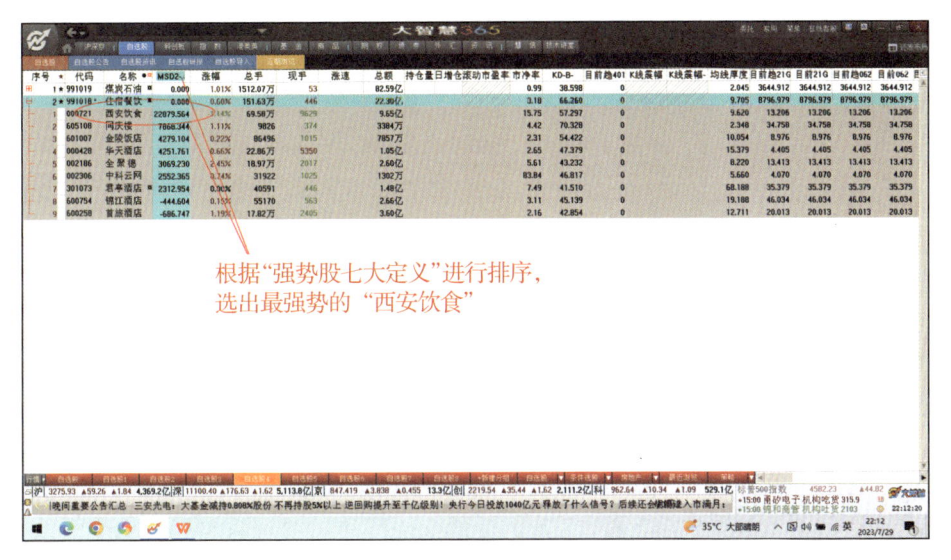

图 4-28

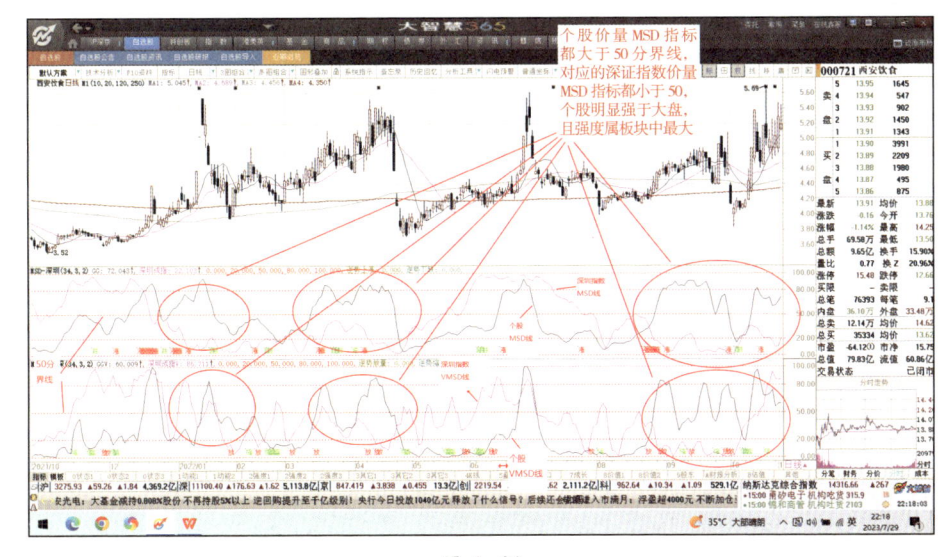

图 4-29

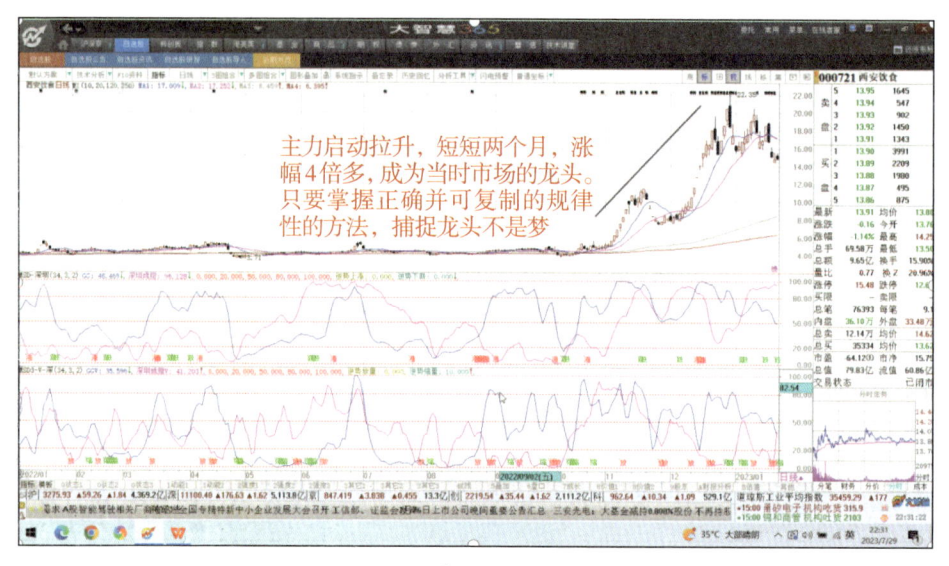

图 4—30

这里重点说一下选股和排序的区别。选股只是把我们要找的股票通过选股公式把它选出来,再从中进行盯盘操作,而排序不仅包含了选股的所有功能,还能将选出的股票进行强弱排序,这样强势股龙头股就一目了然。我们可根据排序选择靠前的个股进行操作。目前本人选股基本以排序为主,只操作排序前 10 的股票。

关于选股公式和排序公式模块,有编程基础的读者可根据书中公开的源码、操作逻辑和排序选股流程自行编写,不懂编程的读者可以联系笔者索取,免费使用。

第五节　升级后的其他关键指标源码

所有的指标都是价格或量能的衍生品，都只是工具而已，只是告诉我们价格属于什么状态，能不能操作，该怎样操作，趋势的发生不是因为指标的金叉或死叉引起的，而是价格的上涨或下跌造成金叉或死叉而形成趋势，所以，价格才是最本质的，切不可本末倒置。而影响价格的因素只有供需关系，笔者现在操盘只看裸 K 图，就可知道指标的状态，是超买还是超卖还是其他，之所以使用以上这些指标来分析，一是写书要兼顾新股民，通过指标讲解通俗易懂、简单明了；二是指标便于编制选股程序、排序指标和制定量化策略，但作者看盘时只看价格，也就是裸 K 图，具体细节在拙著《盘口分析精要》和《强势股分时战法精要》里有细致讲解。时隔多年，笔者现在有了很多新的感悟，准备出版上述专著的第二版，本书将笔者看盘时用的对应大盘的裸 K 图的源码分享出来：

一、上证指数的裸 K 图

上证指数的裸 K 图源码如下。

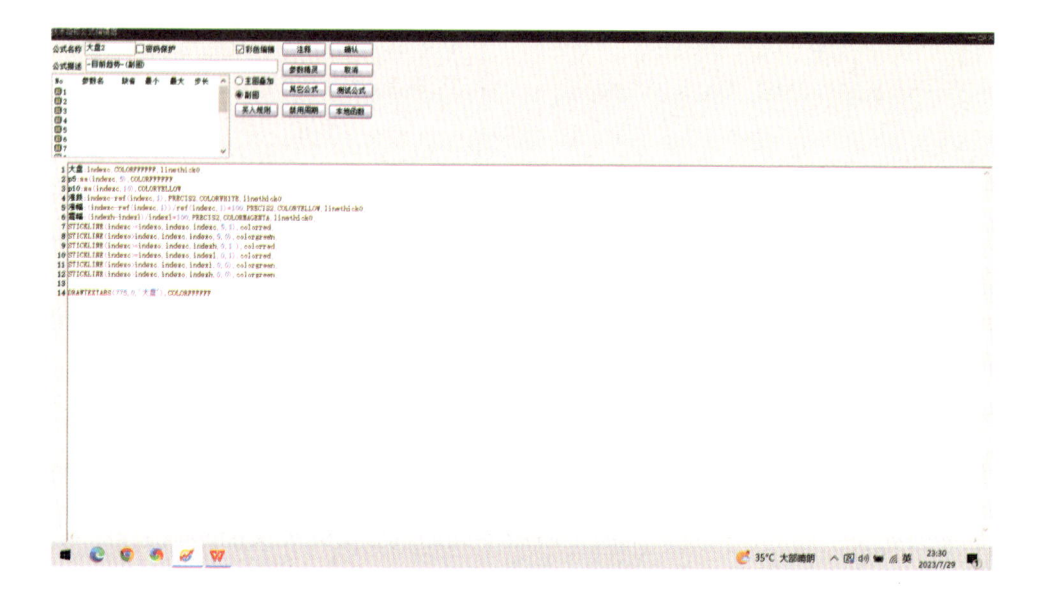

大盘 :indexc, COLORFFFFFF, linethick0;

p5:ma(indexc, 5), COLORFFFFFF;

p10:ma(indexc, 10), COLORYELLOW;

涨跌 :indexc-ref(indexc, 1), PRECIS2, COLORWHITE, linethick0;

涨幅 :(indexc-ref(indexc, 1))/ref(indexc, 1)*100, PRECIS2, COLORYELLOW, linethick0;

振幅 :(indexh-indexl)/indexl*100, PRECIS2, COLORMAGENTA, linethick0;

STICKLINE(indexc>=indexo, indexo, indexc, 5, 1), colorred;

STICKLINE(indexo>indexc, indexc, indexo, 5, 0), colorgreen;

STICKLINE(indexc>=indexo, indexc, indexh, 0, 1), colorred;

STICKLINE(indexc>=indexo, indexo, indexl, 0, 1), colorred;

STICKLINE(indexo>indexc, indexc, indexl, 0, 0), colorgreen;

STICKLINE(indexo>indexc, indexo, indexh, 0, 0), colorgreen;

DRAWTEXTABS(775, 0, ' 大盘 '), COLORFFFFFF;

如图 4-31 所示。

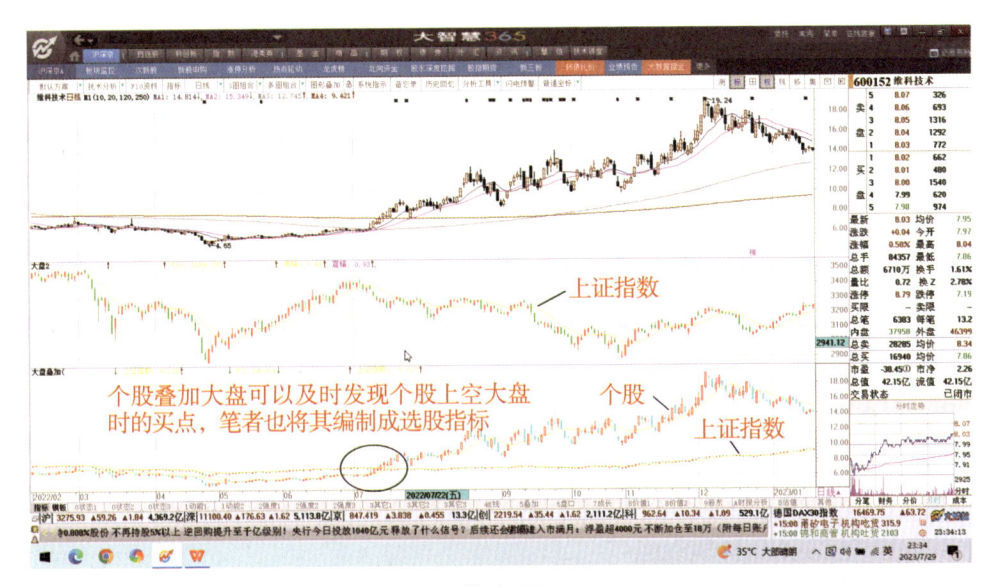

图 4-31

二、深证成指的裸 K 图

深证成指的裸 K 图源码如下。

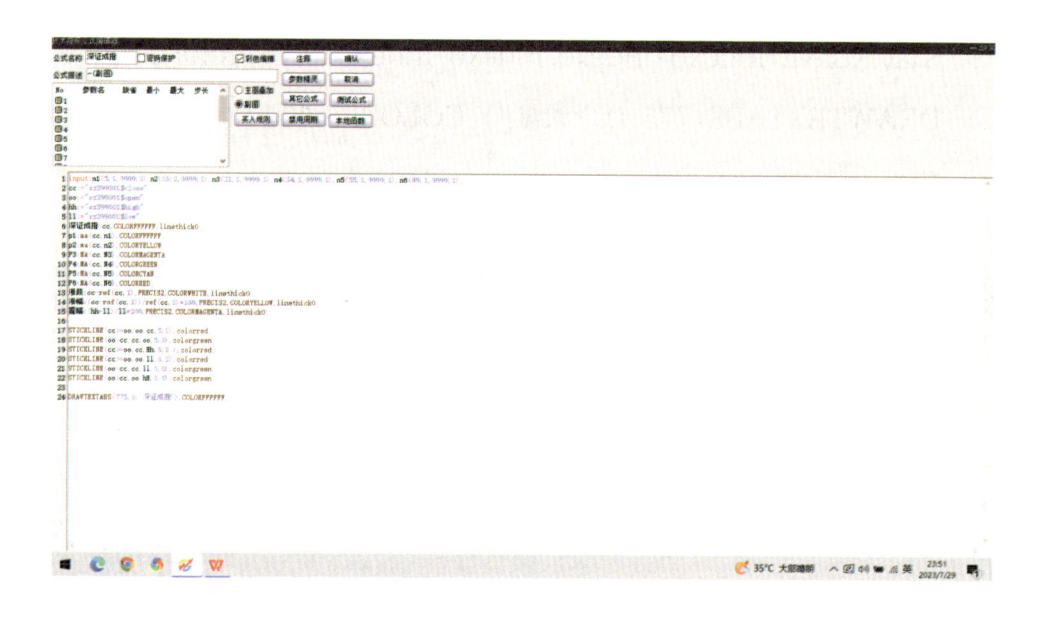

input:n1(5,1,9999,1),n2(10,1,9999,1),n3(21,1,9999,1),n4(34,1,9999,1),n5(55,1,9999,1),n6(89,1,9999,1);

cc:="sz399001$close";

oo:="sz399001$open";

hh:="sz399001$high";

ll:="sz399001$low";

深证成指:cc,COLORFFFFFF,linethick0;

p1:ma(cc,n1),COLORFFFFFF;

p2:ma(cc,n2),COLORYELLOW;

P3:MA(cc,N3),COLORMAGENTA;

P4:MA(cc,N4),COLORGREEN;

P5:MA(cc,N5),COLORCYAN;

P6:MA(cc,N6),COLORRED;

涨跌:cc-ref(cc,1),PRECIS2,COLORWHITE,linethick0;

涨幅:(cc-ref(cc,1))/ref(cc,1)*100,PRECIS2,COLORYELLOW,linethick0;

振幅:(hh-ll)/ll*100,PRECIS2,COLORMAGENTA,linethick0;

STICKLINE(cc>=oo,oo,cc,5,1),colorred;

STICKLINE(oo>cc,cc,oo,5,0),colorgreen;

STICKLINE(cc>=oo,cc,Hh,0,1),colorred;

STICKLINE(cc>=oo,oo,ll,0,1),colorred;

STICKLINE(oo>cc,cc,ll,0,0),colorgreen;

STICKLINE(oo>cc,oo,hH,0,0),colorgreen;

DRAWTEXTABS(775,0,'深证成指'),COLORFFFFFF;

如图 4-32 所示。

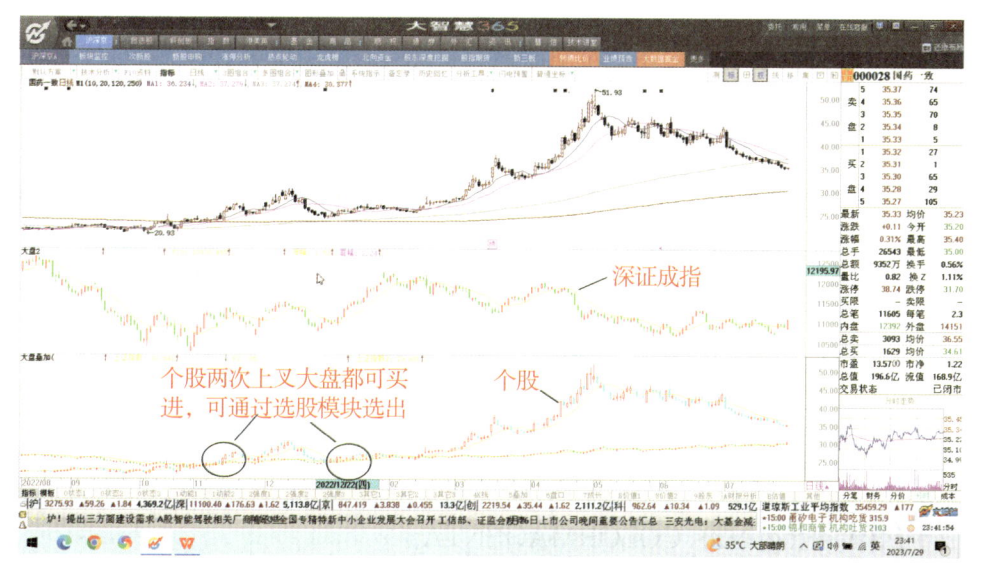

图 4-32

三、科创板指数的裸 K 图

科创板指数的裸 K 图源码如下。

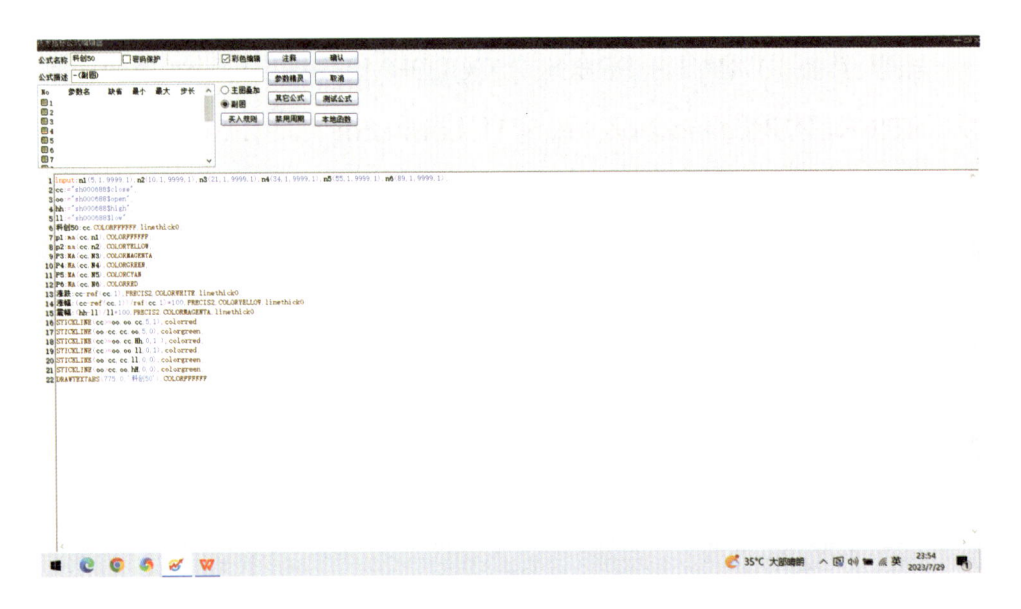

input:n1(5,1,9999,1),n2(10,1,9999,1),n3(21,1,9999,1),n4(34,1,9999,1),n5(55,1,9999,1),n6(89,1,9999,1);

cc:="sh000688$close";

oo:="sh000688$open";

hh:="sh000688$high";

ll:="sh000688$low";

科创 50:cc,COLORFFFFFF,linethick0;

p1:ma(cc,n1),COLORFFFFFF;

p2:ma(cc,n2),COLORYELLOW;

P3:MA(cc,N3),COLORMAGENTA;

P4:MA(cc,N4),COLORGREEN;

P5:MA(cc,N5),COLORCYAN;

P6:MA(cc,N6),COLORRED;

涨跌:cc-ref(cc,1),PRECIS2,COLORWHITE,linethick0;

涨幅:(cc-ref(cc,1))/ref(cc,1)*100,PRECIS2,COLORYELLOW,linethick0;

振幅:(hh-ll)/ll*100,PRECIS2,COLORMAGENTA,linethick0;

STICKLINE(cc>=oo,oo,cc,5,1),colorred;

STICKLINE(oo>cc,cc,oo,5,0),colorgreen;

STICKLINE(cc>=oo,cc,Hh,0,1),colorred;

STICKLINE(cc>=oo,oo,ll,0,1),colorred;

STICKLINE(oo>cc,cc,ll,0,0),colorgreen;

STICKLINE(oo>cc,oo,hH,0,0),colorgreen;

DRAWTEXTABS(775,0,'科创50'),COLORFFFFFF;

如图4-33所示。

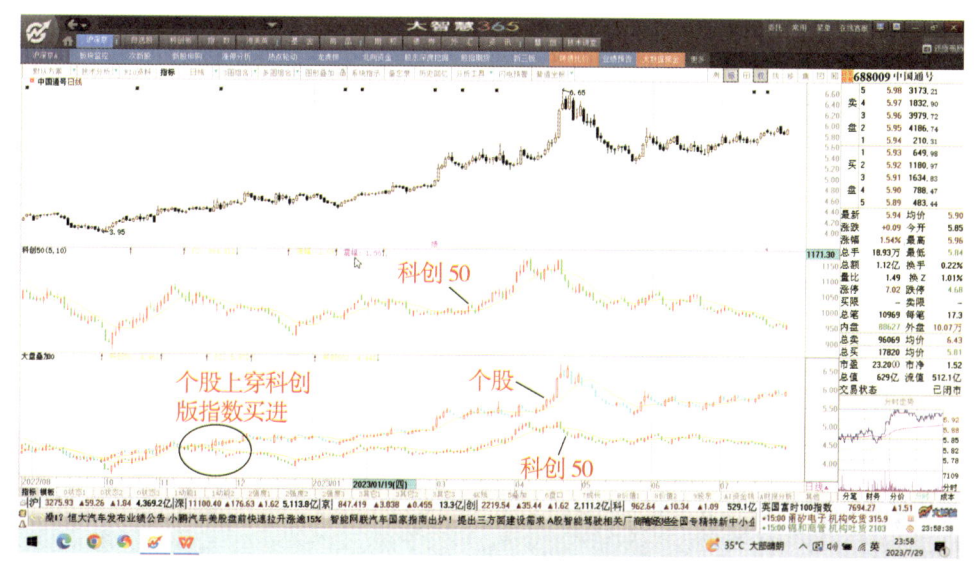

图 4-33

四、创业板指数的裸 K 图

创业板指数的裸 K 图源码如下。

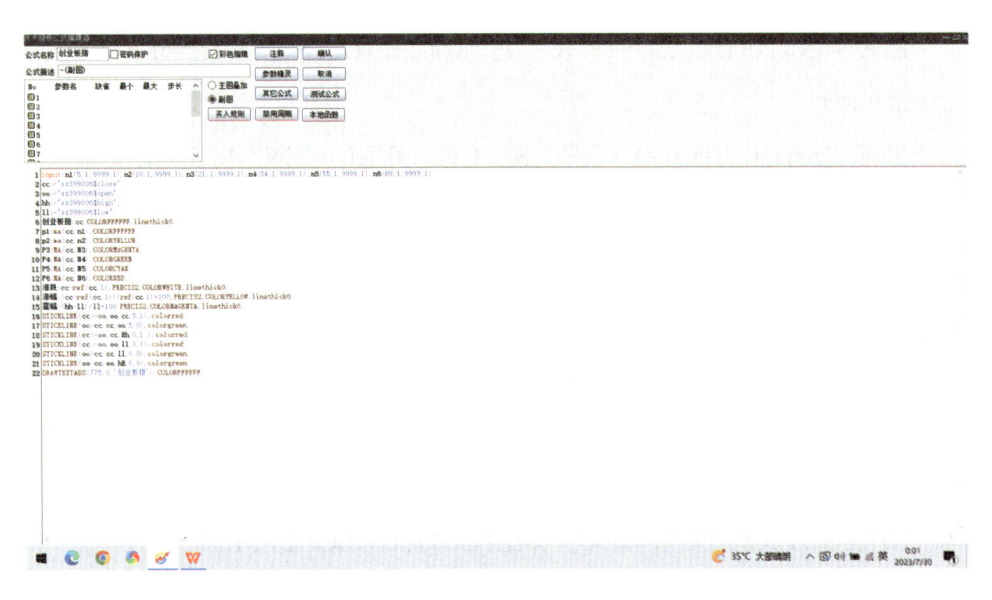

input:n1(5,1,9999,1),n2(10,1,9999,1),n3(21,1,9999,1),n4(34,1,9999,1),n5(55,1,9999,1),n6(89,1,9999,1);

cc:="sz399006$close";

oo:="sz399006$open";

hh:="sz399006$high";

ll:="sz399006$low";

创业板指:cc,COLORFFFFFF,linethick0;

p1:ma(cc,n1),COLORFFFFFF;

p2:ma(cc,n2),COLORYELLOW;

P3:MA(cc,N3),COLORMAGENTA;

P4:MA(cc,N4),COLORGREEN;

P5:MA(cc,N5),COLORCYAN;

P6:MA(cc,N6),COLORRED;

涨跌:cc-ref(cc,1),PRECIS2,COLORWHITE,linethick0;

涨幅:(cc-ref(cc,1))/ref(cc,1)*100,PRECIS2,COLORYELLOW,linethick0;

振幅:(hh-ll)/ll*100,PRECIS2,COLORMAGENTA,linethick0;

STICKLINE(cc>=oo,oo,cc,5,1),colorred;

STICKLINE(oo>cc,cc,oo,5,0),colorgreen;

STICKLINE(cc>=oo,cc,Hh,0,1),colorred;

STICKLINE(cc>=oo,oo,ll,0,1),colorred;

STICKLINE(oo>cc,cc,ll,0,0),colorgreen;

STICKLINE(oo>cc,oo,hH,0,0),colorgreen;

DRAWTEXTABS(775,0,'创业板指'),COLORFFFFFF;

如图 4-34 所示。

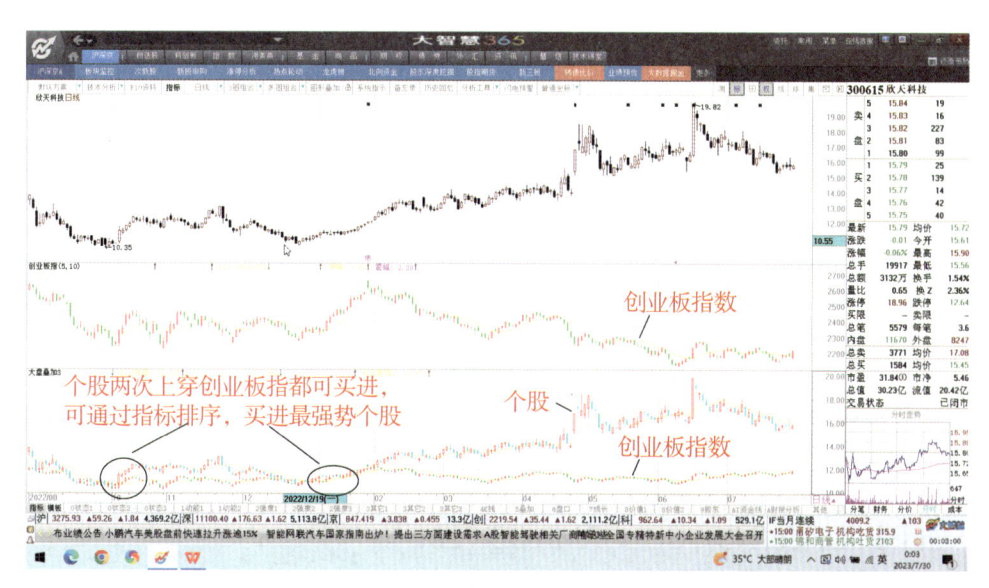

图 4-34

五、北证 50 指数的裸 K 图

北证 50 指数的裸 K 图源码如下。

input:n1(5,1,9999,1),n2(10,1,9999,1),n3(21,1,9999,1),n4(34,1,9999,1),n5(55,1,9999,1),n6(89,1,9999,1);

cc:="bj899050$close";

oo:="bj899050$open";

hh:="bj899050$high";

ll:="bj899050$low";

北证 50:cc,COLORFFFFFF,linethick0;

p1:ma(cc,n1),COLORFFFFFF;

p2:ma(cc,n2),COLORYELLOW;

P3:MA(cc,N3),COLORMAGENTA;

P4:MA(cc,N4),COLORGREEN;

P5:MA(cc,N5),COLORCYAN;

P6:MA(cc,N6),COLORRED;

涨跌:cc-ref(cc,1),PRECIS2,COLORWHITE,linethick0;

涨幅:(cc-ref(cc,1))/ref(cc,1)*100,PRECIS2,COLORYELLOW,linethick0;

振幅:(hh-ll)/ll*100,PRECIS2,COLORMAGENTA,linethick0;

STICKLINE(cc>=oo,oo,cc,5,1),colorred;

STICKLINE(oo>cc,cc,oo,5,0),colorgreen;

STICKLINE(cc>=oo,cc,Hh,0,1),colorred;

STICKLINE(cc>=oo,oo,ll,0,1),colorred;

STICKLINE(oo>cc,cc,ll,0,0),colorgreen;

STICKLINE(oo>cc,oo,hH,0,0),colorgreen;

DRAWTEXTABS(775,0,'北证50'),COLORFFFFFF;

如图4-35所示。

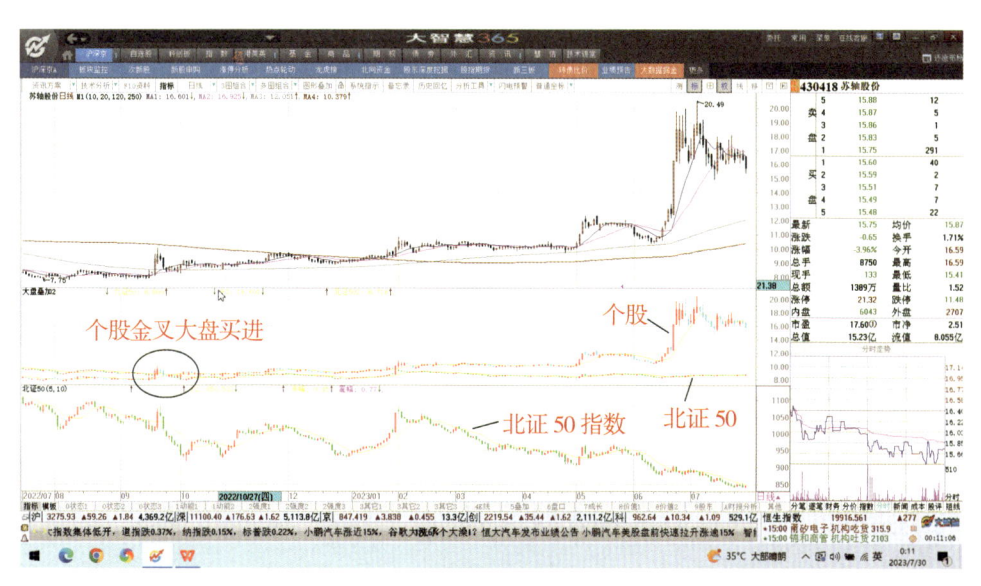

图4-35

六、国证 A 股的裸 K 图

国证 A 股指数的裸 K 图源码如下。

input:n1(5, 1, 999, 1), n2(10, 1, 999, 1), n3(21, 1, 9999, 1), n4(34, 1, 9999, 1), n5(55, 1, 9999, 1), n6(89, 1, 9999, 1);

cc:="sz399317$close";

oo:="sz399317$open";

hh:="sz399317$high";

ll:="sz399317$low";

国证 A 指 :cc, COLORFFFFFF, linethick0;

p1:ma(cc, n1), COLORFFFFFF;

p2:ma(cc, n2), COLORYELLOW;

P3:MA(cc, N3), COLORMAGENTA;

P4:MA(cc, N4), COLORGREEN;

P5:MA(cc,N5),COLORCYAN;

P6:MA(cc,N6),COLORRED;

涨跌:cc-ref(cc,1),PRECIS2,COLORWHITE,linethick0;

涨幅:(cc-ref(cc,1))/ref(cc,1)*100,PRECIS2,COLORYELLOW,linethick0;

振幅:(hh-ll)/ll*100,PRECIS2,COLORMAGENTA,linethick0;

STICKLINE(cc>=oo,oo,cc,5,1),colorred;

STICKLINE(oo>cc,cc,oo,5,0),colorgreen;

STICKLINE(cc>=oo,cc,Hh,0,1),colorred;

STICKLINE(cc>=oo,oo,ll,0,1),colorred;

STICKLINE(oo>cc,cc,ll,0,0),colorgreen;

STICKLINE(oo>cc,oo,hH,0,0),colorgreen;

DRAWTEXTABS(775,0,'国证A指'),COLORFFFFFF;

如图4-36所示。

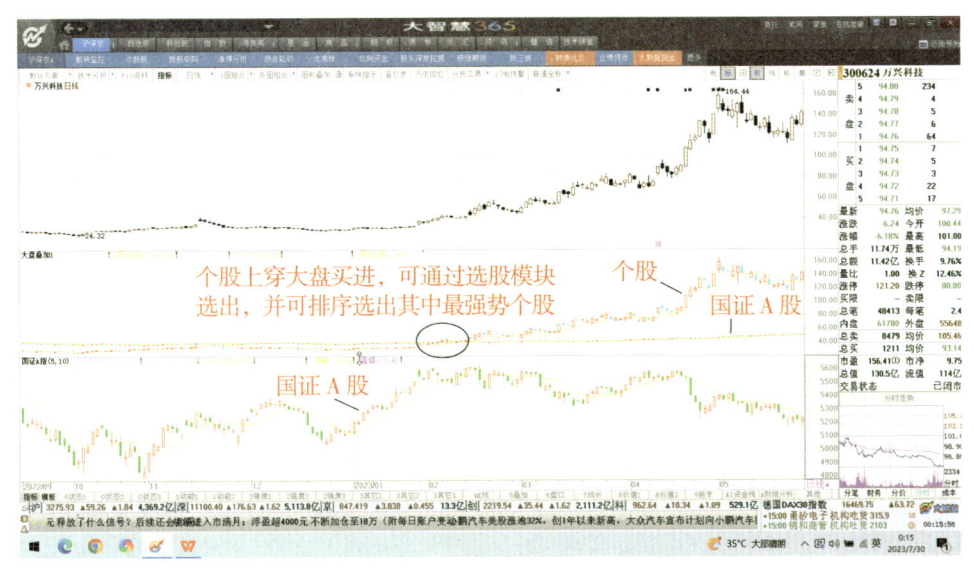

图 4-36

以上图中的个股大盘叠加图是笔者自创的。每个股票软件都有叠加功能，但随着鼠标的拖动，叠加图会跟着移动，导致很多信号变形，这是因为其叠加时没有固定坐标，图形移动，坐标也移动，导致信号不稳，笔者自创的叠加图改善了这个功能，不管图形怎么移动，叠加图永远不会跟随移动。

七、简洁明了的强度 K 线

笔者独创了检验任何方法是否有效的三个原则：简单性、规律性、一致性。

笔者所有的技法都符合这三个原则。那么在强势股实战操盘中有没有一目了然、简洁通用的技术呢？答案是肯定的。下面就将笔者独创的强度 K 线实战技法与大家分享。

强度 K 线的实战精要：

①强度 K 线就是将强度指标以 K 线形式显示出来，就像在传统 K 线图上做分析一样，适用于所有的传统技术分析方法，如形态分析、趋势线分析、K 线组合、基于价格的指标分析、道氏理论、江恩理论、波浪理论，等等。

②强度 K 线能够更直观地分析强势股的七大定义，临盘实战越简单越好，只看强度 K 线即可全面把握强弱趋势脉搏。

选股和排序的区别在于选股可以选出符合条件的个股，排序不仅可以选出符合条件的个股，还可以在选股的基础上进行强弱排序，选出最强或最弱的股票做多或做空。一图胜过万千言，下面就用实战图来一一进行讲解。

如图 4-37、图 4-38、图 4-39、图 4-40、图 4-41、图 4-42、图 4-43、图 4-44、图 4-45、图 4-46、图 4-47 所示。

图 4—37

图 4—38

图 4-39

我们使用强度K线进行选股或排序，还是以2022年4月为基准，通过强度K线排序，看看排序前10的股票后续涨幅如何

图 4-40

第四章 新增公式源码

图 4—41

图 4—42

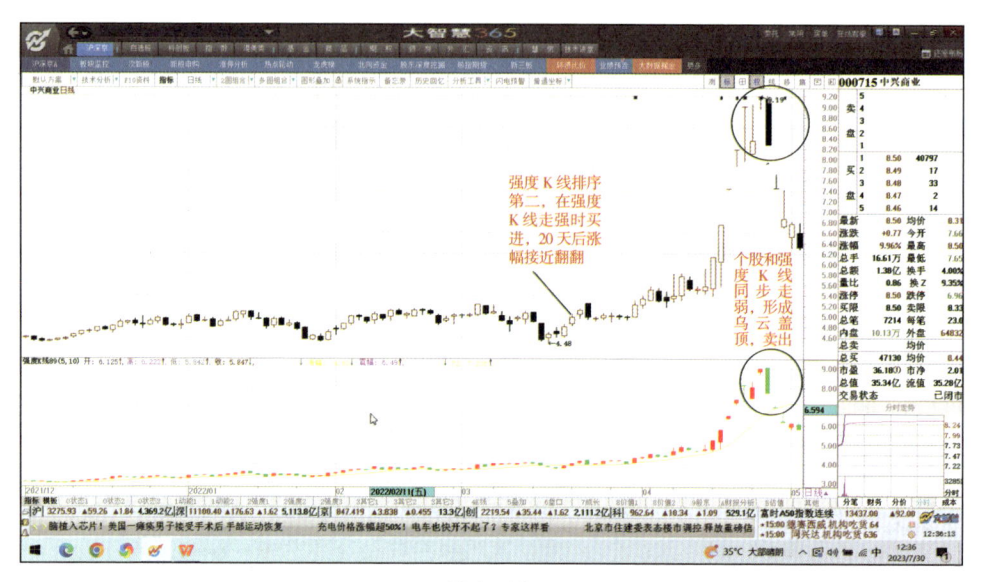

图 4-43

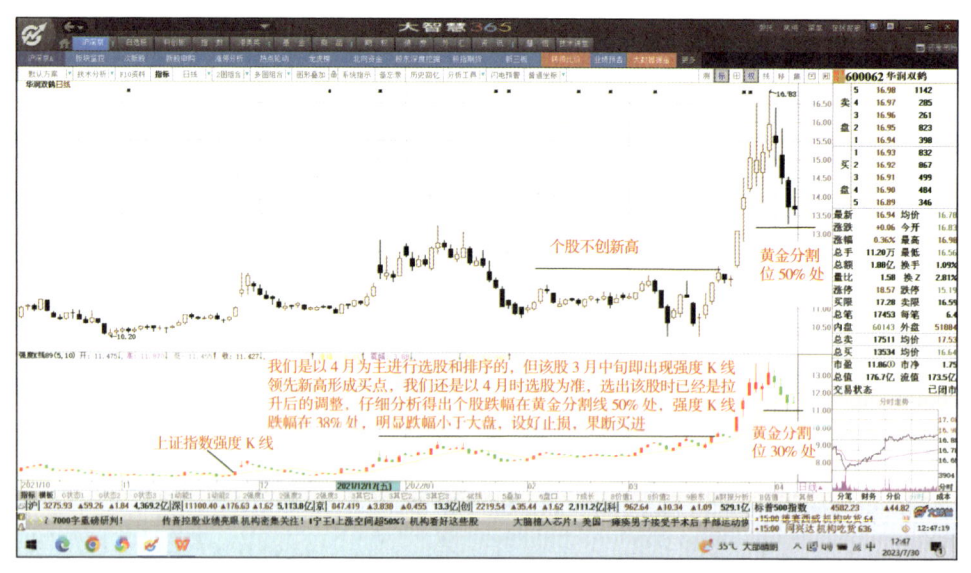

图 4-44

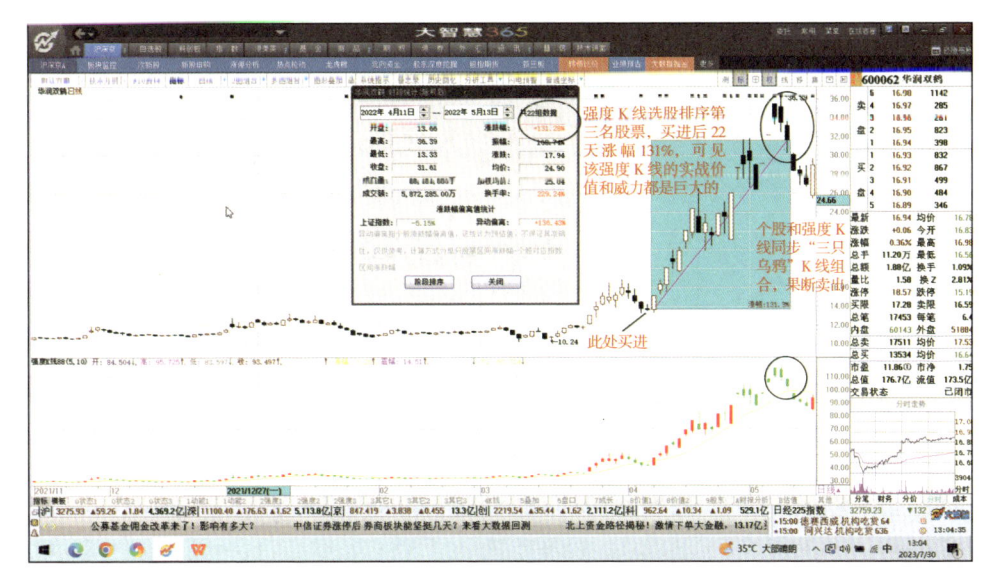

图 4—45

图 4—46

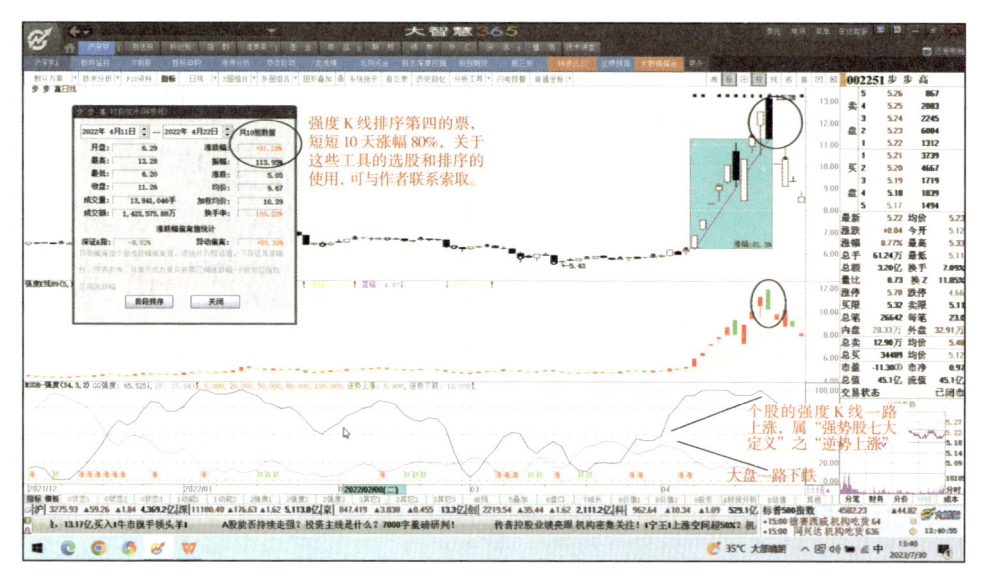

图 4-47

限于篇幅，强度 K 线排序后几名股票的分析，留待读者自行验证，权当作业。学而不思则罔，任何好的方法都需要融会贯通，只有完全消化吸收，变成自己的思想，才算学到家了，大家有任何不懂或不清楚的地方都可直接联系笔者进行沟通交流。书中公开的指标和技术都可免费使用。

八、补充：行业指数的源码

前文说过，选股的程序是先大盘再板块后个股，一般以行业板块为主，其原因前文说过。其源码如下，编制函数有点多，如需要的朋友可联系笔者索取。

ZSC:=IF(INBLOCK(' 土 木 工 程 '),"991002$CLOSE",IF(INBLOCK(' 电 热 供 应 '),"991003$CLOSE",IF(INBLOCK(' 软 件 '),"991004$CLOSE",

IF(INBLOCK(' 电子设备 '),"991006$CLOSE",IF(INBLOCK(' 房地产 '),"991007$CLOSE",IF(INBLOCK(' 服装 '),"991008$CLOSE",

IF(INBLOCK(' 黑色金属 '),"991009$CLOSE",IF(INBLOCK(' 供水供气 '),"991010$CLOSE",IF(INBLOCK(' 化工化纤 '),"991011$CLOSE",

IF(INBLOCK(' 电器机械 '),"991014$CLOSE",IF(INBLOCK(' 运输业 '),"991016$CLOSE",IF(INBLOCK(' 银行类 '),"991017$CLOSE",

IF(INBLOCK(' 住宿餐饮 '),"991018$CLOSE",IF(INBLOCK(' 煤炭石油 '),"991019$CLOSE",IF(INBLOCK(' 酒及饮料 '),"991020$CLOSE",

IF(INBLOCK(' 农林牧渔 '),"991021$CLOSE",IF(INBLOCK(' 零售业 '),"991023$CLOSE",IF(INBLOCK(' 建材家具 '),"991024$CLOSE",

IF(INBLOCK('综合'),"991025$CLOSE",IF(INBLOCK('运输设备'),"991026$CLOSE",IF(INBLOCK('通用设备'),"991027$CLOSE",

IF(INBLOCK('医疗卫生'),"991028$CLOSE",IF(INBLOCK('批发业'),"991031$CLOSE",IF(INBLOCK('文体传媒'),"991032$CLOSE",

IF(INBLOCK('仪电仪表'),"991033$CLOSE",IF(INBLOCK('有色金属'),"991034$CLOSE",IF(INBLOCK('造纸印刷'),"991035$CLOSE",

IF(INBLOCK('券商'),"991036$CLOSE",IF(INBLOCK('非金属矿'),"991037$CLOSE",IF(INBLOCK('通信网络'),"991135$CLOSE",

IF(INBLOCK('农副产品'),"9910013$CLOSE",IF(INBLOCK('橡胶塑料'),"9910015$CLOSE",IF(INBLOCK('开采辅助'),"9910022$CLOSE",

IF(INBLOCK('纺织业'),"9910029$CLOSE",IF(INBLOCK('能源加工'),"9910030$CLOSE",IF(INBLOCK('金属制品'),"9910038$CLOSE",

IF(INBLOCK('专用设备'),"9910039$CLOSE",IF(INBLOCK('汽车制造'),"9910040$CLOSE",IF(INBLOCK('其他制造'),"9910041$CLOSE",

IF(INBLOCK('仓储物流'),"991136$CLOSE",IF(INBLOCK('保险'),"991255$CLOSE",IF(INBLOCK('其他金融'),"991256$CLOSE",0)))))))))))))))))))))))))))))));

ZS0:=IF(INBLOCK('土木工程'),"991002$open",IF(INBLOCK('电热供应'),"991003$open",IF(INBLOCK('软件'),"991004$open",

IF(INBLOCK(' 电子设备 '),"991006$open",IF(INBLOCK(' 房地产 '),"991007$open",IF(INBLOCK(' 服装 '),"991008$open",

IF(INBLOCK(' 黑色金属 '),"991009$open",IF(INBLOCK(' 供水供气 '),"991010$open",IF(INBLOCK(' 化工化纤 '),"991011$open",

IF(INBLOCK(' 电器机械 '),"991014$open",IF(INBLOCK(' 运输业 '),"991016$open",IF(INBLOCK(' 银行类 '),"991017$open",

IF(INBLOCK(' 住宿餐饮 '),"991018$open",IF(INBLOCK(' 煤炭石油 '),"991019$open",IF(INBLOCK(' 酒及饮料 '),"991020$open",

IF(INBLOCK(' 农林牧渔 '),"991021$open",IF(INBLOCK(' 零售业 '),"991023$open",IF(INBLOCK(' 建材家具 '),"991024$open",

IF(INBLOCK(' 综合 '),"991025$open",IF(INBLOCK(' 运输设备 '),"991026$open",IF(INBLOCK(' 通用设备 '),"991027$open",

IF(INBLOCK(' 医疗卫生 '),"991028$open",IF(INBLOCK(' 批发业 '),"991031$open",IF(INBLOCK(' 文体传媒 '),"991032$open",

IF(INBLOCK(' 仪电仪表 '),"991033$open",IF(INBLOCK(' 有色金属 '),"991034$open",IF(INBLOCK(' 造纸印刷 '),"991035$open",

IF(INBLOCK(' 券商 '),"991036$open",IF(INBLOCK(' 非金属矿 '),"991037$open",IF(INBLOCK(' 通信网络 '),"991135$open",

IF(INBLOCK(' 农副产品 '),"9910013$open",IF(INBLOCK(' 橡胶塑料 '),"9910015$open",IF(INBLOCK(' 开采辅助 '),"9910022$open",

IF(INBLOCK(' 纺织业 '),"9910029$open",IF(INBLOCK(' 能源加工 '),"9910030$open",IF(INBLOCK(' 金属制品 '),"9910038$open",

IF(INBLOCK(' 专用设备 '),"9910039$open",IF(INBLOCK(' 汽车制

造'),"9910040$open",IF(INBLOCK(' 其他制造 '),"9910041$open",

　　IF(INBLOCK(' 仓 储 物 流 '),"991136$open",IF(INBLOCK(' 保险 '),"991255$open",IF(INBLOCK(' 其他金融 '),"991256$open",

0));

　　ZSH:=IF(INBLOCK(' 土木工程 '),"991002$high",IF(INBLOCK(' 电热供应 '),"991003$high",IF(INBLOCK(' 软件 '),"991004$high",

　　IF(INBLOCK(' 电 子 设 备 '),"991006$high",IF(INBLOCK(' 房 地产 '),"991007$high",IF(INBLOCK(' 服装 '),"991008$high",

　　IF(INBLOCK(' 黑色金属 '),"991009$high",IF(INBLOCK(' 供水供气 '),"991010$high",IF(INBLOCK(' 化工化纤 '),"991011$high",

　　IF(INBLOCK(' 电器机械 '),"991014$high",IF(INBLOCK(' 运输业 '),"991016$high",IF(INBLOCK(' 银行类 '),"991017$high",

　　IF(INBLOCK(' 住宿餐饮 '),"991018$high",IF(INBLOCK(' 煤炭石油 '),"991019$high",IF(INBLOCK(' 酒及饮料 '),"991020$high",

　　IF(INBLOCK(' 农 林 牧 渔 '),"991021$high",IF(INBLOCK(' 零 售业 '),"991023$high",IF(INBLOCK(' 建材家具 '),"991024$high",

　　IF(INBLOCK(' 综 合 '),"991025$high",IF(INBLOCK(' 运 输 设备 '),"991026$high",IF(INBLOCK(' 通用设备 '),"991027$high",

　　IF(INBLOCK(' 医 疗 卫 生 '),"991028$high",IF(INBLOCK(' 批 发业 '),"991031$high",IF(INBLOCK(' 文体传媒 '),"991032$high",

　　IF(INBLOCK(' 仪电仪表 '),"991033$high",IF(INBLOCK(' 有色金属 '),"991034$high",IF(INBLOCK(' 造纸印刷 '),"991035$high",

IF(INBLOCK(' 券 商 '),"991036$high",IF(INBLOCK(' 非 金 属 矿 '),"991037$high",IF(INBLOCK(' 通信网络 '),"991135$high",

IF(INBLOCK(' 农副产品 '),"9910013$high",IF(INBLOCK(' 橡胶塑料 '),"9910015$high",IF(INBLOCK(' 开采辅助 '),"9910022$high",

IF(INBLOCK(' 纺 织 业 '),"9910029$high",IF(INBLOCK(' 能 源 加 工 '),"9910030$high",IF(INBLOCK(' 金属制品 '),"9910038$high",

IF(INBLOCK(' 专用设备 '),"9910039$high",IF(INBLOCK(' 汽车制造 '),"9910040$high",IF(INBLOCK(' 其他制造 '),"9910041$high",

IF(INBLOCK(' 仓 储 物 流 '),"991136$high",IF(INBLOCK(' 保险 '),"991255$high",IF(INBLOCK(' 其他金融 '),"991256$high",

0)));

ZSL:=IF(INBLOCK(' 土木工程 '),"991002$low",IF(INBLOCK(' 电热供应 '),"991003$low",IF(INBLOCK(' 软件 '),"991004$low",

IF(INBLOCK(' 电 子 设 备 '),"991006$low",IF(INBLOCK(' 房 地 产 '),"991007$low",IF(INBLOCK(' 服装 '),"991008$low",

IF(INBLOCK(' 黑色金属 '),"991009$low",IF(INBLOCK(' 供水供气 '),"991010$low",IF(INBLOCK(' 化工化纤 '),"991011$low",

IF(INBLOCK(' 电 器 机 械 '),"991014$low",IF(INBLOCK(' 运 输 业 '),"991016$low",IF(INBLOCK(' 银行类 '),"991017$low",

IF(INBLOCK(' 住宿餐饮 '),"991018$low",IF(INBLOCK(' 煤炭石油 '),"991019$low",IF(INBLOCK(' 酒及饮料 '),"991020$low",

IF(INBLOCK(' 农 林 牧 渔 '),"991021$low",IF(INBLOCK(' 零 售

业'),"991023$low",IF(INBLOCK('建材家具'),"991024$low",

　　IF(INBLOCK('综　合'),"991025$low",IF(INBLOCK('运　输　设备'),"991026$low",IF(INBLOCK('通用设备'),"991027$low",

　　IF(INBLOCK('医疗卫生'),"991028$low",IF(INBLOCK('批发业'),"991031$low",IF(INBLOCK('文体传媒'),"991032$low",

　　IF(INBLOCK('仪电仪表'),"991033$low",IF(INBLOCK('有色金属'),"991034$low",IF(INBLOCK('造纸印刷'),"991035$low",

　　IF(INBLOCK('券　商'),"991036$low",IF(INBLOCK('非　金　属矿'),"991037$low",IF(INBLOCK('通信网络'),"991135$low",

　　IF(INBLOCK('农副产品'),"9910013$low",IF(INBLOCK('橡胶塑料'),"9910015$low",IF(INBLOCK('开采辅助'),"9910022$low",

　　IF(INBLOCK('纺织业'),"9910029$low",IF(INBLOCK('能源加工'),"9910030$low",IF(INBLOCK('金属制品'),"9910038$low",

　　IF(INBLOCK('专用设备'),"9910039$low",IF(INBLOCK('汽车制造'),"9910040$low",IF(INBLOCK('其他制造'),"9910041$low",

　　IF(INBLOCK('仓　储　物　流'),"991136$low",IF(INBLOCK('保险'),"991255$low",IF(INBLOCK('其他金融'),"991256$low",

0));

　　STICKLINE(ZSC>=ZSO,ZSO,ZSC,5,1),COLORRED;

　　STICKLINE(ZSO>ZSC,ZSC,ZSO,5,0),COLORGREEN;

　　STICKLINE(ZSC>=ZSO,ZSC,ZSH,0,1),COLORRED;

　　STICKLINE(ZSC>=ZSO,ZSO,ZSL,0,1),COLORRED;

STICKLINE(ZSO>ZSC,ZSC,ZSL,0,0),COLORGREEN;
STICKLINE(ZSO>ZSC,ZSO,ZSH,0,0),COLORGREEN;

行业:=IFS(INBLOCK('土木工程'),'土木工程',IFS(INBLOCK('电热供应'),'电热供应',IFS(INBLOCK('软件'),'软件',IFS(INBLOCK('电子设备'),'电子设备',

IFS(INBLOCK('房地产'),'房地产',IFS(INBLOCK('服装'),'服装',IFS(INBLOCK('黑色金属'),'黑色金属',IFS(INBLOCK('供水供气'),'供水供气',

IFS(INBLOCK('化工化纤'),'化工化纤',IFS(INBLOCK('电器机械'),'电器机械',IFS(INBLOCK('运输业'),'运输业',IFS(INBLOCK('银行类'),'银行类',

IFS(INBLOCK('住宿餐饮'),'住宿餐饮',IFS(INBLOCK('煤炭石油'),'煤炭石油',IFS(INBLOCK('酒及饮料'),'酒及饮料',IFS(INBLOCK('农林牧渔'),'农林牧渔',

IFS(INBLOCK('零售业'),'零售业',IFS(INBLOCK('建材家具'),'建材家具',IFS(INBLOCK('综合'),'综合',IFS(INBLOCK('运输设备'),'运输设备',

IFS(INBLOCK('通用设备'),'通用设备',IFS(INBLOCK('医疗卫生'),'医疗卫生',IFS(INBLOCK('批发业'),'批发业',IFS(INBLOCK('文体传媒'),'文体传媒',IFS(INBLOCK('仪电仪表'),'仪电仪表',

IFS(INBLOCK('有色金属'),'有色金属',IFS(INBLOCK('造纸印刷'),'造纸印刷',IFS(INBLOCK('券商'),'券商',IFS(INBLOCK('专用

设备'),'专用设备',

IFS(INBLOCK('非金属矿'),'非金属矿',IFS(INBLOCK('农副产品'),'农副产品',IFS(INBLOCK('橡胶塑料'),'橡胶塑料',IFS(INBLOCK('开采辅助'),'开采辅助',

IFS(INBLOCK('纺织业'),'纺织业',IFS(INBLOCK('能源加工'),'能源加工',IFS(INBLOCK('金属制品'),'金属制品',IFS(INBLOCK('汽车制造'),'汽车制造',

IFS(INBLOCK('其他制造'),'其他制造',IFS(INBLOCK('其他金融'),'其他金融',IFS(INBLOCK('通信网络'),'通信网络',IFS(INBLOCK('仓储物流'),'仓储物流',

IFS(INBLOCK('保险'),'保险',''))))))))))))))))))))))))))))))))))));

收盘:=ZSC;

开盘:=ZSO;

最高:=ZSH;

最低:=ZSL;

行业指数:收盘,COLORFFFFFF,LINETHICK0;

涨跌:收盘-REF(收盘,1),LINETHICK0,PRECIS2,COLORFFFFFF;

涨幅:SUM(收盘/REF(收盘,1)*100-100,1),LINETHICK0,PRECIS2,COLOR00FFFF;

振幅:(最高-最低)/最低*100,PRECIS2,COLORMAGENTA,linethick0;

DRAWTEXTABS(775, 0, ''+行业+''), COLORFFFFFF;

如图 4-48 所示。

图 4-48

第五章

资金管理 ①

第一节　资金管理的重要性

前文说过，成功的交易 = 进出场方法 + 资金管理 + 风险控制 + 心态管理，其重要性各占 25%，缺一不可，大多数图书主要谈论进出场方法，对资金管理和风险控制避而不谈或蜻蜓点水一笔带过，可能是只关注进出场方法，不懂资金管理和风险控制，或者是对资金管理和风险控制不够重视也或者根本不知道资金管理和风险控制的重要性，也可能是因为资金管理是决定一个交易者最后能否盈利的关键因素而不愿意分享，毕竟这是一个博弈市场，不产生财富，只是财富的再转移，教会了别人，自己就多了一个博弈对手。一个交易者在市场上历经坎坷后就会开始重视资金管理和风险控制，股票因为没有杠杆，并只做多（不融券），资金管理的重要性显得没有期货、期权、外汇等杠杆市场来得重要，但要想长期在金融市场生存并发展，资金管理是一

---

① 为保证图表清晰度，本章正文所述图表统一排至本章文末。

门必修课，是必须完全掌握的。

　　上面说了资金管理的重要性，那么资金管理的功效是什么呢？不论是股票、期货、期权还是外汇交易，不论有没有杠杆，只要是金融交易，资金管理的原则就是让我们亏的时候尽量少亏，赚的时候尽量多赚，只要是符合这个原则的就是好的资金管理策略。资金管理的另一个功能就是可以让一个正期望值的系统充分发挥出其盈利潜力，使得盈利最大化，目前市场上流行的资金管理策略有波动率策略、百分比策略、凯利公式策略、固定比率策略、止损风险策略等。其源码暂不公开，理由前文说过，但可提供有偿使用，有需要的朋友可联系笔者。我们将总资金、交易费用、滑点、进出场方法、时间周期等都设置为一样，唯一不同的就是资金管理策略，看看每个策略的市场表现如何。下面以杠杆市场（沪深300指数期货）和创业板股票300059（东方财富）分别进行大致说明。在讲解之前，重要的事再说明一下。有朋友说期货、期权、外汇等市场因为有杠杆，所以资金管理很重要，但股票没有杠杆（不采用融资融券），所以不需要或不用重视资金管理，看准了可以满仓或重仓操作，这样就可以实现利润最大化，这种做法对吗？下面我们就用满仓（100%仓位）和重仓（90%仓位）看看收益如何，再在同样条件下看看轻仓的情况如何（注：买入持有策略不在本书探讨范围内，因买入持有是在对品种价值基本面深刻透彻理解基础上的行为，本书为技术分析类图书，暂不讨论价值分析），如图5-1、图5-2、图5-3所示。

　　看了重仓和轻仓的对比，我们可以知道满仓重仓亏钱，而轻仓却赚钱。道理很简单，满仓或重仓没有容错机会，我们是凡人不是神，不会每次都正确（看得准），当运气好的时候满仓会大赚，但谁能保证每次好运都在呢，一旦厄运来临，将会死在黎明前的黑暗中。运气虽说很重要，但我们一定要把运气和能力分开，稳定赚钱靠的是能力而不是运气，在金融交易这个零和市场（假设只有赢家和输家，暂不论寄生者，如券商、印花税、基金，等等），首先要活下来，再求发展，切不可重仓赌运气。

申明一下，笔者目前以量化交易为主，主要使用的是金字塔程序化软件，和操作股票选择大智慧股票软件一样，对其他软件没有任何的好坏褒贬之意，每个软件只要还在市场上存活，都有其独有的优势，都是优秀的软件。笔者之所以选择大智慧和金字塔，完全是个人喜好和操作习惯使然。当然，我们必须感谢这些优秀的软件给我们带来交易上的便利，笔者也衷心感谢大智慧软件和金字塔软件提供的一些独特功能让笔者的讲解更加透彻。主要的资金管理策略如图5-4所示。

第二节　11个主要公式涉及的管理策略

一、权益百分比资金管理策略

首先介绍权益百分比资金管理策略，是因其使用者最广，不论是机构私募大资金还是散户个人小资金，权益百分比策略都是最简单并且非常有效的资金管理策略。其原理是：将总资金的某一百分比作为开仓量，亏的时候开仓率自然缩小，盈利时开仓量自然变大，具有自我调节功能。如图5-5、图5-6、图5-7、图5-8所示。因其计算方法简单，故使用者众多。

二、固定比率资金管理策略

固定比率资金管理策略的原理是：将每一手的最大回撤作为风险资金，并以仓位作为权重，仓位越大其风险资金也越大，其优势是遇到亏损时权益下降缓慢，盈利时权益上涨也较为缓慢，但当盈利较为顺利时，其权益上升会越来越快。如图5-9、图5-10所示。

三、固定单位资金管理策略

固定单位资金管理策略的原理是：将总资金分成 N 个单位，每个单位再除以风险资金就是开仓比率了，它也是盈利时仓位变大，亏损时仓位就变小。其原理和优势与百分比策略类似，其区别是可对风险资金比率进行调整，以适应各自的风险承受能力，通过对风险的调整来改变仓位。如图5-11、图5-12所示。

四、固定资金资金管理策略

固定资金资金管理策略的原理是：每一个仓位是基于以历史最大回撤作为风险来衡量的，历史回撤越大，表示风险越大，那么开仓比率就越小，否则风险无法控制。它和固定比率都是以最大回撤作为风险衡量因子，其区别在于固定资金资金管理策略较固定比率资金管理策略的权益曲线波动更大，其上升或下降速率更快。如图5-13、图5-14所示。

五、单笔风险资金管理策略

单笔风险资金管理策略的原理是：以历史平均单笔风险作为风险因子，

其和历史最大回撤相比，权益曲线的波动要灵敏得多，属于比较激进的资金管理策略。如图 5-15、图 5-16 所示。

六、止损风险资金管理策略

止损风险资金管理策略的原理是：以每次开仓后的止损比率作为风险衡量因子，每次所承担的风险随着权益的变大变小而增多减少。如图 5-17、图 5-18 所示。

七、波动风险资金管理策略

波动风险资金管理策略的原理是：每次开仓都以当时价格波动范围作为风险衡量因子，其优势是当价格波动较小时仓位较大，当价格波动较大时仓位较小，其仓位和波动范围大小成反比。追涨杀跌时仓位自然缩小，风平浪静时仓位自然变大。如图 5-19、图 5-20 所示。

八、凯利公式资金管理策略

凯利公式资金管理策略应该是知名度最高的策略了。其原理是：通过历史回撤得出的盈亏比和胜率，将其代入数学公式中，从而求出最佳开仓比例，这个比率可以使利润最大化。威廉指标的创始人威廉姆斯在全美罗宾斯杯交易大赛中将一万美元做到一百万美元而一战成名，当人们问及他成功的秘诀时，他说并没有什么神奇的买卖方法，秘诀其实就是凯利公式资金管理策略。如图 5-21、图 5-22 所示。

九、初始风险资金管理策略

初始风险资金管理策略的原理是：以每次开仓后的止损大小作为风险衡量因子，不同的止损策略其开仓比率不同，本着大止损小仓位、小止损大仓位的原则，实现风险均衡。如图 5-23、图 5-24 所示。

十、最大单亏资金管理策略

最大单亏资金管理策略很好理解，就是将历史回撤中单笔最大亏损作为风险衡量因子，从而在风险承受范围内计算出可开仓的比率。如图 5-25、图 5-26 所示。

十一、波动率资金管理策略

这个策略也是使用率比较高的策略了，很多专业机构就是用的这个策略。波动率资金管理策略的原理是：以价格波动率来衡量风险，波动率可以是标准差或真实波幅或直接简单的振幅，它们的效果都差不多。如图 5-27、图 5-28 所示。

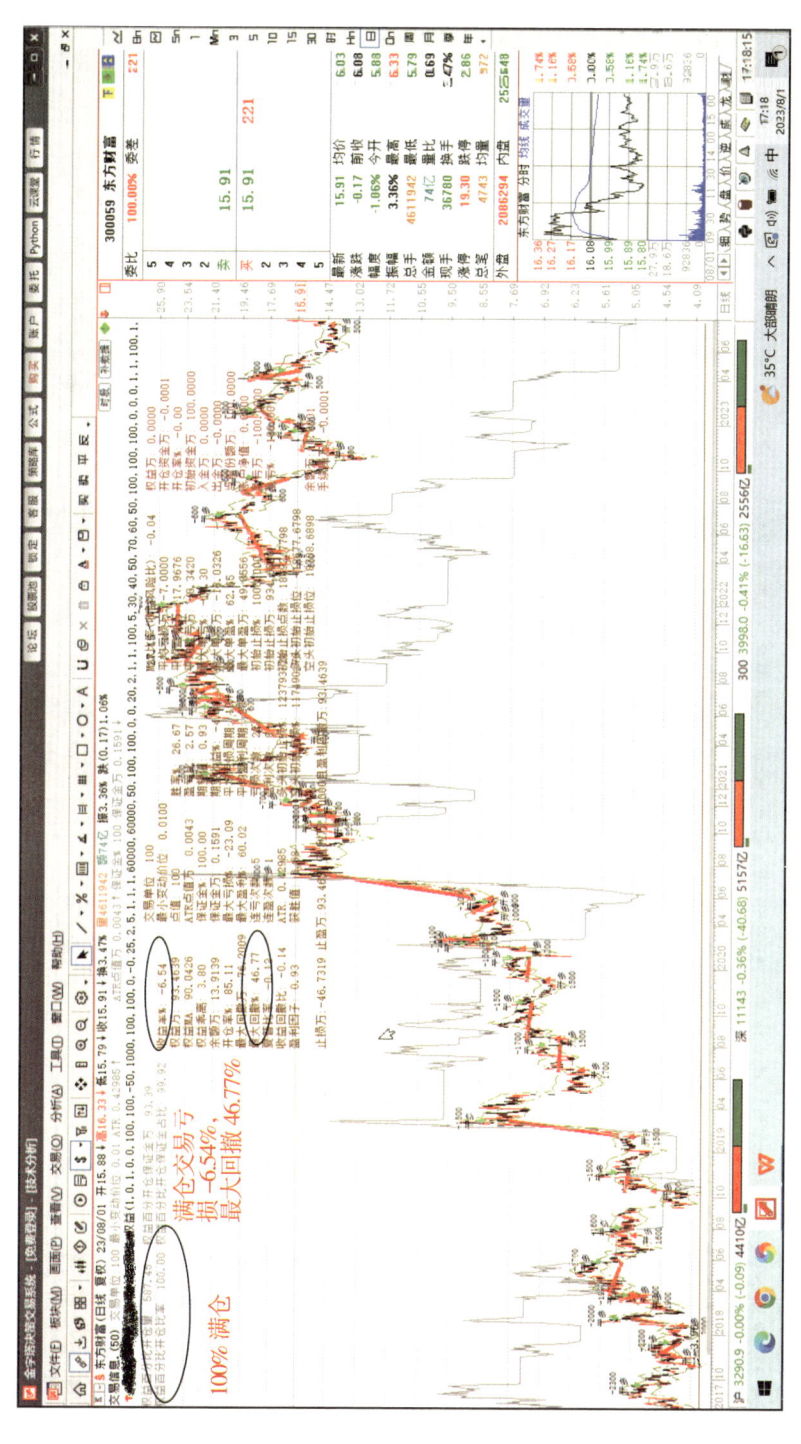

图 5-1

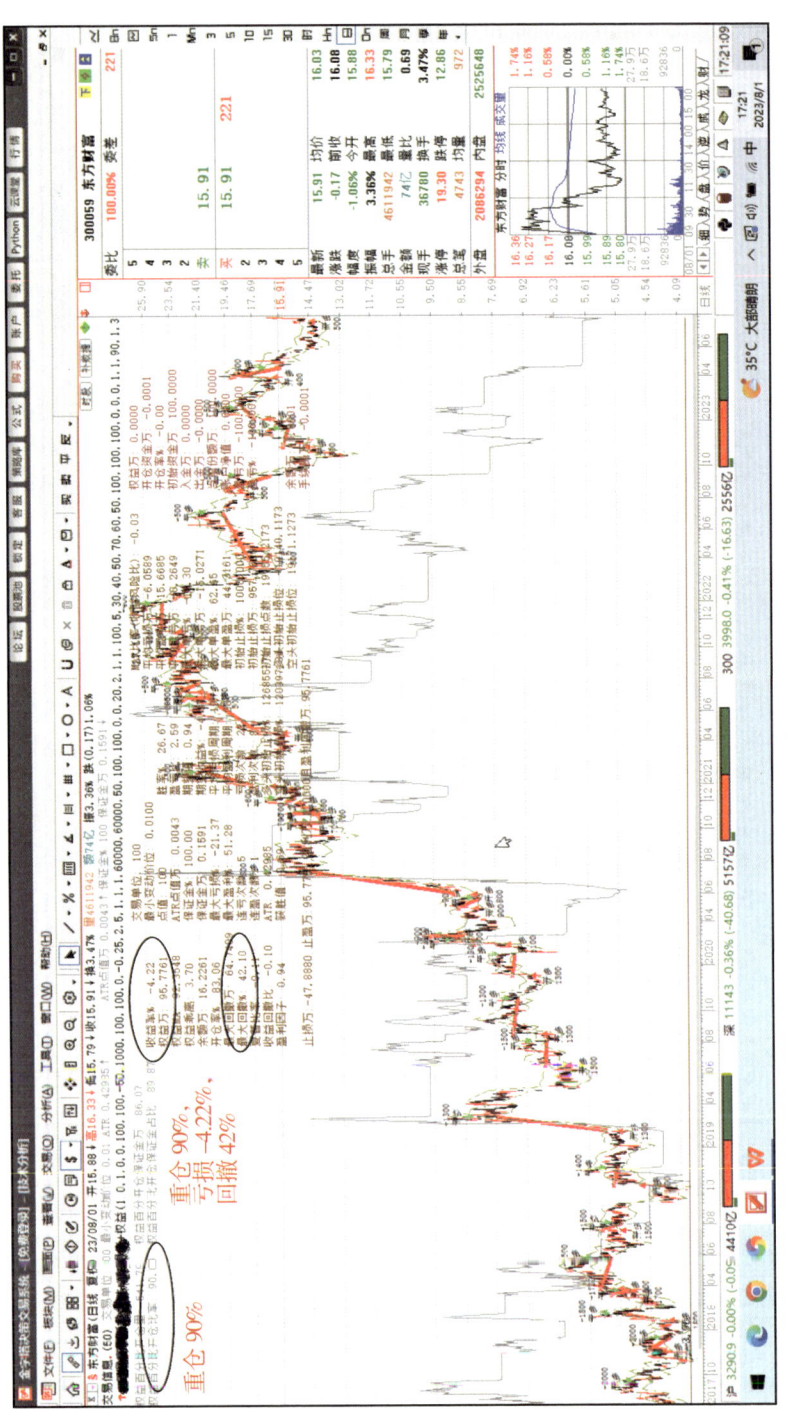

图 5-2

图 5-3

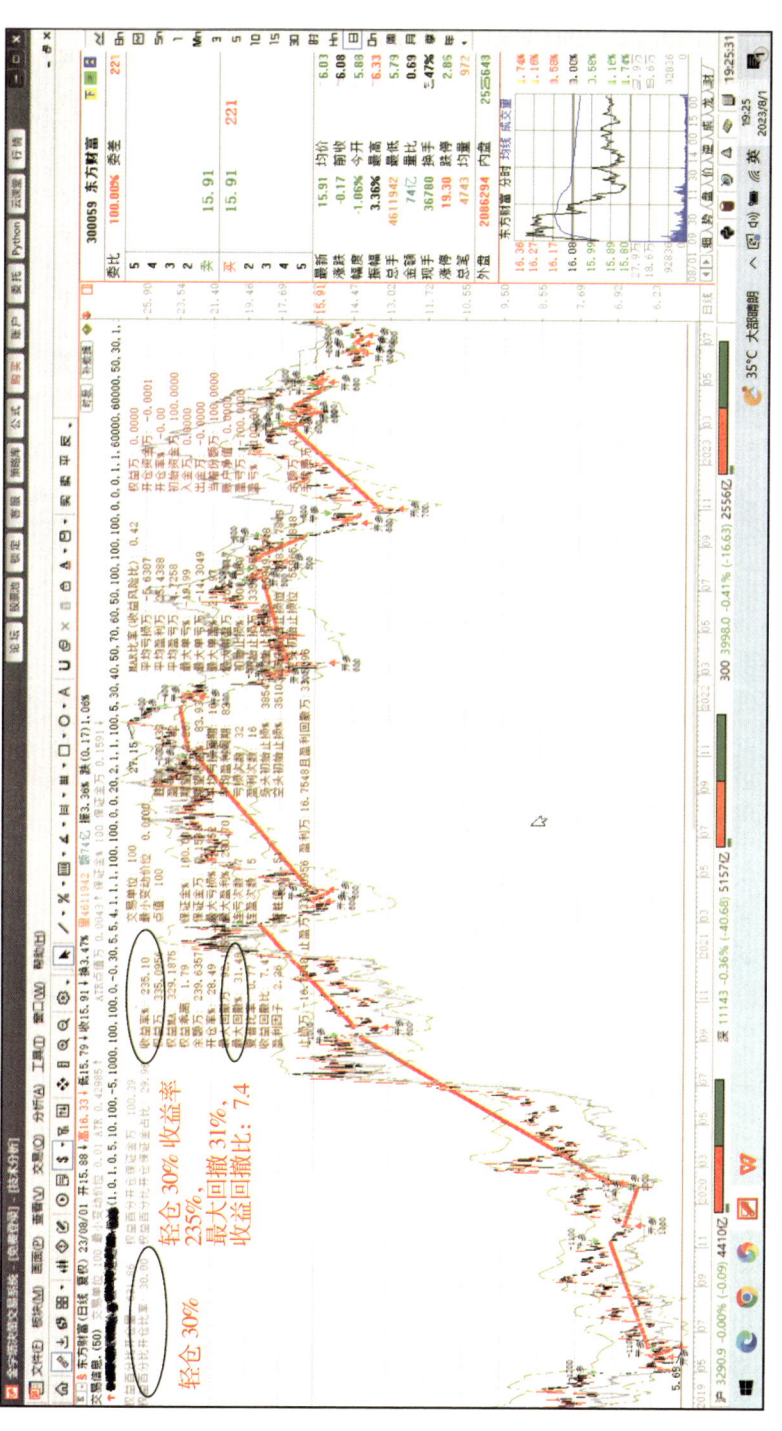

图 5-4

图 5-5

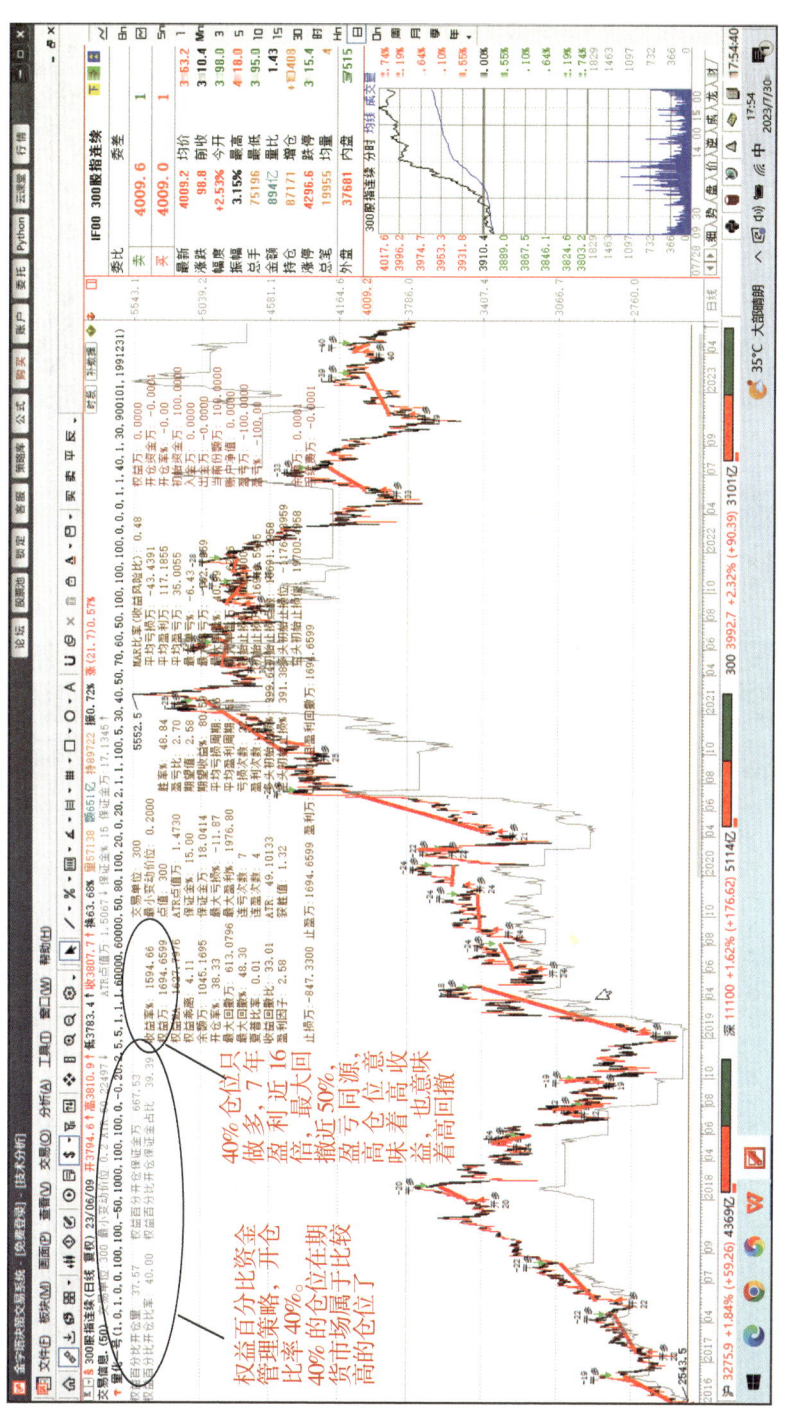

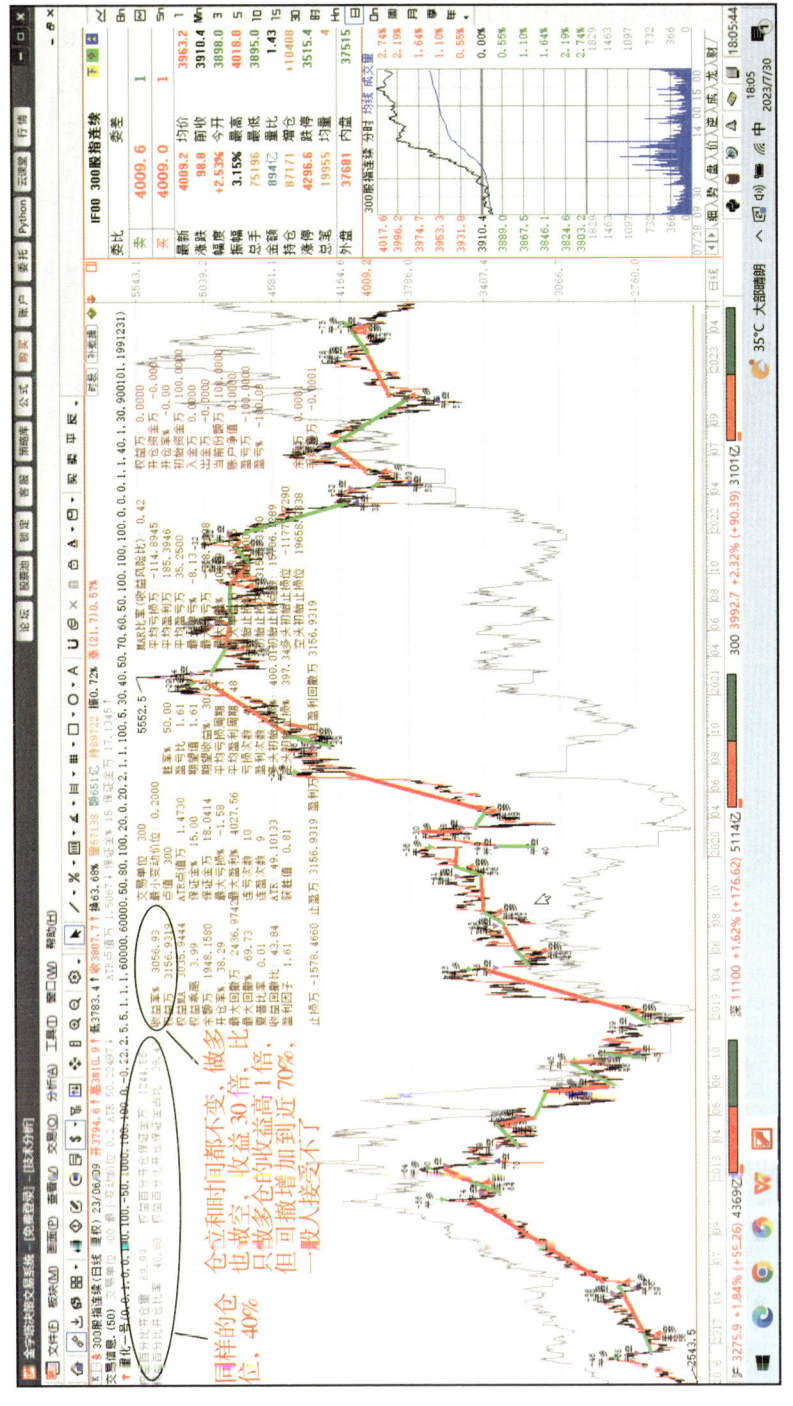

图 5-6

第五章 资金管理

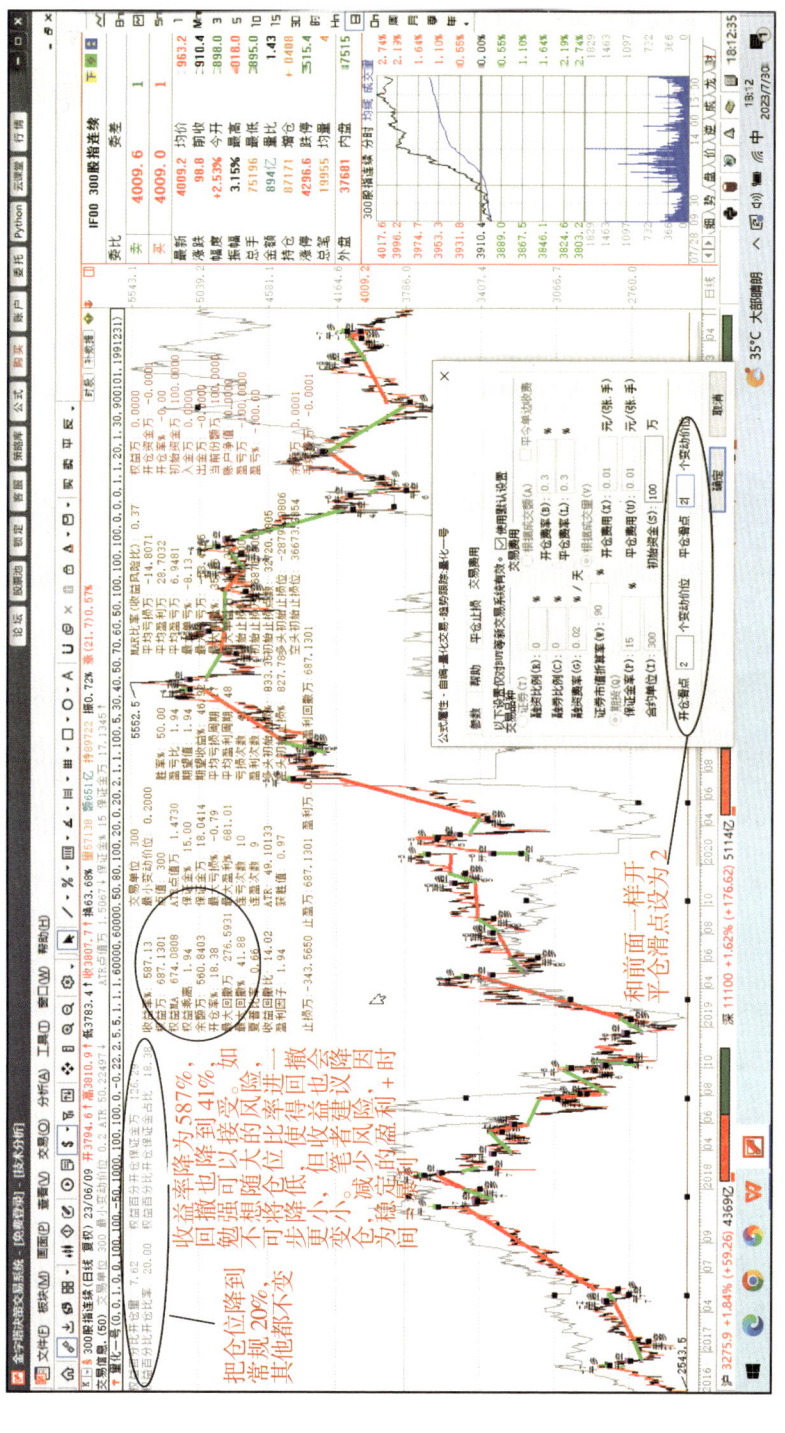

图 5-7

图 5-8

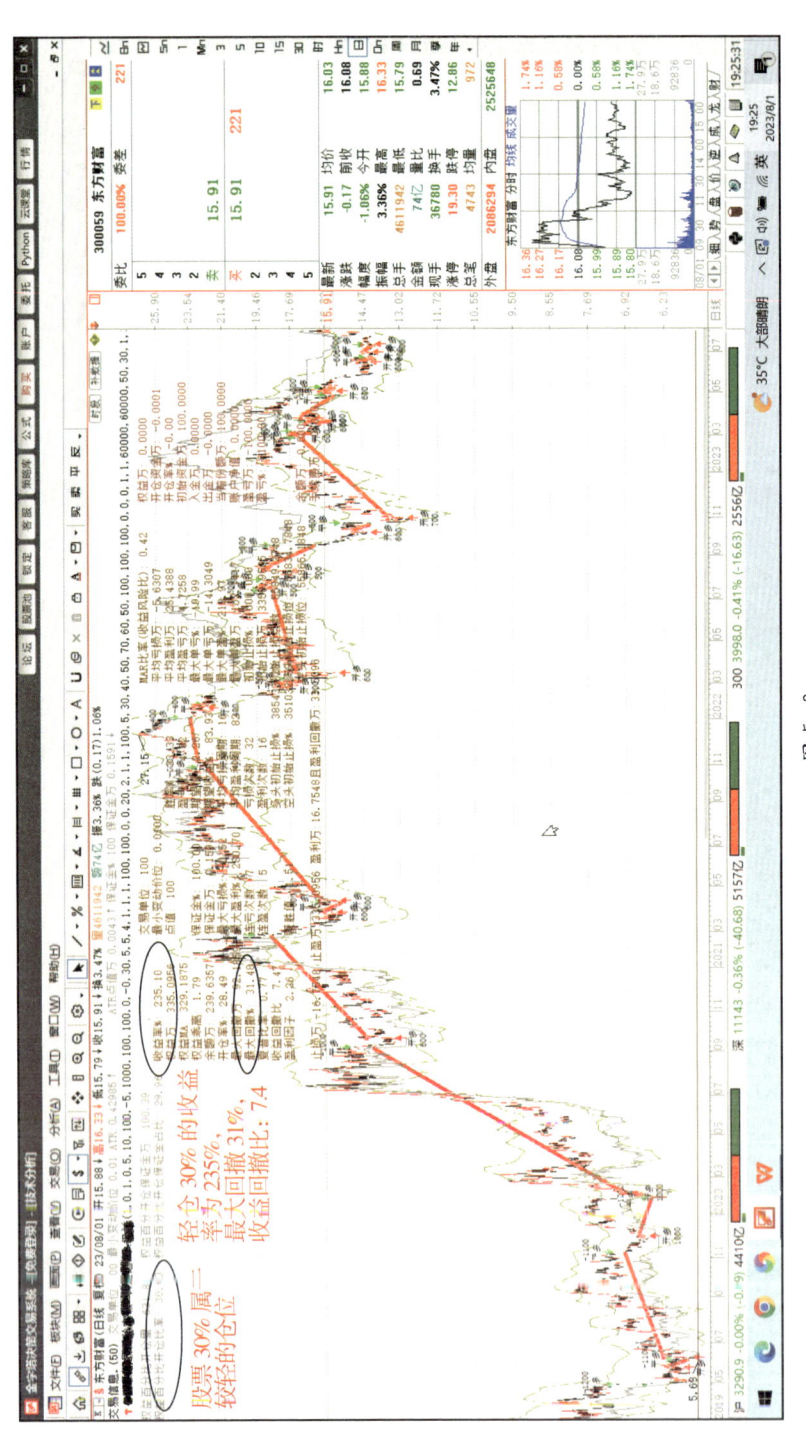

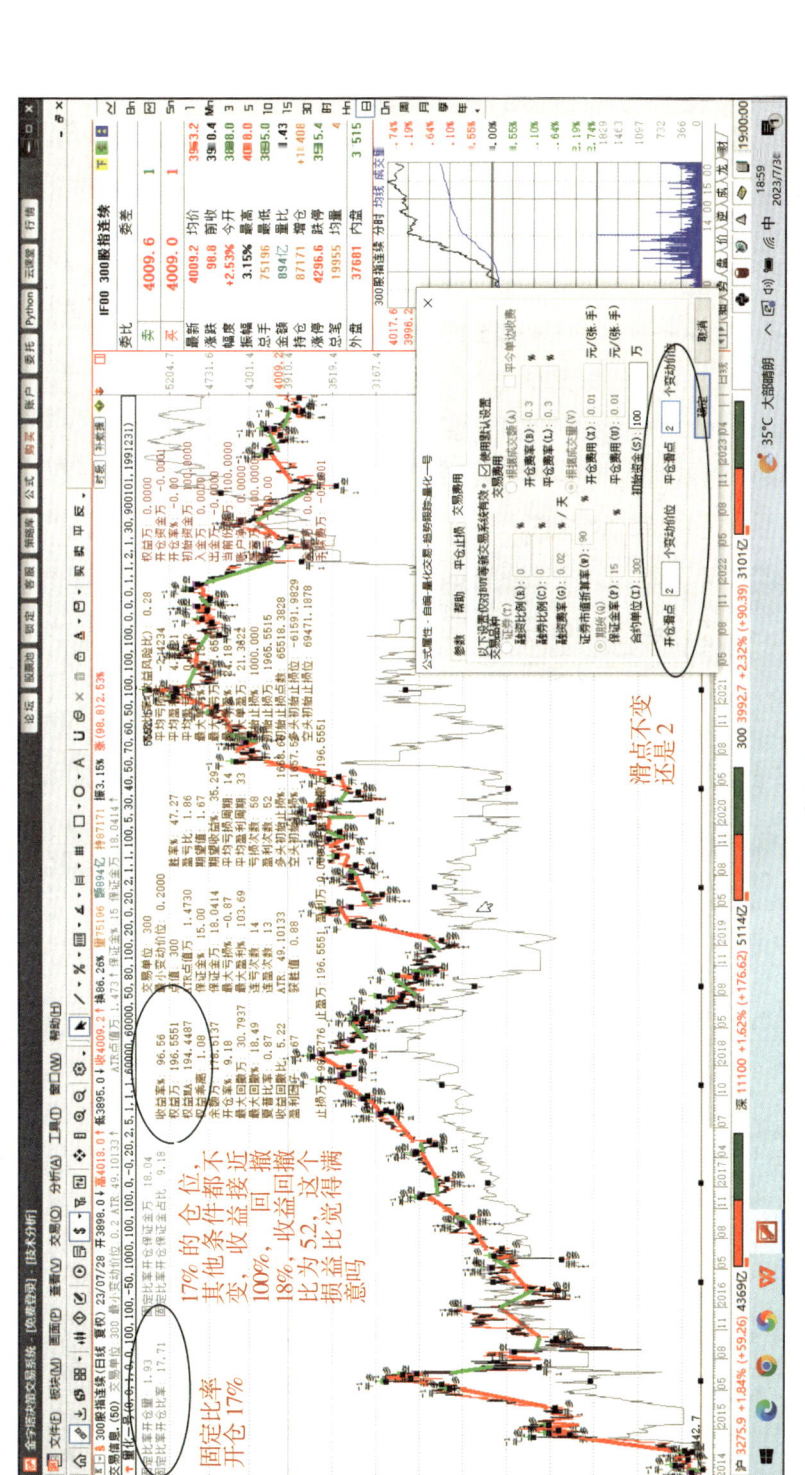

图 5-9

固定比率
开仓 17%

17%的仓位，其他条件都不变，收益接近100%，收益回撤比为 5.2，损益比觉得满意吗

滑点不变
还是 2

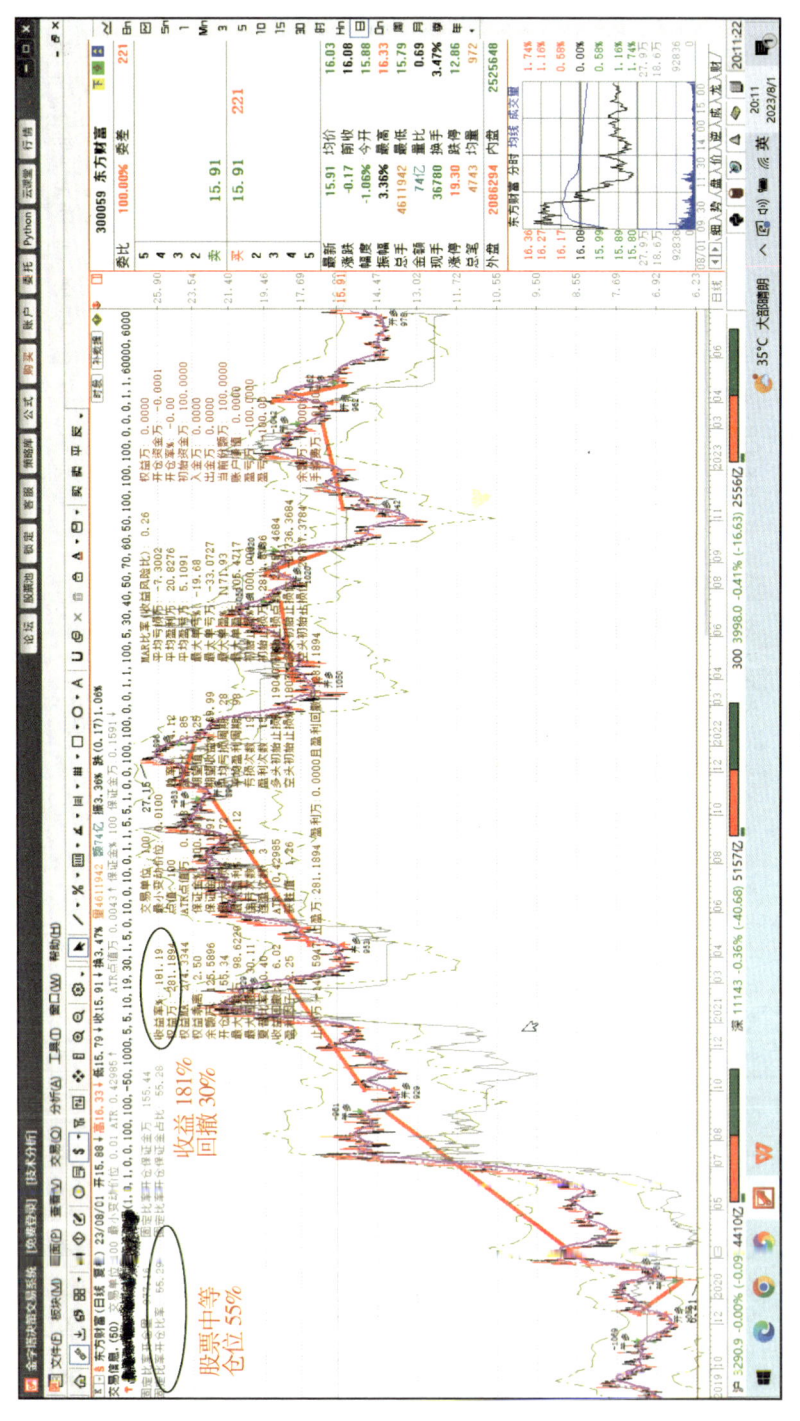

图 5-10

图 5-11

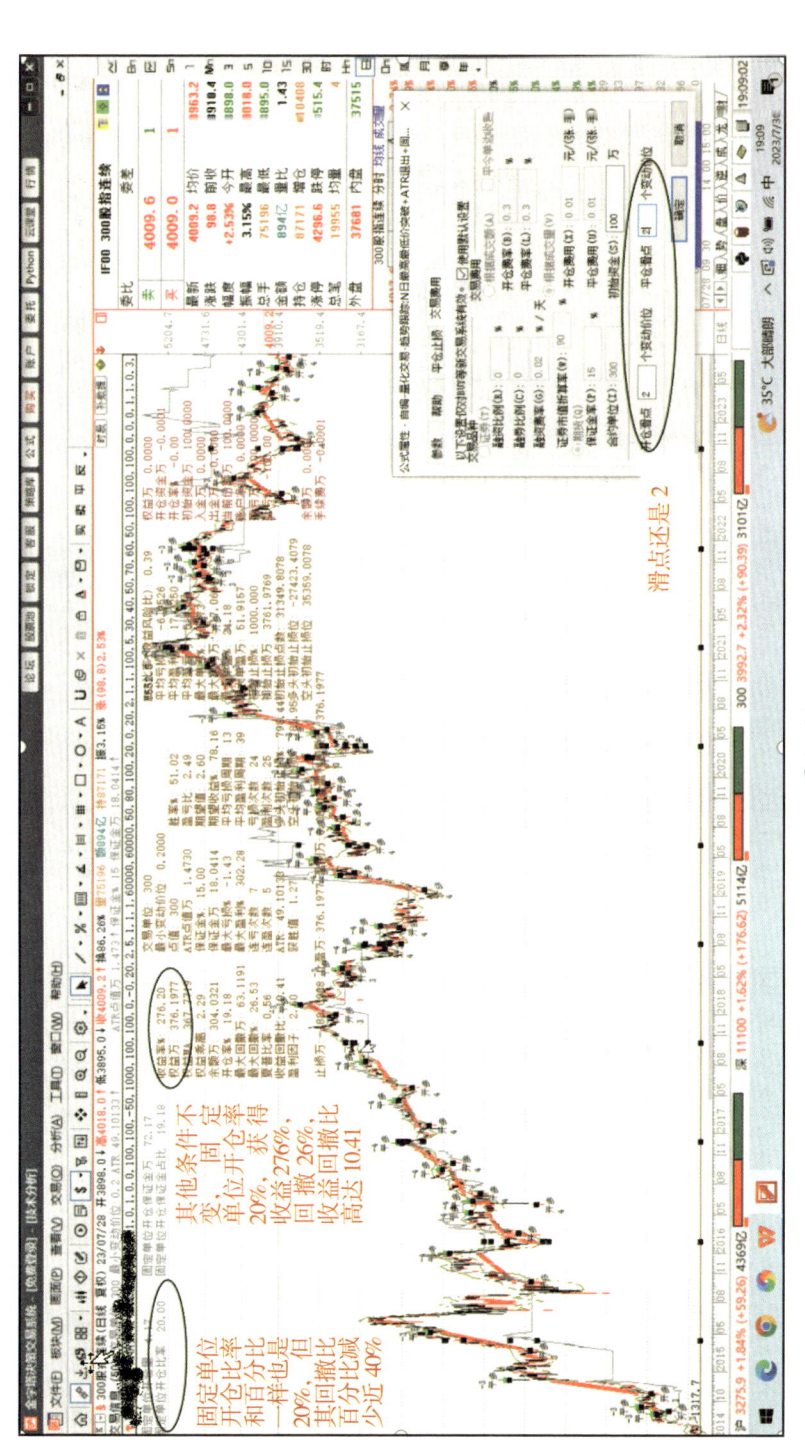

图 5-12

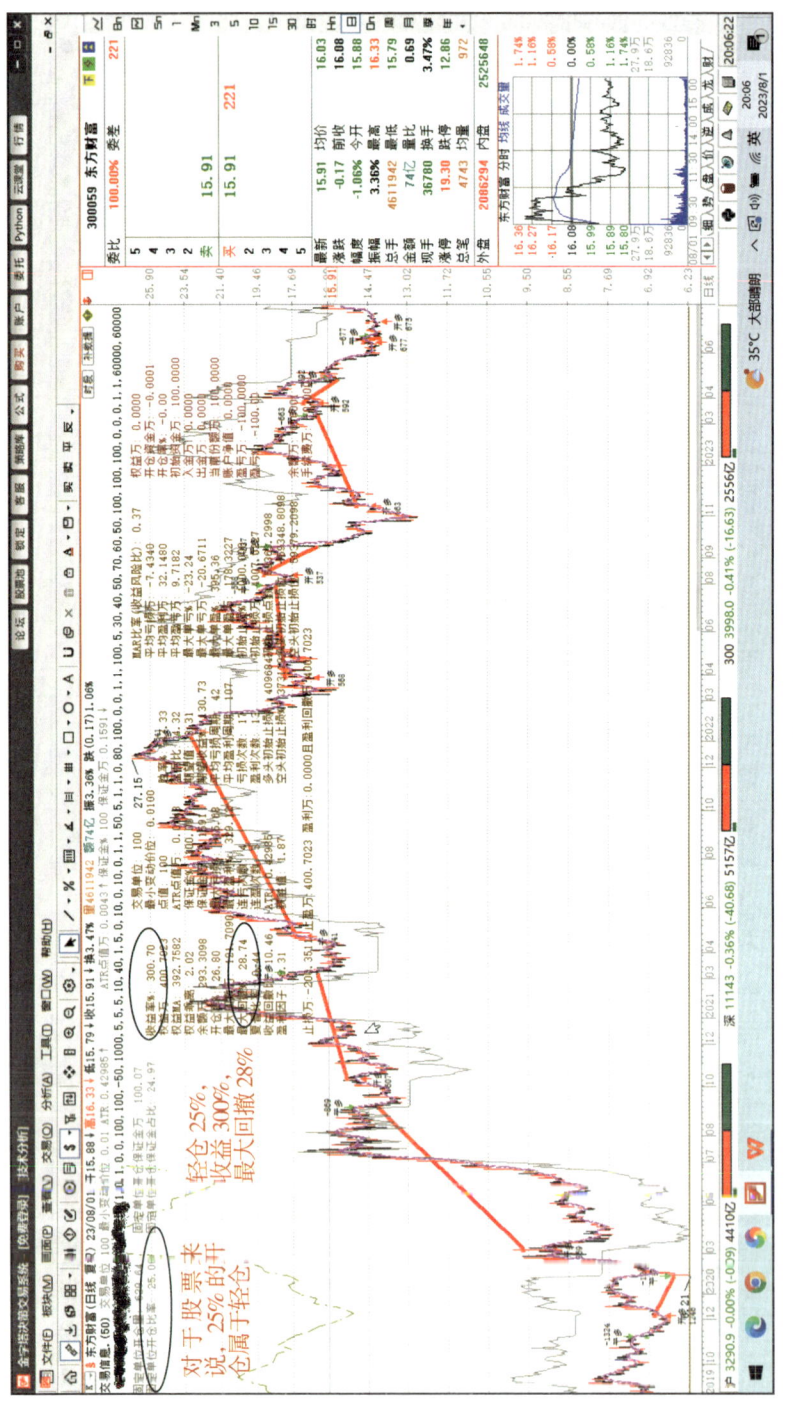

图 5-13

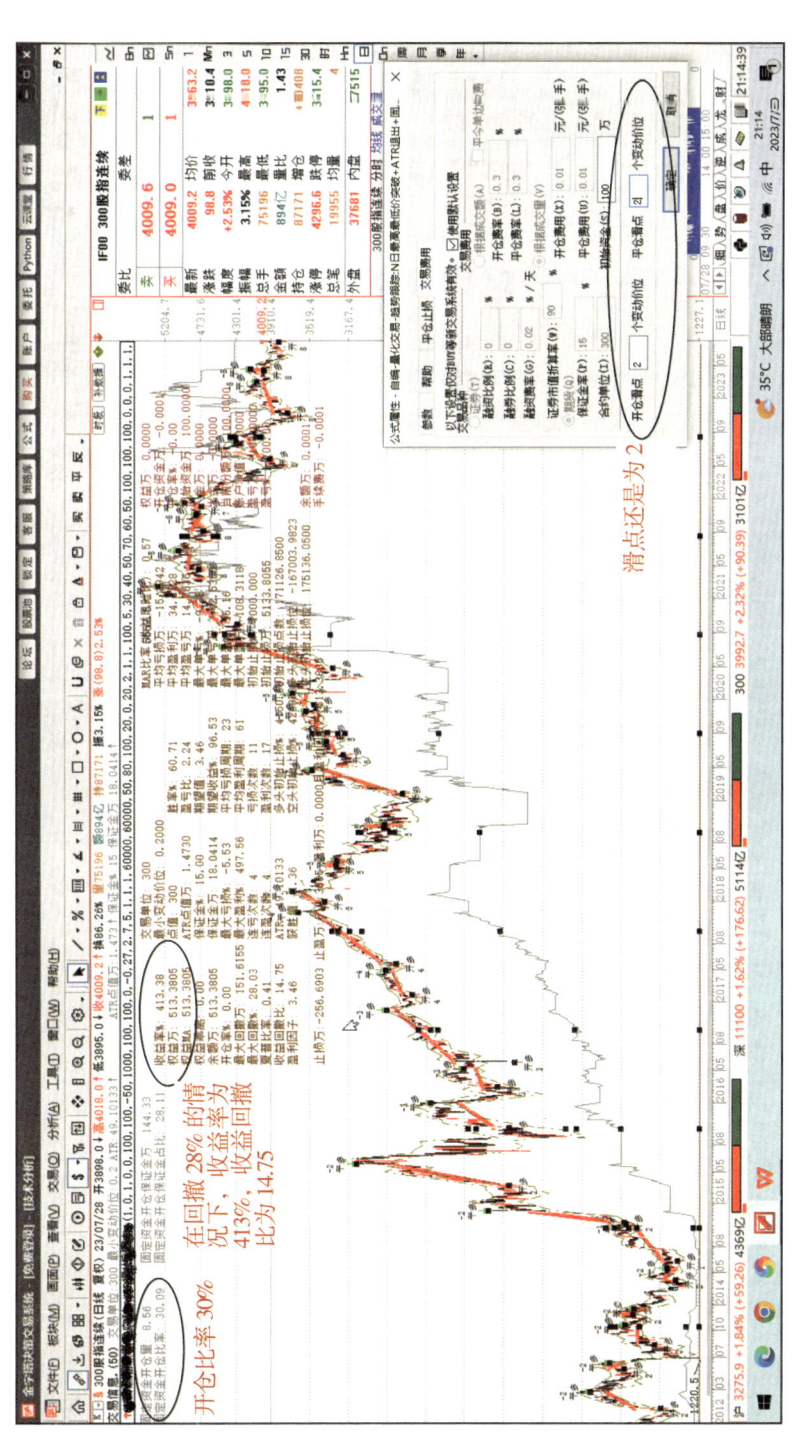

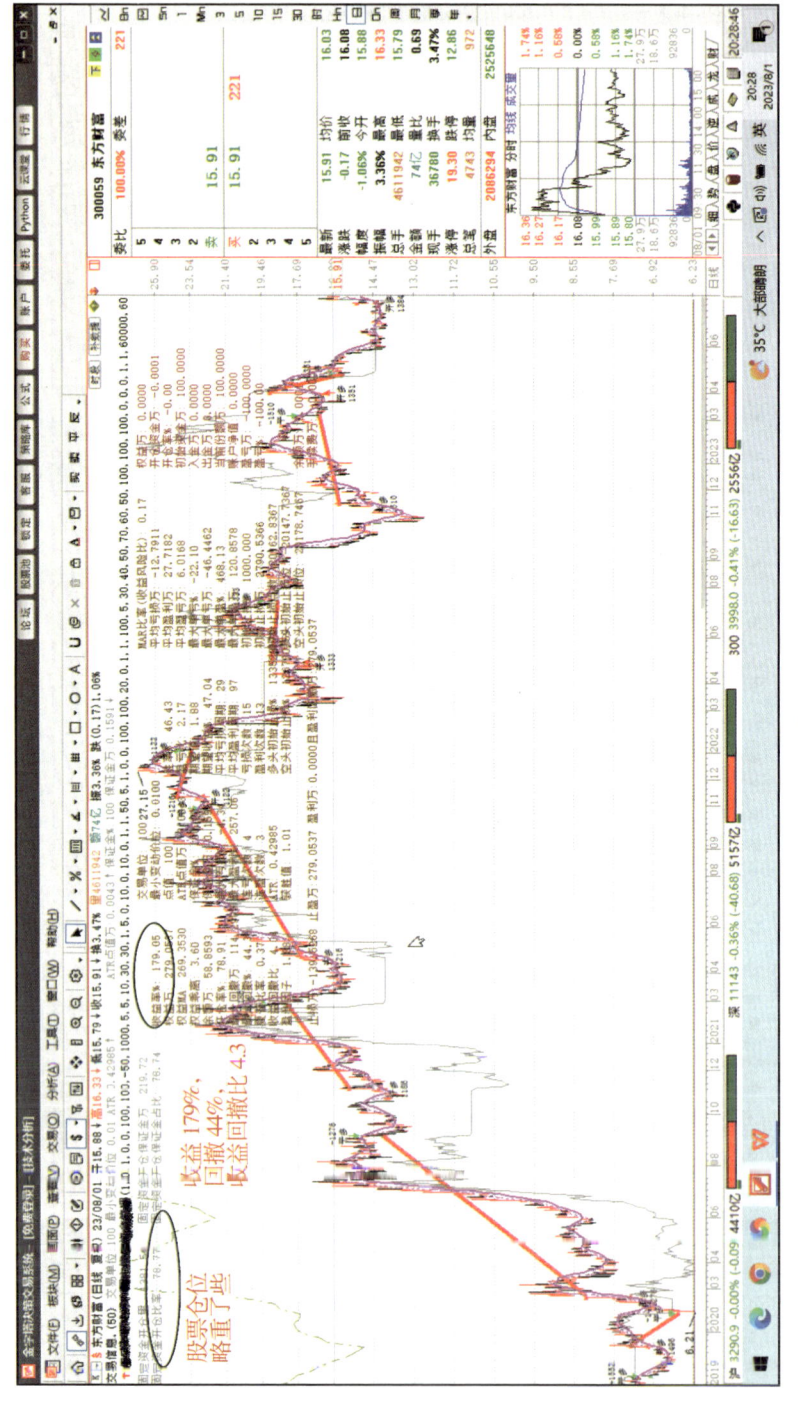

图 5-14

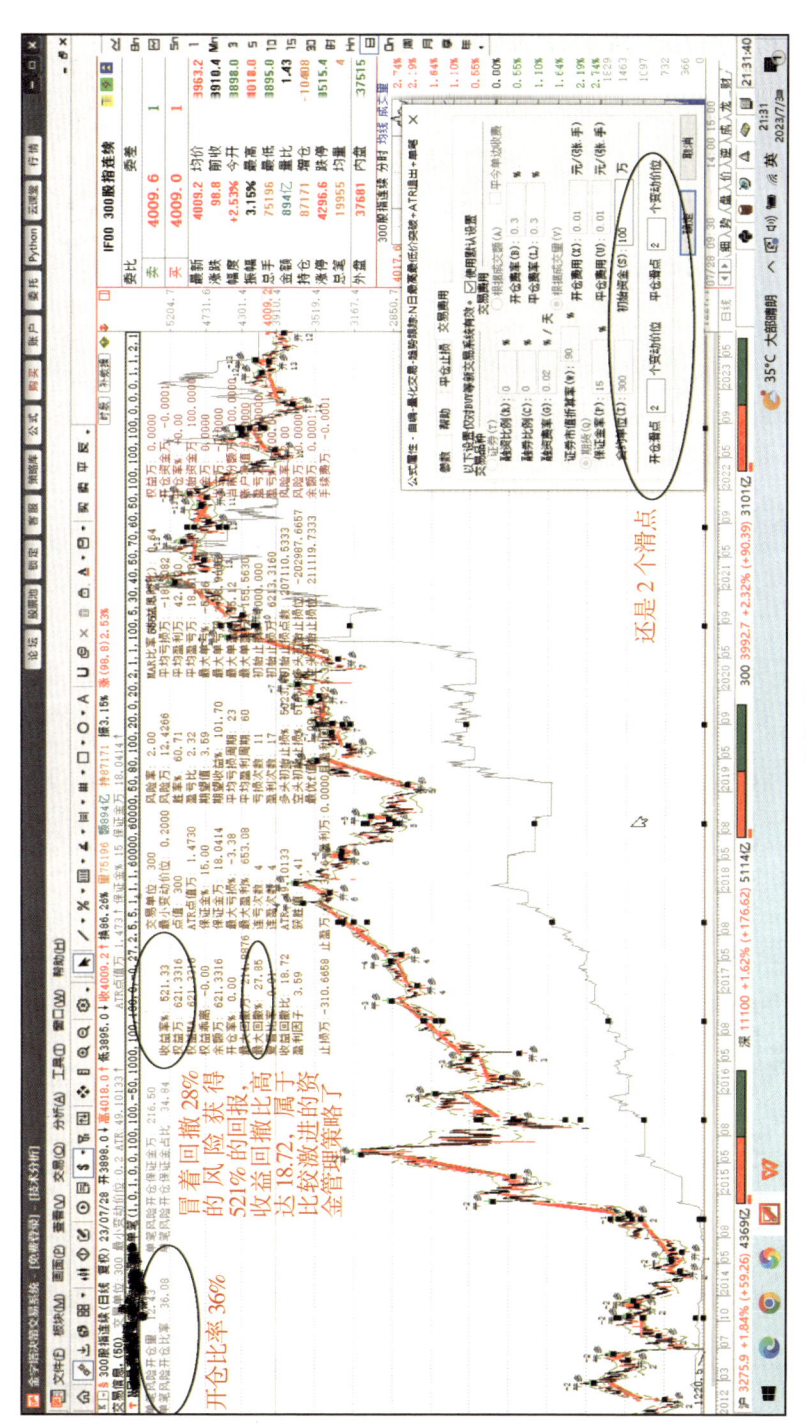

图 5-15

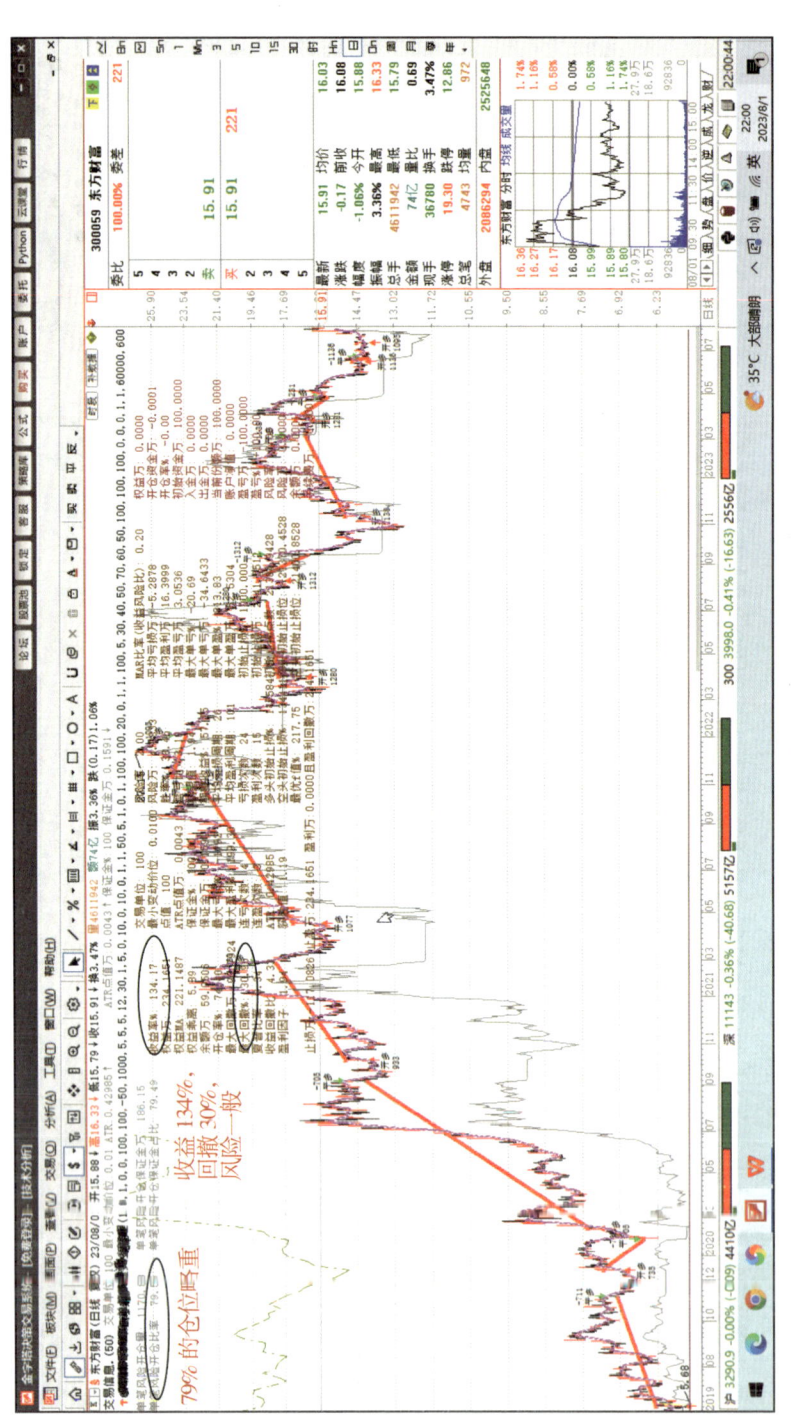

图 5-16

图 5-17

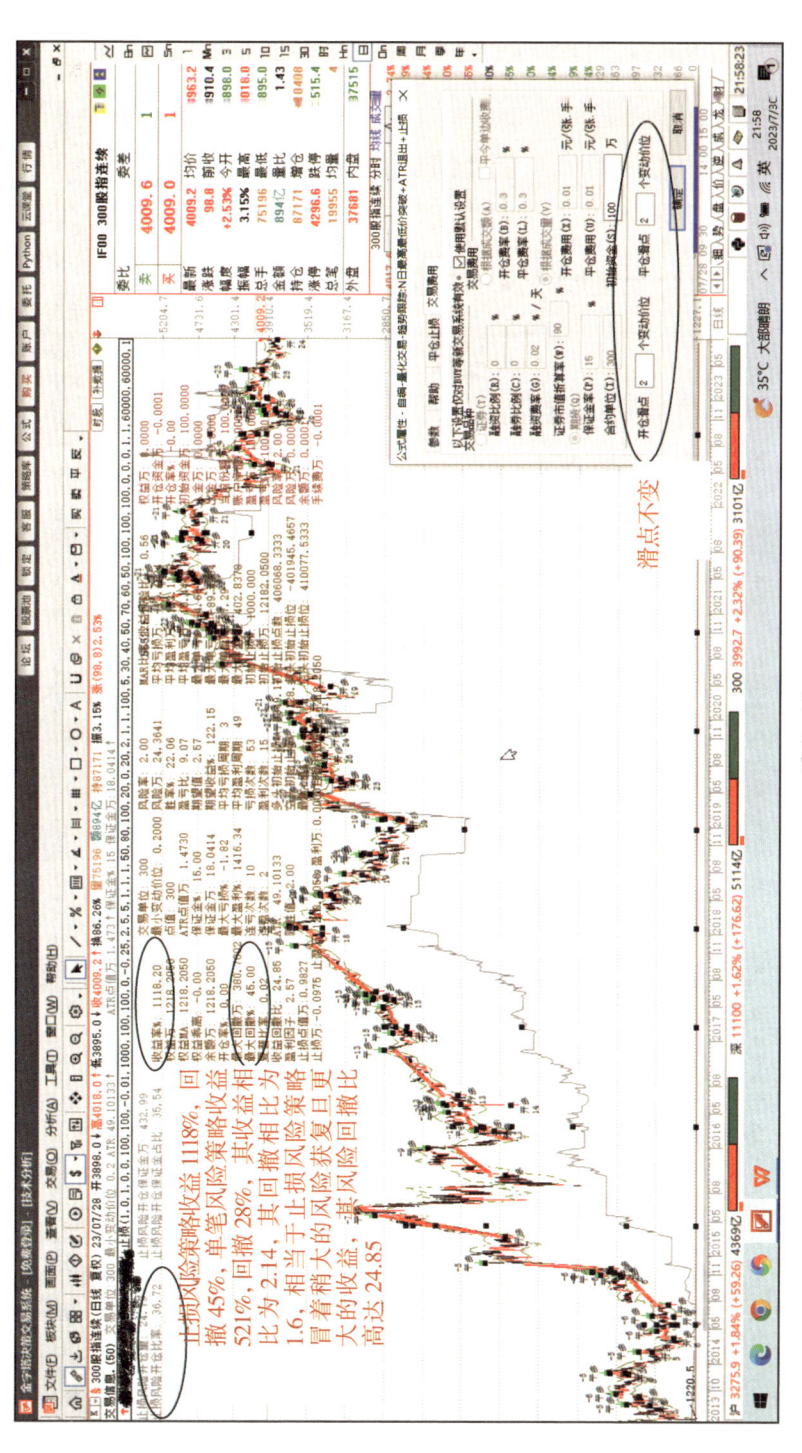

止损风险策略收益 1118%，回撤 45%，单笔风险 28%，回撤比为 2.14，其回撤相比为 1.6，相当于止损风险策略冒着稍大的风险获更大的收益，其风险回撤比高达 24.85

图 5-18

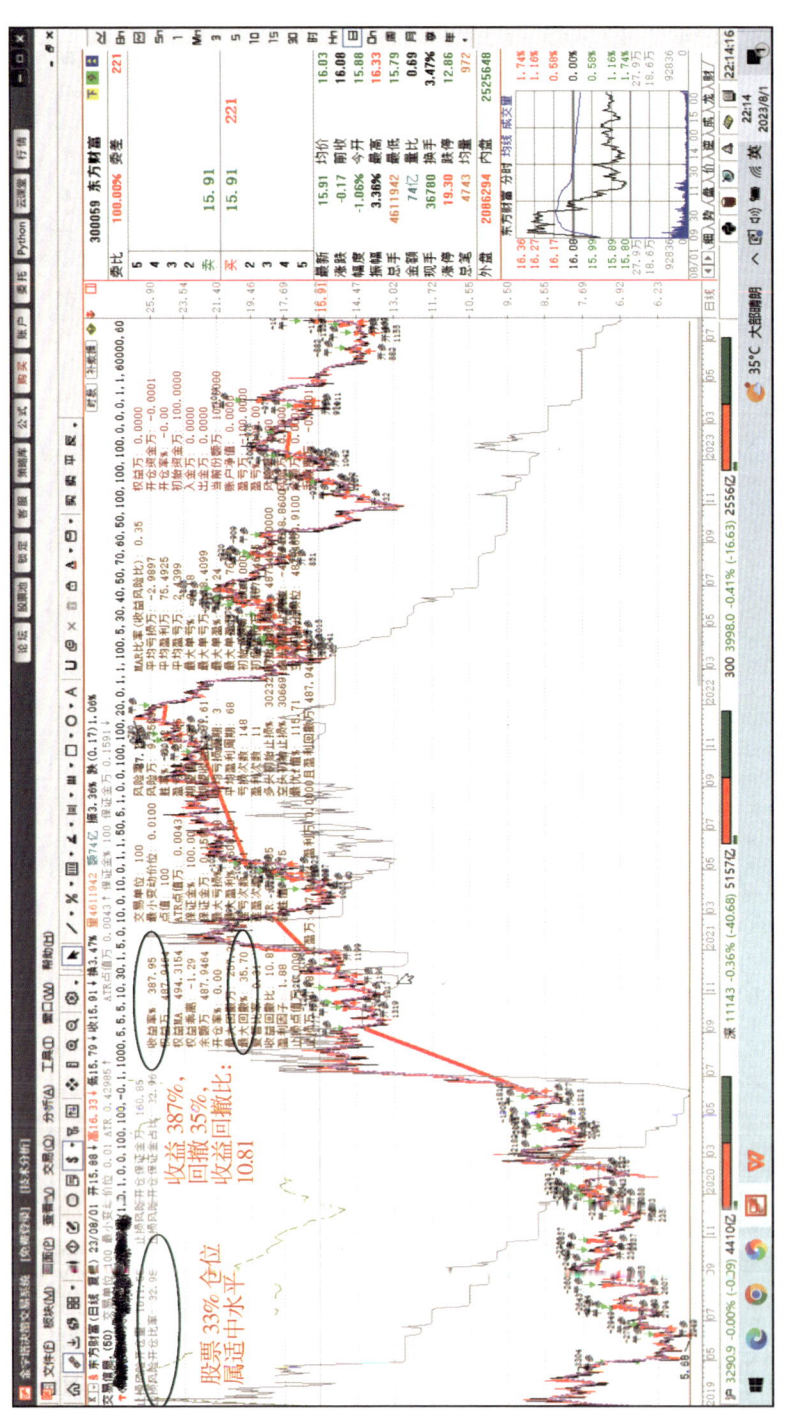

图 5-19

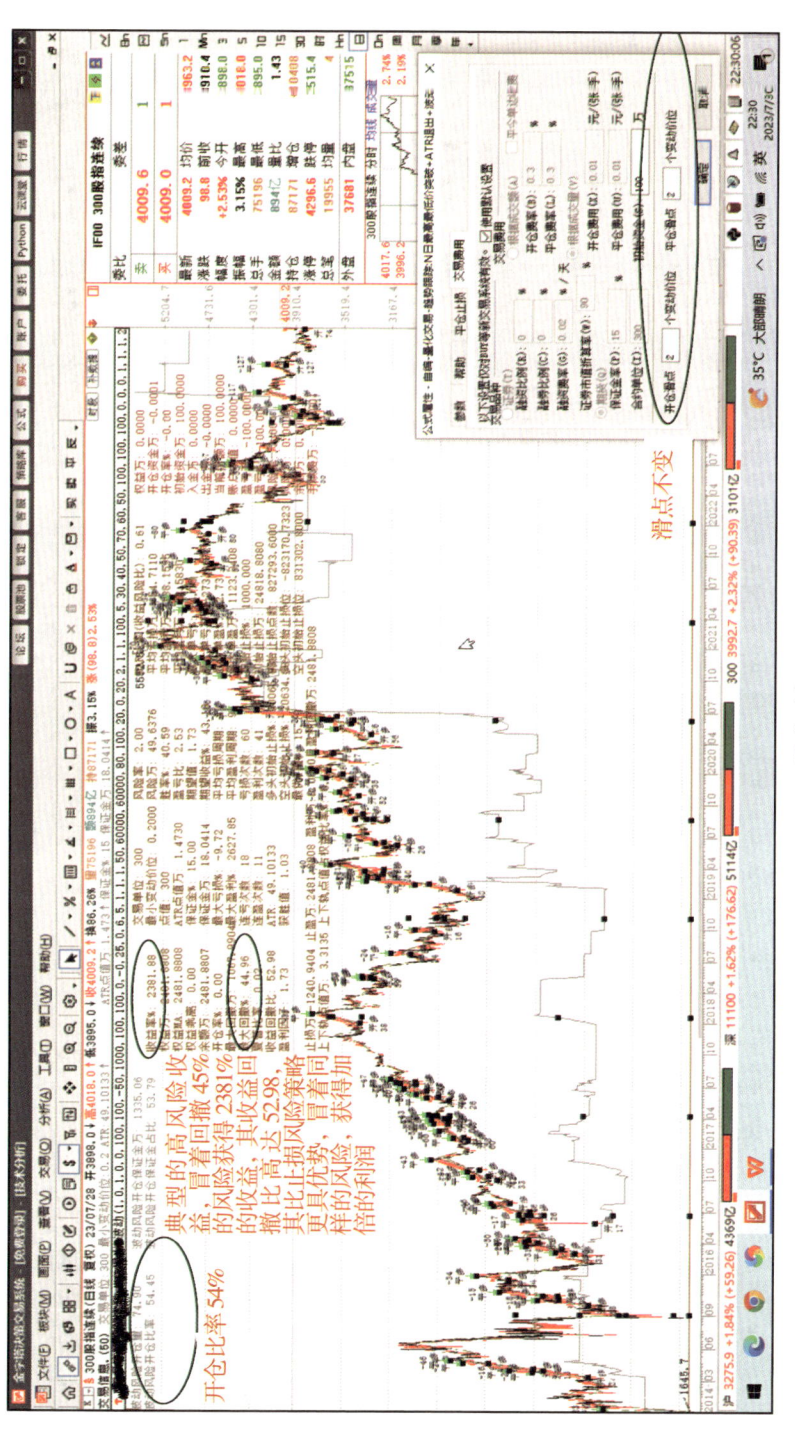

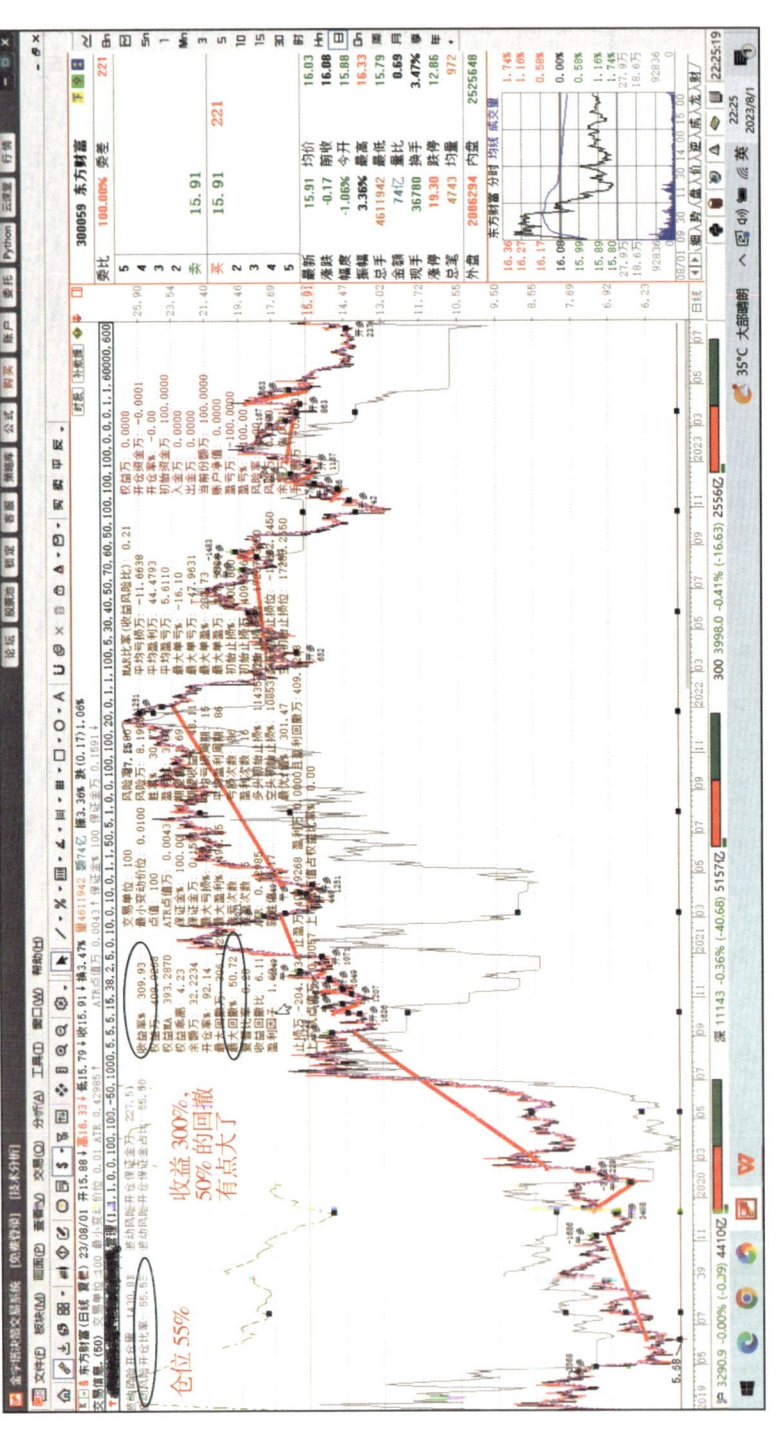

图 5-20

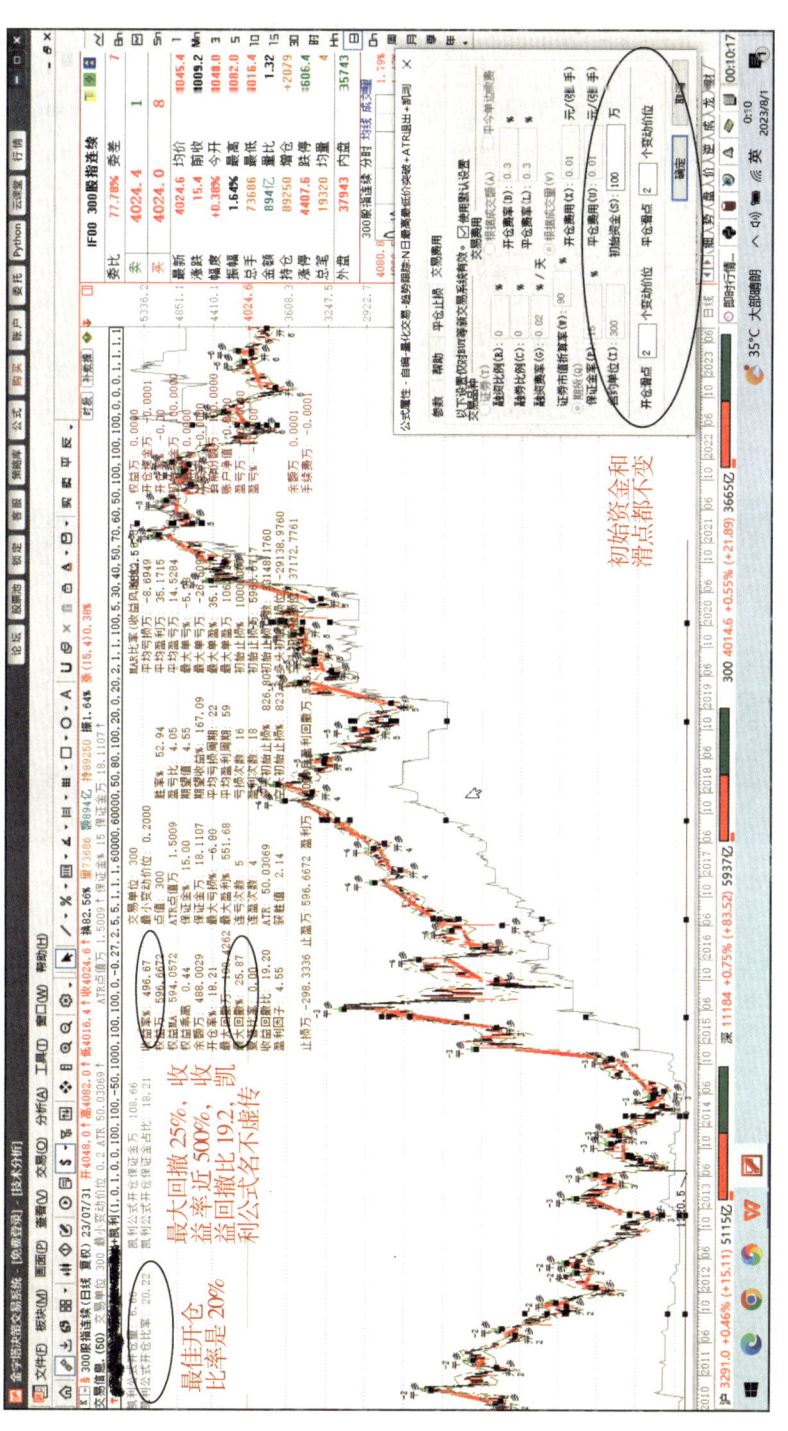

图 5-21

图 5-22

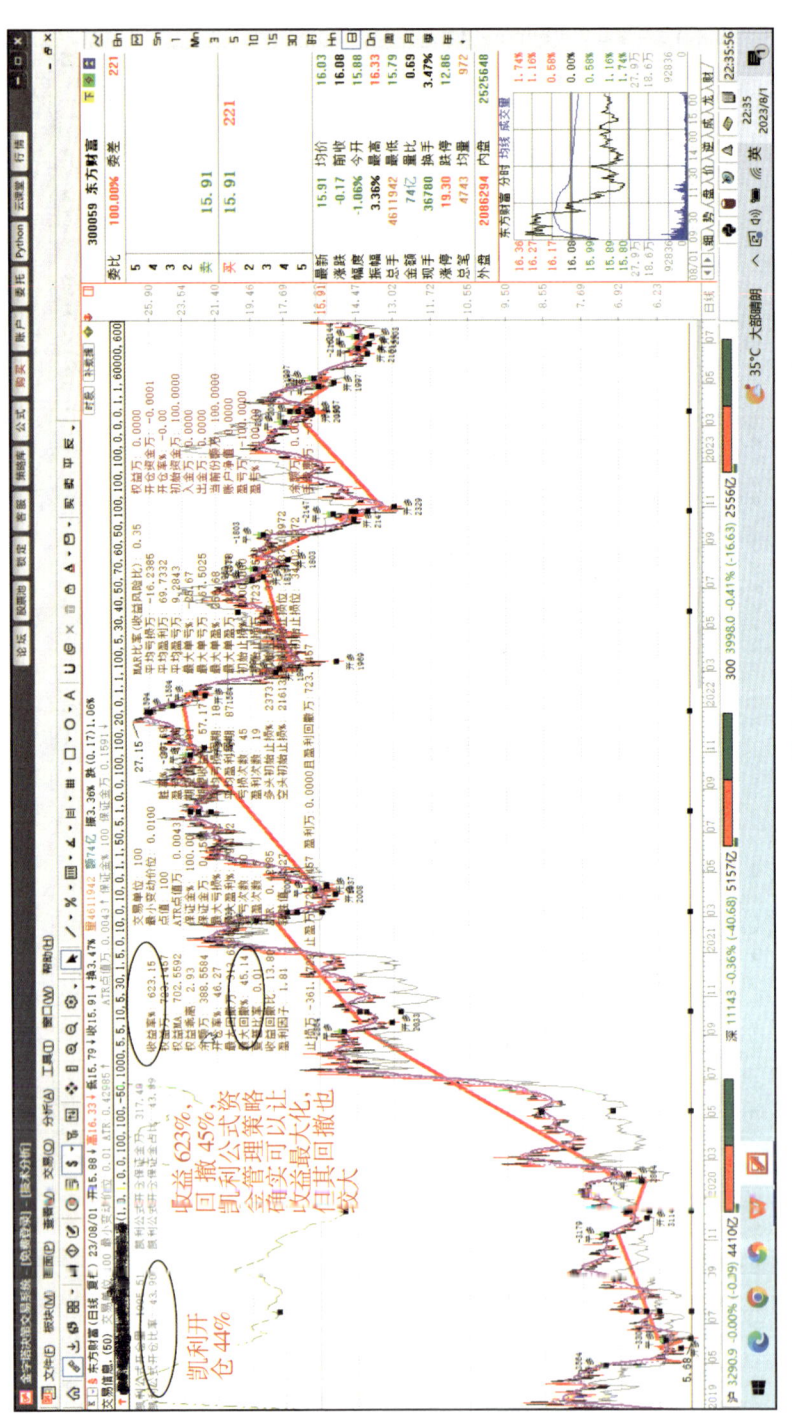

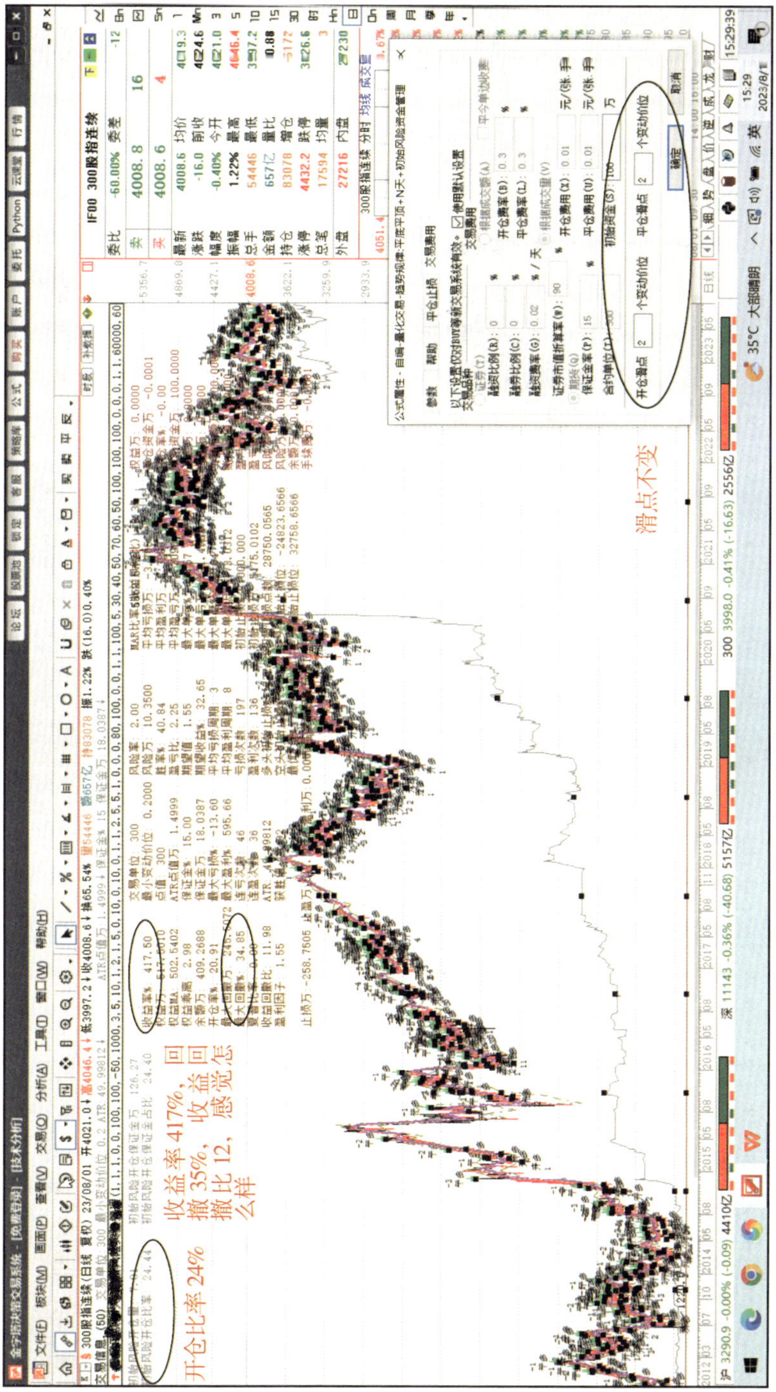

图 5—23

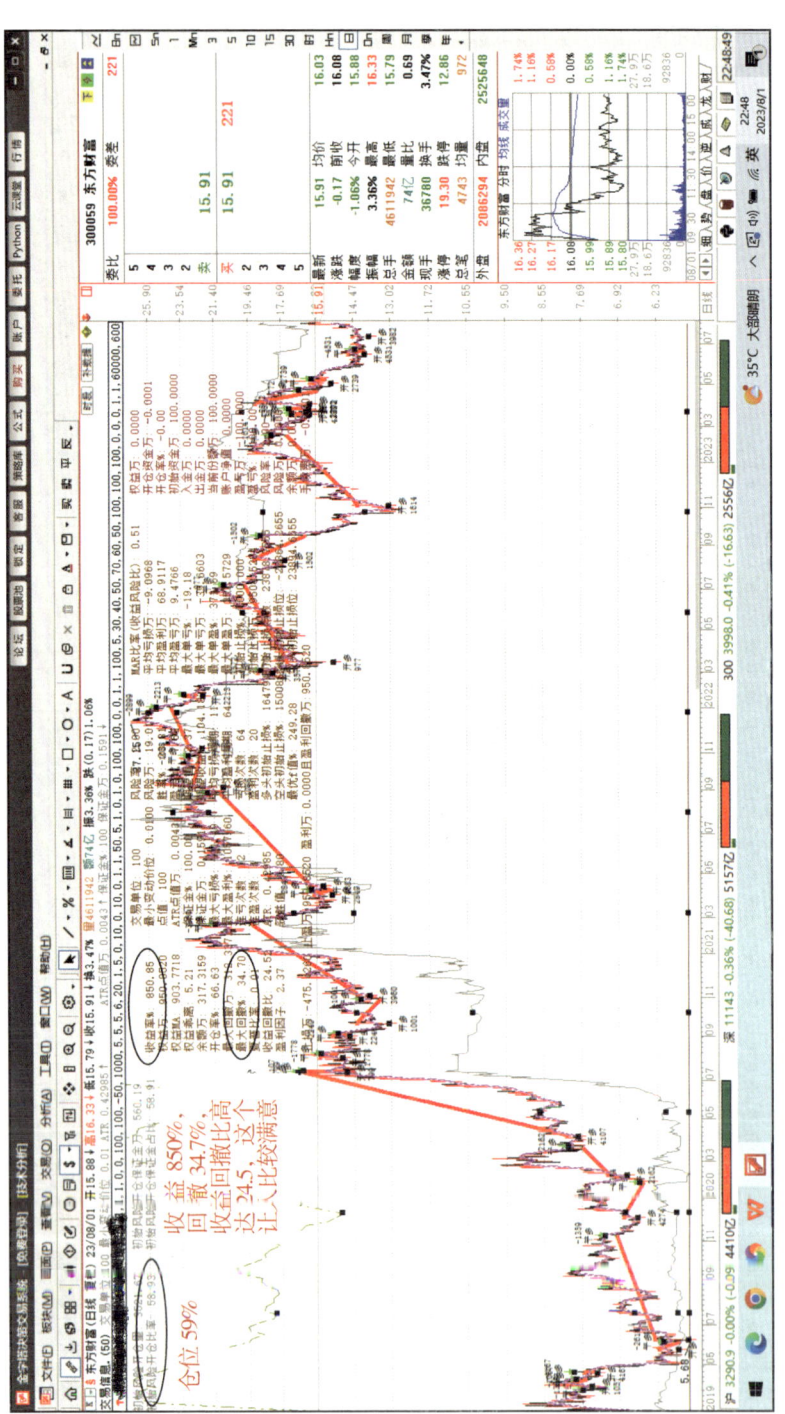

图 5-24

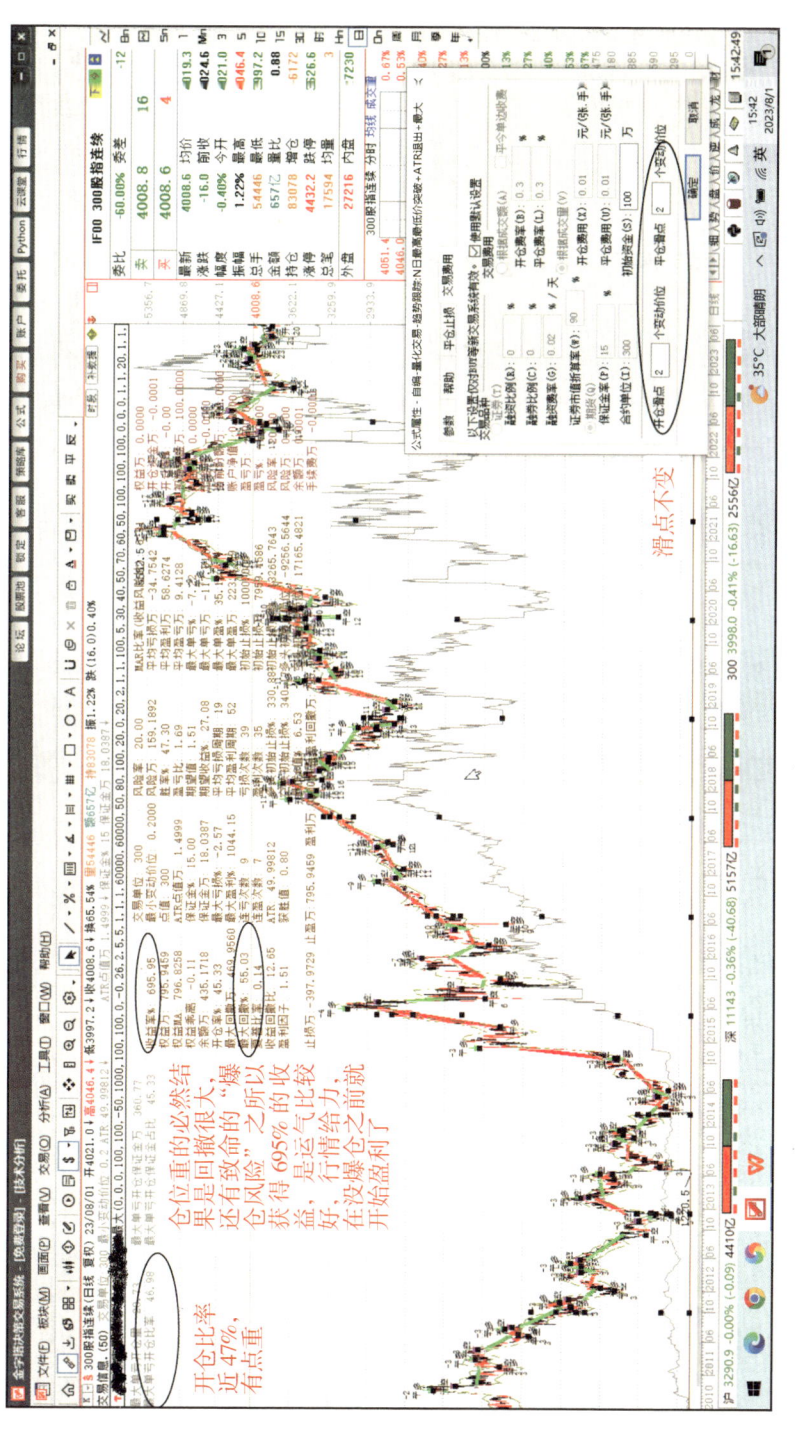

如图 5-25。

仓位重的必然结果是回撤很大，还有致命的"爆仓风险"之所以获得695%的收益，是运气比较好，行情给力，在没爆仓之前就开始盈利了

开仓比率近47%，有点重

滑点不变

如 图 5-25

图 5-26

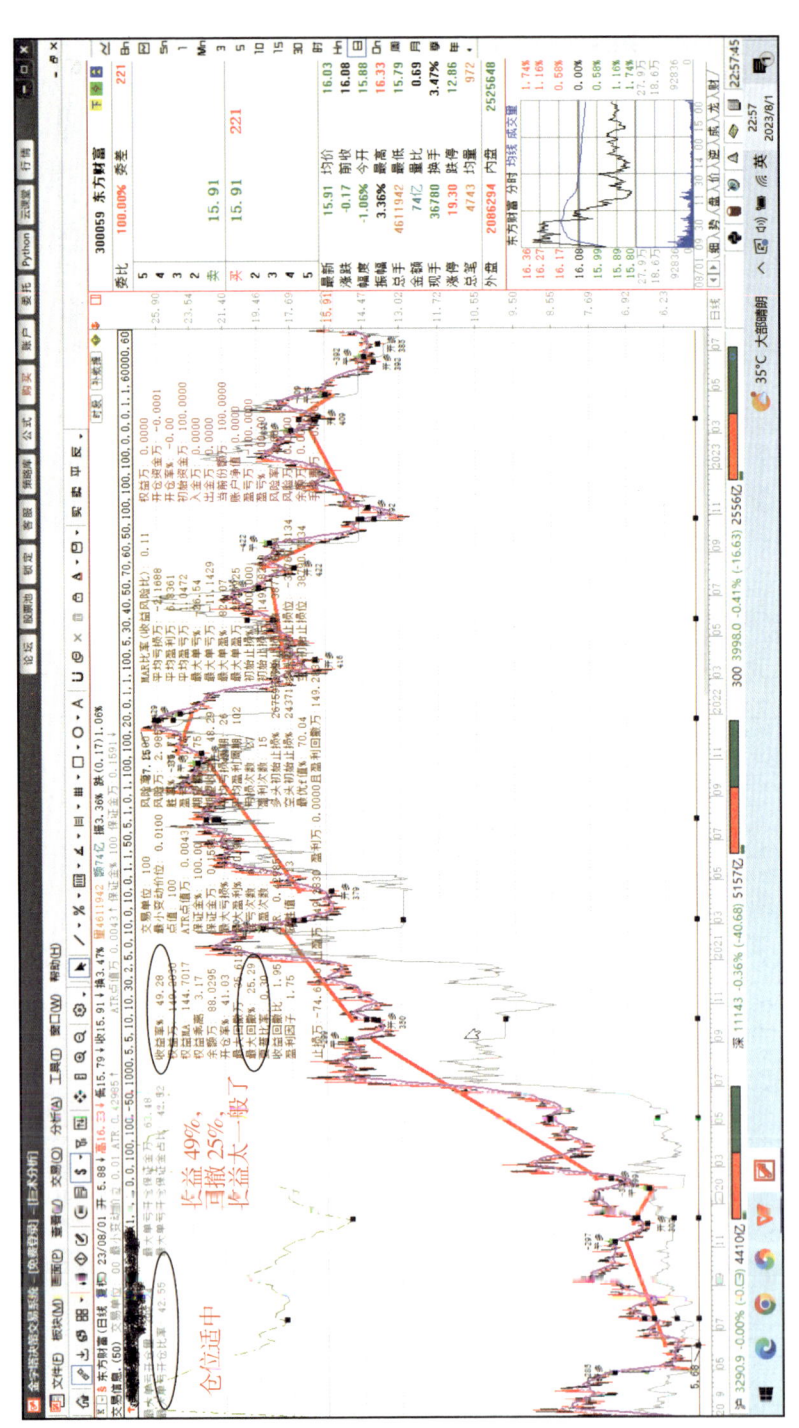

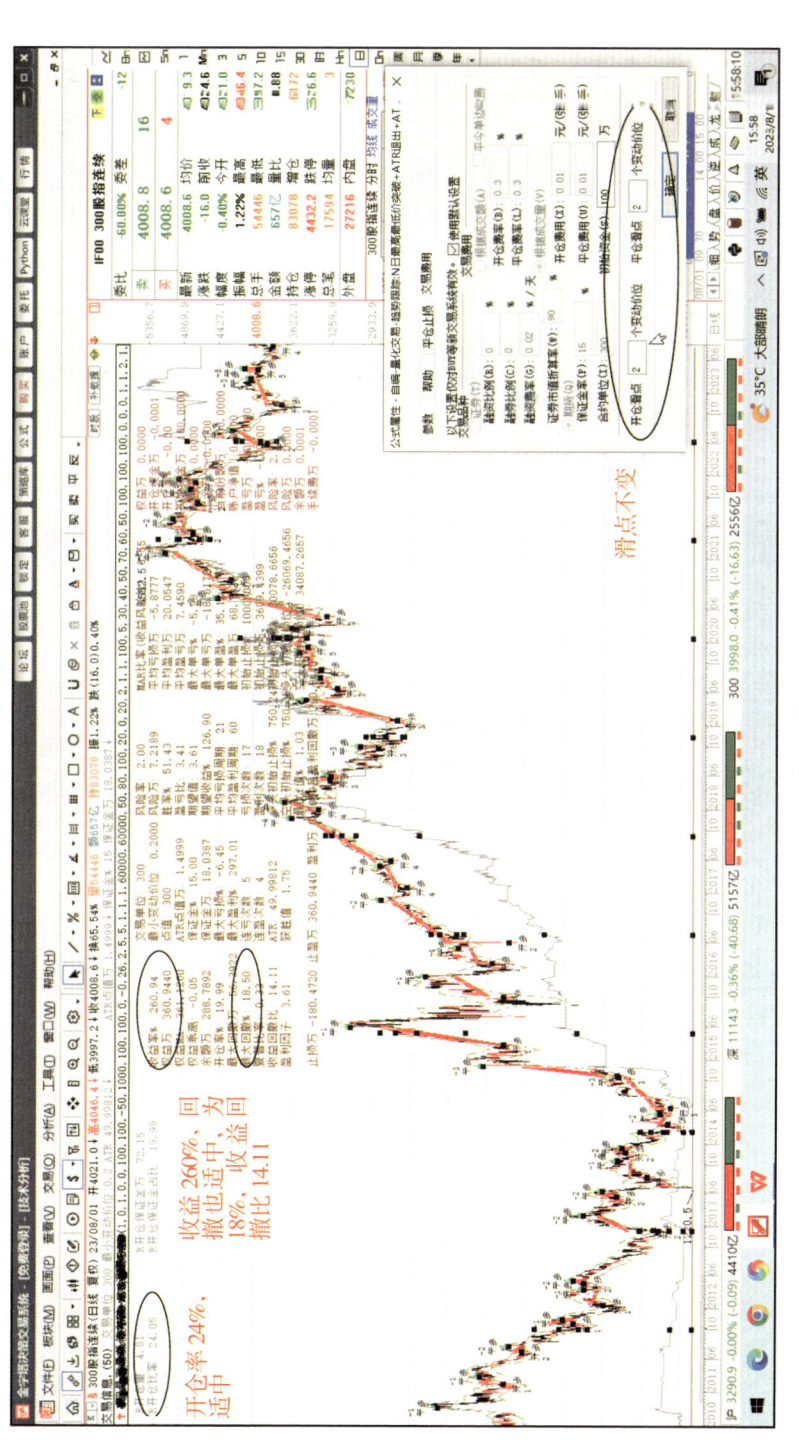

图 5-27

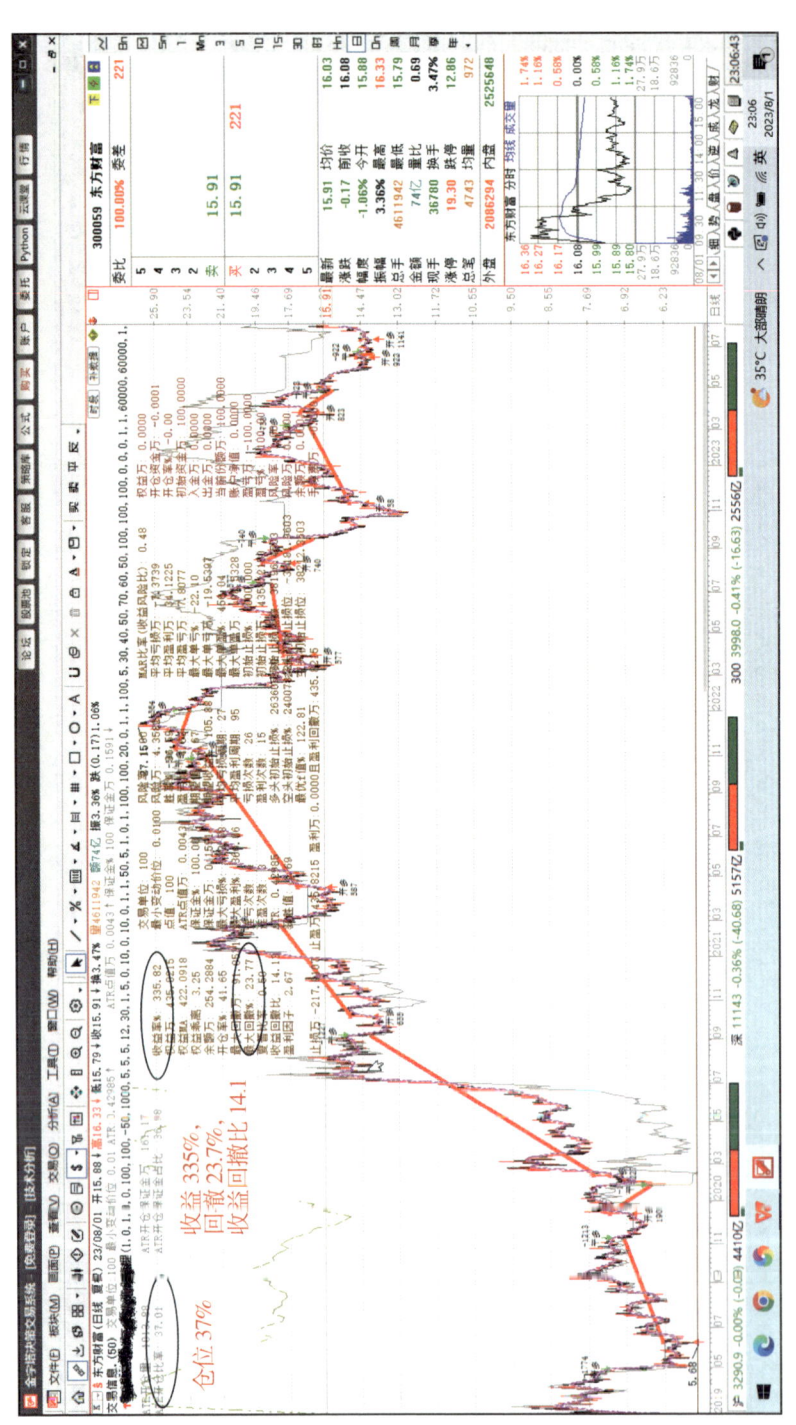

图 5-28

以上每个资金管理策略都有很大的用处，只是在不同的时候需要采用不同的策略，还是前文说过的那句话，所有这些包括资金管理、指标、选股、排序等都只是工具而已，工具没有好坏之分，关键在于使用工具的人的功力高低，对于一个菜鸟来说，给你一把屠龙宝刀你也无法雄霸股海，但一个高手只用裸K就可稳定盈利，其区别不在于工具，而在于对市场、交易本质的透彻理解和认知。一招鲜，走遍天，这里的"一招"指的不是一个工具或策略，而是一个完整的交易体系，包含了进出场方法、资金管理策略、风险控制策略和心态管理。环环相扣，相辅相成，缺少一个都不可实现长盈稳赢。高手表面看的是裸K，实则背后是整个交易体系在运作。工欲善其事，必先利其器。图书只能作为敲门砖，看似洋洋洒洒二十多万字，实则只写出了笔者想说的十之二三，有时还词不达意、啰啰嗦嗦，只怕误导读者，误人子弟。在此，欢迎读者朋友们或热爱交易事业的朋友与笔者联系，系统学习整个交易体系，笔者通过手把手地教授，确保学习者能学以致用，学有所成。

第六章

风险控制

第一节　耳熟能详的风险控制具体怎么做

风险控制是很多交易者常说的一句话，那么风险控制到底指什么呢？到底该怎么样做呢？风险控制分为两部分，一是风险部分，二是控制部分。作者将一一进行讲解。首先是风险部分。风险是什么？风险就是我们交易时所承受的亏损额的大小，就是每一笔单子的可承受亏损额或总资金亏损额的大小。知道自己可承受最大风险的金额后就可制定出控制风险的具体方案和策略了，这就是风险控制策略。下面接着讲解。

第二节 风　　险

对人们来说，风险控制最熟悉的就是止损，止损止得好就是风控，止得不好就是慢性自杀。那么何为好何为不好呢？这里没有一个严格的标准。止损严格来说是一门艺术，它和每个交易者的系统息息相关，每个人的风险承受能力不同，交易体系不同，其止损设置也会不同。那么，有没有一个基本原则呢？答案是肯定的。我们可以设定每笔单子的固定亏损和总资金的最大亏损在自己的风险承受范围之内就可以。爆仓风险可以理解为我们需要经历多少次亏损才使得账户爆仓，也就是破产风险越低，我们的胜算越高。现举例如下。

比如账户总资金 10 万元，如果资金减少到 1 万元我们定义为爆仓，如果每次亏损 10%，则我们连续亏损 21 次后资金只剩下 1 万元，面临爆仓，有人说连亏 21 次不可能吧，在真实的交易世界里没有什么是不可能的，连续亏损 21 次乃至几十次都是有可能的。现如今黑天鹅还少吗？哪怕百年一遇的风险，对于我们来说都有可能是下一笔交易遇到的，只有防患于未然，才可处变不惊，只有做好风险控制才可"知机心自闲"。如果我们将每次亏损调小，调到每次亏损 2%，那我们亏损到 1 万元需要连续亏损接近 100 次，这个概率还是很低的，那么我们的破产风险将会很小，笔者的每笔止损金额就设定为总资金的 2%，如果同时交易 5 只股票则每只止损金额就设定为总资金的 0.4%，其止损总额就等于 2%，这样即使遇上黑天鹅或其连锁反应也不会被市场消灭。总之，设定总风险 N%，每单交易风险为 N/ 交易的股票数目，比如，笔者总资金的 2% 为风险资金，不管交易几只股票，每次交易只冒着 2% 的风险。下面我们再讲讲怎样控制风险。

第三节　控　　制

控制风险的原则前文已讲过，就是自行设定一个风险比率，然后具体实施，止损的方法有很多，如时间止损、支撑位止损、指标止损、形态止损、趋势线止损、亏损比率止损，等等，笔者是以 3 日的最低点作为止损位来控制风险的。我们还是以图来说明。随意以一只创业板股票举例，图上所有的买点都是按照笔者独创的"趋势规律"之"回跌末期顺势抄底"的信号来进场，为了说明止损，我们以进场后止损设为 3 个交易日的最低点为止损点，出场信号为跌破趋势线减仓或平仓；总资金为 10 万元，风险为 2% 即 2000 元。操作一只股票，假设交易成本为零，以收盘价格进场，以盘中止损为准，每次我们交易多少股才符合风控策略呢，一图胜过万千言，如图 6-1、图 6-2、图 6-3、图 6-4 所示。

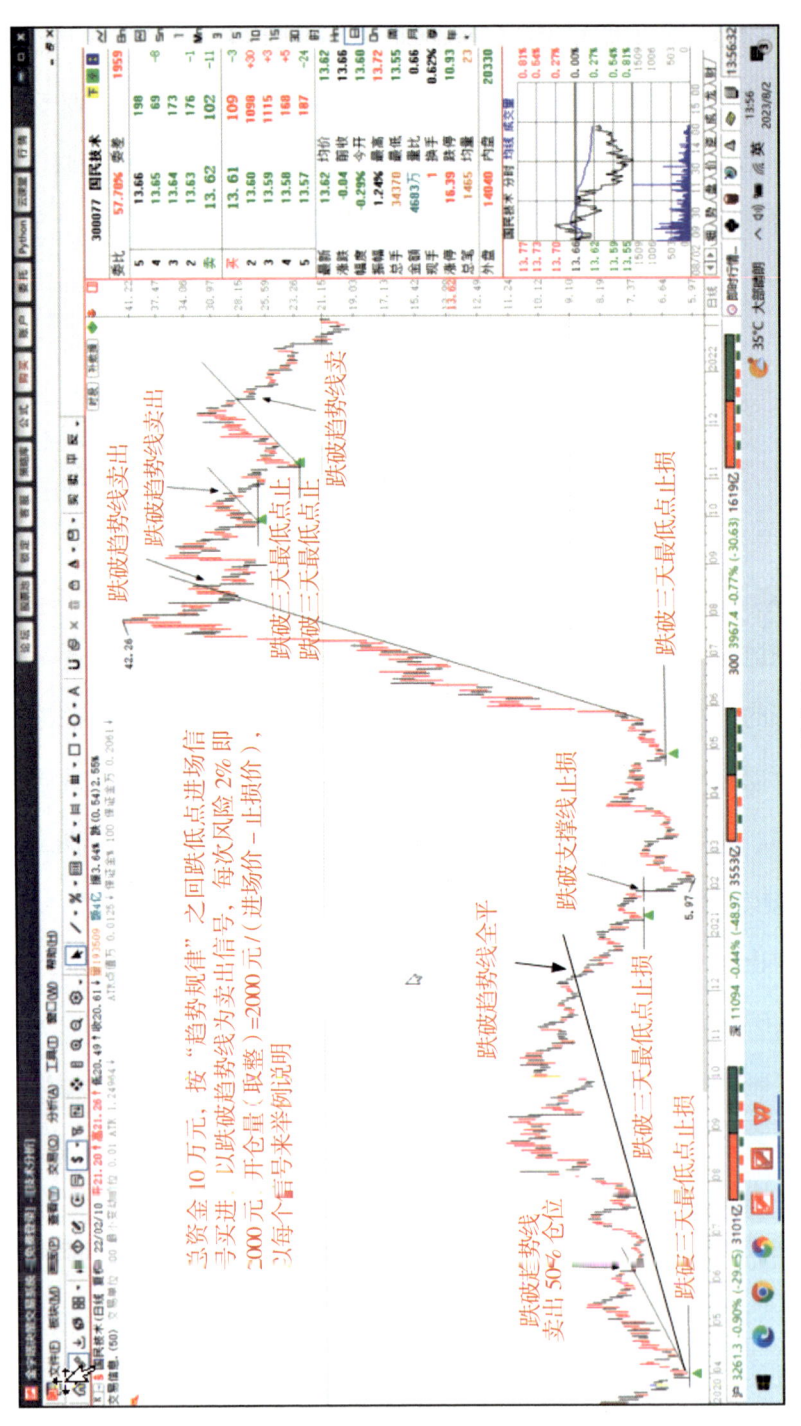

图 6-1

第六章 风险控制

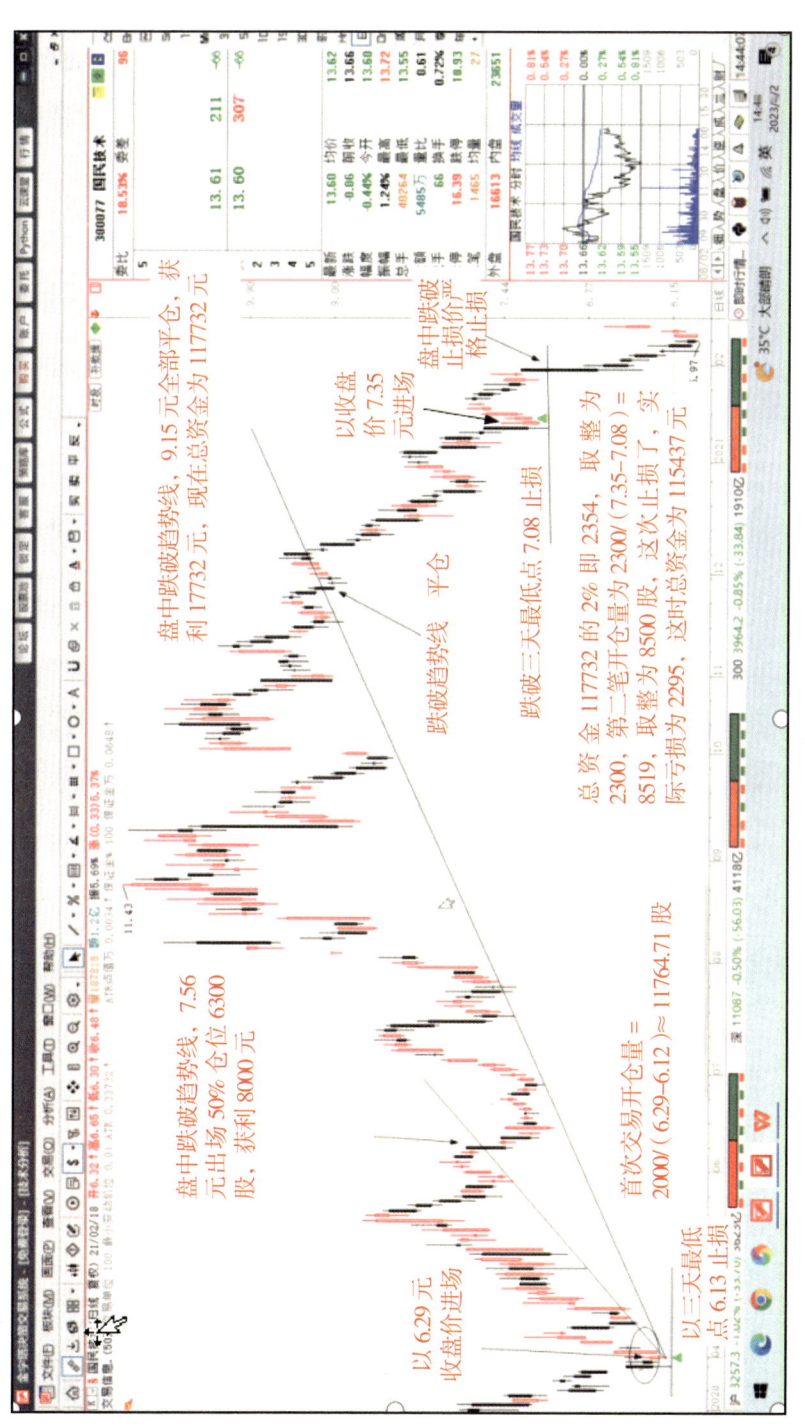

图 6-2

图 6-3

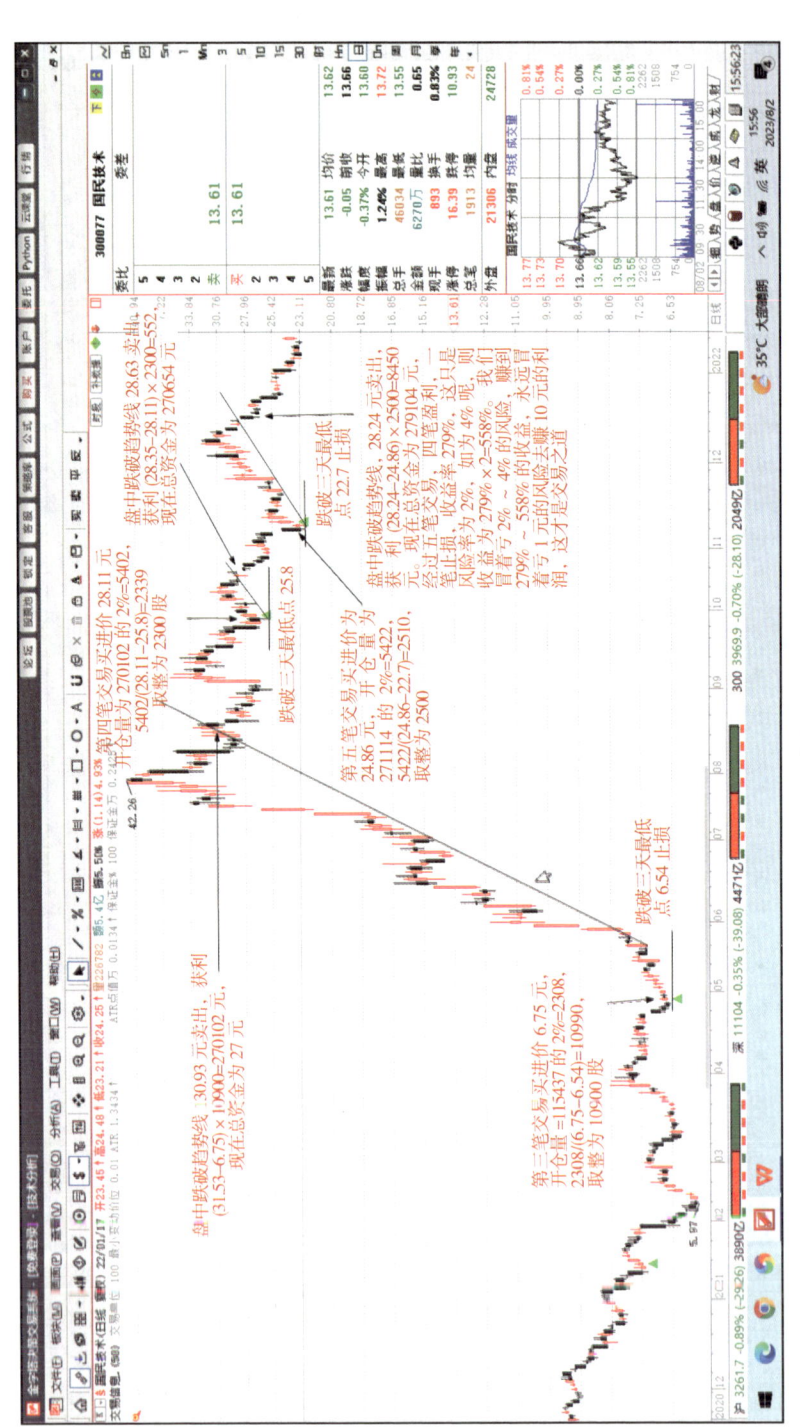

第六章 风险控制

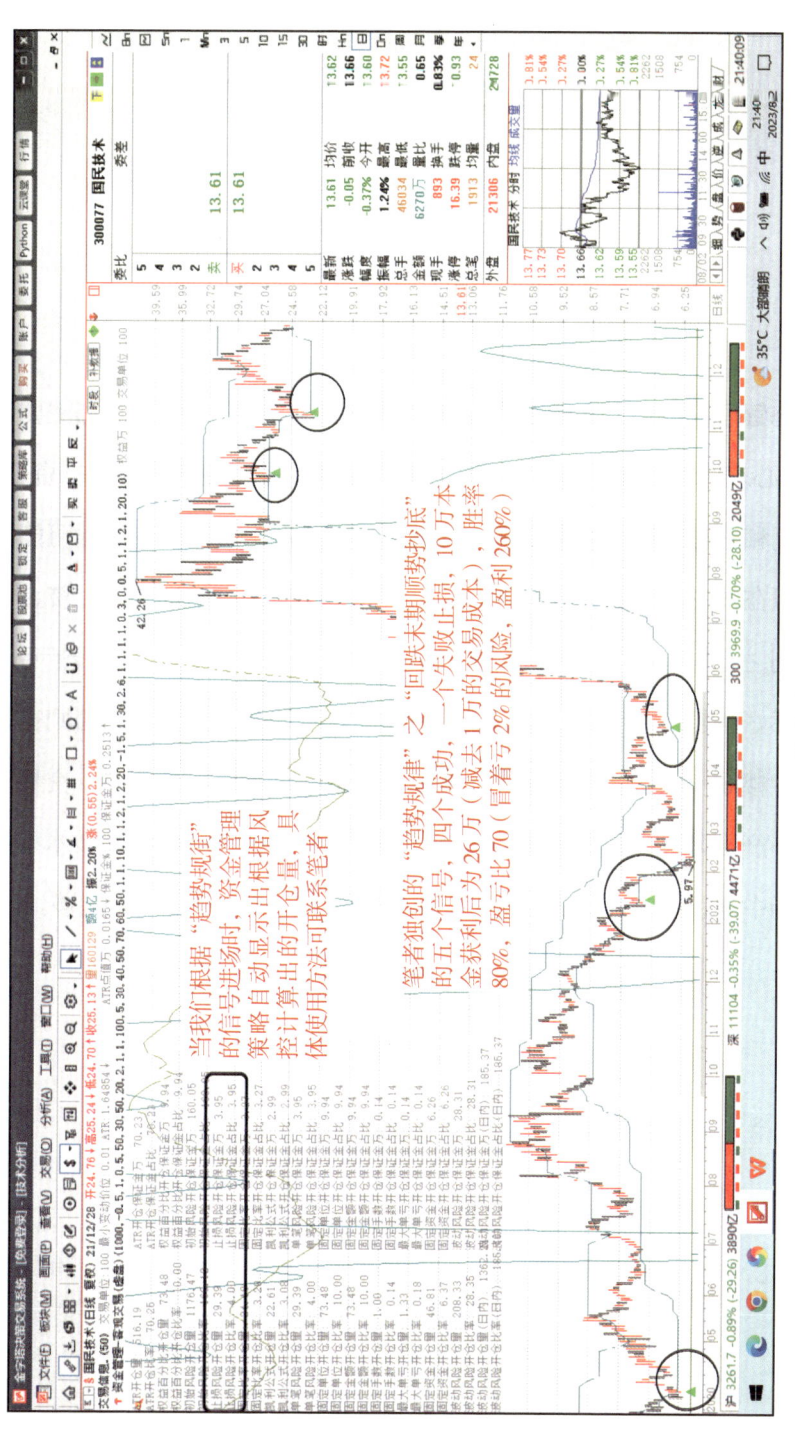

图 6-4

第四节　心态管理

心态管理很重要，之所以将心态管理放在最后来说，一是本书主要讲解方法，对于心态管理只能简单说说。成功交易有四大要素：进出场方法、资金管理、风险控制和心态管理，每个要素如要讲解透彻，得出版一本专著才可能讲得清楚，所以在本书中只能大致说说。二是心态是建立在进出场方法、资金管理和风险控制之上的，所以把前几项做好了，心态自然就好了。如果钱都亏没了，心态自然好不起来，所以心态是建立在前面几项的基础之上的，否则空谈心态就像空中楼阁一样，随时倒塌——还是那句话，"知机心自闲"。交易是零和博弈，不产生财富，只是财富的再转移，先用资金在市场中换得技术，再用技术在市场中挣到钱，财富永远是由心浮气躁的人向内心宁静的人转移。

后 记

本书将笔者在实际操盘中捕捉龙头股独创的盈利技法首次公开，以文字讲解结合图例示范说明的写作方式，并辅以大量的实战案例图，本着直观易懂、简洁明了、易学易用、一学就会的原则奉献给读者朋友，并公开了资金管理的 11 个策略的原理，在国内也属首次。

本书的完成得益于一群志同道合的朋友给予的大力帮助，没有他们的鼎力相助，本书难以付梓，他们是：刘少光、高立冬、任凤娟、李宏、贺春晖、刘超、黄艳、刘园、王新亮、张东、刘云、李丹、张莹、陈洁、唐静、许桂玉、杨晓娇、余飞、李兰、陈丽、何平、吴伟、刘伟、何江华、吴国志、肖建国等人，在此表示衷心的感谢。还要感谢出版社的编辑老师对我的信任和支持，以及在写作过程中所给予的宝贵建议。没有他们的努力付出，本书就无缘与读者朋友们见面，再次向他们表示衷心的感谢，并欢迎大家来信交流。

微信扫码 联系作者

附 录

附录1：核心交易技术之"捕捉强势股启动点交易技术"视频简介

捕捉强势股启动点交易技术：

第一课　捕捉强势股启动点交易技术概要

第二课　擒贼先擒王，要买就买强势股

第三课　揭开强势股的奥秘

强势股在性质上的分类

强势股在各个级别上的操作

强势股的两大类指标、三大形态、四大要素、七大定义

强势股操作的步骤：先大盘再板块后个股、K线图选股、分时图选股

第四课　强势股的两大类指标

强势股的价格类指标：价格类独创指标

强势股的量能类指标：量能类独创指标

强势股价量类指标的综合运用："价格类独创指标"和"量能类独创指标"的综合运用

第五课　强势股的三大形态

所有的强势股都逃不出这三大形态，在大盘不同的时期会有相应的强势股

形态选择要点

第六课　强势股的四大要素

强势股四大要素之：趋势

强势股四大要素之：形态

强势股四大要素之：K线

强势股四大要素之：量能

强势股四大要素的综合运用

第七课　强势股的七大定义

强势股的七大定义为首创且首次公开（视频内容远比本人出版的专著要详细，透彻得多）

第八课　强势股判断主力运作的技巧

强势股判断主力运作的吸筹阶段

强势股判断主力运作的洗盘阶段

强势股判断主力运作的拉升阶段

强势股判断主力运作的出货阶段

第九课　捕捉强势股核心技术的综合运用

综合研判强势股的两大类指标、三大形态、四大要素、七大定义来捕捉强势股启动点

第十课　捕捉强势股中龙头股的秘诀

捕捉强势龙头股秘诀之：板块轮动模式

捕捉强势龙头股秘诀之．强中强模式

捕捉强势龙头股秘诀之：多强模式

捕捉强势龙头股秘诀之：价量模式

捕捉强势龙头股秘诀之：指标模式

第十一课　实战案例分析

实盘案例详解

附录2：核心交易技术之"盘口精要核心技术"视频简介

盘口精要核心技术：

第一课　盘口精要技术概要

（1）利用盘口来辨别主力实力，根据盘口来获知主力意图，深度解析盘口的每项指标、每个数据，让主力无处藏身。

（2）对职业投资者而言，盘口信息语言的解读标志着看盘水平的高低，会直接影响其操作绩效。对盘口信息的正确解读，将使我们透过盘中指数趋势及个股走势特征，研判出多空双方量的强弱转化，从而把握好股票操作的节拍和韵律，这也是投资盈利尤其是投机制胜的一个关键所在。

（3）盘口是很多投资人关注并很想了解的市场技术之一，在市场上关于此类的技术非常多，但真正有价值的却很少。首先我们要定义盘口分析技术，什么是盘口分析技术？盘口分析技术包含哪些要素？很多人将盘口和盘面混为一谈，严格来讲，盘口指的是买卖盘挂单、撤单、成交单等一些最原始、最基础的反映价格变化的动态数据，而盘面指的是当前市场热点、资金流向、大势状态等动态和静态的整个市场的技术态势，本教程即在盘口分析的基础上综合了盘面分析，在盘中阻击主力拉升启动点，做到进场在主力拉升的那一瞬间。

（4）本教程的一大特点是盘中买点的进场与主力同步，也就是说在主力放量大单拉升的那一刻买进，享受主力抬轿的乐趣，并且买进价格绝不超过当日涨幅的5%，一般在绿盘或涨幅1%～3%，避免过高追涨，买进后很多时候股价封于涨停板或收大阳，即使不涨停，当天的平均收益也有2%～3%（本短线盈利技法不是每天都可操作的，只有在大盘震荡不跌或大盘向上波动时，于盘中符合具体条件的股票方可操作）。

第二课　盘口核心指标解密

量比解密：主力侦测器

委比解密：研判市场人气

总额解密：资金流向探测

现手解密：盘口实时监测

涨速解密：盘中热点监控

换手率解密：行情活跃度

振幅解密：主力异动监测

第三课　盘口精要技术解密一

集合竞价：预知当日能否大涨

突然大单：主力异动行为

连续大单：有预谋的交易行为

密集成交：拉升前的预兆

压盘托盘：主力有预谋的盘口行为

压托盘单：主力测试盘口

大单压托：主力测试盘口

内盘外盘：买卖强弱对比

扫盘垫单：主力拉升时的测试单

第四课　盘口精要技术解密二

砸盘压单：主力出逃或洗盘的测试单

主买主卖：主动性的买卖单

撤买撤卖：主力的盘口测试行为

填买填卖：主力的盘口测试行为

委买委卖：市场人气的温度计

大单分析：主力的交易动向

盘口强弱：反映主力的多空意向

拉升打压：情绪盘探测

盘口密码：主力操盘暗号

第五课　盘口综合应用

逆市上涨：大盘的反向指标之强庄、妖庄

领先上涨：先于大盘启动的强庄股

横盘抗跌：跌势见英雄之强庄、妖庄

领先大盘：领涨大盘的强势股

强于大盘：主力身在其中

领先新高：领涨大盘的龙头风范

不创新低：主力明显护盘

强势横盘：独立于大盘的强庄、妖庄

第六课　实盘案例

盘口实战案例详解

分时实战案例详解

附录3：核心交易技术之"趋势规律操盘技术"视频简介

趋势规律操盘技术

第一课　方法三大原则

简单性

规律性

一致性

第二课　成功投资的四大要素

操盘技术

资金管理

风险控制

心态管理

第三课　趋势方向

上升趋势规律

横向趋势规律

下降趋势规律

第四课　趋势性质

主要趋势规律

次要趋势规律

日常趋势规律

第五课　趋势周期

长期趋势规律

中期趋势规律

短期趋势规律

第六课　趋势规律

涨久必跌、跌久必涨的规律

怎样量化涨久了和跌久了

急涨（跌），调整或回调（反抽）或回跌（反弹）；暴涨（跌）（动能达峰值），调整或回调（反抽）或回跌（反弹），超涨（跌），动能衰/枯竭（背离），趋势走横

第七课　趋势原理

趋势动能处于峰值或动能处于衰（枯）竭（背离），随后关注动能之间的强弱对比

趋势动能处于健康或相当的状态

趋势动能不断轮回，形成行情的不断起伏

第八课　趋势状态

趋势两级

趋势之中

趋势同向

第九课　上升趋势规律

上升形态

调整形态或回调形态

第十课　下降趋势规律

下降形态

调整形态或反抽形态

第十一课　横向趋势

均线走平

价格高低点不断重叠

第十二课　上升（下降）形态

K线转势，短暂小幅整理

K线转势，短暂大幅整理

K线转势，短暂整理

K线转势，短暂整理结束

第十三课　调整形态

超强势调整形态

强势调整形态

弱势调整形态

极弱势调整形态

第十四课　回调（反抽）形态

强势回调（反抽）形态

弱势回调（反抽）形态

第十五课　回跌（反弹）形态

动能处于峰值

动能处于衰（枯）竭（背离）状态

第十六课　实盘案例精解

实战案例 1

实战案例 2

实战案例 3

实战案例 4

实战案例 5

选股票软件件和模块的使用详解

指标体系

预警体系

选股体系

排序体系

看盘体系

预警体系之一，如图1、图2所示。

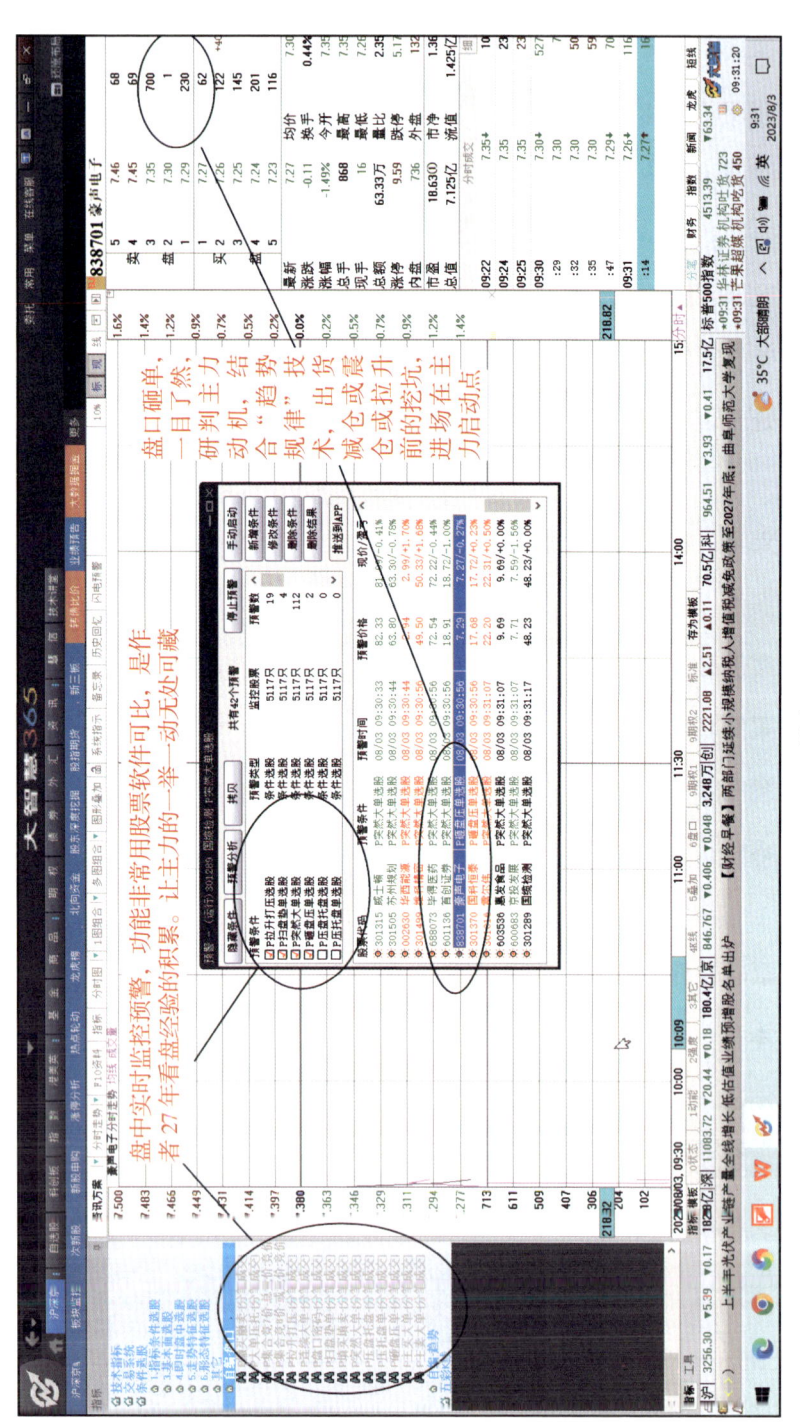

图1

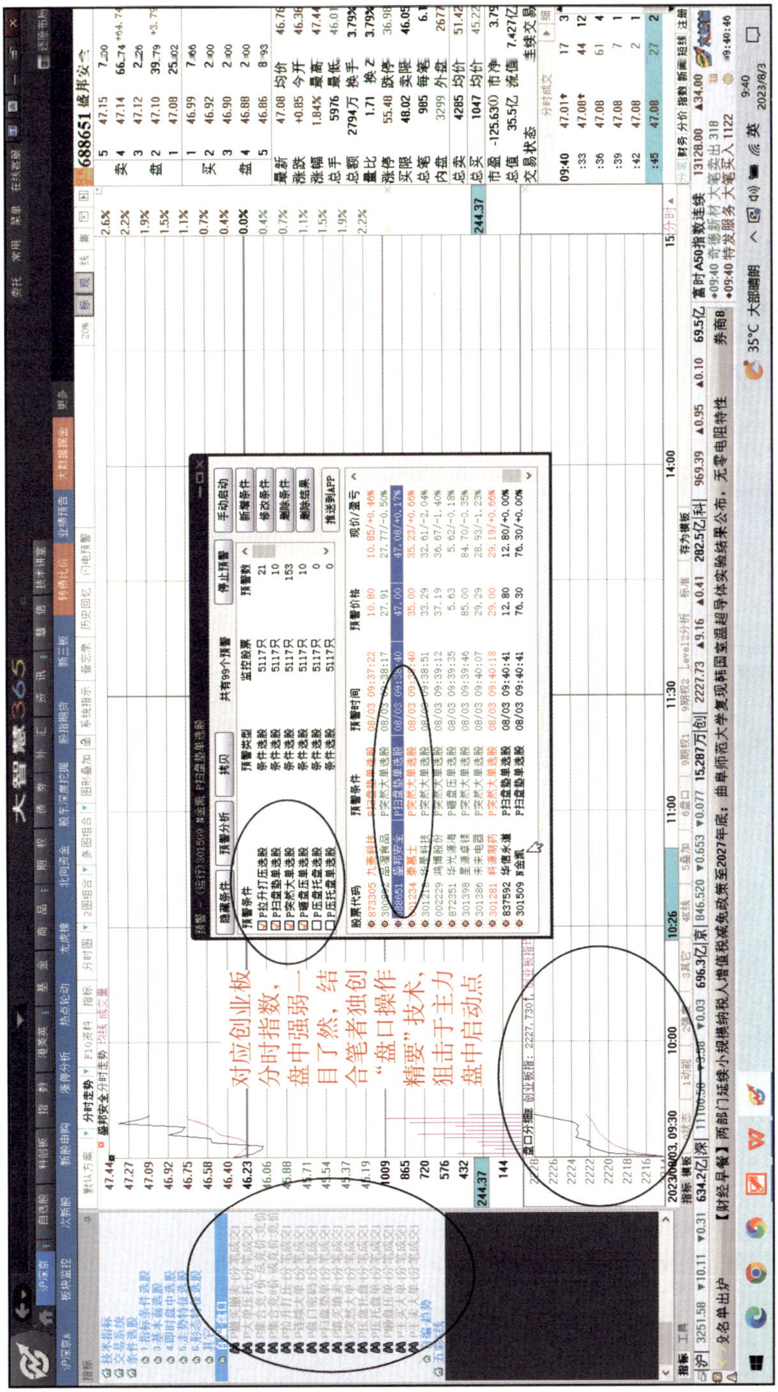

附　录

图 2

分时看盘体系之一，如图3、图4所示。

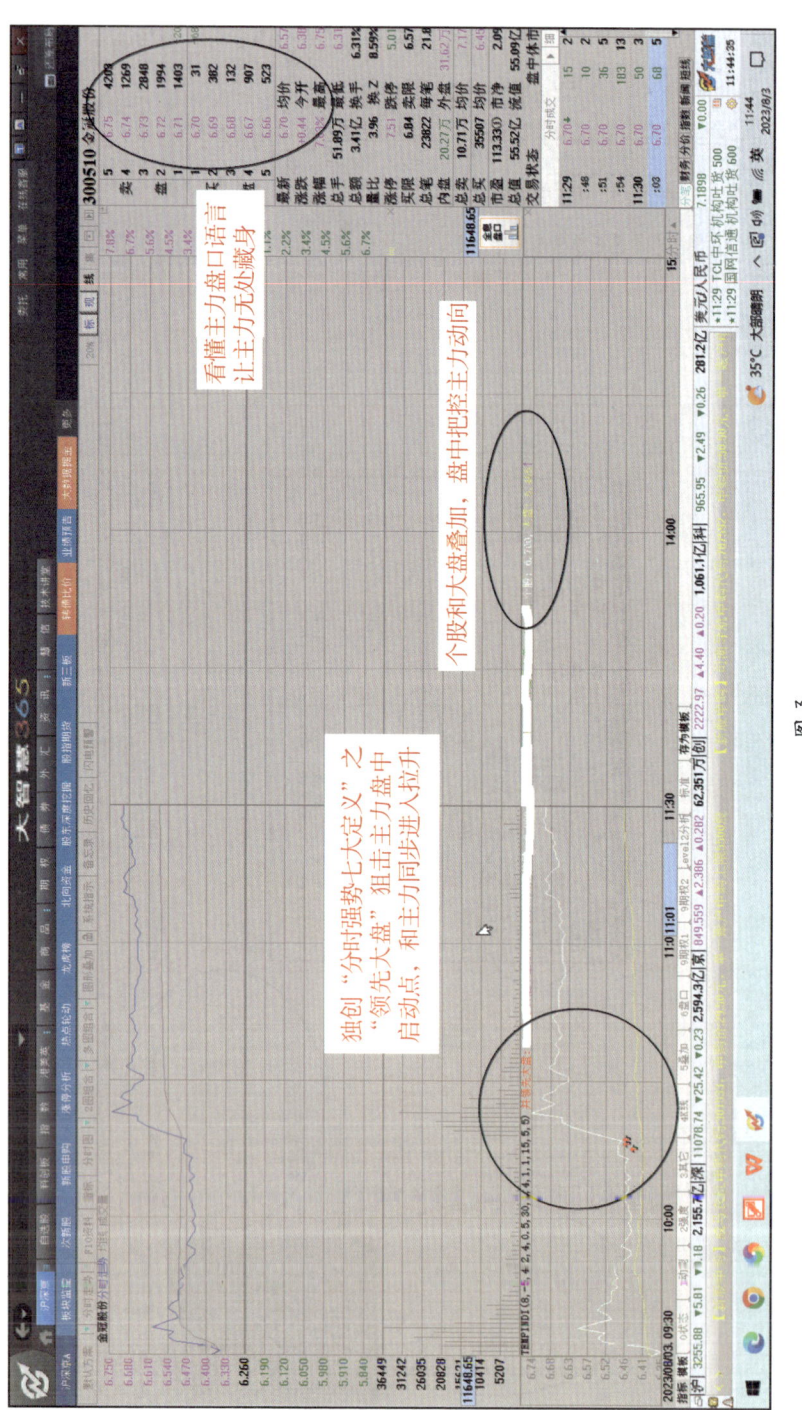

图 3

图 4

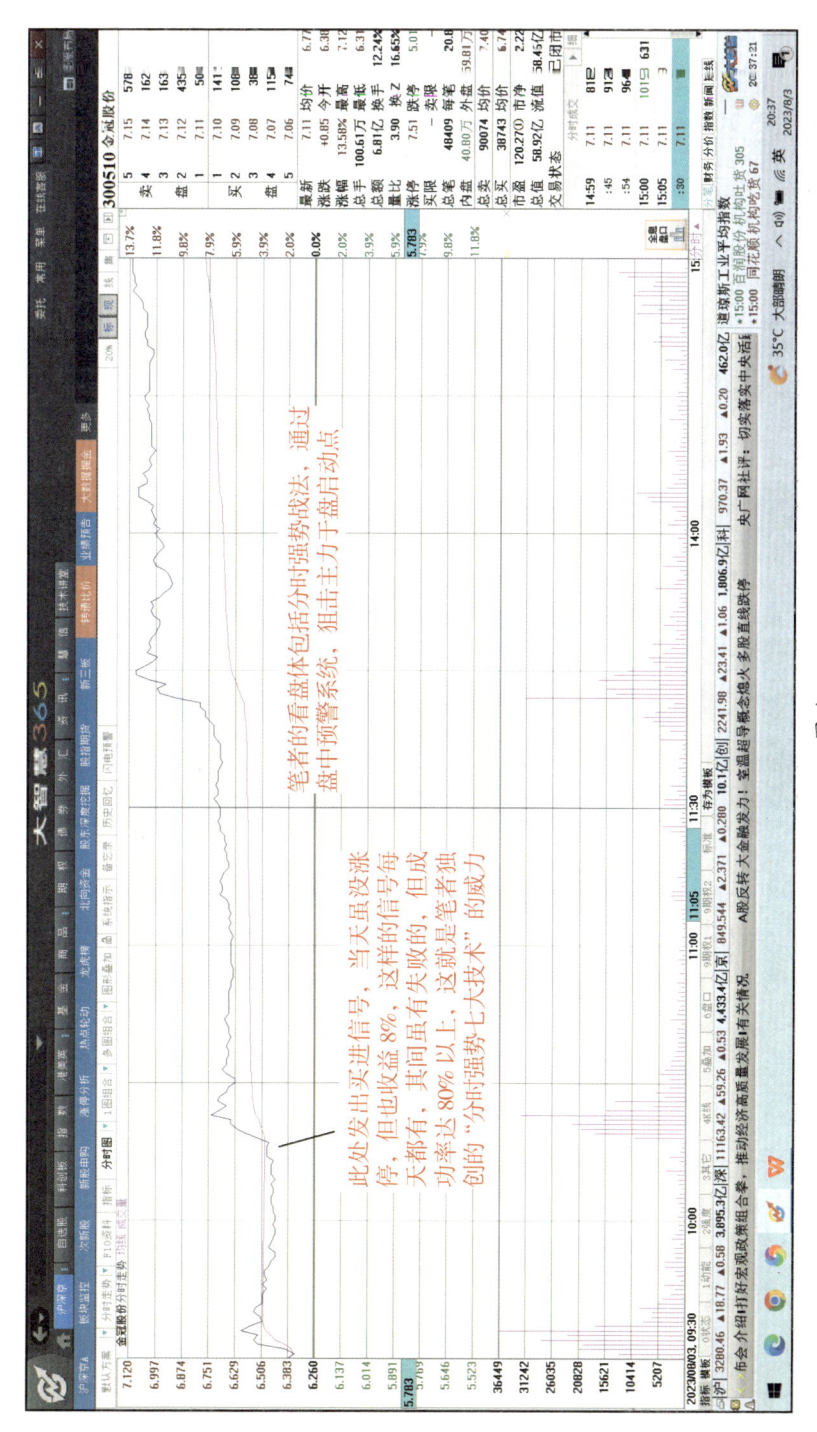

指标体系之一,如图 5、图 6 所示。

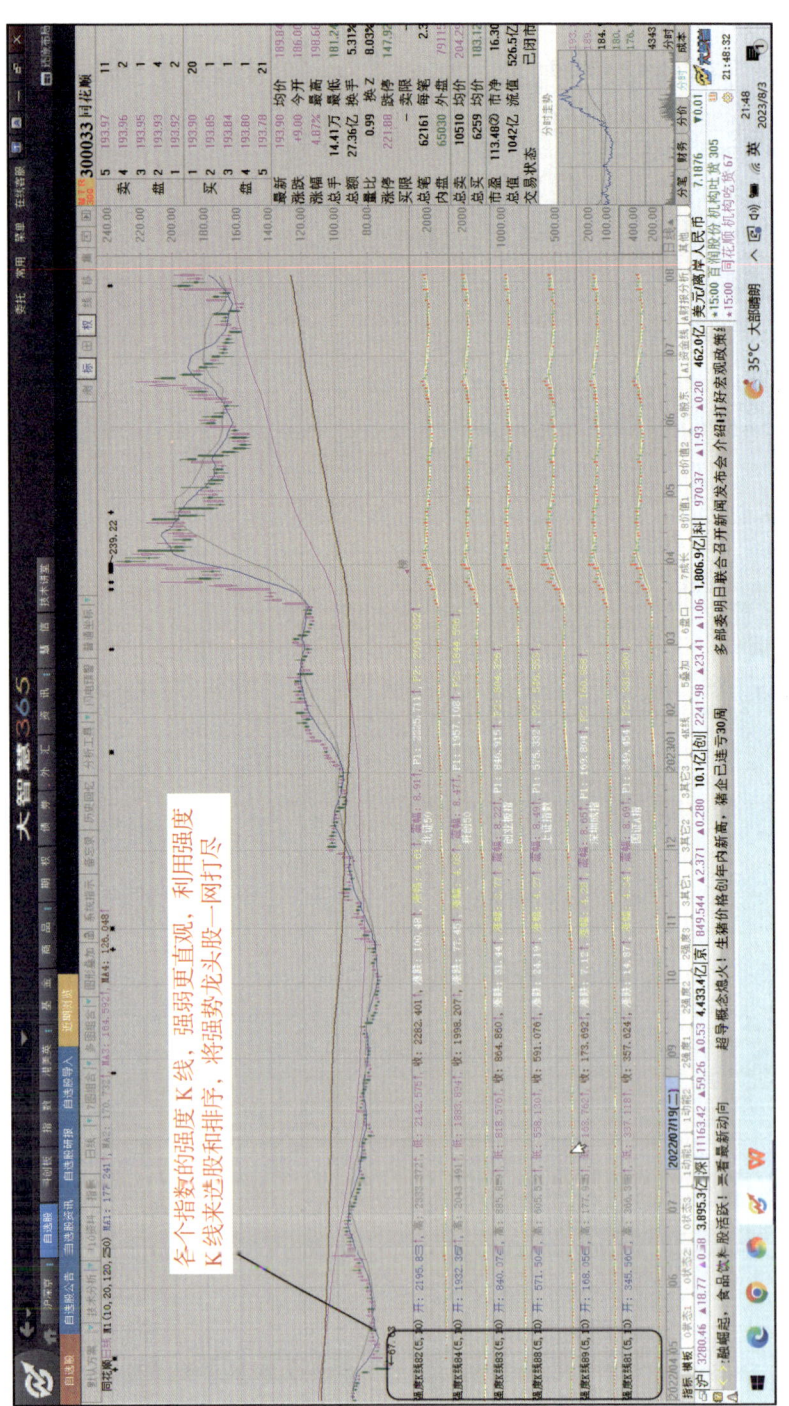

图 5

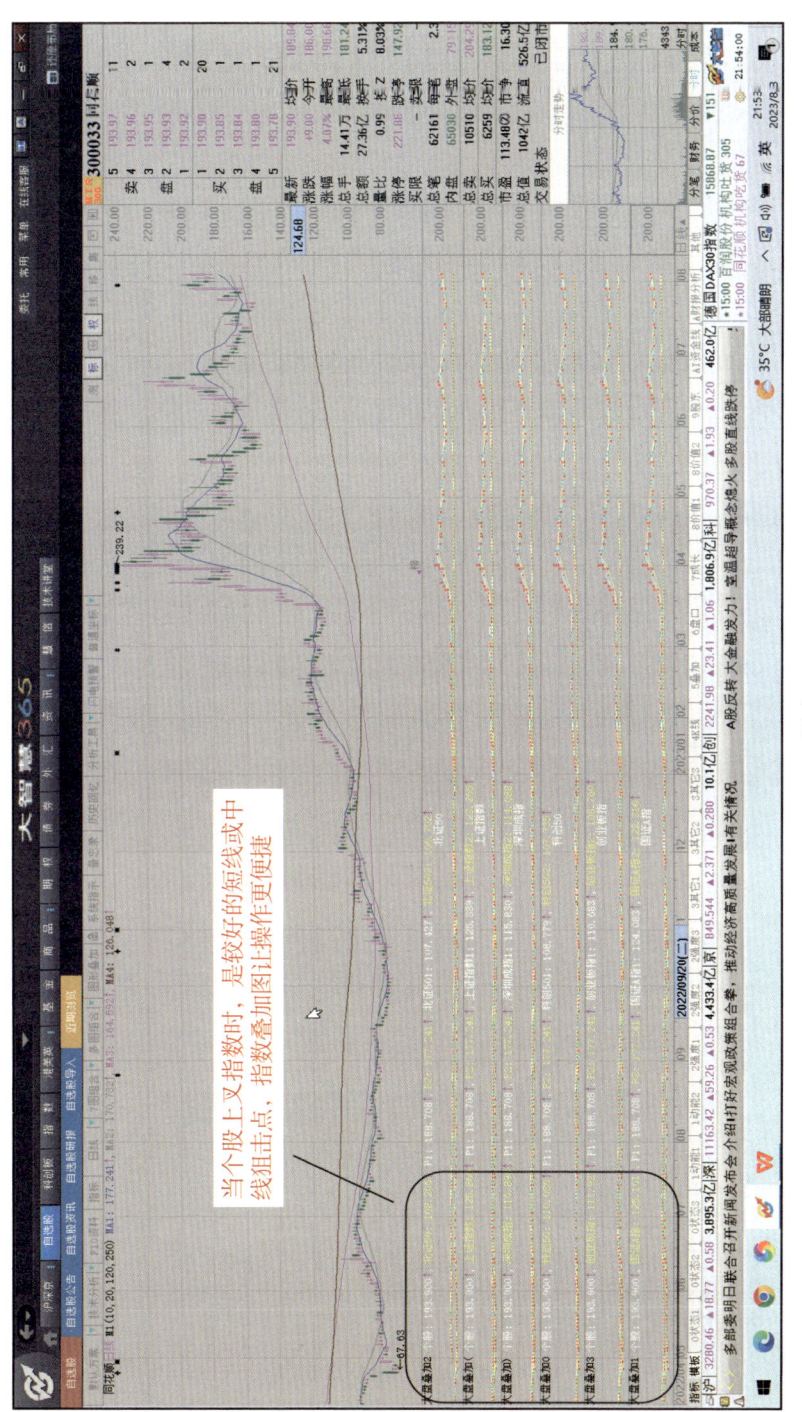

当个股上叉指数时，是较好的短线或中线狙击点，指数叠加图让操作更便捷

图 6

排序体系之一，如图7、图8所示。

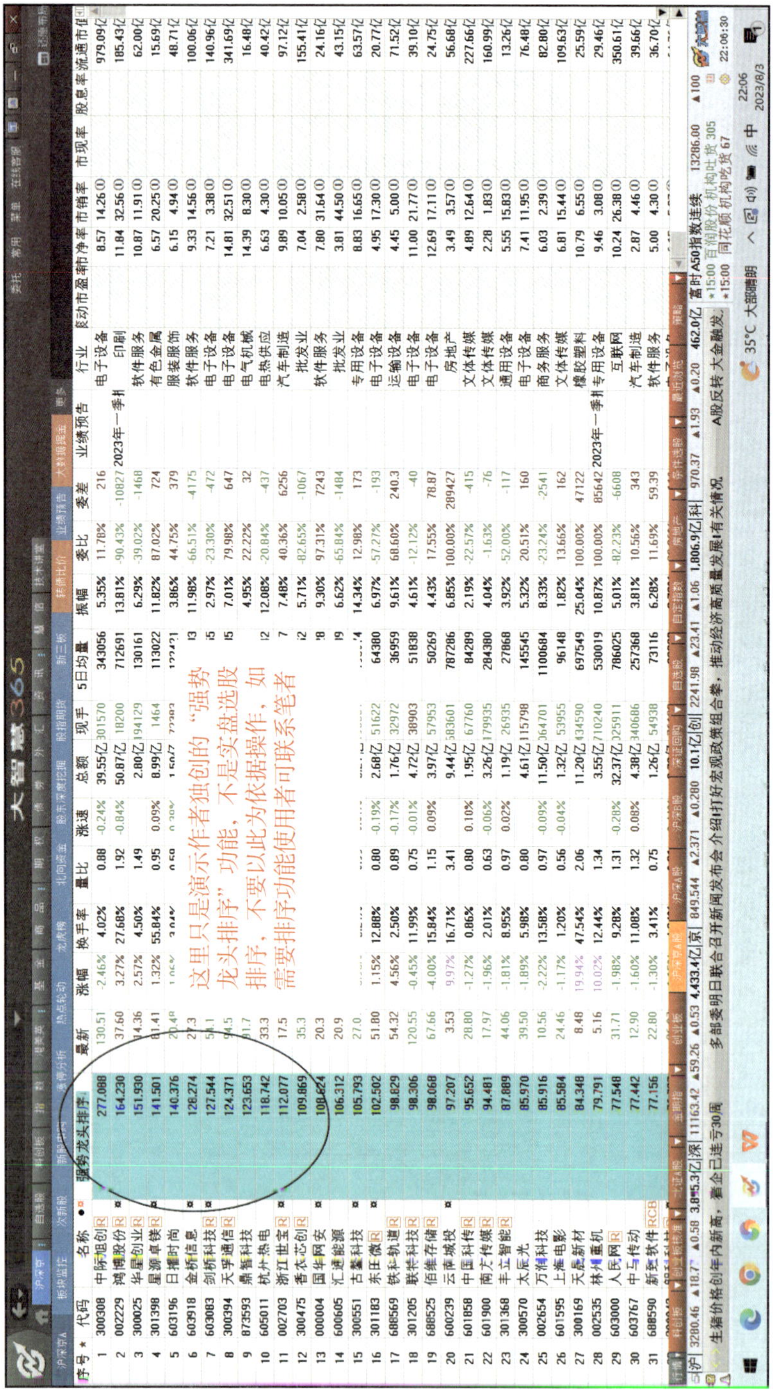

图7

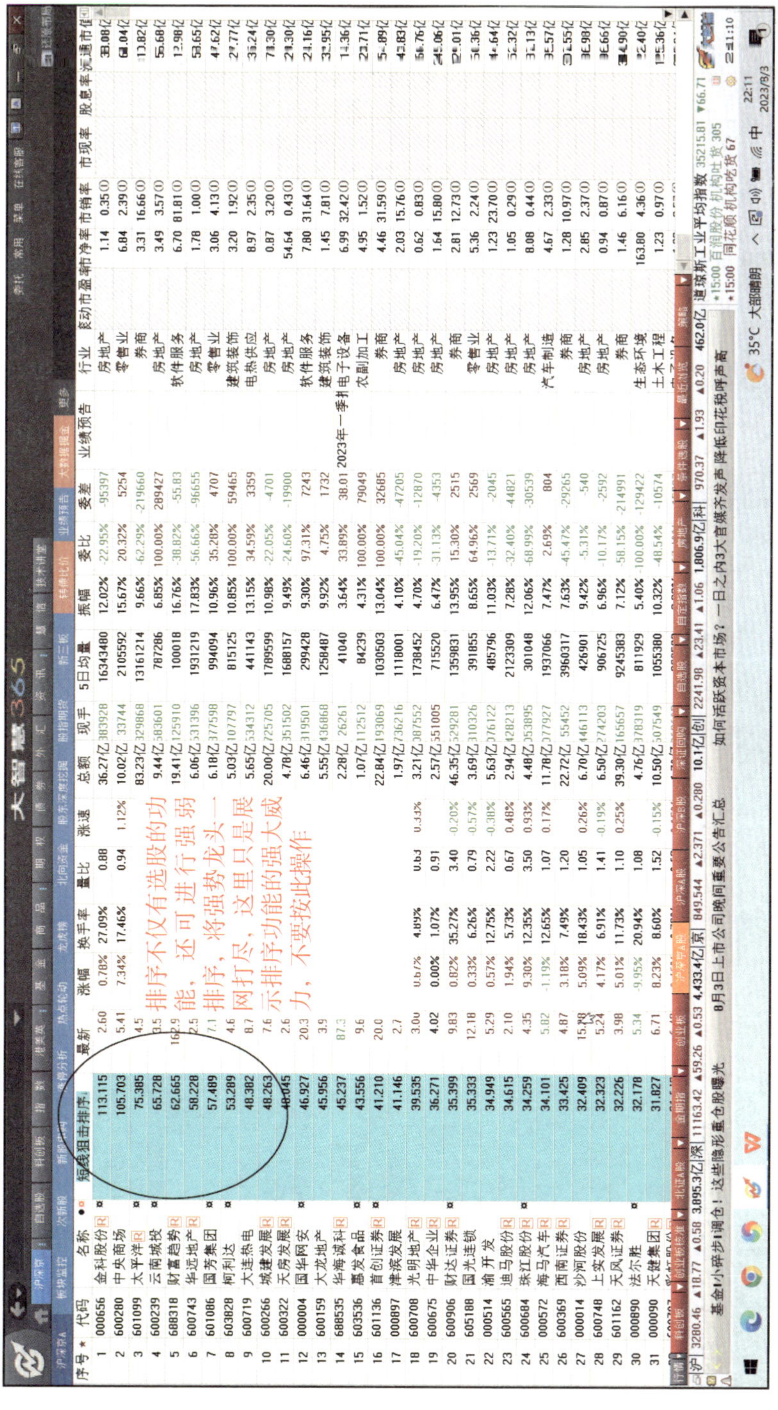

图 8

选股体系之一，如图9、图10、图11所示。

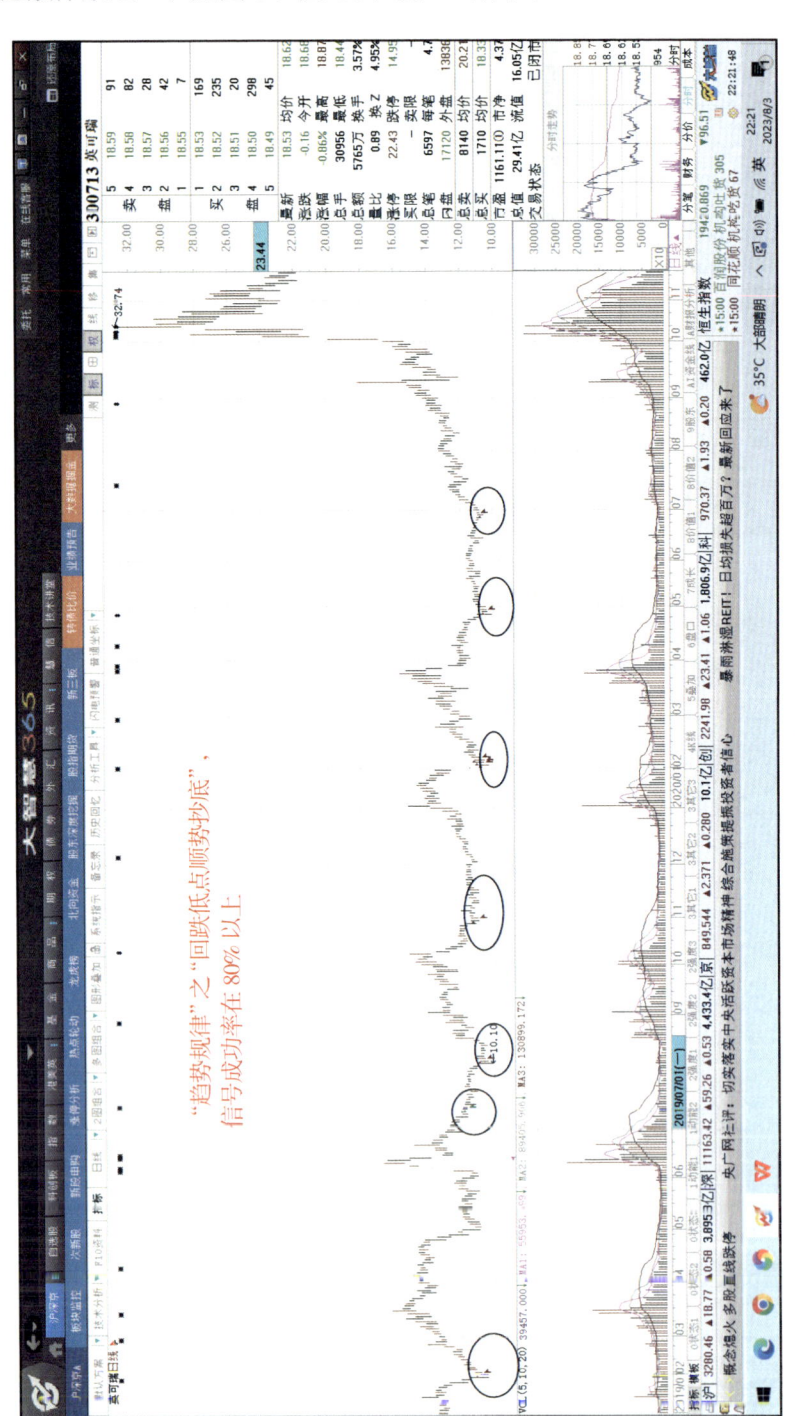

图 9

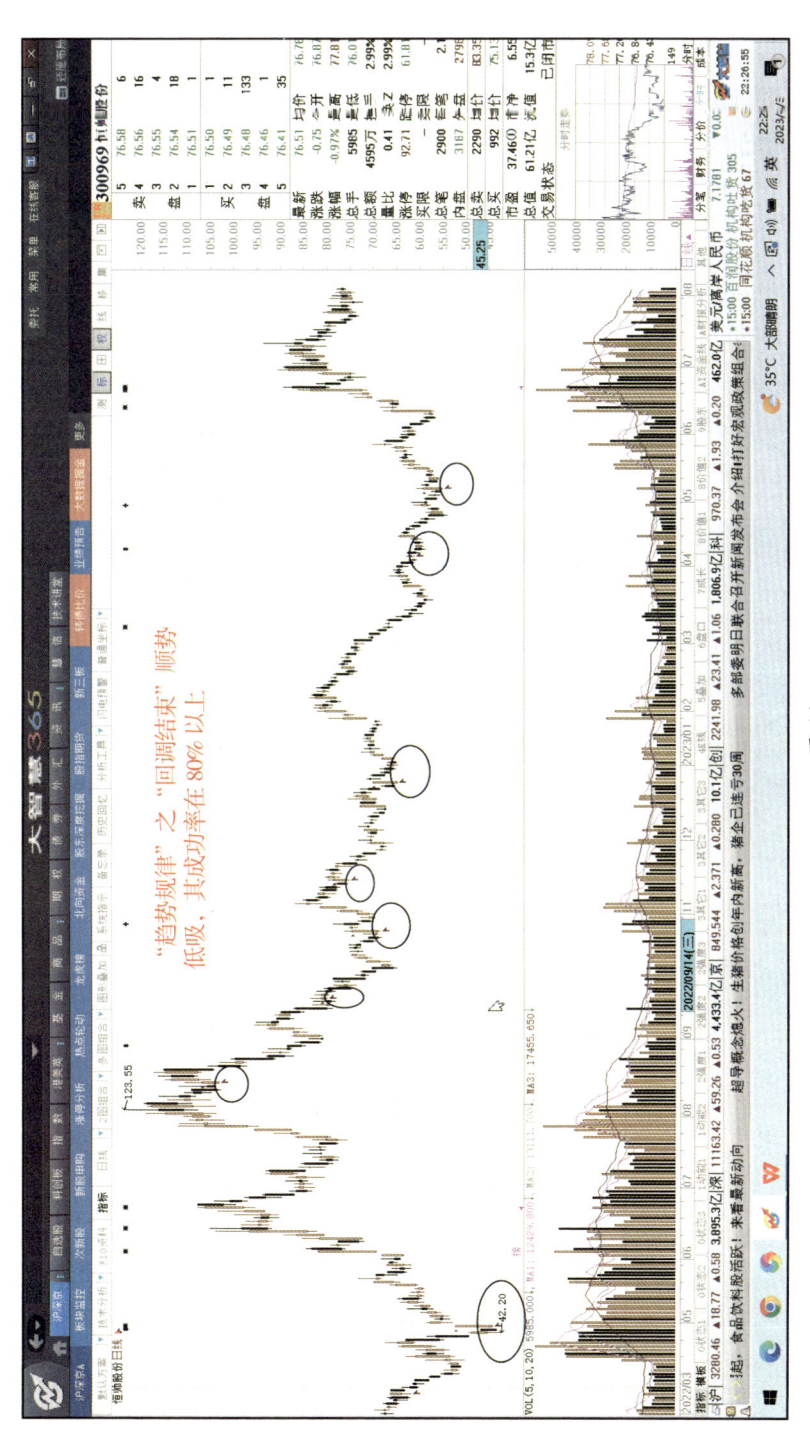

图 10

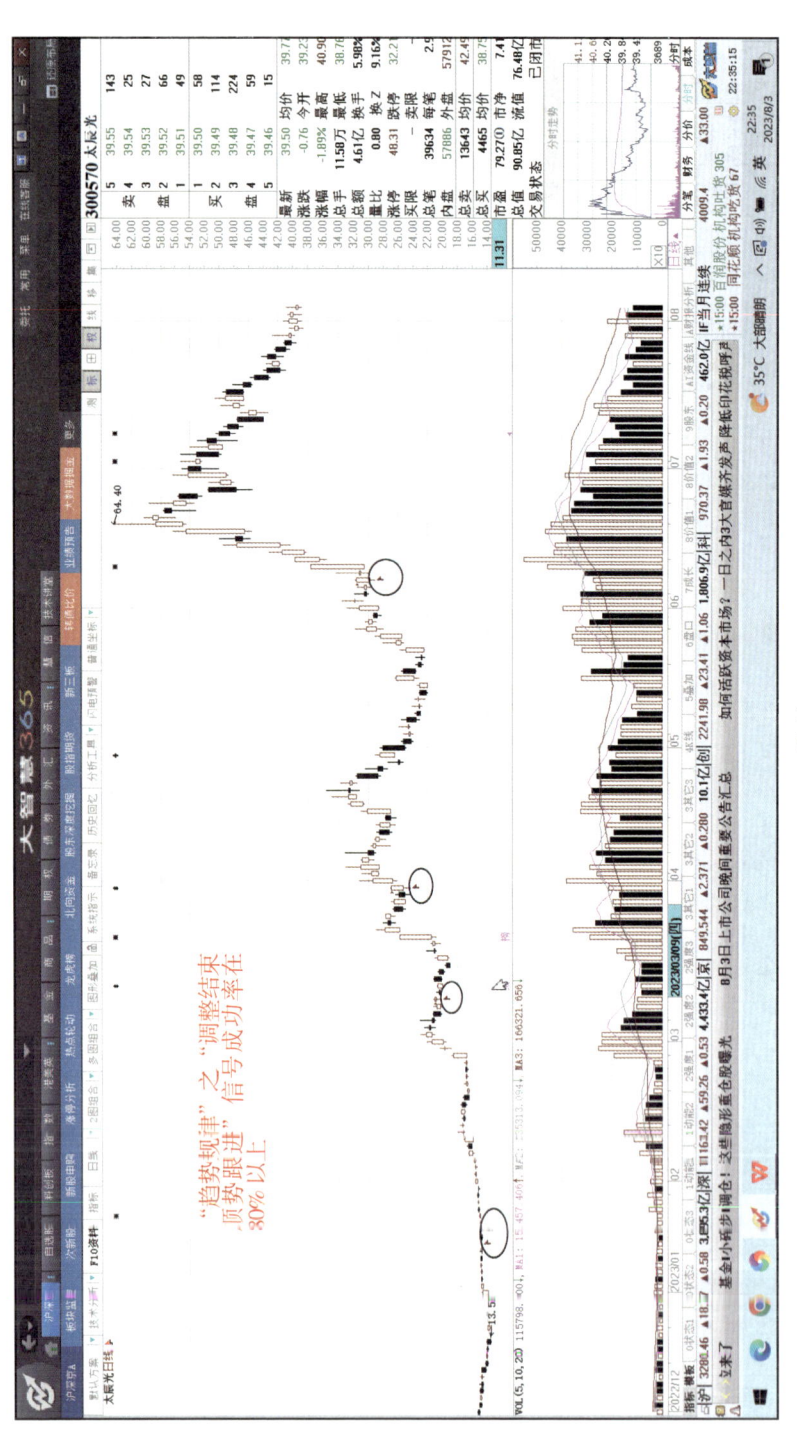

图 11

写在最后的话

笔者的整个操作系统包含了书中所有的指标，选股、排序和预警资料都可与笔者联系索取使用。曾有朋友问我，为什么把交易核心的技术公开发表，难道不担心使用的人多了之后，其效果会失效或大打折扣吗？金融市场是零和博弈，不产生财富，只做财富的再转移，每个人都是屏幕背后的对手盘，不担心教会别人饿死自己吗？笔者的答复是：市场太大，受笔者影响的资金如大海里的一滴水，微不足道，而且公开的只是笔者整个体系里的一部分，对笔者的使用不会有影响，即使读者全部使用笔者的技术或整个系统全部公开也不会使技术失效，因为笔者的体系具有规律性、一致性和简单性，整个系统的底层逻辑是建立在人性规律之上的，如果哪一天人类无欲无求，做到没有恐惧没有贪婪，这些技术才会失效，整个技术分析都会失效。既然是规律性的东西，就不会因为外在的改变而变化。交易是个孤独的事业，有了一些感悟之后也希望与人分享，即使教会了别人也不会影响自己赚钱，赠人玫瑰，手留余香。何乐而不为呢？希望每一个认真阅读本书的朋友都能学以致用，学有所成。

舵手证券图书，智引未来

《龙头作手》

**短线打板圣经，
游资大佬内部资料首度公开出版**

认知趋势，尊重趋势，顺势而为，知行合一，
你也能成为下一个股神

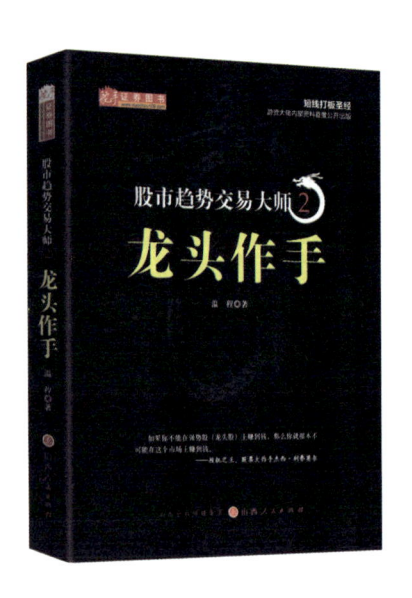

书　　名：股市趋势交易大师2：龙头作手
出版社：山西人民出版社
作　　者：温程
ISBN：9787203120858
装　　帧：全彩色 精装
开　　本：16
定　　价：198.00 元

微信扫码 立即了解

　　短线打板操作需要建立安全的、完整的交易体系，必须以趋势理念为基础，重视风险和风控，重视资金和筹码之间的博弈，重视市场题材和人气的爆发及发酵，并加以刻苦训练。没有经过系统的学习和训练就进行短线打板操作，风险极大！针对这些问题，本书作者为热衷短线打板的交易者量身打造的这部龙头战法专业教程，阐述了短线交易的"三元一催化"理念、短线交易的模型、题材的挖掘、周期人气等，涵盖短线"打板"交易所需的全部理念和技术。

《龙头战法 1：情绪周期与龙头股实战》
《龙头战法 2：情绪战法与打板策略》

洞悉情绪周期密码，掌握龙头涨停战法
抓住热点情绪，应用龙头打板盈利策略

书　　名：龙头战法 1：情绪周期与龙头股实战
出版社：山西人民出版社
作　　者：龙祺天
ISBN：9787203136552
装　　帧：全彩色 精装
开　　本：16
定　　价：98.00 元

书　　名：龙头战法 2：情绪战法与打板策略
出版社：山西人民出版社
作　　者：龙祺天
装　　帧：全彩色 精装
开　　本：16
定价：98.00

微信扫码 立即了解

● **龙头战法 1：情绪周期与龙头股实战**

　　本书针对现阶段的市场特点，逐渐在市场中摸索出一系列行之有效的情绪交易战法，其中以情绪周期为核心，以趋势交易方法、主力交易方法、涨停板交易方法等为主，形成了情绪流派的交易手段。随着情绪交易方法在市场中的不断实践，得到了广大投资者的实战认可。

● **龙头战法 2：情绪战法与打板策略**

　　本书重点是围绕情绪的技术体系、战法指标体系、涨停板交易策略，通过大量的案例展示和实战分析，来寻找群体合力，把握资金流向，追逐强度与持续性相结合的强势龙头股，最终从市场获利。

《股龙：强势股票操作法》

独创三认理念：认识市场、认识主力、认识自我
短线鬼才六维强势龙头股操作法，轻松捕捉黑马

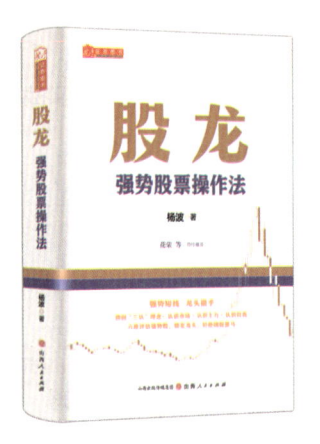

书　　名：股龙：强势股票操作法
出版社：山西人民出版社
作　　者：杨波
ISBN：9787203134763
装　　帧：全彩色 精装
开　　本：16
定　　价：98.00元

微信扫码 立即了解

《周期与龙头》

手把手教你游资操盘手法
洞察市场周期循环　建立强势投资思维

书　　名：周期与龙头
出版社：山西人民出版社
作　　者：A股剑客
ISBN：9787203131229
装　　帧：全彩色 精装
开　　本：10
定　　价：168.00元

微信扫码 立即了解